TRANSCENDENTALISMO E DIALÉTICA

Ensaios sobre Kant, Hegel, o marxismo e outro estudos

JOÃO CARLOS BRUM TORRES

ESCRITOS 1

TRANSCENDENTALISMO E DIALÉTICA

Ensaios sobre Kant, Hegel, o marxismo e outro estudos

L&PM 30 ANOS

Capa: Marco Cena
Editoração: Jó Saldanha
Revisão: Larissa Roso e Renato Deitos

ISBN 85.254.1422-0

B893t Torres, João Carlos Brum
Transcendentalismo e dialética: ensaios sobre Kant, Hegel, o Marxismo e outros estudos / João Carlos Brum Torres. -- Porto Alegre: L&PM, 2004.
328 p. ; 21 cm.

1.Filosofia-Kant. 2.Filosofia-Hegel. 3.Filosofia-Marxismo. I.Título.

CDU 141.82

Catalogação elaborada por Izabel A. Merlo, CRB 10/329

Porto Alegre: Rua Comendador Coruja, 314, loja 9 - 90220-180
Floresta - RS / Fone: 0xx (51) 3225.5777
pedidos e informações: info@lpm.com.br
www.lpm.com.br

Impresso no Brasil
Primavera de 2004

Sumário

Apresentação

Este livro reúne textos elaborados de 1972, data de *Valor e serialidade*, a 2004, quando escrevi *Gerd Bornheim: a filosofia e a prosa do mundo*. Nele estão reunidos ensaios, comunicações e conferências que dediquei ao estudo de Kant, de Hegel, bem como à análise, ao comentário e à reflexão a partir de Marx, incluindo-se nesse rol o que me foi possível pensar tomando em conta escritos de Sartre e de Giannotti. Constam ainda da coletânea três outros textos, de motivação independente, inagrupáveis com os anteriores, mas, tal como estes, concernidos com questões de *filosofia teórica*, no sentido que opõe esta expressão à *filosofia prática*.[1] Aliás, é oportuno assinalar que o que vai aqui editado é gêmeo de *Política e representação*, coletânea paralela formada predominantemente pelos estudos que dediquei à filosofia política e que também espero publicar proximamente.

A primeira seção do livro reúne escritos sobre Kant e Hegel que datam do final da década de 90 e dos primeiros anos deste início de século. Esse foi o período em que, depois de uma interrupção de vários anos dedicados à administração pública estadual, voltei à vida acadêmica, ainda mobilizado pelas questões teóricas que a preparação de um concurso para professor titular do Departamento de Filosofia da Universidade Federal do Rio Grande do Sul, na área de Filosofia Moderna, prestado em 1993, haviam avivado.

Já os textos conjugados em função de um interesse fundamental pela obra de Marx são em geral mais antigos e, de algum modo, mesmo os mais recentes, têm raízes no obsessivo estudo do marxismo que fiz em Paris no início da década de 70.

---

[1] Com exceção de *Valor e serialidade* – cujas remissões bibliográficas foram atualizadas –, os demais textos vão reproduzidos aqui na forma em que foram escritos ou publicados originalmente, exceto mínimas correções de gralhas, lapsos ortográficos, deslizes de estilo ou eventuais substituições das edições tomadas como referência para as citações.

Por fim, os escritos coligidos avulsamente, porque mais estritamente dependentes de questões circunstanciais, não evidenciam preponderância de um tema específico em nenhuma das fases do período coberto por esta publicação.

* * *

O foco dos textos dedicados a Kant está voltado à linha de oposição da filosofia crítica ao racionalismo clássico e, mais determinadamente, a sua originalíssima teoria da intuição, não apenas como pilar insubstituível do conhecimento finito, mas também como modalidade específica de cognição. Contemporaneamente, esse interesse não pode deixar de associar a leitura de Kant ao estudo das teorias da referência indexical, do pensamento *de re* e da discussão recente sobre os ditos *conteúdos não-conceituais*, capítulos importantes da filosofia de inspiração analítica dos últimos anos. A obra de Strawson é um ponto de partida natural para essas leituras cruzadas, que se estendem, em seguida, às análises de Gareth Evans, de Christopher Peacocke e ao debate sobre *Mind and world* de McDowell, para fazer referências mínimas ao conjunto cada vez mais vasto de estudos dedicados a esses temas.

A aposta teórica que subjaz à tentativa de associar as análises de Kant a essa discussão contemporânea é que, na combinação (i) da tese kantiana sobre o caráter essencialmente não-conceitual das representações intuitivas com (ii) sua teoria do caráter *a priori* das representações ***categoriais*** e da própria ***forma da intuição,*** se encontram as ferramentas conceituais necessárias à superação das polarizações que extremam as posições no debate atual sobre o estatuto lógico e epistêmico da cognição perceptiva e das formas que dela derivam, como a memória e a imaginação icônicas. Convém também assinalar que a elucidação cabal e a comprovação plenamente satisfatória dessa visão hão de resultar de um processo de investigação ainda não concluído, os textos aqui reunidos constituindo apenas, com alguma superposição, a primeira parte do trabalho que precisa ser feito.

Já os artigos sobre a filosofia hegeliana, monográficos e especializados, têm origem em uma antiga e imensa admiração pela profundidade e por essa quase ilimitação de escopo do pensamento de Hegel sobre a história e sobre a vida social, assim como pelo realismo que constitui a nervura mais íntima e essencial de sua filosofia prática.

Hegel e o destino procura explicitar o que me parece ser a posição hegeliana sobre a ética quando esta última é considerada do ponto de vista da finitude. Ocupa-se de um certo estoicismo que – a despeito da repetida crítica que é endereçada a essa posição filosófica ao longo da obra de Hegel – permanece como uma incontornável referência de fundo do pensamento especulativo. Essa posição, aliás, é um exemplo do que talvez convenha denominar de *ética do sublime*, por oposição às éticas dos valores ou ao formalismo na ética, para retomar a antiga terminologia de Max Scheler. Seja como for, reconhecido este ponto, abre-se uma inesperada linha de comparação – embora, a melhor refletir, provavelmente não de afinidade, como insinuado em meu texto – da posição hegeliana com o neo-estoicismo deleuziano.

Já ***Hegel e o patriotismo***, fazendo alavanca sobre um tema restrito, procura explicar o modo como o hegelianismo combina as concepções clássica e moderna da cidadania. O ponto principal do texto é o esforço de mostrar – nos termos complexos da doutrina do denominado ***silogismo ético*** – que, muito embora na modernidade o compromisso fundamental dos cidadãos com a comunidade assente no desdobramento das atividades próprias da vida particular no âmbito da sociedade civil, essa dimensão privada da vida de relação não exaure o espaço social, mas, ao contrário, pressupõe uma esfera público-estatal, da qual continuam a derivar as obrigações clássicas da vida cidadã, inclusive a de morrer pela pátria.

A segunda parte do livro, embora, de algum modo, formada a partir da vinculação mais ou menos direta dos textos que a integram com o marxismo, não é menos heterogênea.

Valor e serialidade e ***Ações e processos: notas para uma teoria materialista da astúcia da razão*** comungam de uma mesma inspiração: da convicção de que na *Crítica da razão dialética* de Sartre se encontra o esforço, não apenas mais radical, mas mais ***exitoso*** de explicitar e elucidar a inteligibilidade das ações coletivas, notadamente aquelas cuja unidade não deriva de um concerto planejado de cooperação, como são, na verdade, a imensa maioria dos ***processos*** sociais.

No primeiro desses artigos, o propósito é mostrar como essa idéia precisa ser incorporada à reconstituição que se possa contemporaneamente fazer da teoria marxista do valor, sob pena de cair nas dificuldades e insuficiências em que se debatem e perdem intérpretes contemporâneos de Marx. É certo que neste caso o emprego do advérbio *contemporaneamente* é algo equívoco, porque a teoria marxista do valor, que recuperara uma intensa atualidade nas discussões da esquerda mundial nos anos 60 e 70, voltou a hibernar, ainda que, agora como antes, não haja meio de entender *O capital* e, em geral, o essencial da teoria marxista sem assenhorear-se da difícil teoria marxista do valor e da forma do valor.

Em ***Ações e processos*** o mesmo ponto é generalizado, com o propósito de mostrar que as teorias da ação, tal como desenvolvidas ordinariamente, não dão conta do problema das ações coletivas ou processos – questão classicamente teorizada como o problema da ***astúcia da razão*** ou das ***ações roubadas*** – e que o pensamento de Sartre é o caminho bem estabelecido para tratar deste ponto em termos contemporâneos. Vale dizer: sem pressupor uma unidade subjacente às multiplicidades humanas, nem postular que na raiz dessa unificação se encontra algo como o ***espírito*** hegeliano, ou, no caso de Marx, uma espécie de ***sociabilidade substancial***, aliás sempre determinada ambiguamente, em termos ou seminaturalistas, ou semi-especulativos.

O interesse de ***O marxismo e a historicidade do saber*** é bem outro. Ali, a pretexto de uma avaliação da crítica de Carlos Estevam Martins à recusa pelo marxismo da possibilidade de antevisão cognitiva do futuro, o que importa é elucidar o modo, bastante complexo, como Marx retoma a tese hegeliana da radicação histórica das formas de representação e conhecimento e de uma relação epistemológica privilegiada entre a ciência e o presente. O artigo distingue três linhas de consideração do tema. A primeira é uma quase-teoria das condições de possibilidade do conhecimento histórico de acordo com a qual os limites do historicamente cognoscível seriam dados pelas relações de proximidade temporal, psicológica e pragmática do sujeito cognoscente às realidades que lhe importa elucidar. A segunda linha retoma este ponto de modo generalizado e em um plano mais profundo, procurando mostrar como Marx – *pasce* Althusser – sustenta que não se pode separar a ciência da história da própria história, porque o limite cognitivo do observador social é circunscrito pelas determinações da época a que pertencer, de sorte que os horizontes epistêmicos dos investigadores lhes escapam ao mesmo tempo em que lhes determinam os interesses teóricos essenciais.[2] Por fim, o texto destaca ainda a peculiar tese marxista de que o verdadeiro conhecimento é primeiramente conhecimento das relações sistêmicas presentes e do que é mais complexo e somente em segundo lugar elucidação da gênese e dos elementos mais simples de que se formam as estruturas mais desenvolvidas da realidade social.

As duas resenhas dos livros de Giannotti – de ***Trabalho e reflexão*** e ***Certa herança marxista*** – cuidam de explicar uma verdadeira raridade: um esforço para desenvolver em português e no Brasil uma posição filosófica genuinamente própria, uma obra que, tomando como base o pensamento de Marx, trata de andar e de estabelecer uma nova visão global da sociedade, da política e das condições de conhecimento do social em um contexto pós-marxista. Os dois artigos têm orientações diversas, porque enquanto o primeiro procura de mostrar como Giannotti repensa a dialética a partir de uma

---

[2] Esta, aliás, a versão epistemológica da afirmação do prefácio a *Para a crítica da economia política*, em que Marx diz que a humanidade só se coloca as questões que pode resolver.

matriz transcendental, o segundo, ao mesmo tempo em que insiste na originalidade da reconstrução do pensamento de Marx feita em *Certa herança marxista*, chama atenção para os compromissos que seu esforço de *aggiornamento* mantém com o que é provavelmente a tese mais discutida e discutível do marxismo: a tese de uma dependência essencial das mudanças históricas das alterações de estrutura, compreendendo-se neste ponto tanto uma razoável recusa do voluntarismo político quanto uma questionabilíssima fidelidade a uma certa forma de determinismo econômico.

Por que filósofo, ***Discutindo a "lei de Gérson"*** e ***Gerd Bornheim: a filosofia e a prosa do mundo***, os textos que reuni como ***Varia***, não apenas são circunstancialmente distintos – isso vale, obviamente, também para os referidos anteriormente –, mas, como já observado acima, são temática e conceitualmente inagrupáveis.

Por que filósofo responde a uma interpelação que os filósofos tradicionalmente costumam fazer a si mesmos, como se fossem eles próprios que quase não pudessem acreditar que alguém se possa dedicar a suas abstrações e esoterismo. Minha resposta é que na interrogação em pauta não se deve reconhecer nenhuma *questio juris*, mas antes uma questão factual a que cabe responder sustentando que chegamos à filosofia, ainda tomados de vertigem, sempre ao termo de uma queda em que nos precipitam as ***falhas*** do discurso científico ou da visão ordinária do mundo.

Discutindo a "lei de Gérson" é um texto redobradamente circunstancial, preocupado em mostrar como análises da racionalidade prática, tal como apresentadas por David Gauthier e Derek Parfit, poderiam servir para tornar conceitualmente mais claros certos impasses em que se vêem bloqueados os sistemas de ação social no Brasil.

Já ***Gerd Bornheim: a filosofia e a prosa do mundo*** é um texto de homenagem ao professor Gerd Albert Bornheim, de quem tive o privilégio de ser aluno e a honra de ser assistente, cujo tema de fundo é a explicitação das referências teóricas a partir das quais Gerd procura pensar a linha maior do pensamento ocidental, tomando a história da filosofia como chave para o desenvolvimento de uma singular filosofia da história.

* * *

A distribuição temática desses estudos, combinada à dispersão cronológica, faz pensar que seria vão pretender haja entre eles uma unidade conceitual subjacente, como se os enlaçasse uma espécie de mesmo fio doutrinário.

Mas, de outra parte, será razoável resignar-me a ver aí apenas o desdobramento de um interesse intelectual vasto e disperso? Uma facilidade e uma indiferença para deslocar-me dos estudos de história da filosofia para os temas do marxismo e deste para as questões quaisquer, as dispostas pela ordem contingente dos dias, das modas intelectuais e das solicitações de circunstância?

Admitido isto, seria necessário confessar que a série formada por esses meus textos foi constituída pelo seqüenciamento imprevisível e desregrado das situações, seu ordenamento refletindo não mais do que o alinhamento sucessivo dos pontos conceitualmente imantados que, em um e outro momento, se interpuseram em meu caminho e me polarizaram a atenção, de sorte que seria inevitável concluir que na reunião desses escritos não haveria mais do que as voltas ao léu de um espírito curioso, descentrado e lábil.

Haverá alguma verdade nessa avaliação autocrítica, mas, a aceitá-la sem restrições, eu estaria não apenas negando continuidade à minha trajetória intelectual, mas admitindo que uma vida de pensamento pode ser constituída inteiramente ao acaso, nos termos da desordenada justaposição dos interesses transientes, o que, ademais de pessoal e subjetivamente molesto, parece pouco verossímil.

Por certo, não há, não pode haver unidade ***temática*** entre artigos que se distribuem entre estudos de história da filosofia, análises variadas da obra de Marx e de autores e aspectos do marxismo, além de três textos sobre assuntos alheios aos anteriores e entre si também inteiramente diversos. Tampouco há uma ***articulação sistemática*** entre os escritos, como eventualmente poderia haver, caso subjazessem a sua distribuição as amarras de um sistema filosófico novo, ou, pelo menos, as de uma variante de algum dos sistemas filosóficos consagrados e rivais.

No entanto, seria estúpido reduzir as possibilidades de articulação da vida do espírito ou à freqüência monotônica do mesmo tema, ou ao desenvolvimento de um sistema. Ao contrário, o que amiúde se vê no mundo contemporâneo são obras múltiplas, cuja unidade não é nem a de um bloco homogêneo de pensamento, nem a de uma distribuição dedutiva das partes a partir de um plano diretor explícita e previamente estabelecido, mas, antes, a que emerge do desdobramento sinuoso de uma mesma preocupação, ou da recorrência variada de valores preservados, não apenas em contextos teóricos diversos, mas na evolução e variação das posições assumidas.

Ainda mais importante do que isso é entender, porém, que ***há um sentido*** na variação dos temas e na mudança dos interesses, de tal sorte que é na compreensão deste ponto que reside a esperança de afastar de vez o temor da vida teoricamente descosida e de dar conta das trajetórias de pensamento de parte significativa, se não da maior parte, dos pensadores contemporâneos.

Voltando ao caso vertente, aos termos que dão sentido ao seqüenciamento e à variação dos assuntos, dos conceitos e das linhas de análise dos ensaios que formam esta coletânea, o mais importante é desde logo reconhecer que o elemento que a unifica e anima não é o sentido das intenções de um sujeito, como se eu, senhor de meu projeto, tivesse escrito cada um dos artigos aqui coligidos com o propósito de fazer obra única, comandada por propósito e fim determinados.

Antes haverá aqui uma inteligibilidade admitidamente determinada por ***externalidades***, dependente de uma modificação das preocupações intelectuais que resulta das próprias coisas, ou, para falar menos genericamente, das mudanças do contexto intelectual em que me vi inserido ao longo dos últimos trinta anos.

Como observado antes, os textos sobre o marxismo, se não são todos os mais antigos, radicam em última instância em uma motivação que data dos anos 70 e não podem ser entendidos senão a partir do contexto político daqueles anos, notadamente os desdobramentos do autoritarismo militar na vida universitária e muito especialmente o expurgo havido na Universidade Federal do Rio Grande do Sul em 29 de agosto de 1969.

Com efeito, foi a partir daquela data que um interesse até então difuso – e predominantemente crítico – pela obra de Marx assumiu para mim foros de uma preocupação teórica essencial, ainda que nunca exclusiva, como se à força do arbítrio autoritário não houvesse melhor resposta do que armar-se com o que doutrinariamente havia de mais inimigo dos senhores da autocrática política brasileira de então.

O que vai aqui reunido não teria, porém, nenhum interesse se o estatuto dos estudos feitos a partir dali se reduzisse ao de uma ressentida resposta às agressões políticas sofridas e a um ingênuo esforço de contestá-las elaborando estudados e difíceis textos de reconstituição e crítica do pensamento de Marx e seguidores. A valia dos textos – a eventual valia, que obviamente presumo, e da qual dirão os leitores – se faz autônoma frente a essas motivações circunstanciais e passa a depender do modo e do quanto tenha eu sabido ler e interpretar pontos relevantes da doutrina de Marx.

Meu interesse teórico principal naquela circunstância era mostrar que não se pode interpretar a sociabilidade ou, mais precisamente, os processos que constituem a vida social concreta, nem como se resultassem das ações de uma espécie de sujeito coletivo subjacente, nem como se fossem efeitos de estruturas antecedentes, determinantes das ações dos homens, a eles inacessíveis e cuja inapelável influência presidiria opacamente o curso histórico. O ponto que então me importava mostrar era que a ***ação da estrutura***[3] não poderia ser dissociada das ações dos homens, de sorte que estas

[3] Esta expressão é o título de um artigo de Jacques-Alain Miller. V. *Cahiers pour l'analyse*, 9, publicado pelas Éditions du Seuil, Paris, 1968, p. 93 e seguintes.

últimas, por alienadas que sejam, não apenas realizam as determinações estruturais, mas abrem caminho para sua transformação. O que é também dizer que me interessava ficar longe tanto da idéia de um sujeito constituinte soberano quanto da doutrina de uma alienação radical e insuperável da *práxis individual*, para usar a terminologia sartreana.

Pois bem, cabe então perguntar: que alterações contextuais e pessoais fizeram com que, nos anos 90, o foco de meus interesses teóricos não apenas tivesse mudado, mas, ao concentrar-se em estudos sobre as obras de Kant e de Hegel, passasse a parecer tão ***deslocado*** *vis-à-vis* às preocupações que animaram meus primeiros escritos?

Fatores e explicações circunstanciais certamente não faltam, e uma resposta imediata a essa interrogação poderia ser dada se eu simplesmente reportasse aqui a seqüência bruta dos trabalhos e dos dias, por certo destacando na mole dos atos e fatos biográficos aqueles que de maneira mais próxima impactaram o andamento de minhas leituras e estudos, a começar pela já aludida abertura de um concurso para professor titular em filosofia moderna na Universidade Federal do Rio Grande do Sul, cujo programa enfatizava grandemente as filosofias kantiana e hegeliana.

No entanto, neste meu caso como, de resto, em qualquer outro, esses estímulos casuais e anedóticos explicam somente parte do ocorrido. A eles cabe ajuntar outros elementos, também circunstanciais, mas de uma outra ordem e escala, seja os próprios da história geral, por assim dizer, do curso histórico principal em que nos vemos envolvidos, seja os que fazem parte da história das idéias e, mais especificamente, da história da filosofia contemporânea a partir dos anos 60.

Refiro-me, primeiramente, às alterações históricas profundas produzidas pela consolidação do processo de redemocratização no Brasil e pelo fim do regime socialista no Leste europeu. O que é sugerir que se, ao fim dos anos 60 e no desenrolar-se da década de 70, as tragédias do autoritarismo militar brasileiro, combinadas às derradeiras esperanças em uma ordem social alternativa, induziam uma tomada de partido pelo menos pela problemática geral do marxismo, a mudança dessas mesmas macrodeterminações históricas nos anos 80, viria, por sua vez, a induzir um realinhamento dos interesses intelectuais e, especificamente, no caso desses meus artigos, a abrir espaço para um passo retroativo, na direção dos grandes pensadores do idealismo alemão.

É impossível deixar de reconhecer, porém, que essa remissão direta de alterações em uma biografia intelectual – alterações ineliminavelmente associadas a decisões íntimas e personalíssimas – a macroeventos históricos parece grosseira e de uma impropriedade congênita. E no entanto, malgrado o choque dessa primeira implausibilidade, reconhecemos todos que os azares de uma vida – os que constituem a trajetória de cada um de nós – de algum modo são tributários da história maior e que, pelo menos em uma certa dimensão deles mesmos, somente ali são compreensíveis, ainda que, para transformar esse sentimento bruto de uma verdade epistêmica adivinhada em uma explicação histórica genuína, seja indispensável, como dizia Sartre, toda ***uma hierarquia das mediações***.[4]

Sem pretender autobiograficamente reconstituir aqui a rede dos eventos cruzados, das influências diversas e das motivações mais ou menos complexas que me levaram às mudanças aludidas, baste assinalar que os macroeventos referidos, e muito especialmente o segundo, obviamente enfraqueceram a motivação para fazer do marxismo a base de uma postura intelectualmente crítica e abalaram, de maneira irreversível, a hegemonia intelectual que Sartre exemplarmente registrara ao declarar, em meados do século 20, que ***o marxismo continuava a ser a insuperável filosofia do nosso tempo***.

O que, porém, mais importa ressaltar – como base para a elucidação das mudanças de foco teórico evidenciadas por esta coletânea de artigos – é que a esse enfraquecimento das ***motivações individuais*** correspondeu um recuo ***conceitual e doutrinário geral***, que fez com que, ao mesmo tempo, (i) se passasse a revalorizar o papel central das ***idéias*** e da ***política*** na dinâmica histórico-social e (ii) se deixasse de lado a mais essencial das certezas da filosofia da história moderna: a convicção de que a história evolui por si mesma na direção da autonomia e da emancipação humanas.

Esses pontos, tive ocasião, aliás, de tratá-los em um texto breve, intitulado *Atualidade da filosofia política*. Aqui, limito-me a ressaltar que o primeiro deles, além de implicar o abandono, ou, pelo menos, uma enorme relativização da denominada *teoria materialista da história*, abre espaço para a revalorização dos pensadores e doutrinas que sustentaram o papel central e decisivo das idéias, crenças e instituições na determinação do curso histórico. Já o segundo, ao enfraquecer irremediavelmente a confiança, muito própria dos modernos, no caráter positivamente evolutivo dos negócios humanos, ao mesmo tempo em que nos devolve a uma incaucionada responsabilidade histórico-política, obriga-nos a recolocar e a enfrentar abertamente as questões normativas que se impõem a todos quantos reconheçam que o andamento e o rumo da vida coletiva estão nas mãos dos homens e que, assim, são inexoráveis as decisões, bem como incontornável a exigência de justificar argumentativamente as opções e partidos tomados.

---

[4] V. *Questions de Méthode*, in *Critique de la raison dialectique*, I, Gallimard, Paris, 1960, p. 44.

Em um tal contexto – e levando em conta, a propósito dessa evolução de interesses teóricos, o passo intermediário em que, deixando já para trás o marxismo, me dediquei intensamente a estudos de filosofia política –, a volta a Hegel e a Kant, ainda que propriamente não possa ser tida como forçada, torna-se facilmente compreensível, porque é impossível deixar de ver a importância do segundo para as discussões normativas e do primeiro para a interpretação do papel decisivo das idéias no desdobramento da história.

É verdade que o deslocamento do foco principal de minha atenção intelectual para os temas centrais da *Crítica da razão pura* se encaixa mal nessa explicação. Creio que ele precisa ser reportado, antes, por um lado, a uma reavaliação, crescentemente cética, da urgência e também do sentido do projeto de encontrar respostas teóricas novas para os desafios político-ideológicos de nosso tempo e, por outro, à inclinação congênita – ainda que muitas vezes posta em segundo plano por força de apelos circunstanciais – pelos temas mais clássicos e centrais da tradição filosófica.

Seja como for, é claro que o itinerário intelectual recém-resumido se mostraria mais harmonioso se tivessem sido levados em conta os escritos ausentes desta coleção, os dedicados aos temas de filosofia política, pois então não apenas se poderia ver com mais clareza que a alteração de meus interesses teórico-doutrinários seguiu um caminho longo, mas se poderia avaliar um pouco mais de perto o modo como as alterações da história e das mudanças no ambiente filosófico contemporâneos foram pautando a linha evolutiva de meus estudos filosóficos.

Nesta altura, é importante sublinhar que esses elementos contextualizadores não estão evocados aqui para dar uma explicação cabal das mudanças dos interesses teóricos subjacentes à escrita dos artigos coligidos. Eles são condicionantes gerais, obviamente compatíveis com um sem-número de reações e partidos teóricos e para possibilidades indeterminadas de diferenciação das tomadas de posição doutrinárias e conceituais.

Contudo, a despeito disso, vejo-me compelido a dizer que não encontro maneira de dar conta da distância que separa os textos recentes, dedicados à análise de Kant e de Hegel, daqueles, mais antigos, comprometidos ainda com a problemática do marxismo, sem ponderar as alterações históricas referidas.

De outra parte, cabe também mencionar que às mudanças políticas e sociológicas recém-aludidas se acrescentam as alterações na ***paisagem teórico-doutrinária*** do mundo contemporâneo e, muito especialmente, no domínio da filosofia, a consolidação de uma espécie de assumido pluralismo, como se, ao longo dos últimos quarenta anos, os filósofos se tivessem resignado a aceitar que, assim como não há fim da filosofia, tampouco há sentido em pretender erigir um saber filosófico unificado.

Em tais circunstâncias, se enfraquecem, é evidente, os compromissos doutrinários, ganham força os estudos historiográficos e a busca de diálogo e interfecundação entre discursos e análises de distintas tradições filosóficas se transforma num imperativo para todos aqueles que, tendo renunciado embora ao ideal da filosofia como sistema, não perderam a confiança na força ao mesmo tempo iluminadora e heurística da análise filosófica. Neste novo registro, os estudos tópicos, a aposta na recuperação contemporânea de conceitos e análises elaborados pelos grandes autores da tradição filosófica, o esforço para retomar com os instrumentos da filosofia da linguagem e da lógica atuais questões clássicas, conformam o cânone do exercício filosófico corrente.

À luz dessas últimas referências, se poderia, pois, ter a variação dos temas e a diversificação dos argumentos no conjunto dos textos ora colecionados como espelhando o que é a prática filosófica dominante em nossos dias. Sob este prisma, a preocupação que motiva a presente apresentação, esta espécie de incômodo com a diversidade dos temas dos artigos aqui reunidos, bem como com a ausência de uma pretensão sistemática e unificadora, não teria razão de ser, porque, afinal, a heterogeneidade metodológica, a diversidade temática e o pluralismo doutrinário parecem constituir a regra do jogo da prática filosófica de nossos dias.

Há verdade, certamente, nesta observação, na medida em que o mundo filosófico contemporâneo não faz pressão para a elaboração de novos sistemas de filosofia e convive sem dificuldades com os artigos e comunicações como forma quase padrão de produção filosófica, com o pluralismo doutrinário e com as diferenças de estilo e método. Dessa perspectiva, as minhas variações poderiam ser vistas simplesmente como uma conseqüência do *air du temps*, muito embora a mim pareça que há entre elas uma linha de inteligibilidade que passa, como dito acima, pelo poder determinante das vicissitudes da história maior.

Antes de encerrar cabe ainda dizer que as presentes observações não estão sendo feitas sob o pressuposto de que a coerência intelectual é, em si mesma, um valor, e que seria às exigências de tal valor que esta apresentação estaria a prestar contas. Na verdade, no início da resenha de *Certa herança marxista*, argumentei sobre esse ponto, mostrando que é necessário radicalizar o adágio de Aristóteles vertido ao latim como *amicus Plato, magis amica veritas*, reflexivizando-o, admitindo que ele vale primeiramente com relação a nós próprios, de sorte que epistemicamente não há nenhum mérito em ser fiel a si mesmo, se tal coerência se mantiver ao arrepio da pertinência conceitual e das evidências argumentativamente bem estabelecidas. A inquietação à qual as presentes observações pretendem dar resposta é de outra ordem, caracterizável como uma espécie de surpresa a que logo se junta o desejo de deslindar uma intriga – a constituída pela evolução sinuosa e variada de meus próprios interesses intelectuais – que, não por ser autobiográfica e íntima, deixa de me estranhar e de parecer-me, pelo menos até certo ponto, opaca e desconcertante.

Por último, cabe ainda observar que, a despeito da variação dos objetos, da substituição dos temas e da alteração dos interesses explícitos e revelados, ou talvez, melhor dizendo, justamente por causa desse regime de mudanças, é possível discernir, na coletânea ora apresentada, um compromisso com o pluralismo, a determinada vontade de não me deixar aprisionar no já visto e estabelecido, assim como uma obstinada recusa de transformar o interesse de circunstância numa estação permanente.

Reconheça-se, pois, que há na variação dos temas destes estudos também uma disciplina: a observância das regras de um certo exercício espiritual, mediante o qual, aplicadamente, procurei submeter-me sempre ao desafio do não-sabido. O que também pode ser considerado como expressão do desejo vivo de manter-me nessa franja indecisa em que, como diz Deleuze, o saber se transforma em ignorância[5] e na qual reside todo o charme, toda a força que tornam a vida do espírito arrebatadoramente apaixonante e apaixonada.

---

[5] Cf. Gilles Deleuze, *Différence et Répétition*, P. U. F, Paris, 1972, p. 4.

I. SOBRE KANT E HEGEL

1. COGNIÇÃO INTUITIVA E PENSAMENTO DE RE

1. Esta comunicação quer explorar a idéia de que se pode interpretar a concepção kantiana da intuição empírica como uma variante – evidentemente uma variante *avant la lettre* – da teoria contemporânea dos ***pensamentos de re***.

Para este exercício é suficiente uma apresentação elementar e minimalista desta teoria, de acordo com a qual consideram-se como pensamentos ***de re*** os pensamentos ***objeto-dependentes***, pensamentos cuja individualização deriva não de condições conceituais a serem satisfeitas por seus objetos, mas da relação imediata do sujeito de tais pensamentos com os objetos dos quais são eles pensamentos. O que é também dizer que esses pensamentos são intrínseca e constitutivamente ***relacionais***, a ***percepção*** constituindo-se na ilustração paradigmática deles. Uma apresentação clara desta idéia é feita por Kent Bach quando diz:

> "*Quando percebemos algo, podemos pensá-lo de uma maneira fundamentalmente diferente do que quando pensamos sobre ele meramente por descrição. Pensar algo por descrição é exatamente pensar do que quer que seja que tenha as propriedades expressas pela descrição. Mas perceber algo é estar em uma relação real com ele, é encontrar-se em posição de pensá-lo como 'este', e não meramente, sob algum conceito individual, como 'o F'. Nossos pensamentos sobre ele não são DESCRITIVOS mas DE RE. Pensamentos sobre objetos de percepção constituem a espécie básica (....) de pensamentos* ***de re***". [1]

Uma outra boa ilustração desta tese se encontra no livro de François Recanati sobre a referência direta, onde se lê:

> "*Um pensamento* ***de re*** *é empiricamente relacionado àquilo sobre o que versa. A maçã causa a percepção da maçã e isto precisa*

[1] Kent Bach, *Thought and reference*, Oxford University Press, 1987, p. 11.

ser assim para que haja a percepção da maçã. Não há tal relação entre modos de apresentação descritivos e a referência: não precisa haver conexão causal alguma entre o homem mais forte do mundo e meus pensamentos sobre o homem mais forte do mundo".[2]

Ora, consideradas as análises da Estética Transcendental, e à luz de outras várias e formais declarações de Kant, parece quase óbvia a confirmação de que a concepção kantiana da cognição intuitiva pode ser considerada como uma variante antecipada das teorias do pensamento de re. Com efeito, a declaração de abertura da Estética diz:

> *"Seja qual for o modo e sejam quais forem os meios pelos quais um conhecimento possa referir-se a objetos, a* ***intuição*** *é o modo como se refere imediatamente aos mesmos (....). Contudo, esta intuição só acontece na medida em que o objeto nos for dado; (....) isto só é por sua vez possível pelo fato de o objeto* ***afetar*** *a mente de certa maneira. A capacidade (....) de obter representações mediante o modo como somos afetados por objetos denomina-se sensibilidade (....). Aquela intuição que se refere ao objeto mediante sensação denomina-se* ***empírica****". (A 19-20/B 33-34)*[3]

Muito depois, no início do *Livro primeiro* da *Dialética transcendental*, na chamada passagem da classificação, Kant reitera esta mesma tese dizendo:

> *"Uma* ***percepção*** *que se refere unicamente ao sujeito enquanto modificação de seu estado é* ***sensação*** *(sensatio); uma percepção objetiva é* ***conhecimento*** *(cognitio). Este é ou* ***intuição*** *ou* ***conceito*** *(intuitus vel conceptus). A primeira refere-se imediatamente ao objeto e é singular; o segundo refere-se mediatamente a ele, mediante um traço que pode ser comum a mais coisas." (A 320/B 376-7)*

Também nos cursos de *Lógica* encontramos a expressão deste mesmo ponto. No parágrafo de abertura da *Lógica* de *Jäsche*, por exemplo, lê-se:

---

[2] Cf. François Recanati, *Direct reference*, Blackwell, 1997, p. 102.

[3] A citação dá o texto da tradução de Valério Rohden e Udo Baldur Moosburger [VR/UBM], publicada por V. Civita, Abril Cultural, no volume *Kant* da série **Os pensadores**, São Paulo, 1980, p. 39. As referências à primeira edição da *Crítica da razão pura* serão feitas de acordo com a tradução de Manuela Pinto dos Santos e Alexandre Fradique Morujão [MPS/AFM], publicada pela Fundação Calouste Gulbenkian, Lisboa, 2ª edição, 1989. Exceções a essa sistemática serão assinaladas.

"Todos os conhecimentos, isto é, todas as representações conscientemente referidas a um objeto são ou intuições ou conceitos".[4]

No mesmo sentido, na chamada *Lógica de Viena*, afirma-se:

*"Ter cognição, **percipere**, é representar algo comparando-o com outros e ter uma visão de sua identidade ou diversidade com relação a eles. É, então, ter a cognição de algo com consciência"*.[5]

Portanto, de maneira muito límpida, estes textos evidenciam as seguintes convicções de Kant:

- a primeira e fundamental característica da cognição intuitiva é a de referir-se ***imediatamente*** a ***objetos***;
- os objetos aos quais a cognição se refere imediatamente são ***singulares***;
- a referência imediata a tais objetos singulares é dependente da ***afecção*** de nosso aparelho sensorial por tais objetos;
- o efeito dessa afecção sobre a capacidade representativa é a ***sensação***, a qual, quando, como se explica no § 3 da *Crítica da faculdade do juízo*, ***é referida ao objeto*** e não ao sujeito, nos ***dá*** tais objetos e é uma forma de cognição;[6]
- enquanto forma de cognição, na medida em que nos dá os objetos, a intuição nos permite ***identificá-los*** e ***discriminá-los conscientemente***, podendo ser creditada, como é dito na *Lógica* de Jäsche, com uma forma específica de esclarecimento denominada clareza[7] ***estética***, a qual deve ser atribuída restritivamente à cognição de ***indivíduos*** e que precisa ser contrastada à *"clare-*

[4] Cf. *Manual dos cursos de lógica geral*, tradução, apresentação e guia de leitura de Fausto Castilho. EDUFU, Uberlândia e IFCH-UNICAMP, Campinas, 1998, § 1, p. 158-159. A tradução do Professor G. A. de Almeida omite a palavra *"conscientemente"* [*mit Bewußtsein*] nesta passagem crítica: *"Todos os conhecimentos, quer dizer, todas as representações relacionadas a um objeto são ou intuições ou conceitos"*. V. *Lógica*, Tempo Brasileiro, Rio de Janeiro, 1992, § 1, p. 109.

[5] *Lectures on Logic*, tradução inglesa, sob o título de *Lectures on Logic*, de transcrições de várias lições de Kant sobre Lógica, *Cambridge Edition of the works of Immanuel Kant*, Cambridge University Press, Cambridge, UK, 1992, p. 299 (Ak, V. XXIV, 846).

[6] Lê-se ainda no início da *Crítica da razão pura*: "(...) *pela sensibilidade nos são dados objetos e apenas ela nos fornece **intuições*** (...). *Aquela intuição que se refere ao objeto mediante sensação denomina-se **empírica***". (A 19-20/B 33-34)

[7] No § 6 da *Antropologia* Kant define a *"clareza"* nos seguintes termos: *"A consciência das representações que é suficiente para diferenciar um objeto de um outro é a clareza. Mas a que torna clara a composição das representações é a distinção"*. Na tradução francesa de M. Foucault, publicada por Vrin, Paris, 1970, p. 25.

za lógica", só alcançável quando a cognição se faz "*mediante conceitos*".

Parece fora de dúvida, portanto, que essas características fazem das intuições empíricas uma modalidade de pensamento ***de re*** e, portanto, um caso paradigmático de pensamento objeto-dependente.[8] Na verdade, sustentar que a intuição é uma forma de cognição ***imediata*** e ***singular*** é dizer que se trata da cognição de um ***objeto***, não de um conceito ou de relações conceituais, e de uma cognição que se perfaz pela presença do próprio objeto ao sujeito da cognição.[9]

2. No entanto, basta a evocação do bê-a-bá do kantismo para desconfiar da aparente clareza dessa análise e para pôr sob suspeita a hipótese de uma equivalência limpa entre a doutrina kantiana das intuições e as teorias do pensamento ***de re***.

Em primeiro lugar, e de maneira muito geral, pode-se observar que, muito embora a ***afecção*** seja uma condição ***necessária*** da cognição empírica, sob nenhuma hipótese se a poderá considerar como uma condição ***suficiente***, pois, para que possamos ter a representação de um objeto exterior, é indispensável que o representemos no espaço, o que – esta a primeira e mais elementar lição do kantismo – só poderá ter lugar na medida em que, *a priori*, dispusermos do espaço enquanto ***forma da intuição***. Assim, as formas da intuição, longe de poderem derivar da afecção empírica, são necessariamente pressupostas por esta.

---

[8] E isto tanto mais assim quando lembramos que Kant costuma acompanhar a caracterização feita acima com o contraste enfático à cognição por conceitos, que é dita sempre ***indireta***, ou ***mediata***, dependente de notas características e voltada à discriminação de que é comum a várias coisas. Cf. B 33-34 e A 19.

[9] Importa sublinhar também que esta capacidade de ter presente os objetos empíricos é própria dos ***sentidos*** na acepção estrita do termo e por oposição à imaginação. Com efeito, segundo a análise de Kant, os sentidos constituem o primeiro elemento da *faculdade sensível*, o qual é caracterizado como a *faculdade da intuição* **com a presença do objeto**, contrastantemente com a faculdade das intuições ***sem*** **a presença dos objetos**, a *imaginação*. A seguinte passagem da denominada *Metafísica* L_1 expressa o ponto com grande clareza: "***A cognição sensível surge, seja inteiramente da impressão do objeto*** *– e então a cognição sensível é uma* representação *dos próprios sentidos –, seja da mente (....) se torno presente para mim uma casa que vi anteriormente, neste caso a representação surge da mente (....). Tais cognições sensíveis que surgem da espontaneidade da mente são chamadas 'cognições do poder formativo'; e as cognições que surgem mediante a impressão do objeto são chamadas 'representações dos próprios sentidos'*." Texto referido de acordo com a tradução inglesa inclusa em *Lectures on Metaphysics, Cambridge Edition of the Works of Immanuel Kant*, Cambridge University Press, Cambridge, UK, 1997, p. 49.

Além disso, é uma lição central e ao mesmo tempo elementar da *Dedução Transcendental* a de que toda cognição de objetos envolve a síntese de um múltiplo dado, de sorte que, a rigor e em sentido próprio, nossa cognição de objetos ***nunca é imediata***. Assim, para dar não mais do que um entre muitos exemplos possíveis, lê-se no § 20:

> *"O dado múltiplo fornecido numa intuição sensível está necessariamente submetido à unidade sintética originária da apercepção, pois unicamente mediante esta é* ***possível*** *a unidade da intuição (§ 17). Mas a ação do entendimento, pela qual o múltiplo de representações dadas (que podem ser tanto intuições quanto conceitos) é submetido a uma apercepção em geral, é a função lógica dos juízos (§ 19). Portanto, na medida em que dado na unidade da intuição empírica*[10]*, todo múltiplo é* ***determinado*** *com respeito a uma das funções lógicas para julgar, pela qual é, notadamente, conduzido a uma consciência em geral". (B 143)*[11]

Deste texto e de vários outros que lhe são paralelos ***parece*** derivar-se, portanto, o seguinte:

- o que as intuições nos dão ***não são objetos***, mas um ***múltiplo***, vale dizer um conjunto de dados ou informações sensoriais;
- somente mediante a unificação de tal múltiplo pela ação do entendimento, conforme às funções lógicas dos juízos, torna-se possível a consciência e a experiência de objetos;
- esta unificação do múltiplo sensível, conforme explicado no § 24 da *Dedução Transcendental*, é feita pela imaginação na chama-

---

[10] Tradução modificada de acordo com a correção de Dieter Henrich. Cf. *The Proof Structure of Kant's Transcendental Deduction*, in Ralph C. S. Walker (ed.), *Kant on Pure Reason*, Oxford University Press, 1982, p. 70.

[11] No mesmo sentido, e quem sabe com clareza ainda maior, Kant escreve a Marcus Herz em 26 de maio de 1789: "(....) *eu atribuo ao entendimento a unidade sintética da apercepção mediante a qual (....) o múltiplo da intuição (de cada cujo traço, não obstante, eu posso ser consciente* ***particularmente****) pode ser trazido à representação de um objeto em geral em uma consciência unificada (cujo conceito é então determinado por meio desse múltiplo). (....) Portanto, a forma em que eles são dados depende de nosso entendimento, do subjetivo, isto é, do modo específico de nossa intuição; por outro lado, depende da unidade do múltiplo em uma consciência, isto é, do acordo recíproco do objeto e da cognição. Somente sob tais condições pode haver experiência de objetos e (....) se a intuição (dos objetos da aparência) não concordar com essas condições, eles serão nada para nós, isto é, absolutamente não serão objetos de conhecimento; (....) todos os dados dos sentidos (....) sem essas condições jamais representariam objetos. (....) conseqüentemente, para mim, como ser cognoscente, eles seriam absolutamente nada*". V. Immanuel Kant, *Philosophical Correspondence*, 1759-99, tradução de Arnulf Zweig, Chicago University Press, 1986, p. 152-3.

da síntese figurada, conforme as regras fornecidas pelos conceitos puros do entendimento.

Ora, como, de outra parte, parece ser um princípio bem assentado do kantismo o de que, como se lê na carta a Beck de 3 de julho de 1792, que

"*nada compósito pode, como tal, ser dado a nós*"[12]

parece seguir-se (i) não apenas a revogação da tese de que pelas intuições temos um acesso cognitivo imediato a singulares, mas também (ii) o caráter insustentável da hipótese da qual partimos, a saber que as intuições, entendidas à maneira de Kant, possam ser consideradas como envolvendo um pensamento *de re* segundo o concebe a filosofia contemporânea.

Na verdade, muito mais parece seguir-se dos pontos levantados até aqui, pois o que eles parecem evidenciar é o caráter profunda e radicalmente aporético da *Doutrina transcendental dos elementos*, em cujo desdobramento a segunda parte como que contraditaria e desfaria a primeira.

Nossa confusão e perplexidade aumentam ainda mais quando tomamos conhecimento de que na história da filosofia crítica esta dificuldade foi levantada já pela primeira geração de kantianos e apresentada da maneira mais clara e formal ao próprio Kant, sem que, contudo, isso o tenha minimamente motivado à correção e à emenda, não se diga da doutrina central da *Crítica da razão pura*, mas ao menos de sua forma de exposição.

Com efeito, em carta datada de 11 de novembro de 1791, J. S. Beck ponderou a Kant:

> "A Crítica *chama 'intuição' uma representação que se refere imediatamente a um objeto. Mas, de fato, uma representação não se torna objetiva até que seja subsumida sob as categorias. Uma vez que a intuição similarmente só adquire seu caráter objetivo por meio da aplicação das categorias a ela, sou favorável a abandonar a definição de 'intuição' que a toma como uma representação relativa a objetos. Eu não encontro na intuição nada mais do que um múltiplo acompanhado de consciência (ou pelo único 'Eu penso'), um múltiplo determinado pelo último, em que não há como tal nenhuma relação a um objeto (....) ambos, intuições e conceitos, adquirem objetividade somente depois que a atividade do juízo os subsume sob os puros conceitos do entendimento*".[13]

---

[12] Id., p. 193. A mesma tese em termos ligeiramente diversos é expressa na carta a Tieftrunk, de 11 de dezembro de 1797, onde se lê: "*Por que o que é sintetizado não pode como tal ser intuído* (...)". Id., p. 245.

[13] Id., p. 180-181

Como se vê, a dificuldade que apresentamos anteriormente dificilmente poderia ter sido exposta de maneira mais precisa, honesta e direta do que a formulada por Beck. No entanto, Kant fez ouvidos moucos e não enfrentou ***diretamente*** a objeção – nem na carta remetida a Beck em 20 de janeiro de 1792, nem, como se verá adiante, posteriormente.[14] Seja como for, quase sete meses depois de sua primeira interpelação, Beck, visivelmente constrangido, mas também visivelmente convicto de que tratara de uma dificuldade central sobre a qual seria impossível passar por cima, dirigiu-se novamente a Kant reiterando sua dificuldade. Disse então:

> *"Eu gostaria de saber se o Senhor concorda com as seguintes observações. Parece-me que se não se deveria definir 'intuição' na Estética Transcendental como 'uma representação imediatamente referida a um objeto' ou como uma representação que surge quando a mente é afetada pelo objeto. Porque não é possível mostrar até alcançar-se a Lógica Transcendental como chegamos às representações objetivas. Também o fato de que há intuições puras exclui esta possibilidade. Eu realmente não vejo onde erro quando digo: a intuição é uma representação inteiramente determinada com relação a um dado múltiplo. (....) Em minha última carta eu mencionei este ponto que me parece obscuro. Seu silêncio, caro senhor, me fez temer ter dito algum* non-sense *em relação a isso. Mas quanto mais eu remôo o assunto em minha cabeça, menos eu consigo ver qualquer erro em dirigir-me ao Senhor para pedir instrução e eu a peço uma vez mais"*.[15]

Antes de examinar a resposta que Kant viu-se então forçado a dar a Beck, convém sublinhar que, para os fins da análise que estamos a desenvolver, há aqui ***dois*** problemas a serem elucidados.

O primeiro é o problema exegético de entender como se articulam a *Estética* e a *Analítica Transcendental*, ou, para falar materialmente, a análise do modo em que se articulam sensibilidade e entendimento na cognição de particulares. O segundo é a questão obscura e difícil de entender quais

[14] É verdade que, *in pectore*, Kant rejeitou a sugestão de Beck imediatamente, pois escreveu à margem da carta recebida: "*Fazer de um conceito cognição de um objeto por meio da intuição, isto é, efetivamente, obra do juízo; mas a referência de uma intuição a um objeto em geral não é. Porque esta última é meramente o uso lógico da representação na medida em que como representação ela é pensada como sendo uma cognição. Quando, por outro lado, uma única representação é referida somente ao sujeito, seu uso é estético (sentimento), em cujo caso a representação não se torna uma peça de conhecimento*". Id., p. 181.

[15] Id., 192-3.

as razões filosóficas de fundo que impediam Kant de aceitar as correções de Beck e que o obrigavam a manter – ainda que ao preço de uma expressão muito obscura, elíptica e aparentemente contraditória – a tese de que as intuições nos dão um acesso imediato a singulares, espaço-temporalmente locados.

Nesta altura não será demais notar que será a resposta ao segundo destes problemas que nos manterá na trilha de que partimos e que nos devolverá à discussão sobre a equiparação da doutrina kantiana da intuição às teorias contemporâneas do pensamento ***de re***.

3. Pode-se dizer que a maneira *standard* de tratar as dificuldades de compatibilização das análises da *Estética* e da *Analítica Transcendental* consiste em desqualificar a cognição intuitiva e em reduzir as intuições a sensações. Assim, para dar não mais do que um exemplo, Allison diz:

> "(....) *de acordo com a teoria da sensibilidade de Kant, a intuição sensível fornece à mente para conceptualização unicamente dados brutos, não conhecimentos determinados de objetos. Tal conhecimento requer não somente que aqueles sejam dados na intuição, mas também que sejam tomados sob alguma descrição geral ou 'reconhecidos no conceito'. Somente então podemos falar da 'representação de um objeto'*".[16]

Segundo esta linha de análise, nega-se que as intuições sejam verdadeiras cognições de objetos, passa-se a considerá-las, implícita ou explicitamente, como equivalentes a meras sensações e, como faz um comentador recente da *Estética*, François-Xavier Chenet, interpretam-se as passagens da *Crítica da razão pura* em que Kant fala da intuição como uma cognição de objetos não mais do que como uma sobrevivência inercial – equívoca e indesejável – da *Dissertação de 70*.[17]

---

[16] V. Henry E. Allison, *Kant's Trancendental Idealism*, Yale University Press, New Haven, 1982, p. 67. Não é outra a posição de Walsh, que, mais explicitamente, diz o seguinte: "(....) *as intuições precisam ser subsumidas sob conceitos para serem compreendidas; se elas são particulares elas já se encontram sob conceitos. A única maneira de sair desta dificuldade é dizer que esta sensação não é estritamente uma forma de consciência, uma vez que ela não tem verdadeiros objetos, mas que ela é um modo de experiência* sui generis; *sem ela a experiência de particulares seria impossível, embora seja falso descrevê-la como apresentando particulares para serem descritos. Conteúdos sensoriais – intuições, como Kant os denomina – não são objetos de qualquer espécie, públicos ou privados*". V. *Kant's Criticism of Metaphysics*, Edinburgh University Press, Edinburgh, 1975. Paperback reprint, 1997, p. 13-14.

[17] Cf. François-Xavier Chenet, *L'assise de l'ontologie critique – L'esthétique transcendentale*, Presses Universitaires de Lille, 1994, p. 287 e seguintes.

No entanto, parece simplesmente evidente que os textos da *Crítica da razão pura* podem ser coerentemente lidos sem que se precise optar por esta estratégia radical de correção e amputação da letra kantiana.

Com efeito, basta que se admita que as intuições, ***sem deixarem de ser intuições***, envolvem, além dos conteúdos sensíveis materiais resultantes da afecção, as determinações resultantes da própria ***forma da intuição***, assim como as propriedades de cognição ***objetiva***, que resultam da submissão do múltiplo sensível à unidade sintética da apercepção, para que o texto se articule de uma outra maneira.

A alternativa exegética que estamos considerando é, portanto, a seguinte. Ou bem se considera que a combinação ou síntese do entendimento se identifica sem resto com a execução de juízos, de tal sorte que toda percepção deve ser analisada e reduzida a um juízo particular, eventualmente não expresso lingüisticamente, mas não por isso menos certamente executado, ou bem se admite que as atividades sintéticas do entendimento se exercem em um duplo regime, tanto para combinação de representações conceituais em juízos quanto para unificação do múltiplo sensível na síntese da apreensão.

Obviamente somente esta segunda opção permite dar conta de textos essenciais da *Dedução Transcendental*, como, por exemplo, as seguintes passagens do § 26:

> "(....) *por* ***síntese da apreensão*** *entendo aquela composição do múltiplo numa intuição empírica mediante a qual [se] torna possível a percepção, isto é, a consciência empírica de tal intuição (como fenômeno). (B 160) (....) toda a síntese pela qual se torna possível mesmo a percepção está sob as categorias* (....)". *(B 161)*

Creio que uma clara e persuasiva apresentação do que vai implicado nesta opção é feita por Hoke Robinson quando explica:

> "*A função do entendimento é produzir cognições combinando duas ou mais representações em um juízo* (....). *Ora, a lógica nos diz que há um certo número de modos em que as representações podem ser combinadas em juízos* (....) *Mas estes modos de julgar podem ser vistos como a aplicação* **especializada** *a juízos de modos gerais de combinação que residem no entendimento: se se revelar que há outras áreas* **adicionalmente** *aos juízos em que o entendimento pode realizar esta atividade combinatória, esperaríamos que houvesse um sistema de formas de combinação correspondente às formas do juízo.* (....) *Mas neste ponto da exposição* (....) *ainda não há indicação de que de fato exista, além do juízo, outras áreas de especialização das funções gerais de combinação do entendimento: ainda não sa-*

bemos o que vamos aprender na Dedução Transcendental, notadamente que as categorias se aplicam não somente à formação dos juízos, mas também à formação das intuições".[18] *(47-48)*

Bem entendido, esta opção hermenêutica implica, como diz Lorne Falkenstein, que sejam incluídas entre as operações do entendimento as operações mediante as quais, na percepção, tomamos nossas representações do múltiplo sensível como representações de objetos.[19]

É fundamental dar-se conta, porém, que se, por uma parte, esta linha de interpretação permite resolver a contradição aparente entre a *Estética* e a *Analítica* – e permite resolvê-la sem a amputação do texto crítico, nem renúncia à idéia de que as intuições, mesmo no contexto da Analítica, hão de ser entendidas como cognições de objetos singulares –, de outra parte nos deixa com o problema, provavelmente ainda maior, de entender como, não obstante a dependência da combinação e da síntese, pode a intuição de particulares continuar a ser pensada como uma forma de cognição imediata.

Sublinhe-se igualmente que é da possibilidade de resolver positivamente este enigma que depende a preservação da hipótese apresentada inicialmente de que as intuições empíricas possam ser equiparadas aos ditos pensamentos ***de re***.

---

[18] In *The Transcendental Deduction from A to B: Combination in the Threefold Synthesis and de Representantion of a Whole.* The Southern Journal of Philosophy (1986), Vol. XXV. Supplement. Esta interpretação pode ser abonada por muitos textos. Assim, por exemplo, em B 130 lê-se: "(....) *toda ligação* – (....) *quer seja uma ligação do múltiplo da intuição ou de vários conceitos* (....) – *é uma ação do entendimento que designaremos com o nome geral se* ***síntese*** *para* (....) *observar que não nos podemos representar nada ligado no objeto sem o termos nós mesmos ligado antes* (....)". Cf. B 162, nota.

[19] É o que explica muito claramente o texto seguinte: "(....) *neste sentido conceitos são somente um dentre os produtos da síntese intelectual; também há as percepções. Em paralelo com esta segunda opção também podemos tomar 'intuição' como significando representação singular ou percepção. Mas se definirmos 'intuição' desta maneira precisamos reconhecer que 'intuições' não são distintas das representações intelectuais, mas são um subconjunto destas últimas, notadamente produtos do processo intelectual de combinação ou síntese figurativa*". V. Lorne Falkenstein, *Kant's Intuitionism, A Commentary on the Transcendental Aesthetic*, University of Toronto Press, Toronto, 1995, p. 69-70. Sellars já expressara o mesmo ponto ao dizer: "*É essencial ver que a intuição é uma espécie de* ***pensamento****, porque qualquer explicação em termos de 'sense datum' torna ininteligíveis certas características essenciais da teoria do conhecimento de Kant, por exemplo, o esquematismo. As categorias, assim, se aplicam às intuições, porque o conteúdo das* ***intuições*** *(dos múltiplos) as contém, ainda que não o conteúdo das* ***sensações***". V. *Transcendental Idealism*, § 11. Texto publicado originalmente em *Collections of Philosophy* 6, 1976 (165-181), agora disponível na internet, no endereço http://www.ditext.com/sellars/kti.html.

4. O esclarecimento adequado desta dificuldade exige que se entenda pelo menos dois obscuros e importantes textos de Kant, a saber: a sempre reparada nota ao § 26 da *Dedução Transcendental* e a resposta de Kant às já referidas cartas de Beck.

Antes, porém, de apresentar o que parece ser a solução para esta questão difícil, convém sublinhar que a dificuldade está em entender como é possível que a percepção, conquanto resulte de uma síntese do entendimento, guarde o caráter de uma relação direta aos objetos.

O que é também dizer que o ponto crítico se encontra em compreender como é ***preservada*** a vinculação da representação sintetizada ao objeto que deu origem a seus componentes. Uma ilustração da dificuldade em jogo aqui – ainda que exposta numa outra terminologia e em contexto distinto, mas que, nem por ser anacrônica, deixa de ser útil para esclarecimento do ponto que nos interessa – se encontra na seguinte passagem de Russell:

> "(....) *de acordo com os princípios gerais que precisam governar toda correspondência de coisas reais com os objetos da percepção, qualquer princípio que introduza diversidade entre estes precisa introduzir uma diversidade entre aquelas.* (....) *se há tal correspondência, é necessário supor que a diversidade nos efeitos – isto é, nos objetos percebidos – implica diversidade nas causas – isto é, nos objetos reais.* ***Assim, se percebo dois objetos no campo visual, preciso supor que pelo menos dois objetos reais estão envolvidos no causar minha percepção***".[20]

Ora, se a representação dos objetos resulta necessariamente de uma síntese do múltiplo sensível, pareceria forçoso admitir que há necessariamente a ***suspensão da dependência*** (i) do ***objeto representado mediante a síntese*** (ii) ***do objeto que causa a afecção***, uma vez que o elemento fundador de tal dependência, o caráter ***dado*** deste último, parece desvanecer-se em decorrência da tese segundo a qual ***dado é o múltiplo, não o objeto da intuição***.[21]

O desafio interpretativo aqui está em compreender como é possível, não apenas que o múltiplo ***a ser sintetizado*** tenha sido dado, mas que ***o múltiplo sintetizado*** – o que Kant denomina ***o compósito*** – ***seja sintetizado enquanto dado***.

Antes de elucidar este ponto convém lembrar, porém, que Kant rejeitou a sugestão que Beck por duas vezes lhe apresentara de que se abando-

---

[20] V. *On the Relations of Universals and Particulars*, em *Logic and Knowledge – Essays – 1901-1950*, George Allen & Unwin, Londres, 1956, p. 121.

[21] Fossem as coisas assim e seria forçoso admitir a possibilidade de que um múltiplo originado pela afecção da sensibilidade por um único objeto viesse a ensejar a formação da representação de um, de dois, de três ou mais objetos!

nasse a "*definição de 'intuição' (....) como uma representação relativa a objetos*"[22], ou como "*uma representação que surge quando a mente é afetada pelo objeto*".[23]

A razão de fundo para esta recusa, como já observado, Kant não a apresentou diretamente, mas a expôs, em uma espécie de circunlóquio, ao recusar a proposta de uma conceituação nova e alternativa das ***intuições***.

Com efeito, Beck se pronunciara sobre esse ponto dizendo:

> "*Eu realmente não vejo onde erro quando digo: a intuição é uma representação inteiramente determinada com relação a um dado múltiplo*".[24]

A resposta de Kant será uma recusa formal dessa sugestão, ainda que apresentada polidamente:

> "*Quanto à sua definição de intuição como uma representação inteiramente determinada com respeito a um múltiplo dado, eu não teria nada a acrescentar exceto isso: a determinação completa aqui precisa ser entendida como objetiva, não como existente meramente no sujeito (uma vez que é impossível para nós conhecer todas as determinações do objeto de uma intuição empírica)*".

O que é quase dizer que a proposta de Beck é um disparate, pois, explica Kant, é impossível definir a intuição como uma representação inteiramente determinada simplesmente porque completamente determinado só pode ser o próprio objeto, sua intuição, como assinalado imediatamente, *qua* representação, só podendo resultar da síntese do múltiplo sensível que nós próprios fizermos.

Todavia, o mais importante da resposta de Kant ainda está por vir, uma vez que a seqüência do texto, ao mesmo tempo em que dirá que "*nada compósito pode, como tal, ser dado a nós*"[25] sustentará que, não obstante, a síntese das representações "***para estar de acordo com o objeto não pode ser arbitrária***".

Ora, se procurarmos esclarecer o sentido do termo "***arbitrário***" a partir das análises que Kant dedica aos conceitos ditos "*arbitrários*", seja na *Crítica da razão pura*, seja nos cursos de lógica, seremos levados a entender que por ***arbitrários*** Kant entende os conceitos que ***não*** nos são

---

[22] Cf. Carta de Beck a Kant datada de 11 de novembro de 1791, ed. cit., p. 180-1.

[23] Cf. Carta de Beck a Kant datada de 31 de maio de 1792, ed. cit., p. 191.

[24] Id., ib.

[25] Exceto o que a *Nota a Segunda Antinomia* denominará *de compositum ideale*, por oposição a um *compositum reale*. V., adiante, nota 30.

dados "*nem pela natureza do entendimento, nem pela experiência*"[26] e que, ao contrário, são produzidos por uma "*síntese arbitrária*"[27], como ocorre na matemática, onde "*o conceito do objeto*" é "*dado pela definição*".[28]

Entende-se, assim, que se a síntese das representações não pode ser ***arbitrária*** isto quer dizer que o sintetizado – a despeito de que Kant sustente que "*nada compósito pode, como tal, ser dado a nós*" –, de certo modo, tem que ser ***dado***, sob pena de que a representação que dele resulte não possa estar de acordo com os objetos.

À primeira vista não se vislumbra solução para este problema, já que parecemos enredados em uma contradição formal. Heidegger, como sempre um finíssimo leitor de Kant, dá, porém, uma indicação da direção de saída deste impasse ao dizer:

> "(....) *a expressão 'síntese' não é simplesmente plurívoca nela mesma, mas, ademais, é seguidamente empregada por Kant em casos em que justamente ele não tem em vista um com-por ou um compreender pela espontaneidade ponente, tética, mas um com-por que ele interpreta antes como um* ***olhar****-conjunto (Zusammenschauen), isto é, como um permitir-encontrar. Por 'síntese' ele entende então propriamente uma* ***syn-opsis****, segundo um termo que, por certo, ele utiliza bem raramente, e pelo qual visa* (....) *uma com-doação originária, esta doação que deixa o 'com' encontrar a partir de uma unidade. Ora, este permitir encontrar anterior, a partir de uma unidade, segura mais originariamente junto que não o faria qualquer reunião* a posteriori *de um dado inicialmente disperso*".[29]

A *dica* de Heidegger é, portanto, a de que se deve interpretar a síntese como um ***olhar****-conjunto*, como uma unificação por assim dizer originária. O desafio exegético está, evidentemente, em ir além das metáforas de Heidegger e encontrar mais rente ao texto de Kant uma interpretação que permita esclarecer em que sentido a síntese envolvida em toda cognição de objetos pode preservar a anterioridade destes e assim a dependência do pensamento com relação a eles.

O texto central para uma tal interpretação literal encontra-se na já referida nota ao § 26 da *Dedução Transcendental*, onde se lê:

---

[26] V. A 729-30/B 757-58.

[27] V. id. ib. Cf. *Lectures on Logic*, ed. cit., p. 360 (Ak, XXIV, 918-19).

[28] A 730/B 758.

[29] Martin Heidegger, *Interpretação fenomenológica da* Crítica da razão pura, na trad. para o francês de E. Martineau, Gallimard, 1977, p. 136-7 (Gesamtausgabe, XXV, p. 134).

*"Representado como **objeto** (como realmente se requer na Geometria), o espaço contém mais do que a simples forma da intuição, a saber, a **compreensão** do dado múltiplo segundo a forma da sensibilidade numa representação **intuitiva**, de modo que a **forma da intuição** dá somente o múltiplo, mas a **intuição formal**, a unidade da representação. Na estética, enumerei essa unidade meramente como pertencente à sensibilidade para apenas observar que precede a todo o conceito, não obstante pressuponha uma síntese que não pertence aos sentidos, mas mediante a qual todos os conceitos do espaço e tempo tornam-se primeiramente possíveis. Com efeito, visto que mediante tal síntese (na medida em que o entendimento determina a sensibilidade) o espaço e o tempo são pela primeira vez **dados** como intuições, então a unidade desta intuição* a priori *pertence ao espaço e ao tempo, e não ao conceito do entendimento (§ 24)"*. (B 160-161, nota)

Sem agora querer nem poder comentar *mot-à-mot* este texto desconcertante e decisivo, importa-me, primeira e simplesmente, destacar a afirmação, feita quase ao final do trecho citado, consoante a qual é ***mediante a síntese que o espaço e o tempo são pela primeira vez dados como intuições***. E isto porque o que parecia simplesmente impossível – a compatibilização dos conceitos de '***síntese***' e de '***dado***' – é expressamente coligado por Kant e coligado de tal forma que ***é o próprio caráter dado do espaço e do tempo que é feito dependente da síntese***.

Contudo, este apoio textual não deixará de ser uma solução puramente verbal enquanto não forem esclarecidas as estritas condições sob as quais se pode entender esta enigmática conjunção da ***síntese*** e do caráter ***dado*** das representações intuitivas. O essencial aqui é entender que esta conjunção feliz só poderá ter lugar se o múltiplo a ser sintetizado tiver a única forma compatível com isso, a saber: a *forma de uma representação **singular** a priori* – vale dizer *a forma do espaço ou do tempo* – e não, como diz o texto, a forma universal de um conceito comum.

E isto assim ***porque somente o que possui a propriedade fundamental da forma da intuição – a singularidade*** **a priori** – *pode **preservar o modo de individuação** próprio das entidades que estão para a intuição pura como **partes** dela e como partes que, por serem **limitações** do espaço infinitamente dado, estão virtualmente já desde sempre disponíveis, uma vez que o espaço enquanto forma originária da intuição "é uma grandeza infinita dada"*[30]. O que é também dizer que é esta ***inerência à forma da***

[30] É exatamente esta idéia que está contida em A 438/B 466, quando Kant diz: "*O espaço deveria ser chamado propriamente não de* compositum *mas de* totum, *porque as suas partes são possíveis somente no todo e não o todo é possível mediante as partes. Talvez pudesse ser chamado de* compositum ideale, *mas não de* compositum reale".

intuição** que garante o caráter **não-arbitrário** da síntese*, vale dizer uma síntese em que o composto é sintetizado ***enquanto dado.[31]

Sendo assim, deve-se entender, nos termos do exemplo proposto na nota do § 26, que a formação das representações espaciais – não do espaço e do tempo como tais, como mal interpretam alguns[32], mas de figuras espaciais determinadas como uma figura cônica ou esférica, conforme ilustrado ao final do § 38 dos Prolegômenos – pressupõe a estrutura do espaço. Portanto, é esta última – que compreende tanto propriedades formais como o caráter contínuo, a divisibilidade ou a tridimensionalidade quanto o regime especial de relação todo/parte que lhe é peculiar – que garante o caráter não-arbitrário da síntese ao permitir que ***o compósito*, não obstante sintetizado, *herde e conserve o caráter 'dado' de seus componentes***. Este, aliás, me parece ser o sentido da sentença final da nota que estamos comentando, quando Kant diz que:

> "(....) *a unidade desta intuição* a priori *pertence ao espaço e ao tempo, e não ao conceito do entendimento*".[33]

Creio que esta análise pode ser melhor esclarecida se, lembrando o exemplo da *Segunda Analogia*, reconhecermos que ao termos a representação de uma casa poderemos percorrer-lhe os aspectos da cumeeira aos alicerces ou, indiferentemente, destes àquela, sem que, contudo, possamos deixar de reconhecer – e reconhecer ***imediatamente*** – as relações topológicas ***dadas*** que não nos permitem ter o teto como rente ao solo, nem as fundações apontadas às estrelas, nem as janelas que estão à esquerda da porta à direita desta e assim por diante.[34] Um outro exemplo, quem sabe mais elo-

[31] Em B 69-70 lê-se: "(....) *no fenômeno os objetos, até mesmo as propriedades que lhes atribuímos, são sempre considerados algo realmente (wirklich) dado* (....)".

[32] Michel Fichant chama atenção sobre o equívoco de Béatrice Longuenesse na leitura deste texto. Cf. *L'espace est représenté comme une grandeur infinie donnée': la radicalité de l'Esthétique*, in PHILOSOPHIE, nº 56, dezembro de 1997, p. 35. Fichant tem em vista a releitura da *Estética Transcendental* proposta por Longuenesse à p. 236 e seguintes de *Kant et le pouvoir de juger*, Epiméthé, PUF, Paris, 1993.

[33] Creio que é uma tese muito próxima a esta a que está contida em A 284/B 340: "(....) *na intuição se encontra algo que de modo nenhum se encontra no simples conceito de uma coisa em geral* [versão de VR/UBM] *e é este algo que fornece* [versões MPS/AFM; VR/UBM propõem "*esta fornece*", opção de tradução que induz o leitor a pensar que o pronome demonstrativo está por "*coisa em geral*", o que tornaria o texto incompreensível] *o substratum que de modo algum seria conhecido através de simples conceitos, a saber, um espaço, que, com tudo o que contém, consiste em meras relações formais ou também reais* (....) [MPS/AFM]".

[34] Parece-me que é exatamente esse ponto, ainda que expresso de uma maneira um tanto obscura, que Kant tem em mente ao dizer, ainda no § 26: "(....) *se por exemplo elevo a uma percepção a intuição empírica de uma casa mediante a apreensão do múltiplo*

qüente, seria o que nos obrigaria a representar-nos uma luva ou como esquerda ou como direita, mas não indiferentemente.

Na verdade, um esclarecimento mais preciso deste ponto o devemos a Lorne Falkenstein quando diz:

> "*Imagine-se um triângulo preto não-vazado desenhado em uma folha de papel branco. Imagine-se que todos os pontos sobre a folha são designados por uma notação tripla <x,y, b/p>, onde **x** e **y** referem-se a coordenadas cartesianas do ponto na folha de papel e **p** é escolhido se o ponto for preto e **b** se o ponto for branco. Imagine-se então que cada ponto da folha de papel seja objeto de um pensamento distinto. O resultado será uma lista infinita de pensamentos; (0,0, p), (3,7, b) e assim por diante. Na medida em que cada ponto na folha é a matéria-objeto de um pensamento distinto, não haverá (....) um pensamento da aparência da folha como um todo único e há, portanto, um sentido em que a folha não terá sido percebida. Para que ela seja representada é necessário que esta multiplicidade infinita de informações seja de algum modo reunida em um pensamento simples, a 'soma' de tudo aquilo que os pensamentos listados por assim dizer 'adicionam'. (....) para que isso sobrevenha é necessário que algum processo de 'soma' ocorra. Todos os diferentes pontos na folha de papel precisam ser reunidos e compostos*".[35]

Por certo, a ênfase de Falkenstein está na necessidade de conjunção ou soma dos pontos percebidos serialmente, mas é óbvio que a imagem da folha de papel torna forçoso pensar que, quando da síntese, os elementos sobre os quais ela se perfaz – os pontos – são pensados como ***pontos da folha***, de sorte que o sintetizado – os pontos ***somados*** – é tomado como antecedente a tal conjunção ou soma.

Creio que uma outra maneira de ilustrar esta tese é termos em mente o modo como percebemos um cubo maciço e não-transparente. Basicamente podemos dizer que o apreendemos em uma sucessão de visadas perceptivas, que podemos apresentar esquematicamente da maneira seguinte:

T_1: percepção de L_1 e L_2;[36]
T_2: percepção de L_3 e L_4;
T_3: percepção de L_5 e L_6;

(cont. nota 34) *dessa intuição, então tenho como fundamento a **unidade necessária** do espaço e da intuição sensível externa em geral, e conforme essa unidade sintética do múltiplo no espaço como que esboço a sua figura*". (B 162)

[35] V. Lorne Falkenstein, op. cit., p. 246-7.

[36] "T_1" está por "*Tempo 1*" e assim por diante; "L_1" está por "*Lado 1*" e assim por diante.

Na medida em que o caráter tridimensional é uma propriedade constitutiva da representação do espaço, é evidente que, ao ***chegarmos*** às faces não-vistas nos atos perceptivos ocorridos em cada tempo e em função do ponto de vista em que, a cada vez, nos situarmos, não estaremos a tomar conhecimento de nada que ***já não soubéssemos***. Antes devemos dizer que a distribuição temporal da percepção dos lados do cubo, embora necessariamente serial, é como que anulada pelo caráter já desde sempre tridimensional da representação do espaço, a qual torna o seqüenciamento das visadas um movimento simplesmente subjetivo de reconhecimento de propriedades que são acessadas como já desde sempre aí. O que é dizer que a intuição empírica de um dado de jogar é a intuição ***imediata*** de um objeto tridimensional, provido com seis faces, ainda que as visadas perceptivas jamais nos possam dar acesso simultâneo a todas elas e a despeito de que a retenção mnemônica de L_1, L_2, L_3 e L_4 em T_3 não tenha privilégio epistêmico algum[37], não fazendo mais do que ratificar o que, em qualquer dos tempos em questão – em T_1 tanto quanto em T_2 ou T3 –, já se sabia[38]. Também neste caso ilustra-se com

[37] É importante notar que negar o privilégio epistêmico da "*reprodução*" não é negar a necessidade psicológica e lógico-transcendental – tão clara e enfaticamente afirmada em A 102 – do encadeamento das percepções, mas é simplesmente dizer que a retenção do percebido em T_1 e T_2 em T_3 é simétrica à função que a imaginação cumpre em T_1 ao antecipar a cognição intuitiva dos lados que só virão a ser vistos em T_2 e T_3 (V., adiante, a *Reflexão* citada na nota 37). Sobre a função antecipatória da imaginação cf. *Antropologia*, § 37, ed. cit., p. 57, e *Metafísica* $L_{1,}$ ed. cit., p. 54-55 (AK, 28, 236-7).

[38] Estamos considerando aqui as propriedades ***formais*** dos objetos intuídos espacialmente. O que é dizer que se, ao ver uma laranja, sei imediatamente que ela tem uma parte posterior que minha vista não alcança, de modo nenhum poderei saber *a priori* se tal parte está podre ou não. (Fabian Scholze chamou-me a atenção para a importância de fazer esta precisão em uma de minhas aulas na UFRGS.) Aliás, Kant trata formalmente desse ponto na *Disciplina da razão em seu uso dogmático* ao dizer: "(....) *só o conceito de quantidades é passível de ser construído, isto é, apresentado* a priori *na intuição; as qualidades, no entanto, não podem ser apresentadas em nenhum outra intuição que não a empírica.* (....) *É possível formar intuitivamente a figura de um cone simplesmente segundo o conceito e sem qualquer auxílio empírico, mas a cor deste cone tem que estar previamente dada numa ou noutra experiência*". (A 714-5/ B 742-3.) De outra parte, cumpre ainda observar que se, ao intuir, eu dispuser do ***conceito*** da coisa intuída, então poderei antecipar suas características ou propriedades materiais ***essenciais***, mesmo que não as perceba distintamente. É o que Kant explica no § 5 da *Antropologia* ao nos dizer que "*se vejo um homem ao longe em um campo, sem lhe ver os olhos, o nariz, a boca etc.*", não obstante tenho que admitir que tais traços, de algum modo – ou mais exatamente *pelo modo da inferência* – incluem-se na representação intuitiva, porque, não fosse assim, "*eu não poderia nem mesmo dizer que vejo um homem, pois é a partir dessas representações parciais que se compõe o todo (da cabeça ou do homem)*". Cf. *Antropologia*, § 5. (Na tradução francesa de M. Foucault, publicada por Vrin, Paris, 1970, p. 23.) Poder-se-ia pensar que a antecipação do caráter tridimensional de um objeto dado na percepção – a antecipação que o observador fará de uma parte posterior ou uma parte inferior cuja visão, em sentido

clareza, não apenas em que sentido são ***dados*** os elementos a serem sintetizados (no exemplo: L_1 e L_2; L_3 e L_4; L_5 e L_6), mas em que sentido o ***compósito*** – vale dizer: o cubo – é sintetizado ***enquanto dado***.

Ou ainda, de maneira generalizada: percebe-se, assim, em que sentido se pode dizer que é mediante a ***síntese*** que as figuras espaciais nos são

---

(cont. nota 38) estrito, dependerá da seqüência de atos perceptivos – pode ser reduzida aos termos deste exemplo, havendo lá como cá uma ***inferência***. Penso que a diferença entre os dois casos se torna clara, porém, se lembrarmos a distinção estabelecida por Kant entre o ***erro*** e a ***ilusão***. A ilusão, diferentemente do erro – seja a ilusão sensível, seja a ilusão transcendental –, não é uma falha em uma cadeia inferencial e por isso não deixa de produzir seus efeitos quando corrigida: ela é um distúrbio primário, imanente e necessário do uso das faculdades cognitivas. Ademais, no caso da ilusão intuitiva, um distúrbio ***imediato***. É o que Kant deixa claro em A 297/B 354, onde se lê: "(....) *tampouco podemos evitar que o mar pareça mais alto no meio que na praia, porque no primeiro caso vemo-la mediante raios luminosos mais altos do que no segundo, ou mais ainda, assim como o próprio astrônomo não pode evitar que a lua ao surgir pareça maior, se bem que ele não seja enganado por essa ilusão*". Assim, a impressão de tridimensionalidade de que Kant nos fala ao evocar o exemplo da pintura de uma escada na Prefeitura de Amsterdam, que nos é apresentada por "*uma porta que nos convida a subi-la*" (*Antropologia*, § 13, ed. cit., p. 34), é um caso de ilusão, não de erro inferencial e, se a apreciarmos como que *a contrario*, poderemos reconhecer nela o caráter imediato, não-ilativo, da cognição da tridimensionalidade possível dos objetos dados no espaço. Registre-se, a propósito, que, caso ocorresse, nos termos do exemplo apresentado acima, que o ***dado*** que percebêssemos não fosse um *dado* mas um modelo tridimensional produzido por um desenhista industrial com o objetivo de mostrar a um diretor de empresa a aparência final dos dados a serem fabricados, modelo este em que estivessem faltando duas faces, o erro que haveria em tomar essa prova como um dado seria um erro de ilação, porque se tomaria a vista de quatro faces como base de inferência para a crença de que materialmente haveria no objeto em questão duas outras faces ainda não-vistas. Já no caso de tomar-se um desenho em perspectiva como uma evidência da profundidade, o erro não deriva da viciosa ilação que leva de propriedades materiais vistas a propriedades materiais não-vistas, mas decorre, antes, de uma distorção provocada diretamente pelo ***visto***, por uma espécie de estruturação do que está completamente manifesto, diretamente presente aos olhos. O erro no primeiro caso não está na suposição da tridimensionalidade do objeto percebido, mas na antecipação equivocada, baseada no conceito de ***dado de jogar***, de que o modelo seria completo e teria materialmente as seis faces. Já no caso da *porta de Amsterdam*, o erro é uma conseqüência de uma certa manipulação da perspectiva que faz com que se atualize indevidamente – que faz com que como que ***dispare*** – na intuição formal o pressuposto *a priori* da tridimensionalidade do espaço, inerente à forma da intuição. Antes de concluir convém ainda observar que a afirmação de B 154 de que "*Não podemos* (....) *representar as três dimensões do espaço sem* ***pôr***, *a partir do mesmo ponto, três linhas perpendiculares entre si* (....)" parece contradizer frontalmente a linha de leitura que estamos propondo. No entanto, creio que basta bem compreender o sentido de "***representar***" neste contexto para não superestimar a força a ser atribuída a "***pôr***": *representar* aqui está por ***formar a imagem***, está por ***figuração*** da tridimensionalidade, de sorte que o que é ***posto*** não é a tridimensionalidade do espaço, mas a figura dela, "*posição*" esta que, por sua vez, só é possível se pressuposto o espaço como forma da intuição.

dadas, assim como se entende sem dificuldade que se possa dizer, como fizemos acima, que para que a relação dos compósitos sintetizados aos objetos não seja arbitrária é indispensável não apenas ***que o múltiplo a ser sintetizado tenha sido dado, mas que o múltiplo sintetizado – o que Kant denomina no texto o compósito – seja sintetizado enquanto dado***.[39]

Adicionalmente convém ainda notar que, mesmo se variarmos o experimento mental e supusermos não o que o triângulo esteja dado, mas que se o esteja a desenhar, ainda assim a síntese matemática na intuição pura não estará inteiramente livre de constrangimentos. É o que Falkenstein explica na seqüência do texto que acabamos de citar:

> "(....) ***é importante ser claro sobre o que eu faço e sobre o que eu sou obrigado a fazer***. *Quando desenho um triângulo* (....) *há um sentido em que o 'espaço' para a minha atividade já existe. O papel está aí, todos os seus pontos estão ordenados em duas dimensões e*

---

[39] Na verdade este é um ponto básico da filosofia de Kant, já presente na própria determinação da ***simultaneidade*** como nota essencial do conceito de espaço por oposição à ***sucessividade*** que cumpre o mesmo papel com relação ao conceito de tempo, conforme tão claramente expresso na seguinte passagem da *Exposição Metafísica do conceito de tempo: "(....) diversos tempos não são simultâneos mas sucessivos (assim como diversos espaços não são sucessivos, mas simultâneos)*". (A 31/B 47) É este mesmo ponto que se encontra exposto com espetacular clareza na *Reflexão* 6314 (*Ak*, 18: 616): "*Não nos podemos representar nenhum número exceto mediante a enumeração sucessiva no tempo e então por meio da reunião conjunta dessa multiplicidade na unidade de um número. Contudo, esta última não pode ocorrer senão graças a meu colocá-las umas ao lado das outras no espaço; porque elas precisam ser pensadas como dadas* ***simultaneamente***, *isto é, como coligidas conjuntamente em uma representação, porque, não fosse assim, esse múltiplo não constituiria número algum; simultaneidade, contudo, possivelmente não pode ser conhecida a menos que, em acréscimo a meu ato de pôr o múltiplo junto, eu possa* ***apreendê-lo*** *(não apenas pensá-lo) como dado tanto antes como depois*". *Apud* Paul Guyer, *The Claims of Knowledge*, Cambridge University Press, 1987, p. 298. Também em B 134 se pode ler: "*Enquanto dada* a priori *a unidade sintética do múltiplo das intuições é portanto o fundamento da identidade da própria apercepção, que precede* a priori *todo meu pensamento determinado*". Por fim, no § 26 da *Crítica da faculdade do juízo,* Kant por assim dizer expande este ponto ao afirmar: "(....) *o ânimo escuta em si a voz da razão, a qual exige a totalidade para todas as grandezas dadas, mesmo para aquelas que na verdade jamais podem ser apreendidas inteiramente, embora sejam ajuizadas como inteiramente dadas (na representação sensível), por conseguinte reivindica a compreensão em uma intuição e apresentação para todos os membros da série numérica progressivamente crescente e não exclui desta exigência nem mesmo o infinito (espaço e tempo decorrido), torna, muito antes, inevitável pensá-lo no juízo da razão comum como* ***inteiramente dado*** *(segundo sua totalidade)*". ***Crítica da faculdade do juízo***, trad. de V. Valério Rohden e Antônio Marques, Forense Universitária, Rio de Janeiro/São Paulo, 1993, p. 100 (B 91-2; *Ak*, 5, 254).

tudo o que faço é marcar alguns desses pontos (....) um depois do outro. Embora eu tenha uma certa liberdade sobre como executar esse procedimento (....) o papel ele próprio me constrange (....) A ordem dos pontos é originalmente fixada pelo papel. (....) Tudo o que faço (....) é percorrer uma ordem de pontos já dada. Não posso criar ou definir a própria ordem ou, para pôr a questão mais tecnicamente, não posso mudar sua topologia, ou mesmo sua métrica (....). Estes são aspectos que são simplesmente dados e fora de meu controle".[40]

Ora, creio que são exatamente estes constrangimentos ***anteriores*** à construção dos espaços geométricos determinados e às suas respectivas figuras que fazem com que Kant rejeite a proposta de renúncia à tese da *Crítica da razão pura* de que pela intuição nos são ***dados objetos***. E creio que é exatamente este ponto que ele procura explicar na carta que, em 3 de julho de 1792, dirige a Beck quando diz:

"(....) *se o compósito precisa ter a única forma de acordo com a qual o múltiplo dado pode ser sintetizado, segue-se que esta forma é o aspecto meramente subjetivo (sensível) da intuição. A forma precisa ser* a priori, *mas ela não é pensada (porque somente o sintetizar como atividade é um produto do pensamento); ela precisa, antes, ser dada em nós (espaço e tempo) e precisa, portanto, ser uma representação singular e não um conceito (*repraesentatio communis*)".*[41]

Que, de outra parte, se deva admitir que esta mesma análise valha para além do terreno das representações geométricas e se aplique à percepção em sentido estrito, à intuição empírica de objetos reais, é uma lição muito explícita da *Crítica da razão pura*. Assim, na *Elucidação dos postulados do pensamento empírico*, lê-se:

"Ora, é somente porque o espaço é uma condição formal a priori *das experiências exteriores que a síntese figurativa, pela qual construímos um triângulo na imaginação, é inteiramente idêntica àquela que exercemos na apreensão de um fenômeno para fazermos disso um conceito de experiência;*[42] *só por isso se pode ligar a este con-*

---

[40] V. Lorne Falkenstein, o. cit., p. 246-7.

[41] Id., 193-194.

[42] Texto citado até aqui de acordo com a tradução *Rohden-Moosburger*; a sentença final é dada de acordo com a versão de *Dos Santos-Morujão*.

ceito de triângulo a representação da possibilidade de uma coisa semelhante".[43] (A 224/B 271)

O mesmo ponto é feito, ainda que reversamente e em termos mais fortes e obscuros, na prova do princípio das *Analogias*, numa passagem em que Kant diz que, ao ensejo de uma intuição empírica, o princípio dos *Axiomas* permite que o que se apreende no fenômeno seja constituído *a priori*. Diz o texto:

> *"Ora, a maneira como algo é apreendido no fenômeno pode ser determinada* a priori *de modo tal que a regra de sua síntese possa ao mesmo tempo dar esta intuição* a priori *em todo o exemplo empírico que se apresente, isto é, possa constituí-la a partir disso".* (A 178/B 220-221)

Se voltarmos agora a nosso ponto de embaraço – à idéia de que a interveniência do entendimento na representação intuitiva dos objetos proíbe a equiparação da doutrina kantiana das intuições empíricas à teoria contemporânea dos pensamentos ***de re*** –, creio que nos veremos confortados e fortalecidos pela compreensão agora adquirida de que a composição de partes próprias das intuições kantianas pressupõe como ***dada*** junto com a ***forma da intuição*** a estruturação topológica e mereológica dos objetos intuídos.

Neste sentido quero crer que o requisito fundamental dos ditos pensamentos ***de re*** – a objeto-dependência das representações – pode ser reconhecido como preservado na e graças à doutrina kantiana das condições *a priori*[44] da cognição empírica.

---

[43] Esta é também a lição, muito explícita de A 165/B 206, onde se diz notadamente o seguinte: "*A intuição empírica só é possível através da intuição pura (do espaço e do tempo); portanto, o que a Geometria diz desta também vale incontestavelmente para aquela, e precisa-se eliminar as escapatórias como se os objetos dos sentidos não necessitassem se conformar às regras da construção no espaço (por exemplo, à regra da divisibilidade infinita das linhas e dos ângulos). Deste modo, efetivamente, nega-se a validade objetiva ao espaço e, com ele, ao mesmo tempo a toda a Matemática, não mais se sabendo por que e até que ponto possa ser essa aplicada ao fenômeno. A síntese dos espaços e dos tempos, como forma essencial de toda a intuição, é o que torna ao mesmo tempo possível a apreensão do fenômeno, por conseguinte toda experiência externa e também todo conhecimento dos objetos da mesma, e o que a Matemática no uso puro prova acerca daquela síntese também vale necessariamente para o conhecimento dos objetos da experiência*".

[44] *A priori*, sim! Bem, que pensamentos ***objeto-dependentes*** sejam também ***a priori-dependentes***, esta afinal é a melhor ilustração da combinação de *idealismo transcendental* e ***realismo empírico*** que caracteriza o kantismo.

5. Para terminar convém ainda apresentar uma espécie de contraprova, não da boa exegese de Kant, mas da força heurística, da agudeza e do descortino das análises kantianas da cognição intuitiva, trazendo para a presente discussão as lições que Strawson nos propõe sobre dois inesperados e aparentemente implausíveis objetos: sobre *Betty* e sobre a *Ursa Maior*.

Antes, porém, de apresentar os exemplos de Strawson, convém precisar que a palavra *contraprova* é usada aqui tanto como uma metáfora do sentido tipográfico do termo quanto no sentido, já mais abstrato, de *verificação*. A idéia é, em primeiro lugar, a de que a análise de Strawson apresentada a seguir pode ser considerada como uma versão *aggiornata* da doutrina kantiana da intuição; em segundo lugar é de que esta *repetição*, feita no contexto de uma análise lógico-semântica, é uma espécie de corroboração e confirmação das análises de Kant.[45]

No texto que tenho em vista Strawson diz o seguinte:

> *"Dificilmente se poderá negar que o sentido de 'bonito' é tal que dele se pode dizer que* ***agrupa*** *particulares de acordo com uma certa espécie de princípio. Pode-se dizer que o termo agrupa aqueles particulares cujas designações podem ser emparceiradas com ele para produzir enunciados verdadeiros. Ora, num certo sentido também se pode dizer que 'Betty' agrupa particulares: um braço particular, uma perna, uma face, mesmo uma ação particular podem ser todos atribuídos verdadeiramente a Betty. Mas, obviamente, o princípio com base no qual 'Betty' agrupa particulares como pernas e braços é inteiramente diferente do princípio com base no qual 'bonito' agrupa particulares como Betty e Sally".*[46]

O modo em que ***bonito*** agrupa particulares é, evidentemente, o mesmo modo em que o faz aquilo que Kant denomina de ***uso externo*** dos conceitos, vale dizer, a utilização das notas características para o fim de estabelecer a identidade ou a diversidade de objetos, tomando-se as notas como o *secundum quid* com relação ao qual hão de ser eles vistos como iguais ou como diferentes. Esta a lição recolhida, por exemplo, na chamada *Lógica de Viena*, onde se lê:

---

[45] O que é sugerir que a análise de Strawson considerada na seqüência é uma espécie de espelho semântico das análises lógicas e epistemológicas – ou, se se preferir, lógico-transcendentais – de Kant. Importa também notar que é óbvio que a expressão "***agrupar particulares***" utilizada por Strawson pode ser posta em paralelo com a ***combinação*** ou ***síntese*** de Kant.

[46] V. *Singular Terms and Predication*, in D. Davidson e J. Hintikka, *Words and Objections – Essays on the Work of W. V. Quine*, D. Reidel, Dordrecht, 1969, p. 110.

"Uma marca é uma razão de conhecimento, principalmente na comparação das coisas. Na comparação busco a identidade ou a diversidade das coisas. Precisamos de marcas não apenas para distinguir coisas, como sustenta nosso autor, mas também para descobrir no que elas convêm. Por exemplo, não quero distinguir simplesmente um carneiro de um bode, mas também quero saber no que aquele convém com outro carneiro".[47]

Importa entender, porém, que, embora utilizadas para identificação dos objetos, o que as notas características permitem fazer é estabelecer-lhes a identidade ***qualitativa***. Isto quer dizer que, mesmo quando usado para a cognição de um particular, o conceito funciona por ***descarte de diferenças***, posto que sua função não é estabelecer uma conjunção determinada de partes de um objeto ***singular***, mas em reconhecer um indivíduo como sendo subsumível sob um termo geral.[48]

Creio que este ponto se torna ainda mais claro se compararmos o modo em que (i) "*Betty*" agrupa particulares e o modo em que (ii) o conceito "*corpo feminino*" agrupa particulares.

"Betty" agrupa as pernas e os braços, o torso, o rosto, os cabelos de Betty – não os de Gisele Bündchen ou de Ana Paula Arósio. Já o conceito de "*corpo feminino*" **contém sob si** os conceitos subordinados de "*pernas e braços femininos*", de "*torso feminino*", de "*rosto feminino*", de "*cabelos femininos*" e permite agrupar a Betty, a Gisele Bündchen, a Ana Paula Arósio na medida em que cada uma delas é um caso de instanciação do conceito de "*corpo feminino*" e dos conceitos subordinados inclusos em sua esfera.

O nome *Betty*, contudo, agrupa particulares de uma bem outra maneira porque, ao tê-lo em mente, o percebido ou pensado é uma certa idiossincrásica configuração de partes representadas sensível e iconicamente – a configuração que dá a fisionomia única de Betty, o seu perfil corporal e o que a distingue fisicamente das demais mulheres. O que é dizer que o modo em que o nome "Betty" agrupa os particulares se funda na cognição intuitiva de Betty e no modo em que suas ***partes*** lhe compõem a ***figura.***

Para entendermos que continuamos no coração do mesmo assunto tratado nas partes anteriores deste texto, é fundamental, porém, que ouçamos o que Strawson tem a dizer sobre a *Ursa Maior* e sobre a distinção entre o modo em que *Betty* e a *Ursa Maior* agrupam particulares. Diz Strawson:

---

[47] V. *Lectures on Logic*, p. 289 (Ak 24, 834).

[48] Robert Paul Wolff apresenta expressivamente este pensamento ao dizer que o conceito se encontra "*always at least at a single remove from its object*". Cf. *Kant's Theory of Mental Activity*, Harvard University Press, Cambridge, Massachusetts, 1963, p. 63.

*"Não todos os particulares são espaço-temporalmente **contínuos**, como o é Betty. Mas o contraste entre princípios de agrupamento não é (....) dependente de tal continuidade, embora ele seja mais facilmente visto nos casos caracterizados pela continuidade. A expressão 'A Ursa Maior' (utilizada como nome de uma constelação) designa um particular espaço-temporal, embora não um contínuo, ao passo que, mesmo que ocorresse que todo o ouro do mundo viesse a formar uma massa contínua, isto não transformaria 'ouro' na designação de um particular espaço-temporal. O que torna correto contar uma estrela como uma parte da Ursa Maior ou um braço como um pedaço de Betty pelo menos tem a ver com sua relação a outras partes da Ursa Maior ou de Betty, enquanto que o que torna correto contar algo como uma instância de ouro não tem nada a ver com suas relações espaço-temporais a outras instâncias de ouro. A distinção entre **ser uma parte particular de** (ou um **elemento em** etc.) e ser uma **instância particular de** permanece suficientemente clara aqui, mesmo se a continuidade espacial se perdeu".*[49]

É muito evidente, portanto, que o modo em que "*Betty*" e a "*Ursa* Maior" agrupam particulares é bastante distinto, pois enquanto "*Betty*" define limites genuínos, baseados em relações de continuidade-descontinuidade espacial interna e na discriminação de heterogeneidades de forma, cor e movimento dos particulares que agrupa, a "*Ursa* Maior" define limites com um grau de arbitrariedade superior, eis que toma como unidade uma multiplicidade de objetos espacialmente desligados, ainda que levando em conta certas relações de proximidade e simetria existentes entre eles. Valendo-nos da terminologia proposta contemporaneamente por Barry Smith e Achille Varzi, podemos dizer, portanto, que *Betty* e *Ursa Maior* designam exemplos paradigmáticos, respectivamente, de ***objetos*** e de ***aglomerados*** *bona fide*.[50]

---

[49] Id., p. 117.

[50] Cf. Barry Smith e Achille C. Varzi, *The Formal Ontology of Boundaries*, "The Formal Ontology of Boundaries", *Electronic Journal of Analytic Philosophy*, 5:5, 1997. Smith e Varzi observam, *por exemplo: "Exemplos de objetos **bona fide** são: John e Mary, o planeta Terra. Exemplos de objetos **fiat** são: todas as entidades geográficas cuja demarcação não respeita diferenciações qualitativas ou descontinuidades espaço-temporais no território correspondente*". É evidente que neste sentido *Betty é um objeto **bona fide***. Já a *Ursa Maior* deveria ser considerada não como um objeto, mas como um ***aglomerado bona fide***, entendendo-se por tal "*aglomerações que são (....) partes genuínas da ordem causal do que acontece*", como, por exemplo, "*colônias de organismos unicelulares ou cardumes de peixes*" e que podem ser caracterizadas como "*aglomerações que existem independentemente da cognição humana*" – por oposição a ***aglomerações fiat***, cuja característica é serem "*discriminadas de seu contexto enquanto resultantes da decisão ou convenção humana*". (Cf. Barry Smith, *Agglomerations*.

Porém, a despeito desta diferença, permanece verdadeira a observação de Strawson de que o modo em que os nomes "*Betty*" e "*Ursa Maior*" agrupam particulares é ***categorialmente*** distinto do modo em que conceitos ou classes o fazem, posto que a base de reunião naqueles casos não é constituída, como nestes, por notas características, vale dizer por entidades meramente intencionais, mas por representações diretas e constitutivamente icônicas, ou para usar o termo de Kant, hipotipizadas, de objetos externos dados perceptivamente e necessariamente estruturados ***significativamente*** por relações mereológicas e topológicas.[51]

Que o acesso cognitivo a tais objetos dependa primariamente da relação direta com eles parece, portanto, fora de dúvida, de sorte que nossa conjetura inicial de que a doutrina kantiana da intuição empírica pode ser considerada como uma variante da teoria contemporânea dos pensamentos ***de re*** parece plenamente justificada.

(cont. nota 50) Este texto pode ser encontrado no seguinte endereço eletrônico: http://wings.buffalo.edu/philosophy/faculty/smith/BSPUBLST.HTM.) Também se pode dizer que a *Ursa Maior*, não obstante formada por partes topologicamente separadas, é, contudo, um todo mereo-topologicamente estruturado, não apenas por força das relações de vizinhança e simetria entre suas partes, mas também porque estas se movem como se fossem um só objeto. Cf. Roberto Casati e Achille C. Varzi, *Parts and Places*, The MIT Press, Cambridge, Massachusetts, 1999, p. 14.

[51] Este é o ponto que Strawson faz ao dizer, a propósito da geometria, que seus axiomas são verdadeiros em função "***dos significados ligados às expressões que eles contêm***", significados esses que são "***essencialmente figuráveis***". O texto a que estou a aludir diz o seguinte: "*Considere-se a proposição de que não mais do que uma linha reta pode ser traçada entre dois pontos. (....) Quando fazemos isso torna-se evidente que não podemos (....) dar a nós mesmos uma figura tal que sejamos capazes de dizer dela que nos mostra duas linhas distintas e que nos mostre estas linhas passando pelos mesmos pontos. Costuma-se falar dessa impossibilidade dizendo que tais axiomas são necessariamente verdadeiros (....). Podemos explicá-la dizendo que os axiomas são verdadeiros unicamente em virtude dos significados ligados às expressões que eles contêm, mas esses significados são essencialmente fenomenais, significados visuais, significados essencialmente figuráveis ('picturables')*". V. *The Bounds of Sense*, Methuen & Co Ltd, Londres, 1966, p. 282.

2. Intuições e conceitos: a diferença de forma

1. Em uma nota da *Resposta a Eberhard*, Kant diz:

"Pois há igualmente uma ***distinção*** *("Deutlichkeit") na intuição, portanto na representação de um particular, não somente na das coisas em geral, distinção que pode ser denominada* ***estética*** *e que é absolutamente diferente da distinção lógica mediante conceitos (como a do selvagem da Nova Holanda que visse uma casa pela primeira vez, encontrando-se suficientemente perto dela para distinguir-lhe todas as partes, sem, contudo, ter dela o menor conceito), a qual contudo não figuraria em um manual de lógica".*[1]

Paralelamente, na *Lógica* de Jäsche, lê-se o seguinte:

"Assim, por exemplo, se um selvagem vê a distância uma casa cujo uso não conhece, ele tem, é verdade, diante de si na representação o mesmo objeto representado por uma outra pessoa que o conhece de maneira determinada como uma habitação destinada a pessoas. Mas, segundo a forma, esse conhecimento de um e mesmo objeto é diverso em ambos. Em um é ***mera intuição****, no outro,* ***intuição*** *e* ***conceito*** *ao mesmo tempo".*[2]

De maneira muito límpida, estes textos evidenciam as seguintes convicções de Kant[3]:

---

[1] *Über eine Entdeckung, nach der alle neue Kritik der reinen Vernunft durch eine ältere entberlich gemacht werden soll.* Citado conforme a tradução de Jocelyn Benoist, intitulada *Réponse à Eberhard*, editada por Vrin, Paris, 1999, p. 118 (Ak, VIII, 217, nota).

[2] V. *Lógica*, tradução brasileira de Guido A. de Almeida, publicada por Tempo Brasileiro, Rio de Janeiro, 1992, p. 50. (Na ed. da Academia, v. IX, p. 33). Cf. *Manual dos cursos de lógica geral*, tradução, apresentação e guia de leitura de Fausto Castilho. EDUFU, Uberlândia e IFCH-UNICAMP, Campinas, 1998, p. 47.

[3] É interessante notar que Fred Dretske apresenta uma variante *aggiornata* desses exemplos de Kant ao dizer: *"O desnorteado selvagem subitamente transplantado de seu*

- *ver objetos* é uma ilustração exemplar de uma das duas formas fundamentais de ***cognição***[4]: aquela a que Kant dá o nome de ***intuição***;
- tanto intuições quanto conceitos são instrumentos que facultam o acesso cognitivo aos mesmos objetos, ainda que cognição conceitual e cognição intuitiva difiram quanto à ***forma***;
- excepcionalmente, como no caso ilustrado pelo exemplo do selvagem, a intuição empírica de objetos particulares pode ter lugar sem os conceitos empíricos necessários à caracterização do objeto intuído;
- nem por isso tais intuições tornar-se-ão necessariamente obscuras e confusas, perdendo seu caráter de cognições; e isto porque a cognição intuitiva é potencialmente possuidora de uma qualificação própria, denominada ***distinção***[5] ***estética***, a ser atribuída restritivamente à cognição de ***particulares*** e a ser contrastada à "*distinção lógica*", que é passível de ser obtida quando a cognição se faz "*mediante conceitos*".[6]

(cont. nota 3) *meio ambiente natal para uma estação de metrô de Manhattan pode testemunhar a chegada do expresso das 3:45 tão claramente quanto o aborrecido usuário que utiliza um tíquete de validade mensal*". V. *Seeing and Knowing*, Routledge & Kegan. Paul, Londres, 1969, p. 8.

[4] "*Erkentniss*", termo que, conforme a lição de kantianos de língua inglesa, é preferível traduzir por *cognição*. Cf. Rolf George *Vorstellung* and *Erkenntniss*, in Kant, in M. Gram (org.) *Interpreting Kant*, University of Iowa, Iowa City, 1982, p. 34 e 35. Ver, igualmente, nessa mesma coletânea, W. H. Werkmeister em *What Did Kant Say And, What Has He Been Made to Say?*, p. 134. V. também Werner Pluhar, tradução da *Crítica da razão pura*, Hackett Publishing Company, Inc, Indianapolis/Cambridge, 1996, p. 5, nota 6.

[5] No § 6 da *Antropologia* Kant define "distinção" e "*clareza*" nos seguintes termos: "*A consciência das representações que é suficiente para diferenciar um objeto de um outro é a clareza. Mas a que torna clara a composição das representações é a distinção*". Na tradução francesa de M. Foucault, publicada por Vrin, Paris, 1970, p. 25. (Ak, VII, p. 137-138)

[6] Sublinhe-se que essas posições e o uso da palavra *intuição* no contexto dos exemplos são canônicos, uma vez que se ajustam com precisão ao sentido que a *Crítica da razão pura* dá ao termo *intuição* no início da *Estética Transcendental*: "(...) *pela sensibilidade nos são dados objetos e apenas ela nos fornece* ***intuições*** (...) *Aquela intuição que se refere ao objeto mediante sensação denomina-se* ***empírica***". A 19-20/B 33-34. A citação dá o texto da tradução de Valério Rohden e Udo Baldur Moosburger (publicada por V. Civita, Abril Cultural, no volume *Kant* da série **Os Pensadores**, São Paulo, 1980), que servirá de base para as demais transcrições e remissões à segunda edição da *Crítica da razão pura*. Para as referências à versão de 1781 será utilizada a tradução de Manuela Pinto dos Santos e Alexandre Fradique Morujão, publicada pela Fundação Calouste Gulbenkian, Lisboa, 2ª edição, 1989. Exceções a esta sistemática serão assinaladas.

2. A despeito de que, pelo menos à primeira vista, esses pontos não pareçam nem difíceis, nem polêmicos, a esmagadora maioria dos comentadores de Kant – as exceções são Patrícia Kitcher[7] e, mais recentemente, Robert Hanna[8] – ou rejeita diretamente os textos citados, ou propõe reconstruções da filosofia crítica que são manifestamente incompatíveis com eles.

No presente contexto não interessará contestar essas interpretações críticas mas, antes, explorar positivamente a diferença de ***forma*** que, segundo o texto da *Lógica*, extrema a cognição intuitiva da cognição conceitual sem retirar da primeira o caráter de ***cognição.***

O que me importará indagar é, pois, o seguinte: a ***diferença de forma*** entre conceitos e intuições mencionada no texto da lógica é, afinal, diferença do quê? Que escopo se deve atribuir aqui ao termo ***forma***?

3. Estou convencido de que a resposta a essa questão, o esclarecimento da distinção formal de conceitos e intuições, requer que se decomponha a questão e que seu exame se desdobre na consideração das seguintes subdistinções que é possível desde logo introduzir no exame da referida diferença de ***forma***:

1) a distinção quanto ao ***meio de representação***, ou, se ouso dizer, quanto à ***mídia*** representacional;
2) a distinção quanto à estrutura, ou, mais exatamente, quanto à ***forma lógica*** de conceitos e intuições;
3) a distinção quanto à ***função semântica*** dessas representações, ou, para utilizar a terminologia do próprio Kant, quanto às respectivas ***funções*** lógicas.

4. Para elucidação do que se há de entender por ***meio de representação*** e do que queremos dizer quando sugerimos que é quanto à ***mídia*** representacional que, em primeiro lugar, se deve analisar a diferença de forma entre conceitos e intuições, o caminho mais expeditivo parece ser a leitura do § 59 da *Crítica da faculdade do juízo*. Lê-se ali:

> *"Este [o modo de representação intuitivo] pode ser dividido em **modo esquemático** e modo **simbólico**. Ambos são hipotiposes, isto é, apresentações (exhibitiones); não são simples **caracteres** <Charakterismen>, isto é, designações de conceitos por sinais*

[7] Cf. Patricia Kitcher. Cf. *Kant's Transcendental Psychology*, Oxford University Press, New York/Oxford, 1990, p. 161.

[8] Cf. Robert Hanna, *Kant and the Foundations of Analytic Philosophy*, Oxford University Press, 2001, p. 199 e seg.

*sensíveis que os acompanham e que não contêm absolutamente nada pertencente à intuição do objeto (....). (....) tais sinais são palavras ou sinais visíveis (algébricos e mesmo numéricos) enquanto simples **expressão** de conceitos*".[9]

Deixando de lado, neste momento, a divisão interna do "*modo de representação intuitivo*", pode-se dizer que o que caracteriza as intuições é se constituírem em uma ***exibição*** – ou **apresentação *sensificada***, como vertem Rohden e Marques – do objeto que, a cada vez, constitui-se como matéria da cognição.

O próprio das ***exibições*** – a nota central do conceito de intuição, aliás nota característica de estatuto equivalente ao assumido pela nota característica "*nota característica*" com relação ao *conceito* de conceito – é o que Kant denomina de "***hipotipose***"[10], isto é, no caso da hipotipose esquemática – a única que nos está a interessar presentemente – a apresentação ***demonstrativa***[11] dos objetos intuitivamente conhecidos.[12]

Sublinhe-se que a oposição feita no texto entre a ***exibição demonstrativa*** e os ***caracteres sensíveis*** – letras, palavras, sinais numéricos e algébricos que "*não contêm absolutamente nada pertencente à intuição do objeto*"[13] – não extrema intuições de conceitos, mas simplesmente separa os sinais sensíveis que servem para ***expressão*** de conceitos do material sensível mediante o qual nos são ***dados*** objetos.

---

[9] V. *Crítica da faculdade do juízo*, trad. de V. Valério Rohden e António Marques, Forense Universitária, Rio de Janeiro/São Paulo, 1993, p. 196. (Ak, V, 351-352.)

[10] Caldas Aulete define a hipotipose nos seguintes termos: "*Figura de retórica que mostra não só a ação mas até o modo por que ela se executou com toda a minuciosidade possível, ou por partes e com cores tão vivas que parece terem-se os objetos diante dos olhos*". *Dicionário contemporâneo da língua portuguesa,* B. L. Garnier, Livreiro Editor, Rio de Janeiro, 1884.

[11] Diz o texto: "*Todas as intuições que submetemos a conceitos* a priori *são ou **esquemas** ou **símbolos**, dos quais os primeiros contêm apresentações diretas, e os segundos, apresentações indiretas do conceito. Os primeiros fazem isto **demonstrativamente*** [ênfase minha, jc] *e os segundos, mediante uma analogia (para a qual nos servimos igualmente de intuições empíricas* (....)". Id., p. 196 (Ak, V, 352).

[12] É verdade que a "*hipotipose*" é apresentada nesses textos como um procedimento de demonstração da *realidade de conceitos* mediante intuições e não, propriamente, como uma nota característica do conceito de "*intuição*". No entanto, é claro que a função, o papel atribuído à intuição com relação aos conceitos, pode ser estendido e considerado como a apresentação da nota característica central do conceito de intuição. Ou, por outra: por *intuição* (tomado o termo como designativo de um determinado ***ato*** cognitivo) há de entender-se *a **exibição sensível** de um objeto particular a um sujeito cognoscente* A nota característica principal do conceito de intuição é, pois, a indicadora da propriedade de certos e determinados atos cognitivos de ***exibir***, de ***mostrar ostensivamente*** seus *designata.*

[13] Id., 196 (Ak, V, 352).

Neste último caso, diz Kant – e esta é uma lição central da *Crítica da razão pura* –, os elementos sensíveis são o meio mediante o qual, exatamente, os objetos nos são ***dados***, ou, se se preferir, ***apresentados***. No segundo, como é explicado na *Antropologia*, os elementos sensíveis que constituem os signos "*não* significam *nada, mas* (....) *conduzem pela associação às intuições e destas aos conceitos*", cumprindo com relação a estes o papel de um "*vigia para reproduzi-los quando oportuno*".[14]

A primeira determinação do implicado na distinção formal entre as cognições intuitiva e conceitual não se encontra, portanto, na oposição entre ***imagem*** e ***sinal***, mas reside, antes, na diferença entre o modo de representação mediante a apresentação demonstrativa dos objetos na *Gestalt* sensível e o modo de representação por notas características, absolutamente ***não-figurativo***, próprio do entendimento. Não é outra, aliás, a lição do texto conhecido em que Kant diz que "*ao conceito de um triângulo em geral nenhuma imagem será jamais adequada*" (A 141/B 180).[15]

A distinção de intuições e conceitos quanto ao meio ou instrumento de representação encontra-se, portanto, na distinção entre ***imagem***, ou generalizadamente, entre ***notas sensíveis*** e ***notas características***.

Embora óbvio, não será demais notar que estas propriedades diferenciais estão associadas à doutrina das faculdades, uma vez que a capacidade de ter presentes os objetos empíricos é própria da sensibilidade e, primariamente, aos ***sentidos*** na acepção estrita do termo, por oposição à imaginação.[16] [17]

---

[14] V. *Antropologia*, § 38, ed. cit., p. 64. (Ak, VII, p. 191.) Na chamada *Metafísica Mrongovius* este último ponto é ilustrado assim: "(....) *se digo Roma, então a representação dessa cidade surge imediatamente, querendo-o eu ou não. Isto vem do hábito*". Cf. *Lectures on Metaphysics*, Cambridge Edition of the Works of Immanuel Kant, Cambridge University Press, Cambridge, UK, 1997, p. 256. (Ak, 29, 887.)

[15] Comentando este ponto no § 20 de *Kant e o problema da Metafísica*, Heidegger observa: "*Mas este tornar-sensível já não pode fazer que tenhamos uma* **vista** *imediata ou a intuição de um conceito; pois o conceito, enquanto universal representado, não pode ser representado por uma* repaesentatio singularis, *o que a intuição certamente é. Razão pela qual o conceito não pode ser posto em imagem*". V. *Kant and the Problem of Metaphysics*, trad. De Richard Taft, Indiana University Press, Bloomington and Indianapolis, 1997, p. 66. (*Gesamtausgabe*, p. 94.)

[16] Com efeito, segundo a análise de Kant, os sentidos constituem o primeiro elemento da *faculdade sensível*, o qual é caracterizado, exatamente, como a *faculdade da intuição* ***com*** **a presença do objeto**, contrastantemente com a faculdade das intuições ***sem*** **a presença dos objetos**, a *imaginação*. Este último ponto é bem ilustrado em uma passagem da chamada *Metaphysik L*. V. *Lectures on Metaphysics*, p. 49. Registre-se, porém, que não obstante a distinção enfatizada no texto recém-referido, tanto as representações ditas dos *próprios sentidos* quanto aquelas classificadas como *imitativas do sentido* são representações sensíveis, que, quanto à mídia representacional, para voltar a utilizar a expressão que propusemos acima, são equivalentes, opondo-se ambas à cognição conceitual que se perfaz unicamente mediante *notas características*.

[17] Importa observar também que esta contraposição entre intuições e conceitos com

Convém ainda sublinhar, e isto é, quem sabe, o mais importante, que esta diferença com relação ao ***meio da representação*** reflete-se em uma diferença na constituição dos ***conteúdos representativos***, em um caso formado pelas ditas ***notas características***, no outro pelos elementos ***sensíveis***, que compõem as intuições, vale dizer: pelas ***sensações***.

Evidentemente, o que efetivamente sejam estes últimos elementos carece de esclarecimentos suplementares.

Neste sentido, para ilustrar, primeiramente, as propriedades ***formais*** da intuição, é importante prestar atenção à crítica aos leibnizianos feita na *Anfibologia*. É que ali Kant evidencia a irredutibilidade intuitiva das propriedades sensíveis ***formais*** ao mostrar, a propósito da distinção de duas gotas de água, que mesmo se se supuser que estas compartilham todas as suas notas características, ainda se as deverá ter como diversas se ocuparem pontos ou regiões espaciais distintas. Diz o texto:

> *"Se um objeto nos é apresentado diversas vezes, cada vez, porém, com as mesmas determinações internas (qualitas e quantitas), então ele – se vale como objeto do entendimento puro – é sempre e precisamente o mesmo, e não muitas coisas, mas uma única só (numérica identitas); se ele, porém, é fenômeno, então não se trata absolutamente de comparação de conceitos, mas, seja quão idêntico tudo possa ser com vista a esses conceitos, é a diversidade de lugares deste fenômeno um fundamento suficiente da diversidade numérica do próprio objeto (dos sentidos). Assim, com respeito a duas gotas d'água, pode-se abstrair inteiramente de toda a sua diversidade interna (da qualidade e quantidade) e basta que sejam ao mesmo tempo intuídas em lugares diversos para as considerar numericamente diversas"*. (A 263-4/B 319-320)

É evidente, pois, que ***ocupar uma posição no espaço é***, segundo a análise kantiana, uma propriedade irredutivelmente sensível e, nesta medida, uma parte do ***conteúdo não-conceitual*** das representações intuitivas. É

(cont. nota 17) relação ao ***meio de representação*** foi registrada muito precocemente na história do comentário kantiano, como registra Moltke Gram ao lembrar que Georg Mellin, já em 1797, no *Dicionário enciclopédico da filosofia crítica*, anotava que se poderia conhecer a Magdeburg de três maneiras: adquirindo o conhecimento de notas que a caracterizem, por exemplo: que fica na margem oeste do Elba, que sua largura é a metade de seu comprimento etc.; por meio de uma imagem dela, isto é, mediante um quadro – e poderíamos nós dizer: mediante um quadro, um pôster, um cartão postal ou uma fotografia – de uma vista dela ao meio-dia, no qual caso se a acessará via imaginação; ou, finalmente, por meio de uma intuição direta, ao intuí-la, isto é, visitá-la, percorrer-lhe as ruas, distanciar-me para vê-la em seu conjunto etc. Cf. *The Sense of a Kant Intuition*, in Moltke Gram, ed. cit., nota 43, p. 64.

importante sublinhar que, entendido em termos ***disposicionais***, este ponto equivale a dizer que a apreensão de particulares *qua* ***particulares*** é sensível, não ao "***meaning***" dos termos que os introduzem, não a relações entre conceitos e propriedades, mas a relações entre elementos espaciais e, talvez mais exatamente, a relações topológicas e mereológicas.

No entanto, o conteúdo sensível das intuições, além dessas determinações espaço-temporais, derivadas da forma da intuição, compreende um segundo grupo de determinações, constituído pelos elementos trazidos pelas ***sensações***.

O esclarecimento deste ponto exige que se tenha bem presente o caráter bifronte que Kant atribui a tais representações, eis que, segundo sua análise, podem elas remeter tanto aos estados subjetivos do sujeito que as experimente quanto às propriedades fenomênicas dos objetos. Neste último caso – que é o único que interessa à análise presente –, as sensações são vistas como aquilo *que em nosso conhecimento o faz chamar-se conhecimento* a posteriori (A 42/B 59-60), isto é, como aquilo que nos dá informações sobre os fenômenos e que subsidia o conhecimento objetivo que temos deles.

Este ponto é tratado mais de uma vez na *Crítica da faculdade do juízo*. Assim, no § 3 do tratado, lê-se:

> *"Se uma determinação do sentimento de prazer ou desprazer é denominada sensação, então esta expressão significa algo totalmente diverso do que se denomino a representação de uma coisa (pelos sentidos, como uma receptividade pertencente à faculdade do conhecimento) sensação. Pois, no último caso, a representação é referida ao objeto; no primeiro, porém, meramente ao sujeito e não serve absolutamente para nenhum conhecimento, tampouco para aquele pelo qual o próprio sujeito se conhece".*[18]

O alcance dessa contribuição das sensações à cognição ***objetiva*** é bem esclarecido quando Kant diz logo a seguir:

---

[18] Id., p. 51. (Ak, 5, 206). Já na Introdução Kant dissera: "*A sensação (neste caso a externa) expressa o caráter meramente subjetivo de nossas representações das coisas fora de nós, mas no fundo ela expressa o material (o real) nelas (mediante o qual algo existente é dado), assim como o espaço expressa a simples forma* a priori *da possibilidade da sua intuição; e não obstante a sensação é também utilizada para conhecimento dos objetos fora de nós*". V. *Crítica da faculdade do juízo*, p. 33 (Ak, V, 189). A mesma lição é repetida ainda, com clareza não menor em uma nota da Introdução à Metafísica dos costumes, *in* Cambridge Edition of the Works of Immanuel Kant, *Pratical Philosophy*, Cambridge University Press, Cambridge, UK, 1999, p. 373 (Ak, 6, 211)

"A cor verde dos prados pertence à sensação ***objetiva****, como percepção de um objeto do sentido".*[19]

Por certo, o ***verde*** (assim como o ***vermelho***[20]) pode ser tomado como um conceito formado a partir das experiências de verde. Quando, porém, Kant fala das cores como os elementos ao mesmo tempo sensíveis e objetivos que compõem, *inter alia*, a cognição ***intuitiva***, ele manifestamente não está a falar do ***conceito*** das cores, mas antes da experiência singular que delas temos a cada vez que abrimos os olhos e prestamos atenção, não propriamente à dimensão cromática do mundo, mas ao cromatismo específico dos objetos que se nos antepõem aos olhos.

5. Importa notar neste passo que o presente exercício de ***reflexão transcendental*** (este é o nome que Kant dá ao esforço para discriminar representações em função da "*faculdade de conhecimento a que pertencem*" (Cf. A261/B 317)) está apenas começando e que uma elucidação satisfatória da diferença formal entre conceitos e intuições precisa analisar e discriminar com mais cuidado as propriedades diferenciais associadas à diferença elementar entre a cognição por ***apresentação demonstrativa sensível*** e a cognição por ***notas características***.

Na verdade, é indispensável mapear a contraposição de conceitos e intuições em função de diferenças ***lógicas*** e ***semânticas***, pois só ao termo desse trabalho por assim dizer de espectrografia conceitual ter-se-á uma compreensão relevada e justa do que Kant quer dizer quando afirma que, embora o selvagem e o civilizado conheçam o mesmo objeto, suas respectivas cognições diferirão quanto ao ***modo de representação***, quanto ao ***modo de consciência*** e, em geral, assim, quanto à ***forma*** da cognição.

6. Assim, para analisar o segundo aspecto que parece essencial na distinção de forma entre intuição e conceito – o que denominamos acima de distinção ***lógica*** –, o procedimento mais simples está em partir das análises que Kant dedica à forma lógica dos ***conceitos***, de modo a extrair daí os elementos que permitirão contrastá-la à forma lógica das ***intuições***.

Um primeiro texto de referência pode ser uma passagem da *Anfibologia*[21], em que Kant, ao introduzir o conceito de *reflexão transcendental*,

---

[19] Cf. *Crítica da faculdade do juízo*, id. ib.

[20] Termo do qual Kant nos diz expressamente em uma muito conhecida nota do § 16 (B 133) da *Dedução Transcendental* que é conceito, e que é introduzido ali como ilustração do sentido em que nestes últimos se revela a unidade analítica da consciência.

[21] A passagem que temos em vista é a seguinte: "*Antes de todos os juízos objetivos, comparamos os conceitos com relação à identidade* [tradução para o português

deixa claro que, *stricto sensu*, a forma ***lógica*** dos conceitos é constituída pelos elementos em função dos quais pode ser determinada ***identidade*** e ***diferença*** conceituais, sendo evidente que esta determinação é uma resultante do modo em que são determinados os componentes formais de todo conceito, a saber as propriedades, inversamente correlacionadas, de ***conteúdo*** ("*Inhalt*") e ***extensão***.[22]

Para ilustrar preliminarmente a concepção kantiana da ***extensão*** conceitual, a seguinte passagem da ***Lógica vienense*** parece bem oportuna:

> "*A extensão de um conceito é uma* **sphaera** *e é concernida com a multiplicidade de coisas que estão contidas sob o conceito*".[23]

Essa declaração facilmente poderia fazer pensar que há uma equivalência entre o que Kant entende por extensão de um conceito, a qual ele chama também de *sphaera*, e o que se entende por *extensão* na lógica contemporânea. Carnap, por exemplo, diz que dois predicados têm a mesma extensão se forem equivalentes[24] e que são equivalentes se valerem para os mesmos indivíduos[25].

Mas será mesmo possível tomar como iguais a ***sphaera*** de Kant e a ***extensão*** da lógica contemporânea?

Na verdade parece que não.[26] O ponto está implicado, de resto, em cortantes declarações de Kant, por exemplo na seguinte passagem de A 68/B 93:

(cont. nota 21) modificada em consonância com a opção de Guyer/Wood, que rejeitam a adição de Erdmann <zu treffen> aceita pelos tradutores brasileiros e portugueses, por Kemp Smith e por Pluhar, que, aliás, remete as interpolações a Mellin. Cf. *Critique of Pure Reason*, trad. De Pluhar, Hackett Publishing Company, Indianápolis/Cambridge, 1996, p. 324] *(de muitas representações sob um conceito) com vistas aos juízos* ***universais****, ou à* ***diversidade*** *de tais representações para a produção de juízos* ***particulares*** *(....). Todavia, visto que, quando não se trata da forma lógica, mas do conteúdo dos conceitos – isto é, se as coisas mesmas são idênticas ou diversas, concordantes ou opostas etc. –, as coisas podem ter uma dupla relação com a nossa capacidade de conhecimento, a saber, com a sensibilidade e o entendimento.*" (A 262/B 317-318.)

[22] V. *Lógica*, § 7.

[23] V. *Lógica vienense*, ed. cit., p. 354 (Ak, XXIV, 911).

[24] Cf.. V. Carnap, *Meaning and Necessity*, 4-12;University of Chicago Press, 1956, p. 18.

[25] Id., p. 1.

[26] Este ponto é assinalado também por M. Friedman, que diz: "*E não somente a noção moderna de extensão de um conceito é completamente alheia a Kant (a noção de Kant envolve a relação entre um conceito e outros conceitos – suas espécies, subespécies e assim por diante – antes que uma relação entre um conceito e os objetos que caem sob ele), mas Kant afirma explicitamente que as extensões em sua acepção são potencialmente infinitas*". V, *Kant and the exact sciences*, Harvard University Press, 1992, p. 67-68.

"Visto que nenhuma representação se refere imediatamente ao objeto, a não ser a intuição, então um conceito jamais é imediatamente referido a um objeto, mas a alguma outra representação qualquer deste (seja ela intuição ou mesmo já conceito)".

Isto quer dizer que, sendo um modo de representação por abstração ou descarte de diferenças, o conceito se encontra, como diz Robert Paul Wolff, "*always at least at a single remove from its object*"[27]. Ou, por outra: muito embora os conceitos – para Kant assim como para os autores citados – sirvam para caracterizar, classificar e distinguir objetos, eles só o podem fazer qualitativamente, a distinção numérica entre indivíduos dependendo da disponibilidade de representações intuitivas, vale dizer: ***não-conceituais***.

Creio que este ponto associa-se sistematicamente com as seguintes três teses de Kant:

1) não existe conceito ou espécie ínfima;[28]
2) a divisão lógica entendida como divisão da esfera de um conceito é interminável;[29]
3) a aplicação de conceitos a indivíduos é um procedimento de determinação da quantidade de um conceito que só se conclui ***esteticamente***.[30]

A primeira destas teses, exposta na primeira seção do *Apêndice* a *Dialética Transcendental*, é uma decorrência do *princípio lógico das espécies,* cuja expressão se encontra no que Kant denomina as duas ***leis da especificação***, a *lógica* e a *transcendental.* O enunciado da primeira é: *as variedades dos entes não devem ser diminuídas temerariamente*; o da segunda algo como: *para toda espécie dada procure-se as subespécies*[31], a diferença entre ambas sendo simplesmente a de que o enunciado transcendental prescreve uma conduta, deixando claro que a infinitude da especificação afirmada na primeira lei não precisa ser atual.

---

[27] V. Robert Paul Wolff, *Kant's Theory of Mental Activity,* Harvard University Press, Cambridge, Massachusetts, 1963, p. 63.

[28] V. A 655-6/B 683-4.Cf. *Lógica*, ed. cit., § 11.

[29] Em A 655/B 683 lê-se: "(....) *todo o gênero requer diversas* ***espécies****, a espécie por sua vez requer diversas* ***subespécies****; e visto que nenhuma destas se realiza sem que por sua vez tivesse outra esfera (extensão como conceptus communis), assim em toda sua ampliação a razão exige que nenhuma espécie seja em si mesma encarada como a ínfima*". (Há uma gralha edição de 1980, em brochura, da tradução de Rohden/ Moosburger da *Crítica da razão pura*, onde em vez de "*ínfima*" lê-se "*íntima*".) Cf. *Lógica*, §§ 11 e 15.

[30] Cf. Id., § 15, Observação e p. 55 (Ak, IX, 39).

[31] Cf. A 656/B 684.

A segunda tese – a de que a divisão lógica entendida como divisão da esfera de um conceito é interminável – decorre imediatamente da lei lógica recém-enunciada, seu sentido resumindo-se em que, para qualquer conceito dado, será sempre ***possível*** uma especificação e, assim, a formação de um conceito de menor generalidade.

Já a terceira tese é mais complexa.

De um lado ela pressupõe a lei lógica da especificação, ou, como Kant diz mais circunstanciadamente:

> "(....) *já que a espécie é sempre um conceito que contém só aquilo que é comum a coisas diferentes, o conceito não pode ser determinado completamente e nem, pois, referir-se primariamente*[32] *a um indivíduo, conseqüentemente tem sempre que conter sob si outros conceitos, isto é,* ***subespécies***."[33]

De outra parte, a terceira tese pressupõe que somente as ***intuições*** nos podem dar acesso a coisas singulares ou indivíduos, cabendo dizer, assim, que, alternativamente à impossibilidade da determinação completa na ordem conceitual, elas nos facultam uma determinação completa no plano ***estético***. Esta sendo a lição literal da Observação do § 15 da *Lógica*, onde se lê:

> "*Visto que só as coisas singulares ou os indivíduos podem ser completamente determinados, também só pode haver conhecimentos completamente determinados a título de* ***intuições****, mas não a título de conceitos; relativamente aos últimos a determinação lógica jamais pode ser considerada como acabada.*"[34]

Contudo, este ponto, que implica sustentar que o que Kant denomina de ***esfera*** de um conceito não pode ser equiparado ao que se entende contemporaneamente por ***extensão***, não deve ser absolutizado, pois muito embora, como Kant explica no § 110 da ***Lógica*** e no texto de A 655-6/B 683-4 citado acima, ao discriminar-se o que está contido ***sob*** um conceito, procede-se por ***divisão lógica***, os termos da divisão – a que Kant dá o nome

32 Rohden-Moosburger traduzem "*zunächst*" por "*antes de tudo*", dos Santos-Morujão por "*imediatamente*", o que é melhor. As traduções para o francês e o inglês a que tivemos acesso são como segue: Guyer-Wood omitem o advérbio, Pluhar propõe "*proximately*", Kemp Smith "*directly*" e Tremesaygues-Pacaud "*directement*", estas últimas opções parecendo ser, de longe, as que melhor dão conta, se não da letra, pelo menos do espírito do texto kantiano. Bem entendido, "*primariamente*", o termo sugerido aqui, pretende reter o sentido de anterioridade do advérbio, sem determiná-lo como uma anterioridade temporal.

33 A 655-6/B 683-4.

34 O. cit., p. 117 (Ak, 99).

latino de ***membra dividentia*** – sendo os *conceitos* inferiores, é preciso não esquecer:

a) que, ao analisar a faculdade de julgar e o juízo, vale dizer, ao analisar os conceitos ***funcionalmente***, Kant, ao sustentar que *"Em cada juízo há um conceito válido para muitos e que entre*[35] *estes muitos compreende*[36] *uma representação dada que é então referida imediatamente ao objeto"*[37], ***explicitamente inclui as intuições no rol de itens contidos sob um conceito***;[38]

b) que a doutrina da inexistência do *conceptus infimus, sob o qual nenhum outro seria contido*[39], necessariamente se completa, como acabamos de ver, com a tese de que compete às intuições disponibilizar particulares espaço-temporais para o conhecimento humano.[40]

Visualizada esta questão do ponto de vista das intuições, o que cabe dizer é que, por serem **representações**, têm elas, necessariamente, seus **designata**, de tal sorte que, quando se desce na linha da divisão lógica buscando aumentar a determinação do que é representado, é possível e necessário passar do plano dos conceitos ao plano das intuições, as quais, unicamente, nos podem dar indivíduos e assim livrar-nos da obrigação da especificação adicional. Sendo assim, fica perfeitamente claro que o caráter singular das intuições deve ser visto como sendo o necessário termo último da determinação e restrição da esfera ou extensão das representações, as quais encontram assim – graças a **uma espécie de descontinuidade da divisão lógica na série descendente**, que como que troca de plano – o ponto além do qual já não é necessário ir.

---

[35] A tradução Rohden-Moosburger traduz literalmente "*unter*" por "*sob*", o que, contudo, parece menos adequado do que a tradução de Santos-Morujão por "entre", que corresponde ao "*among*" escolhido uniformemente pelos tradutores ingleses (Meiklejohn, Kemp Smith, Pluhar, Wood-Guyer).

[36] A tradução Rohden-Moosburger dá "*concebe*", o que, não obstante o "*begreift*", torna o texto incompreensível.

[37] V. A 68-69/B 93

[38] A *Lógica vienense* é muito explícita sobre este ponto. Lê-se ali, com efeito: "*A forma de um conceito consiste na validez comum. (....) Isto, então, constitui um conceito. Não posso dizer* **conceptus communis** *porque isso seria uma tautologia. (....) Mas o* ***uso*** *de um* **conceptus** *pode ser* **singularis**. *Porque o que vale para muitas coisas também pode ser aplicado no caso individual. Eu penso de um homem* **in individuo**, *isto é, eu uso o conceito de homem a fim de ter um* **ens singulare**". (Ed. cit., p. 352; Ak, 908.)

[39] V. *Lógica*, § 11. Ed. cit. p. 115 (Ak, 97).

[40] Cf. id., § 15, Observação (Ak, 99).

7. À luz do interesse principal das observações presentes, o de elucidar o sentido da diferença formal entre representações conceituais e intuitivas, o esclarecimento do sentido restritivo que Kant dá ao conceito de extensão conceitual não foi suficiente para explicar por que não faz sentido falar de **extensão** a propósito das representações intuitivas, nem, muito menos, por que, no caso delas, no lugar da extensão esteja a **denotação** (**Bezeichnung** ou **Bedeutung**, como Kant também dirá).

Para começarmos a nos aproximar do ponto será útil atentar ao que Kant diz no número 1 do § 9 da *Analítica dos conceitos*. Lê-se ali, com efeito:

> "*Os lógicos dizem com razão que, no uso do juízo em silogismos, os juízos singulares podem ser tratados tal como os universais. Com efeito, justamente pelo fato de **não possuírem extensão***[41], *o predicado não pode ser referido apenas a uma parte daquilo que está contido no conceito do sujeito e ser, no entanto, excluído do resto. Portanto, o predicado vale sem exceção para aquele conceito, como se este fosse um conceito universal que tivesse uma extensão de cujo inteiro significado o predicado valesse*".[42] (A 71/B 96)

Por certo, Kant não está a falar aqui de intuições, mas tão-somente do sujeito dos **juízos** singulares, podendo parecer, assim, que, absurdamente, tenhamos trocado de assunto.

No entanto, é preciso levar em conta que a singularidade do sujeito do juízo só pode derivar de sua associação à intuição, uma vez que, como se acabou de enfatizar, conceitos são necessariamente **gerais**. Conseqüentemente, a afirmação de que o conteúdo do conceito do sujeito não tem nenhuma *Umfang* é extensiva às intuições, na verdade derivada da estrutura interna destas últimas, cujo traço distintivo fundamental, a singularidade, pode, aliás, ser entendido como a expressão positiva desta determinação negativa.

Esta lição é expressa com toda a clareza desejável nas Observações § 1 da *Lógica* de Jäsche, onde se lê:

> "***Observação. 1.*** *O conceito opõe-se à intuição, por ser uma representação universal do que é comum a vários objetos e, assim, uma representação* ***na medida em que*** *pode estar* ***contida em várias.***

[41] Negrito do autor, JC. Tradução de Rohden/Moosburguer modificada à luz da lição de Santos-Morujão. O original diz *keinen Umfang haben* e embora o advérbio *absolutamente* tenha o sentido negativo com que é corretamente empregado por Rohden-Moosburguer, dado nosso interesse na leitura dessa passagem, para evitar qualquer ambigüidade, parece melhor utilizar uma forma padrão de negação.

[42] A 71/B 96. E no mesmo sentido pronuncia-se a *Lógica vienense*. Ed. c., p. 371 (Ak 24, 931).

2. É por mera tautologia que se fala em conceitos universais e comuns – erro que se fundamenta numa incorreta divisão dos conceitos em ***universais, particulares e singulares****. Não são os conceitos eles mesmos, mas o seu* ***uso*** *que pode ser dividido dessa maneira*".[43]

Ademais disso, há evidência de que Kant tinha consciência de que classificar nomes próprios como conceitos era dificilmente compatível com sua teoria geral dos conceitos. Isso é o que demonstra a seguinte anotação de *Dohna-Wundlacken*:

"***Repraesentatio singularis*** *– tem uma* ***intuição****, indica-a imediatamente, mas na verdade não é um* ***conceptus****. E. g., Sócrates não é um* ***conceptus***".[44]

Aqui se tem explícita, portanto, a associação dos nomes próprios às intuições e de ambos à singularidade, o que parece justificar a compreensão da lição de A 71/B 96 como sendo a de que o conteúdo dos conceitos dos sujeitos de juízos singulares não tem esfera precisamente porque são eles termos cuja singularidade está inextricavelmente associada a intuições, ou, mais exatamente, ***porque eles não são na verdade conceitos, mas expressões designadoras de intuições de singulares espaço-temporais***.

De outra parte, importa sublinhar, porém, que em A 71/B 96, muito embora se consigne expressamente que nos juízos particulares o conceito do sujeito ***não tem esfera ou extensão***, Kant fala ***daquilo a que se aplica o predicado****, o* "***inteiro significado***" ("von dessen ganzer Bedeutung", diz o original) do conceito sujeito – expressão que ensejou, aliás, a observação dos tradutores mais recentes da *Crítica da razão pura* para o inglês de que a palavra "Bedeutung" aqui deve ser tomada como significando a "denotação" ou a "referência" do termo sujeito do qual o predicado é afirmado verdadeiro.[45]

---

[43]Cf. *Manual..*, p. 159 (Ak, 9, 91)

[44] In *Lectures on Logic*, ed. c., p. 487 (Ak, 24, 754). Esta passagem conclui um desenvolvimento dedicado à apresentação da doutrina dos conceitos e a passagem citada deve ser lida como uma espécie de conclusão, de reconhecimento de que quando se chega a representações singulares, como as que estão associadas ao uso de um nome próprio, na verdade já não cabe mais falar de conceito. É verdade que esta lição não é unívoca nas anotações dos ouvintes de Kant como o atesta o texto da *Lógica vienense* citado há pouco. A própria *Lógica* de Jäsche, a despeito da observação do § 1, no § 21, a propósito do juízo "*Caio é mortal*", torna a falar do sujeito de um juízo singular como de um conceito. No entanto, a lição de *Dohna-Wundlacken* é a única consistente com a segunda observação do § 1 da *Lógica* de Jäsche, onde se lê: "*É uma mera tautologia falar em conceitos universais ou comuns; um erro que se baseia numa divisão incorreta dos conceitos em* ***universais, particulares e singulares****. Não são os conceitos eles próprios, mas tão-somente o seu uso que pode ser assim dividido*". Ed., c., p. 109 (Ak, 9, 91).

[45] Cf. Pluhar, *Crítica da razão pura*, ed. cit., p. 124-5, nota 144 e Guyer/Wood, *Crítica da razão pura*, ed. cit., p. 207, nota *b*. Assinale-se que Kemp Smith e Tremesaygues

É patente, portanto, que ***no caso dos juízos singulares a denotação do termo sujeito cumpre o mesmo papel cumprido pela esfera ou extensão no caso dos juízos universais.***

Mas, se isto é assim, lembrado e admitido, como é forçoso, que, kantianamente, não há conceitos singulares, mas tão-somente um ***uso singular*** de conceitos em si mesmo universais, segue-se que o termo sujeito de um juízo singular conterá necessariamente ou uma expressão demonstrativa, ou um nome próprio, ambos tomados como expressão lingüística da cognição intuitiva de particulares.

Pode-se concluir, portanto, que, determinada com relação à *forma lógico-semântica, a diferença de forma entre cognição conceitual e cognição intuitiva está em que enquanto a primeira distingue-se pelas propriedades da* **generalidade** *e da caracterização* **descritiva**, *a segunda tem como marcas a* **singularidade** *e a* **apresentação direta** *dos representados.*

8. Cumpre agora examinar a distinção entre cognição conceitual e cognição intuitiva em função do que o que denominamos acima de ***função semântica*** das representações e que Kant denomina de ***função lógica***.

Creio que a exposição mais clara do que Kant entende por ***função lógica*** dos ***conceitos*** encontra-se na seguinte passagem da chamada *Metafísica Mrongovius*:

> *"Um conceito é a consciência de que o [mesmo] está contido em uma representação assim como em uma outra, ou que em múltiplas representações uma e mesma característica está contida. Isto pressupõe consciência ou apercepção. Os animais, na verdade, comparam representações umas com as outras, mas não são conscientes de onde jaz a harmonia ou a desarmonia entre elas.* (....) *Mas como os conceitos são possíveis mediante a apercepção? Em que eu represento para mim próprio a identidade de minha apercepção em múltiplas representações. O conceito é uma percepção comum <perceptio communis>, por exemplo, o conceito de corpo. Este aplica-se ao metal, ao ouro, à pedra etc. Nele eu represento o um em um múltiplo. A função lógica dele consiste na generalidade".*[46]

Em outras palavras, a ***generalidade*** é, ao mesmo tempo, traço constitutivo da forma lógica dos conceitos e, disposicionalmente, o traço

---

(cont. nota 45) e Pacaud optaram, respectivamente, por "*an extension to the whole of which*" e "à *toute l'extension duquel*".

[46] *Lectures on Metaphysics*, p. 257 (Ak, 29, 888-889).

definidor da ***operação conceitual*** – o que é dizer que se à intuição compete facultar o acesso a um singular, a ***função lógica*** dos conceitos é servir de meio para tornar possível ***apreender o um em um múltiplo.***

Conseqüência disso é uma diferença essencial no ***modo de representação*** e na ***forma de consciência*** dessas duas espécies fundamentais de representação, ponto para cuja elucidação pode ser bem anunciada se dissermos, simplesmente, que enquanto as representações conceituais são ***abertas***, as representações intuitivas são ***fechadas***.

O que significam os termos aberto e fechado no contexto da distinção lógica está ainda por explicar, neste caso parecendo conveniente, porém, começar com uma aproximação indireta, com uma espécie de aproveitamento por ricochete, se assim posso dizer, da força heurística de algumas análises contemporâneas.

9. O que tenho em vista são certas análises de Gareth Evans em *The Varieties of Reference* que parecem particularmente adequadas para elucidar a concepção kantiana da diferença entre a função lógica de conceitos e intuições.

Para apresentar o segmento da análise de Evans que me está a interessar, um bom ponto de partida pode ser o texto seguinte:

> *"Ao discutir a natureza de nossas concepções (....) há uma exigência fundamental (....): eu a denominarei de 'Exigência de Generalidade' ['General Constraint']. (....) O que tiramos da observação de Strawson é que qualquer pensamento que possamos interpretar como tendo o conteúdo de que **a** é **F** envolve o exercício de uma habilidade – conhecimento do que é para algo ser **F** – que pode ser exercido indefinidamente em muitos outros pensamentos e que é exercido, por exemplo, no pensamento de que **b** é **F**. Do mesmo modo no pensamento de que **a** é **G**. E isso implica, evidentemente, a existência de uma espécie de habilidade correspondente, a habilidade de pensar um objeto particular".*[47]

Evidentemente esta elucidação do sentido da generalidade dos conceitos se aplica à análise kantiana, pois vale com relação a "*O ouro é um metal*" o mesmo princípio de generalidade estabelecido por Evans para a atribuição de predicados a indivíduos, já que se se pode enunciar "*O ouro é um metal*", então também será possível dizer "*O cobre é um metal*", ou "*O zinco é um metal*" e assim por diante. Para usar o esquema de Evans, pode-se, pois, mostrar disposicionalmente a generalidade de um dado conceito,

[47] V. *The Varieties of Reference*, Oxford University Press, 1982, p. 100 e 102.

digamos *M*, mostrando como se pode afirmar de conceitos de generalidade menor, digamos, *O*, que *O é M*, ou que *Z é M*, e assim por diante.

No entanto, kantianamente, a frase final do texto de Evans não é evidente, pois ali se introduz a idéia de que a capacidade de pensar um objeto ***particular*** está implicada no princípio de generalidade.

Com efeito, se se entender pela afirmação de tal *implicação* que a capacidade de pensar um particular ***deriva*** do princípio de generalidade, então o teor anti-kantiano da afirmação será manifesto, pois a doutrina de Kant é que indivíduos no sentido próprio da expressão, particulares genuínos, não podem ser nem introduzidos no pensamento, nem apreendidos, simplesmente a partir de conceitos.

De outra parte, porém, se se entender o ***implica*** como significando que o princípio de generalidade ***pressupõe*** a capacidade de pensar um particular, então as coisas mudam inteiramente de feição.

A posição de Evans não parece inteiramente clara sobre este ponto. Uma de suas teses fundamentais é, sem dúvida, a de uma conjunção operacional das habilidades de pensar um termo geral e um particular[48], posição que, aliás, pode ser vista simplesmente como uma reiteração da famosíssima tese de Kant, consoante à qual conceitos sem intuições são vazios, e intuições sem conceito, cegas (A 51/B 75).[49]

Aliás John McDowell faz esta aproximação explicitamente.[50] No entanto, esta análise de McDowell, além de abusar na interpretação de A 51/B 75, tampouco parecer fazer justiça à complexidade da posição de Evans.

---

[48] No entanto, a despeito da afirmação desta complementaridade necessária, Evans distingue cortantemente (i) a capacidade de saber "*o que é ou seria para um **a** ser **F**"e a capacidade aí co-implicada de saber* "*o que é para **a** ser **G*** (....) *para qualquer arbitrária propriedade de ser **G***) da (ii) **capacidade de pensar um objeto "*em uma série indefinida de muitos pensamentos nos quais o objeto estará sendo pensado da mesma maneira.*"**. (V. Id., 103-5)

[49] Assim diz, por exemplo: " (....) *cada uma das habilidades contidas no pensamento de que **a** é **F**, embora separáveis, só* podem *ser exercidas em um pensamento (completo) e assim sempre junto com alguma outra habilidade conceitual*". Id., p. 102. Evans diz também: "*E deverei permitir-me dizer que este ou aquele episódio-de-pensamento compreende a Idéia de um objeto assim e assim, bem como a de um conceito assim e assim. Esta é simplesmente uma maneira figurada de refrasear a noção de que o pensamento é o exercício conjunto de duas habilidades distintas*". Id., p. 104.

[50] Diz, com efeito, McDowell: "*Eu mencionei a concepção de Kant de que as capacidades conceituais têm seu modo paradigmático de atualização em juízos. Podemos nos aproximar da idéia de que as experiências visuais são episódios conceituais e, como tal, 'fazem' ou 'contêm' posições ('claims') por meio desta identificação do julgar como o tipo paradigmático de episódio conceitual. Considere-se, digamos, o julgar que há um cubo vermelho à nossa frente. Há (1) uma capacidade intelectual que será exercida (i) tanto ao fazer-se este juízo (ii) quanto ao julgar que há uma pirâmide vermelha aí à frente; e há (2) uma outra capacidade intelectual que seria*

O que precisa ser analisado com mais cuidado é se o ***princípio de generalidade*** é (i) um princípio restrito o que Evans denomina de ***Idéia de propriedade***, isto é, se é um princípio determinante da cognição ***conceitual***, para expressar o ponto na terminologia kantiana, ou se (ii) se deve tê-lo como um princípio determinante de ***toda e qualquer*** cognição humana.

À primeira vista, no contexto da análise de Evans, pareceria claro que se deve reter a segunda alternativa e excluir a primeira, porque, sob certo aspecto, Evans entende que a própria cognição de particulares é feita dependente do que denomina de certos *modos **fundamentais*** de determinação da identidade dos objetos particulares.[51] E seguindo este mesmo trem de raciocínio se poderia dizer que as repetidas afirmações de Kant de que, sem conceito, as intuições são cegas expressaria o mesmo ponto.

No entanto, não obstante essa lição, ao tratar do que denomina de pensamentos ***demonstrativos***, Evans mostra que há uma ***segunda*** maneira de individualizar os objetos, uma maneira que ocorre mediante "*pensamentos particulares que não envolvem um critério de identificação*", os quais, correspondentemente, não "*envolvem Idéias fundamentais de objetos.*"[52]

(cont. nota 50) *exercida tanto ao julgar-se haver aí em frente um cubo vermelho quanto ao julgar-se que há aí um cubo azul. Ao julgar que há um cubo vermelho diante de si, se está a exercer pelo menos estas duas capacidades conjuntamente ('together'). (....) Um ver ostensivo que há um cubo vermelho à frente seria uma atualização das mesmas capacidades conceituais que seriam exercidas ao julgar-se que há um cubo vermelho aí à frente, ambas incluindo a mesma conjunção ('with the same togetherness'). Isto capta o fato de que um ver ostensivo 'conteria' uma posição ('claim') cujo conteúdo seria o mesmo que o do juízo correspondente*". V. John McDowell, *The Woodbridge Lectures* 1977, Having the World in View: Sellars, Kant and Intentionality, *The Journal of Philosophy*, Vol. XCV, n. 9, set. de 1998, p. 438-9 e 458.)

[51] Assim diz, por exemplo: "*Uma Idéia de um objeto é parte de uma concepção de um mundo de tais objetos distinguidos mutuamente em certos modos fundamentais. Para cada espécie de objeto, há uma resposta geral à questão "O que faz com que seja o caso que haja dois objetos dessa espécie em vez de um? (Ou três antes que dois)"? Por exemplo, podemos dizer que matizes de cores são distinguidos uns dos outros por suas propriedades fenomenais, que formas são distinguidas umas das outras por suas propriedades geométricas, que conjuntos são diferenciados uns dos outros por possuírem membros diferentes, que números são diferenciados uns dos outros por sua posição em um ordenamento infinito e que posições de xadrez são distinguidas umas das outras pelas posições das peças no tabuleiro. Não pode haver dois matizes de cores indistinguíveis, duas formas com propriedades geométricas indistinguíveis, dois números com a mesma posição na ordem, dois conjuntos com os mesmos membros, duas posições de xadrez com as peças nas mesmas posições. (....) Para qualquer objeto que seja, há, então, o que pode ser chamada de **base fundamental de diferença** desse objeto (em um tempo). (Esta Idéia constitui, por definição, o conhecimento distintivo do objeto, uma vez que o objeto é diferenciado de todos os demais por este fato.)*" Id., 106-7.

[52] Cf., p. 112.

É preciso entender, é claro, que tal ausência de critério de identificação é a ausência de um critério ***descritivo***,[53] pois, evidentemente, é inerente à identificação demonstrativa, tal como às demais formas de identificação, a capacidade de extremar seu objeto dos demais. O que Evans quer dizer, *in verbis*, é que:

> *"No caso de um particular espaço-temporal, isto significa que uma Idéia adequada do objeto*[54] [não, é claro, uma *idéia fundamental*, JC] *envolve seja uma concepção dele como o ocupante de tal e qual posição (em tal e qual tempo), seja um conhecimento do que é para um objeto assim identificado ser o objeto relevante (ou, equivalentemente, o que é para o objeto relevante estar em uma posição particular no espaço e no tempo).*[55]

Funcional e operacionalmente, isto implica, diz Evans, que a

> "(....) *base fundamental de uma Idéia demonstrativa de algo perceptível é uma capacidade de atentar seletivamente para uma tal coisa singular durante um período de tempo: isto é, a capacidade de manter-se no encalço ('to keep track') de uma coisa durante um período de tempo – tendo percebido um objeto, uma habilidade para identificar percepções posteriores como envolvendo o mesmo objeto durante um período contínuo de observação."*[56]

Segue-se daí que se poderá saber do que se está a falar quando se falar de um objeto material quando for possível responder à pergunta: *"Que espécie de objeto é esse?"*, indicando "*um objeto definidamente extenso*",

---

[53] Na p. 173 Evans diz: "(....) *uma Idéia demonstrativa de um objeto não é redutível a qualquer outra espécie de Idéia e, em particular, não pode ser considerada como uma espécie de identificação descritiva*".

[54] "*Uma idéia adequada*", repare-se, não "*uma Idéia fundamental*".

[55] Id., 150.

[56] Id., 174-5. É mais adiante, porém, quase ao final do subcapítulo intitulado *Identificação demonstrativa dos objetos materiais* (V. p. 170 e seg), que Evans levanta formalmente a idéia de que a identificação demonstrativa dependa da disponibilidade prévia de um conceito sortal. Lê-se ali: "(....) *não parece ser verdade que uma identificação demonstrativa precise ser acompanhada por um termo geral ('a sortal', diz Evans) que fixe os limites da coisa no espaço e no tempo. Concedi (4.3) que uma Idéia fundamental de um objeto envolve um tal termo geral, mas a identificação demonstrativa não precisa constituir uma Idéia fundamental. Ela será adequada, sem ser fundamental, na medida em que o sujeito sabe o que faz verdadeira a identidade de uma proposição da forma [This = G em* p, *t] e em que pode sabê-lo sem saber efetivamente de que espécie de coisa se trata, desde que haja algo como o descobrir a espécie da coisa e que ele saiba como fazê-lo*". (Id., p. 178)

sem pressupor "*nenhum termo geral*".[57] Tal resposta envolve, por certo, como diz Evans:

> "*algo como a descoberta da extensão de uma coisa – seus limites espaciais*".[58]

Tais limites poderão, é claro, ser estabelecidos a partir de um termo geral, mas, como diz Evans:

> " (....) *eles não precisam sê-lo: eles podem ser estabelecidos muito arbitrariamente, como quando se foca sobre uma área do braço de alguém*".[59]

Ora, não parece haver dúvida de que é exatamente esta a lição que se há de tirar da *Anfibologia* e do exemplo dado ali e comentado anteriormente sobre a irredutibilidade sensório-intuitiva da distinção das duas gotas d'água.

10. Convém, no entanto, aprofundar o exame deste ponto e retomar o exame da posição kantiana à luz da *General Constraint*, do ***princípio*** ou ***exigência de generalidade***, como propusemos traduzir.

Evidentemente, ***a possibilidade de enquadrar-se sob vários*** –vale dizer: a idéia de que para representar-me ***a*** eu preciso não apenas distingui-lo de ***b***, mas também pensá-lo com ***F*** ou como ***G*** – não é entendida por Kant como inclusa na capacidade de intuir, mas deriva, antes, da conjugação de conceitos e intuições tomados como instrumentos representativos relativamente autônomos, pelo menos se considerados no plano da teoria geral das representações e da teoria das faculdades. Este ponto é uma decorrência forçosa e direta da tese kantiana de que as intuições são representações de indivíduos e se constituem como uma forma de cognição que tem na ***singularidade*** uma de suas duas notas essenciais.

Se, portanto, nos perguntarmos como se haverá de entender a singularidade das intuições segundo Kant, uma boa maneira de começar a responder está em raciocinar simetricamente com relação à análise dos conceitos.

Pode-se então perguntar: se dispor de um conceito, por exemplo, dispor do conceito ***F***, significa dispor da noção do que é comum a muitos, de onde se segue que dispor de ***F*** implica, disposicionalmente, saber que se

---

[57] Cf. Id., ib.

[58] Id., ib.

[59] Id., ib. Continua verdadeiro, porém, que "*o objeto de um pensamento demonstrativo precisa ser concebido como parte de um mundo objetivamente descritível, espaço-temporalmente ordenado*", embora isto não signifique que "*o objeto do pensamento possa ser especificado, em uma explicação em que se dê o conteúdo do pensamento, exceto demonstrativamente*". (Id. p. 179)

a é F, então ***b também poderá ser F***, dispor de uma intuição, digamos da intuição de ***a***, disposicionalmente implicará o quê?

Por simetria, a resposta parece ser que se se dispuser da intuição de ***a***, então dispor-se-á da representação de ***a – e não da representação de b***.

Mas o que significa não dispor da representação de ***b*** neste contexto?

Tomando nosso termo de contraste, o conceito, poderemos dizer, por certo, que se nos viermos a valer do conceito de homem, então nos valeremos do conceito de homem e não do conceito de anjo, de sorte que conceito e intuição pareceriam encontrar-se sob o mesmo regime lógico.

No entanto, se neste sentido a identidade do conceito se impõe e estreita o campo de representações – afinal esta é a função dos conceitos –, em outro sentido, na medida em que todo conceito tem extensão, abre-se o campo de representações possíveis. Assim, para ficar com o mesmo exemplo, se dispusermos do conceito de homem, então seremos necessariamente capazes, estaremos necessariamente de prontidão para pensar que ***a, b, c, n*** são homens, ou que, quem quer que seja homem, por exemplo, ***a***, será ***varão <u>ou</u> mulher***, ***jovem <u>ou</u> velho*** etc. Este ponto deriva imediatamente de que os conceitos possuem necessariamente uma ***esfera***, de que tal esfera é necessariamente indefinidamente divisível, assim como da idéia de que, dadas as intuições pertinentes, os conceitos poderão ser aplicados a particulares.

Ora, é precisamente isso que não ocorre quando se dispuser simplesmente da *intuição* de *a*. A intuição de *a* pode, eventualmente, fazer-nos evocar a intuição de *b*, mas esta possibilidade de remissão de *a* a *b* não é constitutiva do conceito de intuição. A singularidade, enquanto nota constitutiva e essencial do conceito de intuição, determina sua clausura, amarrando-a a um particular.

Para manter a simetria com a análise anterior pode-se dizer que esta determinação da *função lógica* das intuições é, portanto, uma decorrência da forma lógica dessas representações que, como vimos, não têm esfera. Este ponto é, de resto, apresentado com muita clareza em uma rara e fundamental passagem da *Lógica vienense* onde se lê o seguinte:

> *"Nenhum conceito, então, virá a existir sem comparação, sem percepção de um acordo, ou sem abstração. Se eu não pudesse abstrair, então eu não teria conceito algum, porque algo de outro do que o que é comum às representações individuais sempre me estaria a ocorrer. Por exemplo: fosse alguém de tal jeito que, dada a expressão* ***casa,*** *o que sempre lhe ocorresse fosse a* ***taberna*** *que ele havia visto, então ele preservaria sempre um* ***intuitus***."[60]

---

[60] Ed. cit., p. 353 (Ak, 909). Creio que esta concepção de Kant pode ser aproximada e deve ser vista como um antecedente do que Adrian Cussins denomina de *conteúdos*

O que é expressar da maneira mais eloqüente possível a singularidade da representação intuitiva e seu aprisionamento experimental. Que esta seja a posição de Kant pode ser mostrado ainda referindo-se vários outros textos. Assim, por exemplo, em uma passagem da *Reflexão 4636*, Kant como que apresenta a contraface deste ponto ao sustentar que é perfeitamente possível que essa hipótese de concentração da representação em um particular possa ocorrer. Lê-se ali:

> "*Pode-se intuir alguma coisa sem pensar algo com ou nessa intuição*".[61]

Do mesmo modo, em uma anotação a seu exemplar de uso da primeira edição da *Crítica da razão pura*, Kant anotou, grifadamente:

> "***Percepção é a consciência de uma aparência (antes de qualquer conceito)***".[62]

Isto não deve ser pensado, porém, como equivalendo a dizer que a intuição é uma representação evanescente. Ao contrário, deve-se reconhecer a lembrança e o reconhecimento como subespécies da representação intuitiva, notando, embora, que tal abertura da representação intuitiva é restrita à repetição ou à reapresentação do conteúdo singular de uma mesma representação intuitiva dada anteriormente.[63] Creio que isso fica muito claro na polêmica com Leibniz, pois a tese ali defendida por Kant é que a intuição comporta uma regra de diferenciação própria, absolutamente irredutível à diferenciação conceitual, e tal regra, para que possa ser efetiva, implica que se possa locar recorrente e coerentemente as gotas em coordenadas espaciais definidas egocentricamente.

Para concluir este ponto, valendo-nos das ferramentas desenvolvidas por Evans, podemos dizer, portanto, que dispor da representação intuitiva de ***a*** implica não propriamente saber o que é ser verdadeiro para uma proposição da forma ⁺d = ***a***⁺, onde d é um critério de divisão da referência

---

(cont. nota 60) *perpectivo-dependentes*, os quais não satisfazem o princípio de generalidade. Cf. *The Connectionist construction of Concepts*, in Margaret Boden (ed.) *The Philosophy of Artifical Intelligence*, Oxford University Press, 1990, notadamente § 8.

[61] Cf. Emmanuel Kant, *Manuscrit de Duisbourg 1774-1775 – Choix de Réflexions des années 1772*, Vrin, Paris, 1988, p. 96 (Ak, XVII, 619-20).

[62] Cf. *Critique of Pure Reason*, trad. de P. Guyer e Allen W. Wood, The Cambridge Edition of the Works of Immanuel Kant, Cambridge University Press, Cambridge, 1997, p. 285. (Ak, XXIII, 28)).

[63] Este ponto será discutido adiante. É precisamente a propósito dele que Evans distingue (i) ter uma concepção adequada de um particular espaço temporal "*como o ocupante de tal e qual posição (em tal e qual tempo)*" de (ii) saber "*o que é para o objeto relevante estar em uma posição particular no espaço e no tempo*" (Cf. o. cit., p. 150).

contido em um dado conceito, mas em saber o que é ser verdadeiro para uma proposição da forma ⁺***a* = *á***⁺, onde ***á*** está por ***ð***, ***ô***, ***ù***, sendo ***ð*** um indicador de posição no espaço egocêntrico, ***ô*** um localizador temporal e ***ù*** um conjunto holisticamente estruturado de traços sensíveis.

11. Muito embora a análise anterior precise ser aprofundada e esclarecida e conquanto possa ser objeto de controvérsias importantes, parece conveniente nesta altura voltar ao ponto de partida, ao exemplo da cognição do selvagem.

Ao sumariar as lições imediatamente contidas ali, o primeiro ponto de destaque foi o de que o selvagem confrontado à casa a ***via*** e ao vê-la via um ***objeto***, vale dizer: sugeríamos não parecer razoável supor pudesse sua experiência ser descrita como a sucessão rapsódica e meramente subjetiva de aspectos visuais discretos e disparatados, senão que parecia uma muito melhor restituição dizer que havia ali a percepção genuína de um objeto desconhecido, por certo corpóreo, por certo sólido, por certo ocupando uma posição definida no espaço e assim por diante.

Avaliado este ponto à luz das análises precedentes, o que cabe dizer, primeiramente, é que tal reconstituição da experiência em tela coaduna-se perfeitamente com a idéia de que, analisadas no plano lógico, as experiências do selvagem e do civilizado divergiriam em que, enquanto o selvagem teria acesso a um particular, o civilizado que o acompanhasse teria acesso simultaneamente a um particular e a um termo geral. Isto quer dizer que o civilizado veria a casa ***como*** casa, tomando o percebido como uma ***instância*** do ***conceito*** de casa.

Conseqüência disso seria que ele poderia, portanto, não apenas asserir "*Essa casa é grande*", mas também "*Essa casa é confortável*", ou "*Essa casa é funcional*", ou ainda "*Eu gostaria de morar nessa casa*", afirmações todas vedadas ao selvagem, para o qual a falta do conceito de casa reduziria o intuído à condição, como diz Kant, de "*objeto indeterminado da intuição empírica*".[64] Por certo, o selvagem poderia eventualmente pensar e asserir: "*Essa coisa é estranha*", ou, quem sabe "*Essa coisa é grande*", mas lhe seriam inacessíveis todos os juízos que envolvessem a aplicação a ***X*** de predicados não-observacionais, ou não-subjetivos e impressionistas (como "*...é estranho*", no exemplo acima), ou ainda, categoriais. O que é dizer, para usar a terminologia contemporânea, que no exemplo apresentado por Kant deve-se ter como indisponíveis para o selvagem quaisquer predicados ***sortais***.

Em vista disso, se se supusesse que os objetos presentes na situação descrita no exemplo fossem simulacros de casas, fossem peças de cenários, simples fachadas sustentadas por escoras, o efeito de tal circunstância sobre os juízos que o selvagem viesse a fazer sobre o objeto em questão

[64] A 20/B34.

seriam nulos, enquanto que com relação aos juízos do civilizado eles seriam devastadores, porque a propósito de tais objetos não faria sentido afirmar "*Essa casa é confortável*", ou "*Essa casa é funcional*", ou ainda "*Eu gostaria de morar nessa casa*", exceto em um sentido indireto e sofisticado, em que se tomasse a aparência das fachadas como ***símbolo*** de casas reais. O que é também dizer que tais juízos seriam ou absurdos, ou falsos, conforme se preferir, por falha de referência.

Neste sentido, inversamente, poder-se-ia dizer que a percepção da casa pelo selvagem seria um exemplo de escolha para ilustração de pensamentos ***de re***, eis que a falta de uma descrição a satisfazer no pensamento que ele viesse a ter sobre o objeto a que estivesse confrontado – por contraste com as condições de satisfação e de referência envolvidas no conceito de casa – faria com que as condições de verdade de tais pensamentos fossem irrelevantes com relação à determinação da referência de sua representação.[65]

De outra parte, considerado o exemplo sob a ótica de uma análise epistêmica, o que cabe dizer é que a intuição do selvagem, ao lhe dar acesso a um particular, poderia servir de base para a formação de novos conceitos – por exemplo, por hipótese, no caso, a base experimental para agregação de uma nova espécie sob o conceito mais geral de ***abrigo***, uma vez identificada no curso da experiência a utilização que os homens fazem do objeto até então desconhecido.

Por fim, voltando a considerar o exemplo sob ótica semântica, deve-se dizer que a intuição da casa permitiria ao selvagem ***introduzir em seu pensamento*** – e, *a fortiori*, nas sentenças que viesse a formular, nas quais caberia a um termo indexical, no exemplo, a um demonstrativo, expressar a referência ao objeto representado – a representação de um item particular, entendendo-se por esta expressão o fato de que a afecção dos sentidos pelo objeto em questão teria sua contraparte intencional no reconhecimento do objeto afectante como um item material, espaço-temporalmente locado. Conforme vimos acima, tal *repraesentatio singularis* cumpriria com exclusividade o papel de introdução de um genuíno termo singular, ao qual – uma vez tomado, assim, como ***sujeito real***, se assim se pode dizer – seria possível, eventualmente, atribuir predicados observacionais como "*X é grande*", ou "*X é rígido*" e assim por diante.

De outra parte, com relação à experiência paralela do civilizado, o ponto a destacar é que a introdução deste termo singular é associada ao conceito de casa, de sorte que pode-se pensar a concatenação do conceito de casa com a intuição do objeto-casa, como sugere Aquila, como operando uma espécie de ***conformação*** da experiência perceptiva, no sentido de que

---

[65] Sobre os pensamentos ***de re*** v. François Recanati, *Direct Reference*, Blackwell, Oxford, 1997, p. 103 e seg.

não é razoável supor que o civilizado ***primeiro*** intuísse *X* e ***depois*** reconhecesse a *X* como uma casa.[66]

Na verdade, dever-se-ia mesmo dizer que o conceito de casa, como termo geral, traz incorporado, como diz Quine, uma regra de individualização de objetos, de tal sorte que dispor do conceito de casa é ser capaz de discriminar na experiência perceptiva o que são e o que não são casas.[67] Obviamente os juízos em que são predicadas propriedades deste termo sujeito farão um ***uso real*** do entendimento, para retomar os termos de Kant, no sentido preciso de que se aplicarão ao referente da representação, simultaneamente intuitiva e conceitual, do objeto casa e não às expressões indexicais mediante as quais eles são introduzidos nas sentenças que o tomem por objeto.

No entanto, seria um erro supor a partir daí, como fazem muitos, que, indisponível o conceito, seria impossível individualizar o objeto percebido, como se, no plano semântico, o uso de uma expressão indexical fosse indissociável do uso de um termo geral e, no plano epistêmico, uma intuição sem conceito empírico necessariamente se reduzisse a uma seqüência de sensações disparatadas.

O esclarecimento deste último ponto, a explicação de que a teoria kantiana dos conceitos puros do entendimento e da doutrina dos princípios visa precipuamente esclarecer esta questão, é, na verdade, a tarefa mais urgente dos estudos kantianos contemporâneos, programa cuja realização evidentemente escapa ao alcance das presentes notas, mas cujos traços gerais esperamos ter pelo menos esboçado.

---

[66] Áquila diz sobre este ponto: "*Nesta espécie de enfoque podemos conceder que as sensações possam ser componentes do juízo e que não simplesmente provejam contato com aquilo ao que os componentes reais do juízo podem fazer referência. Porque um juízo seria constituído pelo mero fato da presença informadora de um conceito em uma percepção sensível. Um tal juízo, em outras palavras, seria simplesmente o informar da percepção em questão pelo conceito. Assim, a percepção, tanto quanto o conceito, seriam constituintes do juízo. Na verdade, uma vez que o próprio conceito é meramente uma 'forma' de alguma espécie, poder-se-ia dizer que a percepção ela própria é o juízo em questão. Evidentemente isto não quer dizer que todo juízo envolve percepções sensíveis desse tipo.* (....) *Ademais, este enfoque permitirá atribuir um papel central às intuições na referência aos objetos do juízo, mas sem nos exigir supor que as intuições sejam como tais referências. Considerada como tal, uma intuição é meramente a consciência sensorial ou imaginativa de alguma (possível) forma espacial.* (....) *Não é razoável, portanto, identificar as intuições como tais com instâncias de referência a objetos da consciência possível. Mas não é desarrazoado identificar uma instância de referência a algum objeto de consciência com a presença informadora de um conceito em alguma intuição*". V. Richard E. Áquila, *Representational Mind*, Indiana University Press, Bloomington, 1983, p. 55-6.

[67] Segundo a lição de Quine: "*Os termos gerais apresentam modos incorporados – ainda que eventualmente arbitrários – de dividir sua referência . Para aprender 'maçã' não é suficiente aprender muitíssimo sobre o que são maçãs; precisamos aprender também o que vale como uma maçã e como uma outra maçã*". V. W. V. O. Quine, *Word and Object*, The MIT Press, Cambridge, Massasuchetts, 1960, p. 91.

3. Kant e o selvagem da Nova Holanda*

Kant freqüentemente consigna seus pensamentos mais fundamentais em apêndices e mesmo em notas.[1]

Herbert James Paton

I

1. Em uma nota da *Resposta a Eberhard*, Kant diz:

"Pois há igualmente uma ***distinção*** *('Deutlichkeit') na intuição, portanto na representação de um particular, não somente na das coisas em geral, distinção que pode ser denominada* ***estética*** *e que é absolutamente diferente da distinção lógica mediante conceitos (como a do selvagem da Nova Holanda que visse uma casa pela primeira vez, encontrando-se suficientemente perto dela para distinguir-lhe todas as partes, sem, contudo, ter dela o menor conceito), a qual contudo não figuraria em um manual de lógica".*[2]

Paralelamente, na *Lógica* de Jäsche, lê-se o seguinte:

"Assim, por exemplo, se um selvagem vê a distância uma casa cujo uso não conhece, ele tem, é verdade, diante de si na representação o mesmo objeto representado por uma outra pessoa que o conhece de maneira determinada como uma habitação destinada a pessoas. Mas, segundo a forma, esse conhecimento de um e mesmo objeto é

* A seção I.1 deste artigo retoma, com mínimas alterações, a letra da primeira seção do ensaio *Intuições e conceitos: a diferença de forma*. Ambos os textos têm o mesmo ponto de partida e se ocupam, *grosso modo*, da mesma problemática. Contudo, o interesse analítico específico, assim como os resultados de cada um deles, são distintos, ainda que, por certo, complementares.

[1] H. J. Paton, *Kant on the Errors of Leibniz*, in L. W. Beck (ed.), *Kant Studies Today*, Open Court, La Salle, Illinois, 1968.

[2] *Über eine Entdeckung, nach der alle neue Kritik der reinen Vernunft durch eine ältere entberlich gemacht werden soll.* Citado conforme a tradução de Jocelyn Benoist, intitulada *Réponse à Eberhard*, editada por Vrin, Paris, 1999, p. 118 (Ak, VIII, 217, nota).

*diverso em ambos. Em um é **mera intuição**, no outro, **intuição** e **conceito** ao mesmo tempo*".[3]

Creio que estes textos, à primeira vista secundários no *corpus* kantiano, são textos extraordinários. Extraordinários tanto no sentido de que fazem ouvir uma dissonância, de que forçam uma alteração no padrão usual de escuta da frase kantiana, quanto no sentido de estarem carregados de pesadas e positivas implicações doutrinárias.

A verdade é que há nas passagens em tela uma espécie de experimento mental mediante o qual Kant vale-se de um caso limite para destacar certas propriedades da cognição humana que no corpo da análise desenvolvida na *Crítica da razão pura* não são suficientemente destacadas.

A quem não estiver inteirado das controvérsias hermenêuticas da tradição kantiana, a simples apresentação do exemplo da cognição selvagem talvez não revele seu caráter singularíssimo, pois não parecem contidos ali pontos de vista implausíveis ou desconcertantes. Com efeito, segundo as passagens recém-referidas, dever-se-ia atribuir a Kant as seguintes convicções[4]:

- ***ver objetos*** é uma ilustração exemplar de uma das duas formas fundamentais de ***cognição***[5]: aquela a que se dá o nome de ***intuição***;
- nas situações correntes, o acesso cognitivo a objetos ordinários vale-se ao mesmo tempo de intuições empíricas e de conceitos.
- tanto intuições quanto conceitos são instrumentos que facultam o acesso cognitivo aos **mesmos** objetos, ainda que cognição conceitual e cognição intuitiva difiram quanto à ***forma***;

---

[3] V. *Lógica*, tradução brasileira de Guido A. de Almeida, publicada por Tempo Brasileiro, Rio de Janeiro, 1992, p. 50. (Na ed. da Academia, v. IX, p. 33). Cf. *Manual dos cursos de lógica geral*, tradução, apresentação e guia de leitura de Fausto Castilho. EDUFU, Uberlândia e IFCH-UNICAMP, Campinas, 1998, p. 47.

[4] É interessante notar que Fred Dretske apresenta uma variante *aggiornata* desses exemplos de Kant ao dizer: "*O desnorteado selvagem subitamente transplantado de seu meio ambiente natal para uma estação de metrô de Manhattan pode testemunhar a chegada do expresso das 3:45 tão claramente quanto o aborrecido usuário que utiliza um tíquete de validade mensal*". V. *Seeing and Knowing*, Routledge & Kegan. Paul, Londres, 1969, p. 8.

[5] "*Erkentniss*", termo que, conforme a lição de kantianos de língua inglesa, é preferível traduzir por *cognição*. Cf. Rolf George *Vorstellung* and *Erkenntniss*, in Kant, in M. Gram (org.) *Interpreting Kant*, University of Iowa, Iowa City, 1982, p. 34 e 35. Ver, igualmente, nessa mesma coletânea, W. H. Werkmeister em *What Did Kant Say And, What Has He Been Made to Say?*, p. 134. V. também Werner Pluhar, tradução da *Critica da razão pura*, Hackett Publishing Company, Inc, Indianapolis/Cambridge, 1996, p. 5, nota 6.

- excepcionalmente, a intuição empírica de objetos particulares pode ter lugar sem conceito, ou, mais exatamente, sem os conceitos empíricos necessários à caracterização do objeto intuído;[6]
- nem por isso tais intuições serão necessariamente confusas, pois a cognição intuitiva é potencialmente possuidora de uma qualificação específica, denominada ***distinção***[7] ***estética***, atribuível unicamente à cognição de ***particulares e de suas partes***, a qual deve ser contrastada à "*distinção lógica*", própria da cognição conceitual.

II

2. No entanto, a despeito de que esses pontos não pareçam imediatamente problemáticos, a verdade é que a esmagadora maioria dos comentadores de Kant ou rejeita diretamente os textos sobre a cognição selvagem, ou propõe reconstruções da filosofia crítica que são manifestamente incompatíveis com eles.

Embora um pouco fastidioso, pelo menos para fins ilustrativos, parece conveniente apresentar alguns exemplos dessas posições críticas ou reticentes.

Um primeiro caso pode ser o de Moltke Gram, que se insurge diretamente contra o exemplo da *Lógica*, ao ponderar:

> *"O exemplo de Kant é falho. (....) O selvagem ainda percebe algo sob uma ou outra descrição, mesmo se ignorar sua função. A diferença então não é entre perceber algo sob uma descrição e perceber esta coisa sem subsumi-la sob nenhuma descrição. O exemplo ilustra um caso de percepção de uma coisa sob duas descrições".*[8]

---

[6] Pode-se dizer que é exatamente este mesmo ponto que é enunciado em A 480/B 508, quando Kant diz: "*No conhecimento da natureza, ao contrário, há uma infinidade de suposições com relação às quais jamais pode esperar-se uma certeza,* ***porque os fenômenos da natureza são dados a nós independentemente dos nossos conceitos*** (....) (negrito JC)".

[7] No § 6 da *Antropologia* Kant define "distinção" e "*clareza*" nos seguintes termos: "*A consciência das representações que é suficiente para diferenciar um objeto de um outro é a clareza. Mas a que torna clara a composição das representações é a distinção*". Na tradução francesa de M. Foucault, publicada por Vrin, Paris, 1970, p. 25.

[8] Cf. *The Sense of a Kant Intuition*, in Moltke Gram, ed., *Interpreting Kant*, Iowa University Press, Iowa City, 1982, p. 49.

Também expressamente crítico com relação ao exemplo em pauta é Lorne Falkenstein, para o qual

> "(....) *dificilmente se poderia supor que houvesse um abrigo ('hole') modelado como casa no campo visual do selvagem, uma vez que intuições sem conceitos são cegas* (....)".[9]

Tão ou mais importantes, porém, que estas objeções diretas são as inúmeras reconstruções do pensamento crítico que torna forçoso considerar esses textos de Kant como contraditórios com relação a suas teses mais centrais e importantes. A título de ilustração paradigmática dessas análises, baste citar o que diz Allison na seguinte passagem de *O idealismo transcendental de Kant*:

> "(....) *de acordo com a teoria da sensibilidade de Kant, a intuição sensível fornece à mente para conceitualização unicamente dados brutos, não conhecimentos determinados de objetos. Tal conhecimento requer não somente que aqueles sejam dados na intuição, mas também que sejam tomados sob alguma descrição geral ou 'reconhecidos no conceito'. Somente então podemos falar da 'representação de um objeto'*".[10]

De acordo com essas posições, portanto, ou admite-se que o selvagem divise o objeto que tem diante de si, sustentando, porém, que só o possa fazer na medida em que o subsume, ainda que impropriamente, sob conceitos de que já dispõe, ou, então, pretende-se que não tenha intuição

---

[9] V. *Kant's Intuitionism*, A Commentary on the Transcendental Aesthetic, University of Toronto Press, Toronto, 1995, p. 68.

[10] V. Henry E. Allison, *Kant's Transcendental Idealism*, Yale University Press, New Haven, 1982, p. 67. Também a posição de Walsh, mais explícita, é muito ilustrativa da posição defendida pela maioria dos intérpretes. Diz Walsh: "(....) *as intuições precisam ser subsumidas sob conceitos para serem compreendidas; se são particulares elas já se encontram sob conceitos. A única maneira de sair desta dificuldade é dizer que a sensação não é estritamente uma forma de consciência, uma vez que ela não tem verdadeiros objetos* (....) *Conteúdos sensoriais – intuições, como Kant os denomina – não são objetos de qualquer espécie, públicos ou privados.*" V. *Kant's Criticism of Metaphysics*, Edinburgh University Press, Edinburgh, 1975. Paperback reprint, 1997, p.13-14 No mesmo sentido ver ainda Karl Ameriks, *apud* V. Robert Audi (General Editor), *The Cambridge Dictionary of Philosophy*, Cambridge University Press, 1999, verbete *Kant*, p. 463; Rolf George, *Kant's Sensationism*, Synthese 47, 1981, p. 243; Richard E Aquila,. *Representational Mind – A Study of Kant's Theory of Knowledge*, Indiana University Press, Bloomington, 1983, p. 132-133; Béatrice Longuenesse, *Kant et le pouvoir de juger*, Epiméthé, PUF, Paris, 1993; p. 230, inclusive a nota e, por fim, John McDowell, THE WOODBRIDGE LECTURES 1977, Having the World in View: Sellars, Kant and Intentionality, *The Journal of Philosophy*, Vol. XCV, n. 9, set. de 1998, p. 438-9 e 458.)

de nada, as modificações supervenientes em seu sentido interno devendo ser vistas como um amálgama confuso de impressões sensoriais, por si mesmas incapazes de gerar verdadeiras representações de objeto.

O que é dizer que, segundo os críticos, na falta de conceitos empíricos associados a sua intuição, o selvagem, além de não ***ter consciência*** dos objetos que povoam seu entorno imediato, não poderia, *a fortiori*, ***destacar*** um item relativamente a outros que lhe estivessem antepostos, seus estados mentais na situação descrita sendo não-intencionais e suas representações carentes de qualquer força ***individualizadora***.

Torna-se evidente, então, que essas análises, querendo ou não, mas certamente contra a doutrina expressa de Kant, ou ***eliminam a distinção entre intuições e sensações***, reduzindo aquelas a estas últimas, ou, no pólo oposto, também redutivamente, ***identificam as intuições aos juízos***.

III

3. Esta conferência – desde já declaradamente alinhada com os poucos dissidentes dessa linha majoritária do comentário kantiano, notadamente Patrícia Kitcher[11] e, mais recentemente e com maior força, Robert Hanna[12] e, ainda, sob a inspiração da sempre iluminadora leitura da *Estética transcendental* feita por Heidegger – gostaria de mostrar que essas interpretações, não obstante a autoridade individual e, ainda mais, coletiva, de seus autores – são exegeticamente embaraçadas, mas mais grave do que isso (pois tal embaraço parece, afinal, ser o destino natural de todos os intérpretes de Kant) filosoficamente rombas.

Exegeticamente embaraçadas porque manifestamente contrárias às posições sustentadas em vários textos kantianos, a começar, evidentemente, pelos citados ao começo desta conferência. Filosoficamente sem fio, de outra parte, por revelarem uma incompreensão profunda da posição fundamental da filosofia crítica com relação à cognição ordinária – uma incompreensão regressiva e paradoxal, que, partindo de uma redução empirista do conceito de intuição, acaba por legitimar a tese racionalista de que as representações sensíveis são inelutavelmente marcadas pela obscuridade e pela confusão.

---

[11] Cf. *Kant's Transcendental Psychology*, Oxford University Press, New York/Oxford, 1990. Kitcher diz, por exemplo: "(....) *podemos perceber algo sem saber o que é. De modo que não precisamos ter um conceito para tudo o que percebemos, mas somente para aquelas coisas que reconhecemos em um conceito por meio da percepção*". O. c., p. 161.

[12] Cf. Robert Hanna, *Kant and the Foundations of Analytic Philosophy*, Oxford University Press, 2001, p. 199 e seg.

4. Para assegurar uma interpretação mais adequada da letra e do espírito da investigação kantiana, é indispensável acolher na interpretação da filosofia crítica o exemplo do *selvagem da Nova Holanda*, sob pena de não se entender a concepção kantiana da cognição dos objetos comuns, nem o que é, efetivamente, o ***realismo empírico***.

Uma tal análise, creio que se a pode desenvolver seguindo mais de um caminho. No entanto, presentemente me limitarei a examinar os exemplos da cognição selvagem à luz da doutrina canônica de Kant sobre o estatuto das cognições intuitiva e conceitual, entendendo por tal, como é protocolar, a lição contida na *Crítica da razão pura*.

5. Considerando a questão primeiramente em um plano doutrinário, meta-analítico, se assim posso dizer, a referência fundamental para os críticos da hipótese da cognição selvagem e, em geral, das afirmações kantianas relativas à autonomia cognitiva das intuições, o texto que no contexto desta discussão permite opor Kant a Kant, é a seguinte, citadíssima, página da *Crítica da razão pura*:

> *"Sem sensibilidade nenhum objeto nos seria dado, e sem entendimento nenhum seria pensado. Pensamentos sem conteúdo são vazios, intuições sem conceitos são cegas. (....) O entendimento nada pode intuir e os sentidos, nada pensar". A 51/B 76*

No entanto, como sabem todos quantos estejam iniciados na tradição da filosofia crítica, a simples invocação dessa passagem não é dirimente, porque se lhe pode contrapor muitas outras em que Kant classifica a intuição como uma das espécies de cognição. Assim, por exemplo, em A 68/B92-93 lê-se:

> *"Além da intuição não há, contudo, outro modo de conhecer senão por conceitos".*

Do mesmo modo, na chamada passagem da classificação, a *Crítica* diz:

> *"O conhecimento, por sua vez, é intuição ou conceito (intuitio vel conceptus). A primeira refere-se imediatamente ao objeto e é singular, o segundo refere-se mediatamente, por meio de um sinal que pode ser comum a várias coisas (....)". A 320/B 377*

Por fim, na abertura da *Lógica* de Jäsche, a tese é reiterada *formalmente*:

> *"Todos os conhecimentos, isto é, todas as representações conscientemente referidas a um objeto são ou intuições ou conceitos".*[13]

[13] Cf. *Manual dos cursos de lógica geral*, tradução, apresentação e guia de leitura de Fausto Castilho. EDUFU, Uberlândia e IFCH-Unicamp, Campinas, 1998, § 1, p. 158-159.

É manifesto, portanto, que ao simples cotejo de textos, ao uso das declarações de Kant como se fossem cartas de uma espécie de pôquer exegético, convém substituir um exame mais atento da linha fundamental de reconstrução teórica da cognição humana levada a cabo na *Crítica da razão pura.*

6. Para dar início a tal exame, o primeiro registro a fazer, contudo, é que não parecem faltar bons argumentos aos críticos da hipótese da cognição selvagem, pois parece natural pensar que o ***sentido*** geral da *Analítica Transcendental* não é senão o de mostrar a dependência conceitual a que está sujeito nosso acesso perceptivo aos objetos do mundo.

As evidências textuais com relação a este ponto podem ser multiplicadas com facilidade, mas creio que a doutrina da recognição no conceito apresentada por Kant na primeira versão da *Dedução transcendental* é o texto que parece contradizer mais forte e diretamente a hipótese de que se possa cogitar de uma verdadeira experiência cognitiva na falta de conceitos determinados e específicos. Com efeito, lê-se ali:

> *"Todo conhecimento exige um conceito, por mais imperfeito ou obscuro que possa ser; este conceito é, porém, quanto à forma, algo universal e que serve de regra". A 106*

Estou convencido, no entanto, de que a exigência de que toda cognição humana seja empírico-conceitualmente dependente, além de conduzir a posições contraditórias e manifestamente insustentáveis, tem uma base textual frágil, cuja debilidade só passa despercebida porque seus partidários useiramente amalgamam condições categoriais e condições empírico-conceituais da experiência.

Para explicação deste ponto, convém, pois, primeiramente, prestar atenção a A 105-106, páginas em que Kant não apenas diz que a unidade do objeto representado não pode ser diferente da unidade formal da consciência pressuposta pela síntese do diverso das representações, mas acrescenta que a unificação forçada destas últimas depende de que disponhamos de um conceito determinado que regule e, como diz o texto, "*torne* a priori *necessária a reprodução do diverso*". Ponto que é então ilustrado por meio dos conceitos de triângulo e de corpo, os quais nos são apresentados, respectivamente, como a regra que permite formar um polígono unindo três linhas retas, ou, no segundo caso, como o princípio que nos faz combinar os predicados da extensão, da impenetrabilidade, da figura quando sintetizamos o múltiplo que nos é dado ao ensejo de nosso contato sensível com objetos espaciais reais.

Aceita tal análise, a condição última de representação de um objeto seria dada, portanto, pelas notas características específicas que permitiriam integrar regradamente representações sensíveis diversas de acordo com um conceito determinado, matemático ou empírico, conforme o caso, o qual, assim, seria necessariamente pressuposto em toda síntese.[14]

O que é também dizer que embora se possa manter a idéia de que a remissão de notas ou aspectos dados perceptivamente a um objeto seja função de uma disposição *a priori* a integrar representações em algo a que elas fazem referência – a algo **do** qual elas são representações[15], ou, para usar um termo do próprio Kant, do conceito de um objeto em geral –, ter-se-á que dizer, de outra parte, que tal disposição só será atualizada quando estiver disponível ao sujeito uma regra empírica de articulação de predicados. Robert Paul Wolff expressa este ponto com muita clareza ao dizer:

> *"O exemplo com o qual Kant conclui o parágrafo revela, ainda que cripticamente, o ponto maior de toda a passagem. Este está em que o conceito de objeto = x opera em conjunção com conceitos empíricos particulares. O conceito de um triângulo ou de um corpo (....) é uma regra para a reprodução de percepções, enquanto que o conceito de um objeto das representações é tão-somente o conceito da unidade de uma tal regra. Ele é algo extra, esta unidade da regra, que dá objetividade ao múltiplo das representações e por aí torna possível o que chamamos de conhecimento de objetos".*[16]

Fosse assim, no entanto, ter-se-ia que incluir um condicionante empírico como garantidor e viabilizador da remissão intencional de representações empíricas aos objetos reais de que são elas representações. Ou, o que é mesmo, seria forçoso admitir que a condição de objetividade dessas representações teria que ser concepto-dependente, no sentido de que, sem a regra de síntese das representações parciais fornecida pelo conceito determinado – ***puro*** ou **empírico**, *triângulo* ou *corpo*, conforme os exemplos de Kant –, não se poderia representar nem triângulos, nem corpos, o que é simplesmente dizer que não poderia haver representação de objetos.

Todavia, é importante observar que a lição de A 105 não é exatamente essa, pois há no fraseado do texto uma espécie de ***inversão*** do pensamento que acabamos de apresentar. Com efeito, o que é dito ali, literalmente, é

---

[14] Portanto, não se pode admitir que tal condição seja o conceito puro de objeto = x ("*O conceito puro deste objeto transcendental (....) é o que em todos os nossos conceitos empíricos em geral pode proporcionar uma relação a um objeto*", lê-se em A 109).

[15] Cf. A 109.

[16] Cf. Robert Paul Wolff, *Kant's Theory of Mental Activity*, Harvard University Press, 1963, p. 142.

que "*a unidade formal da consciência na síntese do diverso das representações*" *é* impossível "*se a intuição não* ***pôde*** ['*pôde*', no passado, não '*pode*', no presente] *ser produzida por essa função de síntese, segundo uma regra que torne a priori necessária a reprodução do diverso*", assim, tornando "***possível*** *um conceito em que este diverso se unifique*".

Ora, se isto é assim, se é a síntese que torna possível o conceito em que o diverso é unificado, então a necessidade que coarcta a síntese intuitiva, antes que ser função de um conceito determinado, antecede a este último e é, na verdade, o que torna então, e só então, "***possível um conceito em que este diverso se unifique***". Isto é: a ***unidade formal da consciência na síntese do diverso das representações***, enquanto função de síntese, teve que inicialmente viabilizar ou ***produzir a intuição*** *de modo a* ***então*** **tornar possível** o conceito determinado em que o diverso de tal intuição veio a ser reunido.

Este ponto é, aliás, expresso claramente na seguinte passagem da conclusão da *Dedução transcendental* na versão da edição A:

> "(....) *não é somente possível, mas também necessário, que certos conceitos* a priori *precedam todo conhecimento empírico dos objetos. (....) é nesta unidade da consciência possível que consiste, também, a forma de todo conhecimento dos objetos (pelo qual o diverso é pensado como pertencente a um objeto). O modo, pois, como o diverso da representação sensível (intuição) pertence a uma consciência* ***precede*** *todo o conhecimento do objeto, como forma intelectual deste e ele próprio constitui um conhecimento formal* a priori *de todos os objetos em geral, na medida em que são pensados (categorias). A síntese desses objetos pela imaginação pura, a unidade de todas as representações em relação à apercepção originária precedem todo conhecimento empírico". A 129-130*

IV

7. Em vista do exposto, não parece razoável e nem parece haver apoio textual efetivo para a tese de que, para Kant, a intencionalidade e a correspondente individualização de objetos seja dependente da disponibilidade de conceitos determinados, seja empíricos, seja matemáticos.

No entanto, face à disseminação explícita ou implícita desse ponto de vista, parece-me oportuno insistir sobre as gravíssimas dificuldades inerentes a tal posição.

Uma boa maneira de fazê-lo é examinar o modo como Allison interpreta a concepção do conceito apresentada por Kant em A 68-69/B 93-94. Segundo sua lição, o essencial dessa página só será entendido se nos dermos conta que ao caracterizar "*os conceitos como 'predicados de juízo possíveis'*", Kant "*não está limitando sua função a de predicados lógicos ou gramaticais*", senão que está sustentando que, ao proverem "*uma descrição sob a qual este conteúdo pode ser pensado*", eles funcionam "*para determinar o próprio conteúdo sobre o qual se julga*".[17]

Ora, estou convencido de que, interpretada esta afirmação de Allison em sentido forte, no sentido de que os termos-sujeito de ***todos*** os juízos só poderão ser introduzidos uma vez assegurada a disponibilidade prévia de um conceito mediante o qual possam ser individualizados os objetos do juízo, as contradições serão inevitáveis. Repare-se que segundo essa concepção, ao fazer, por exemplo, um juízo sobre corpos será indispensável que os elementos descritivos próprios do conceito de corpo tenham circunscrito e determinado previamente a própria ***doação intuitiva*** dos objetos corpóreos, sem o que não terá sido cognitivamente dado o objeto do juízo.

A demonstração de que este modo de interpretar a A 68-69/B 93-94, além de não fazer justiça ao espírito da análise kantiana, conduz a um impasse, creio que pode ser objeto de uma demonstração formal. No entanto, o essencial do argumento crítico pode ser resumido na observação de que a linha de análise recém-exposta é absolutamente incompatível com a teoria kantiana dos conceitos empíricos, os quais são ditos empíricos precisamente porque formados a partir da experiência dos objetos. E isto simplesmente porque é contraditório sustentar ao mesmo tempo que (i) toda experiência de objetos só seja possível mediante juízos viabilizados por conceitos empíricos e (ii) que todos os conceitos empíricos sejam formados a partir da experiência, pois em tal caso a primeira experiência de objetos, admitidamente ensejadora da formação do primeiro conceito empírico, só poderia ter lugar mediante um juízo cujas condições de possibilidade incluiriam a prévia disponibilidade de um conceito empírico, o que contradiz a premissa de que estes são todos formados ***a partir*** da experiência, conseqüentemente às lições que dela recebemos.

V

8. À luz do que acaba de ser referido, creio que se pode admitir com segurança que a tese da dependência empírico-conceitual da unidade dos

---

[17] Ob. cit., p. 71.

múltiplos intuídos é inaceitável, de sorte que estaria aberto o caminho para uma recepção tranqüila dos exemplos da cognição selvagem na interpretação geral e ortodoxa da filosofia kantiana.

No entanto, é aqui que as verdadeiras dificuldades na verdade começam, pois se é relativamente fácil demonstrar a insustentabilidade da posição interpretativa recém-criticada, muito mais difícil é mostrar que há na filosofia de Kant uma teoria da intencionalidade e, conseqüentemente, da individualização cognitiva de objetos que dispensa a interveniência de conceitos empíricos e que tem que ***preceder*** à doutrina da *syntesis intellectualis* e à teoria do juízo.

É à tentativa de esclarecimento deste ponto que serão dedicadas as anotações seguintes. A tese que pretendo sustentar é a de que a *Crítica da razão pura* estabelece uma teoria elementar da *identificação de particulares* – para roubar uma expressão a Strawson – cujo ponto arquimediano é a singularíssima e complexa análise kantiana da representação do espaço.

9. Antes de avançar nessa direção, é preciso, porém, desde logo reconhecer que não faltam textos de Kant que, pelo menos à primeira vista, parecem desautorizar a linha de interpretação que estamos a sugerir.

O ponto central da dificuldade a ser enfrentada encontra-se já ao início da *Dedução transcendental*, na sentença de abertura do § 15. Lê-se ali:

> *"O múltiplo das representações pode ser dado numa intuição meramente sensível (....). Todavia, a ligação ['Verbindung'] (conjunctio) de um múltiplo em geral jamais pode nos advir dos sentidos e, por conseguinte, tampouco pode estar ao mesmo tempo contida na forma pura da intuição sensível; pois tal ligação é um ato da espontaneidade (....) é uma ação do entendimento que designaremos com o nome geral de síntese para (....) observar que não podemos nos representar nada ligado no objeto sem termos nós mesmos ligado antes, sendo dentre todas as representações a ligação a única que não pode ser dada por objetos (....)". (B 130)*

10. A pergunta que, antes de mais nada, nos cabe responder é, portanto, a seguinte: como é possível que se possa sustentar ao mesmo tempo (i) que a ligação e a unidade do múltiplo sensível dependam da síntese efetuada pelo entendimento e (ii) que a intuição seja verdadeiramente um modo próprio de acesso cognitivo aos objetos?

A dificuldade reside, insista-se, em que, face às declarações de abertura do § 15, parece forçoso pensar que se o múltiplo sensível só pode ser ligado pelo entendimento, então se e enquanto tais representações não forem ***conceitualmente*** determinadas elas não comporão mais do que um fluxo rapsódico e desconexo de impressões.

Contudo, a lição da *Dedução Transcendental*, malgrado as aparências, não é essa. Já o próprio texto do § 15 atesta que uma tal interpretação é suspeita, pois Kant diz ali:

> *"O múltiplo das representações pode ser dado **numa** intuição meramente sensível (....)"*.

Ora, se o múltiplo sensível poder ser dado em ***uma*** intuição e não em uma ***série*** de intuições, então é porque Kant não supõe nem que o insumo mínimo da cognição seja um dado ou informação atomizada[18], nem que o múltiplo seja necessariamente apresentado ao sujeito sensível em uma sucessão desconexa de impressões.[19] O mesmo ponto é feito ainda com maior clareza em uma passagem de B 143 sobre a qual chamou atenção Henrich, em que Kant escreve o artigo indefinido, "*einer*", com letra maiúscula para justamente destacar, como diz Henrich, a unidade interna da intuição.[20]

Portanto, o ponto inicial de Kant pressupõe que haja na intuição uma forma ou modalidade própria de conexão e unificação do múltiplo sensível – por certo, uma modalidade diferente e irredutível à ligação a ser produzida pelo entendimento nos juízos –, mas que, contudo, permite que se fale do múltiplo de ***uma*** intuição.

11. Como é sabido, na primeira edição da *Crítica da razão pura*, esta idéia era expressa na doutrina da *sinopse* dos sentidos.[21] Tendo em vista a

---

[18] A idéia de que esta seja a concepção de Kant é, no entanto, freqüente no comentário kantiano. Robert Howell a apresenta em termos que assumem explicitamente o atomismo e que são espantosamente contrários aos textos: "*A razão para Kant sustentar que elementos intuitivos, tal como são dados, não podem funcionar para apresentar um objeto singular é que a combinação da apresentação seqüencial (e atômica) desses elementos – e assim seu funcionamento para a mente como uma intuição singular – não pode ser dada*". V. *Kant's Transcendental Deduction*, Kluwer Academic Publishers, Dordrecht, 1992, p. 79.

[19] No mesmo sentido, na frase final do § 20 do *Prolegômenos* Kant escreve: "(....) *numa dada intuição* (....) *estão contidos muitos elementos homogêneos*". Cf. *Prolegômenos a toda Metafísica futura*, trad. de A, Morão publicada por Edições 70, Lisboa, 1987, p. 75 (p, 85 da ed. original).

[20] V. D. Henrich, *The Proof-Structure of Kant's Transcendental Deduction*, in Ralph C. S. Walker, (ed.), *Kant on pure Reason*, Oxford University Press, 1982, p. 66.

[21] Kant a apresentava assim: "*Se cada representação particular fosse completamente alheia às demais, se estivesse como que isolada das outras, nunca se produziria alguma coisa como o conhecimento, que é um todo de representações comparadas e ligadas. Se, pois, atribuo ao sentido uma sinopse, por conter diversidade na sua intuição, a essa sinopse corresponde sempre uma síntese e a **receptividade**, só unindo-se à **espontaneidade**, pode tornar possíveis conhecimentos*". A 97. Cf.: A 94.

supressão das passagens sobre a sinopse no texto de 1787, poder-se-ia entender que Kant teria abandonado a idéia de uma conjunção primária do múltiplo sensível já na própria intuição.[22] Bem consideradas as coisas, porém, não creio haja fundamento para esta ilação, pois é a mesma idéia contida na doutrina da sinopse que está expressa – ainda que reformuladamente e em termos mais rigorosos – em uma na nota aposta ao § 17 da *Dedução transcendental*. Lê-se ali:

> *"O espaço e o tempo e todas as suas partes são* ***intuições****, por conseguinte representações singulares com o múltiplo que contém em si (ver a Estética transcendental); logo, não são simples conceitos pelos quais precisamente a* ***mesma*** *consciência é encontrada como contida em muitas representações, mas muitas representações são encontradas como contidas numa só e na consciência desta, por conseguinte como compostas ["als zusammengesetzt"]; conseqüentemente, através delas* ***a unidade da consciência é encontrada como sintética, mas mesmo assim, como originária****. Esta sua singularidade é importante na aplicação (ver § 25)". B 136*

É verdade que este texto é singularmente complexo e que a demonstração de que nele está contida a doutrina madura de Kant sobre a autonomia da cognição intuitiva e sobre o peculiar regime que vincula às intuições ao entendimento exige um considerável trabalho interpretativo – um trabalho inevitavelmente sinuoso.

12. O primeiro ponto a destacar é que a nota estabelece uma espécie de critério ***lógico*** para a diferenciação de conceitos e intuições, um critério que toma como princípio de distinção entre essas modalidades cognitivas ***não a oposição entre dois estados do múltiplo sensível, um desordenado e desconexo, outro ordenado e ligado,*** mas, muito diferentemente, ***dois diferentes modos de estabelecer a relação uno-múltiplo*** no universo das representações.

O primeiro e mais conhecido de tais modos é o próprio dos ***conceitos***, os quais se caracterizam pela recorrência, como diz o texto, de uma "*mesma consciência em várias representações*". Pensamento que também estará bem expresso se dissermos que os conceitos unificam múltiplas representações ao identificarem uma mesma propriedade na série dos itens

---

[22] Esta é, por exemplo, a tese de Vleeschauwer, que diz: "*Segundo todas as aparências, o produto dessas formas, chamado 'synopsis', não é mantido na dedução como um fato já conhecido, como Kant o havia anunciado com toda a clareza desejável. Ele transmudou-se em um síntese da apreensão, função sintética*". V. *La Déduction transcendentale dans l'oeuvre de Kant*, II, p. 404. (Citado segundo o *reprint* da edição original publicado por Garlando Publishing, Nova Yorque e Londres, 1976.)

representados, os quais são unificados, portanto, na medida em que reconhecidos como compartindo tal propriedade. Esta última sendo expressa, é claro, pelas notas características que compõem o conceito, o qual, por valer para o conjunto indeterminado dos itens que o satisfazem, tem sob si, imediatamente, uma série aberta de *membra dividentia*, de conceitos inferiores inclusos em sua esfera e, mediatamente, um conjunto indefinido de objetos instanciáveis. O que é também dizer que a generalidade é o traço constitutivo e distintivo de toda representação conceitual.

Já o segundo modo de unificar representacionalmente um múltiplo é de uma outra e inteira natureza. Neste segundo caso a unificação não se dá pela identificação de uma propriedade comum a vários itens, mas tem lugar na medida em que uma dada representação contém em si – não sob si – uma multiplicidade, de sorte que, como diz o texto da nota, em uma representação singular estão contidas muitas representações.

Ora, este modo especial e *sui generis* de unificação do múltiplo sensível é uma decorrência do estabelecido no número 3 da *Exposição metafísica do conceito de espaço*. Com efeito, Kant mostra ali que as multiplicidades espaciais têm que ser reconhecidas simplesmente como partes do espaço, de sorte que sua multiplicidade, como diz o texto, "*repousa apenas sobre limitações*" e lhe é interna. (A 25/ B 39)

Importa sublinhar, porém, que a nota do § 17 expande essa lição da Estética.

Em primeiro lugar, a amplia ao sugerir que o regime de relação todo/ parte que fora apresentado como próprio do espaço é a forma de estruturação interna das intuições consideradas como um modo específico de cognição. Além disso, de maneira certamente desconcertante, a nota sustenta que no caso das intuições a unidade da consciência – vale dizer: a unificação representativa do múltiplo sensível – é, ao mesmo tempo, sintética e originária.

A fórmula é difícil, pois não parece que se possa dizer de uma mesma representação que seja simultaneamente sintética e originária, mas creio que é de sua correta interpretação que depende a possibilidade de efetivamente compreender a articulação fundamental da *Teoria transcendental dos elementos*.

Vleeschauwer, ao examinar esta dificuldade, sugere distribuir os predicados, a propriedade de ser ***sintética*** sendo aplicada restritivamente à ***intuição formal*** – entendendo-se por tal figuras espaciais determinadas como as que são objeto da geometria –, ficando o caráter dito ***originário*** reservado para a ***forma da intuição***.[23]

---

[23] É o que sugere o texto seguinte: "*O que chamamos tempos e espaços distintos são partes do tempo e do espaço únicos* (....). *No espírito de Kant, a contradição entre a*

No entanto, não é este o teor da anotação kantiana, cujo texto diz, ***indiferenciadamente***, que no caso das representações intuitivas "*a unidade da consciência é* ***encontrada*** *como sintética, mas, mesmo assim, como* ***originária***".

Na verdade, creio que a solução de Vleeschauwer – a idéia de fatorar os predicados ***originária*** e ***sintética*** –, além de ir além da letra do texto, implica desistir de entender o paradoxo e o *insight* contidos na afirmação de Kant de que, no âmbito do que denominamos acima o ***segundo*** regime de unificação de múltiplos representacionais, há um sentido em que a atribuição do caráter sintético a uma representação pode ser compatibilizada com a admissão simultânea de que tal representação é originária.

Que o espaço – o espaço como *intuição pura* – não seja constituído pela composição aditiva de suas partes e que, neste sentido, seja unificado originariamente, esta, dissemos antes, é a lição do número 3 da *Exposição metafísica do conceito de espaço*. Contudo, por si só, este ponto não é suficiente para superar a dificuldade ora em exame e isto porque nesta altura ela como que se desdobra e bifurca.

Com efeito, a idéia da unicidade do espaço encadeia-se à tese do número 4 da mesma *Exposição metafísica*, a de que representamos o espaço como uma grandeza infinita dada, idéia esta que se associa, como observado por M. Fichant, ao conceito de *totum analyticum*[24], o que não parece coadunar-se com a nota ao § 17, consoante a qual a unidade da consciência nas intuições "*é encontrada como* ***sintética***".

Além disso, para tomar a dificuldade pelo outro extremo, se se interpretar a expressão *partes das intuições*, ocorrente na primeira frase da nota, como designando os *constructa*, os resultados da construção matemática dos conceitos, então será forçoso admitir, conforme a lição do § 38 dos *Prolegômenos*, que "*o que determina o espaço em forma de círculo, em figura cônica ou esférica, é o entendimento*"[25], de sorte que, em tal caso, as representações espaciais serão certamente sintéticas, mas, não poderão ser ao mesmo tempo originárias.

(cont. nota 23) *Estética e a Analítica se resolve pela distinção entre o espaço e o tempo como formas da intuição e como intuições formais. Enquanto formas, eles são funções subjetivas da recepção da diversidade dada neles; enquanto intuições determinadas eles são produtos de um trabalho intelectual sobre eles. Eles são compostos sintéticos, porque devem submeter-se ao condicionamento normal da* ***conjunctio****, posto que eles são* ***conjunctiones***". O. c., III, p. 121-122.

[24] Michel Fichant, *"l'espace est représenté comme une grandeur infinie donnée": la radicalité de l'Esthétique*, in PHILOSOPHIE, n° 56, dezembro de 1997. Id, p. 31.

[25] *Prolegómenos a toda a metafísica futura*, trad. De Artur Morão, publicada por Edições 70, Lisboa, 1987, p. 101 (116 da ed. original de 1783).

Sendo assim, contrariamente ao que sugerimos antes, pareceria forçoso admitir que a solução de Vleeschauwer, ainda que fortemente interpretativa, é a única saída.

13. No entanto, estou convencido de que é importante não entregar os pontos tão facilmente. Na verdade estou convencido de que somente a elucidação adequada do implicado nessa nota permite compreender várias outras questões centrais da filosofia crítica, dentre estas as concernentes às relações pré-conceituais entre entendimento e sensibilidade, aos complexos condicionamentos transcendentais – estéticos e lógicos – da individualização de objetos na percepção, assim como às condições de preservação da teoria da verdade como *adaequatio* no contexto do idealismo transcendental.

Para avançar no esclarecimento desta problemática, por certo sem poder enfrentar o conjunto de temas recém-enumerados, antes com a preocupação de manter o foco da análise na questão das condições de acesso cognitivo aos objetos dados na percepção, o que cumpre fazer em primeiro lugar é voltar à lição fundamental do texto, a de que em ***uma*** intuição ***múltiplas*** representações estão contidas numa só.

Conforme visto acima, esta é a estrutura interna das representações intuitivas, cuja forma lógica, no caso da representação espacial, se expressa ***negativamente*** na tese de que a unificação dos múltiplos espaciais ***não*** se dá por ***subsunção*** e ***positivamente*** pela afirmação de que ela tem lugar por ***delimitação***, de sorte que, neste último caso, o múltiplo representado é unificado *a priori* na exata medida em que seus componentes, por estarem contidos no próprio espaço, são apreendidos como partes que este contém ***em si*** e ***não sob si***.[26]

Nesta altura cumpre observar, porém, que, conquanto esse passo represente um avanço decisivo no esclarecimento do estatuto da representação intuitiva, resta ainda por esclarecer o regime *lógico-**transcendental*** da relação todo/partes.

O que quero dizer é que, à primeira vista, seríamos tentados a pensar que tal regime é o da ***analiticidade*** porque se as partes do espaço estão contidas no todo infinito do espaço, então, ao representar-me este último, eu me estaria a representar também as partes que nele estão contidas.

No entanto, já o modo como Kant fraseia a apresentação desta questão em B 40 evidencia a necessidade de acautelar-se neste passo, pois ali nos é dito que conquanto nenhum conceito possa:

[26] Cf. B 40.

> "(....) *ser pensado como se tivesse **em si** um conjunto*[27] *infinito de representações (....) o espaço é pensado deste modo*".

Literalmente, portanto, não está dito que a representação do espaço ***contém*** um número infinito de representações, mas sim que a representação do espaço é pensada como se ***contivesse*** tal infinitude de representações. A questão então é: por que esta restrição do imperfeito do subjuntivo? E a resposta é que, fosse afirmado – sem qualificações – que o espaço contém todas as suas partes, seria forçoso concluir, em decorrência do princípio da divisibilidade do espaço, que em cada intuição espacial, por mínima que fosse a região considerada, teríamos acesso a um número infinito de partes.[28] A razão do uso do imperfeito do subjuntivo em B 40 encontra-se explicada, no entanto, bem à frente, em A 524/B 552, quando Kant diz que:

> "(....) *embora todas as partes estejam contidas na intuição do todo, ainda assim não está nela contida* ***toda a divisão****, a qual consiste unicamente na decomposição progressiva ou no próprio regresso que torna real a série*".

Sendo assim, se é a delimitação partitiva que ***gera*** o múltiplo real contido na representação do espaço, compreende-se perfeitamente por que o texto do § 17 afirma que a unidade do múltiplo na intuição é "encontrada como *sintética e como originária*".

Ela é dita ***sintética*** na medida em que o múltiplo unificado na representação intuitiva ***resulta*** da delimitação ***partitiva*** do espaço feita pelo entendimento. Ela é dita ***encontrada***, de outra parte, na medida em que as partes assim geradas, o múltiplo de partes assim unificado, não é diferente do próprio espaço e é reconhecido como de antemão contido nele, ainda que não ***enquanto*** parte, ainda que somente, portanto, potencialmente. Por fim, a unidade da representação estruturada nesses termos deve ser considerada como ***originária*** exatamente porque a discriminação e a composição do múltiplo não engendram, *materialiter*, uma ***nova*** entidade, senão que, ao determinarem a estruturação espacial do intuído, tomam necessariamente as partes assim distinguidas como partes internas do todo por delimitação já de antemão dado na intuição.

---

[27] Tradução alterada. O original aqui diz "*Menge*", que Rohden-Moosburger vertem por "número" e Dos Santos-Morujão por "*multidão*". No contexto "*conjunto*", que corresponde à opção de Guyer-Wood por "*set*", parece mais apropriado.

[28] Cf. sobre este ponto, Charles Parsons, *Infinity and Kant's Conception of the "Possibility of Experience"*, in Patricia Kitcher (ed.) *Kant's Critique of Pure Reason*, Rowman & Littlefield, Lanham, Maryland, USA, 1998, p. 48 e seg.

14. Nesta altura torna-se forçoso indagar o que isto tudo tem a ver com a autonomia da cognição intuitiva, com as condições de individualização de objetos na percepção e com a defesa dos exemplos da cognição selvagem dos quais partimos. E minha resposta é que isto tem tudo a ver, ainda que mostrar a correlação interna destes pontos exija vários esclarecimentos complementares.

O primeiro concerne à determinação do alcance da posição que acabou de ser apresentada, eis que tomar o espaço como modelo da relação uno/múltiplo nas representações intuitivas pode parecer uma análise demasiado distante dos casos de intuição empírica de que partimos. No entanto, esta distância é ilusória, pois Kant é absolutamente explícito com relação à extensão da análise anterior à representação dos objetos dados na intuição. Assim, ao final da *Observação geral sobre o sistema dos princípios*, Kant diz:

> "*Com efeito, o espaço contém já* a priori *relações externas formais, que são condição de possibilidade das relações reais*". B 293

No mesmo espírito, na mesma página da *Solução da idéia cosmológica da totalidade da divisão de um todo dado na intuição*, há pouco citada, Kant, depois de afirmar que "*embora todas as partes estejam contidas na intuição do todo, ainda assim não está nela contida* ***toda a divisão***", acrescenta:

> "*De início, esta advertência geral pode muito facilmente ser aplicada ao espaço. Todo espaço intuído em seus limites é um todo tal que, em toda composição, as suas partes sempre são, por sua vez, espaços; em decorrência disto, todo espaço limitado é divisível ao infinito. Disto também se segue, de um modo totalmente natural, a* ***segunda*** *aplicação: aquela sobre um fenômeno externo (um*[29] *corpo) encerrado em seus limites. Sua divisibilidade funda-se sobre a divisibilidade do espaço, o qual constitui a possibilidade do corpo enquanto um todo extenso.*"[30] A 524-5/B 552-3.

---

[29] "*um*" acrescentado segundo a lição de Dos Santos-Morujão.

[30] Esta é também a lição, muito explícita, de A 165/B 206 onde se diz notadamente o seguinte: "*A intuição empírica só é possível através da intuição pura (do espaço e do tempo); portanto, o que a Geometria diz desta também vale incontestavelmente para aquela, e precisa-se eliminar as escapatórias como se os objetos dos sentidos não necessitassem se conformar às regras da construção no espaço (por exemplo, à regra da divisibilidade infinita das linhas e dos ângulos). Deste modo, efetivamente, nega-se a validade objetiva ao espaço e, com ele, ao mesmo tempo a toda a Matemática, não mais se sabendo por que e até que ponto possa ser essa aplicada ao fenômeno. A síntese dos espaços e dos tempos, como forma essencial de toda a intuição, é o que torna ao mesmo tempo possível a apreensão do fenômeno, por conseguinte toda experiência externa e também todo conhecimento dos objetos da mesma, e o que a Matemática no uso puro prova acerca daquela síntese também vale necessariamente para o conhecimento dos objetos da experiência*".

É patente, por conseguinte, que o mesmo princípio que comanda a relação do espaço às partes do espaço vale para as relações dos objetos que ***preenchem*** o espaço e para a relação de tais objetos a suas respectivas partes, devendo-se ressalvar, contudo, que a delimitação de regiões e partes dos objetos aqui em questão não deve ser associada sem mais, como explica Charles Parsons, a sua divisibilidade física.[31]

Isto quer dizer que há uma relação isomórfica entre a representação do espaço e a representação dos objetos no espaço, de sorte que, no caso da intuição de um qualquer objeto, a discriminação das respectivas partes se fará igualmente por delimitação dos subespaços ocupados, as partes do objeto então e assim distinguidas devendo ser tomadas como pré-existindo ao ato divisor, de tal sorte que também da unidade da consciência do múltiplo assim dividido se poderá dizer, para retomar a retorcida fórmula da nota ao § 17, que "será encontrada como sintética, mas, mesmo assim, como originária".

O segundo dos pontos que dissemos ainda merecer uma observação adicional tem a ver como o uso da palavra **encontrar** – "*angetroffen*" – ocorrente no texto da nota do § 17, o qual uso, se, de início, parecia desacorçoante, agora revela-se natural, pois é evidente que, quando se distinguem partes na varredura perceptiva de um objeto intuído, as partes aí discriminadas, embora sejam estabelecidas pelos atos de discriminação espacial, se apresentarão como preexistindo a tais atos, como *a priori* contidas no todo espacial que está a ser dividido, eis que fundadas nas relações das partes do intuído correspondentes às regiões espaciais ocupadas ou preenchidas. E é por esta razão, como mostrei em outro texto, que neste caso o sintetizado é sintetizado enquanto dado.

VI

15. No entanto, como notaram os autores pelo menos desde Vahinger, a concepção do espaço apresentada na Estética sobre cujas características

[31] Deve-se a Charles Parsons uma formulação precisa deste último ponto quando diz: "*Segue-se do fato de que os objetos empíricos da percepção são infinitamente divisíveis que eles são* ***indefinidamente complexos****. Porque a região espacial que um objeto ocupa pode ser dividida em sub-regiões, que por sua vez podem ser assim divididas e assim por diante. Isto não é dizer que o objeto possa ser fisicamente indefinidamente separado em partes, embora Kant faça referência ao que ocupa uma sub-região da região ocupada por um objeto como uma 'parte' do objeto. Dadas disjuntamente duas sub-regiões da região ocupada pelo espaço, as 'partes' do objeto ocupantes de tais sub-regiões são distinguíveis*". Art. cit., p. 48.

apoiamos a análise anterior parece ser contrariada pela lição dos Axiomas da Intuição, o que pareceria fragilizar desesperadamente a linha seguida pelo esforço analítico desenvolvido até aqui.

É natural pensar, com efeito, que a tentativa de interpretar o conceito de síntese a partir das propriedades do espaço é bloqueada, frontalmente, pela Analítica do Princípios e, mais exatamente, pelas teses expostas no Axiomas da Intuição, onde se lê, por exemplo, o seguinte:

> "(....) *todo o fenômeno enquanto intuição é uma quantidade extensiva na medida em que só pode ser conhecido através de uma síntese sucessiva (de parte em parte) na apreensão*". A 163/ B 203-4

A louvar-se na primeira leitura deste texto, pareceria efetivamente haver uma contradição flagrante entre a lição nele contida e as declarações, já vistas, de B 39 de que "*o múltiplo do espaço repousa apenas sobre limitações*", bem como a de A 426-428 e B 454-456, que convém citar *in extenso*:

> "*Podemos intuir um* quantum *indeterminado como um todo, se está encerrado dentro de limites, sem ter necessidade de construir a sua totalidade mediante mensuração, isto é, a síntese sucessiva de suas partes*".

16. Quero crer, porém, que uma consideração mais atenta e sensata do texto kantiano, embora não elimine a tensão entre essas formulações divergentes – a que Charles Parsons deu o nome de "A 'Antinomia' da Intuição"[32] –, permite devolver coerência ao texto crítico.

Neste sentido, preliminarmente assinale-se que uma qualificação da tese da anterioridade das partes com relação aos todos intuídos é feita já no próprio texto dos Axiomas e na verdade logo depois das passagens que acabamos de citar, em A 163/ B 204, quando Kant diz:

> "*De acordo com isso, todos os fenômenos são já intuídos como agregados (porções de partes anteriormente dadas), o que não ocorre com toda espécie de quantidade, mas somente com aquelas que são por nós representadas e apreendidas como extensivas* ***enquanto tais*** ('als solche', ênfase minha)".

Ora, este texto dá a entender, *a contrario*, que podemos representar e apreender quantidades extensivas sem que, contudo, as tomemos ***como*** extensivas. Em uma anotação de seu exemplar da primeira edição da *Crítica da razão pura*, inserida três linhas antes da passagem que acabamos de citar, Kant escreveu:

---

[32] Art. cit., ed. cit., p. 48 e seg.

"*Assim, o conceito de uma quantidade extensiva não pertence àquilo que é meramente extensão, isto é, meramente a nossa intuição*".[33]

Texto que corrobora a idéia de que no próprio texto dos Axiomas há o reconhecimento expresso de um tipo de representação intuitiva que, de algum modo, não está submetido ao regime da composição que vai de partes anteriormente dadas ao todo.

Mais importante do que isso, porém, é a verdade incontestável de que, dado o princípio da divisibilidade do espaço, é impossível sustentar incondicional e inqualificadamente o princípio dos Axiomas, pois, como Kirk Wilson notou oportunamente, a divisibilidade do espaço implica o *regressus in infinitum*, eis que para todo espaço ***x*** evidentemente existe um espaço **y** que é uma parte própria de ***x***.[34] Sendo assim, a composição de qualquer múltiplo espacial na intuição terá necessariamente como elementos ***partes que serão elas próprias todos contendo em si, potencialmente, infinitas partes***.

Em vista disso – exceto sob a suposição absolutamente não-kantiana de que há no espaço e nos objetos representados espacialmente partes simples[35] – é forçoso concluir que ***nenhuma composição efetiva de múltiplos espaciais, puros ou empíricos, será possível se não se pressupuser que há todos dados e não compostos por conjunção e adição de partes***. Todos que neste sentido da palavra-síntese não poderão ser ditos sintéticos, ainda que, como vimos antes, não se possa dizer que a operação de delimitação seja simplesmente analítica e possa ser mesmo considerada como sintética, conforme vimos no exame da nota ao § 17.

Seja como for, esta lição foi pormenorizadamente explicada no § 26 da *Crítica da faculdade do juízo,* onde se lê:

---

[33] Cf., na tradução para o inglês da *Crítica da razão pura* de autoria de Paul Guyer e Allen W. Wood, publicada na série *The Cambridge Editon of the Works of Immanuel Kant*, Cambridge University Press, 1997, a nota *a* da p. 288.

[34] Cf. Kirk Dallas Wilson, *Kant on Intuition*, The Philosophical Quartely, vol 25, n° 100, 1975, p. 255.

[35] Em A 169/ B 211 Kant diz: "*A propriedade das quantidades segundo a qual nenhuma parte é nelas a menor possível (nenhuma parte é simples) chama-se continuidade das quantidades. Espaço e tempo são* quanta continua *porque não pode ser dada nenhuma parte dos mesmos sem ser encerrada entre limites (pontos e instantes), por conseguinte, só de modo tal que esta parte seja por sua vez um espaço ou um tempo. Portanto, o espaço consiste só em espaços, e o tempo em tempos. Pontos e instantes são apenas limites, isto é, simples posições que restringem o espaço e o tempo; posições, porém, pressupõem sempre aquelas intuições que elas devem limitar ou determinar. Espaço e tempo não podem ser compostos nem de simples posições nem de elementos que pudessem ser dados anteriormente ao espaço e ao tempo*".

"A avaliação das grandezas através de conceitos numéricos (....) é matemática, mas a sua avaliação na simples intuição (....) é estética. Ora, na verdade somente através de números podemos obter determinados conceitos de quão ***grande*** *seja algo (....). Todavia, visto que a grandeza da medida tem que ser admitida como conhecida, (....) se esta tivesse que ser avaliada de novo somente por números, cuja unidade tivesse que ser uma outra medida (....), jamais poderíamos ter uma medida primeira ou fundamental, (nem) por conseguinte algum conceito determinado de uma grandeza dada. Logo a avaliação da grandeza da medida fundamental tem que consistir simplesmente no fato de que se pode captá-la imediatamente em uma intuição (....), isto é, toda a avaliação das grandezas dos objetos da natureza é por fim estética (isto é, determinada subjetivamente e não objetivamente)."*[36]

Por certo, Kant está a falar aqui das condições da medida, não das condições da síntese. No entanto, no texto de A 426-428 e B 454-456 já citado, há uma equiparação explícita dessas duas operações, como segue:

"*Podemos intuir um* quantum *indeterminado como um todo, se está encerrado dentro de limites,* ***sem ter necessidade de construir a sua totalidade mediante mensuração, isto é, a síntese sucessiva de suas partes.***"[37]

---

[36] CFJ, ed. cit., p. 97 (Ak, B, 86). Obviamente, este texto precisa ser lido conjuntamente com a nota de Kant a B 456, já citada. Na verdade, face à ordem sistemática e cronológica dos textos, há que se considerar a nota das *Antinomias* como a base da doutrina exposta na *Crítica da faculdade do Juízo*. Torretti comentando esta passagem precisa o ponto de Kant dizendo: "*Segundo esta observação, para representar uma magnitude* ('magnitud') *extensa, não é necessário captar primeiramente suas partes, desde que nos resignemos a representá-la indeterminadamente.* ***Determinar*** *uma grandeza* ('magnitud') *é o que se chama* ***medi-la*** (....)." In Roberto Torretti, *Kant*, Editorial Charcas, Buenos Aires, 1980, p. 437. No entanto, como Kant diz que "*os limites* ***determinam*** *já a completude*", não parece se possa dizer, sem mais, que o posto dentro dos limites é *indeterminado*. Quero crer que é este mesmo ponto, esta mesma indecidibilidade, que é registrada na passagem das *Investigações filosóficas* em que Wittgenstein diz: "*De* ***uma*** *coisa não se pode afirmar que tenha 1m de comprimento nem que não tenha 1m de comprimento: do metro-padrão de Paris*". Cf. *Investigações*, trad. De M. G. Montagnoli, Vozes, Petrópolis, 1994, p. 43. Analisando esta questão do ponto de vista da percepção, Christopher Peacocke sustenta que o conteúdo da experiência perceptiva é "*unit-free*", esclarecendo que esta característica é bem ilustrada pelo fato de que "*quando vemos uma mesa como tendo uma certa largura, não a vemos, digamos, como tendo uma certa largura em polegadas, por oposição a centímetros*". V. *A Study of Concepts*, The MIT Press, 1995, p. 69.

[37] Este ponto costuma ser ignorado pelos comentadores, ou, então, formalmente contraditado, como se vê na seguinte passagem do professor Howell: "(....) *cada intuição (externa)*

Ora, lido o texto dos Axiomas à luz destes argumentos, torna-se forçoso reconhecer que a síntese é universal e a participação do entendimento insubstituível na medida em que, como jamais nos são dados elementos simples, precisamos partir de delimitações espaciais como unidades primárias, estas últimas podendo então tanto ser divididas internamente quanto ser reunidas a outras unidades primárias com vistas à formação, esta sim ***aditiva***, de todos mais abrangentes.

Isto implica, por certo, que se deve ler a doutrina dos Axiomas como incluindo as três categorias da quantidade, a começar pela da ***unidade***, a qual, não por ser ali simplesmente pressuposta, perde a condição de categoria fundamental de todas as sínteses matemáticas[38] e, ademais disso, de categoria viabilizadora da ***percepção dos objetos enquanto fenômenos***, eis que é por meio dela que são determinados os *quanta* fixados primariamente por delimitação. Creio que é este ponto que faz a professora Longuenesse quando diz que:

> *"Refletir um objeto como unidade é refleti-lo como o x posto na intuição, cuja repetição constitui a síntese sucessiva de uma multiplicidade".*[39]

Seja como for, ao tomarmos como unidades quer uma simples região do espaço, quer um objeto empírico que sature tal região, teremos esta síntese estranha de que fala a nota do § 17, em que a unidade da consciência será "***encontrada*** como sintética e, mesmo assim, como ***originária***". O que é dizer que o resultado da delimitação é visto como se antecedesse ao ato que lhe deu origem, paradoxo a ser interpretado à luz do peculiar regime lógico que preside a relação do espaço a suas partes. Evidentemente, uma vez delimitado o todo, por certo será possível fixar uma unidade de medida

---

(cont. nota 37) *decompõe-se em um conjunto de elementos, cada um dos quais põe ante a mente uma tal potencialmente definida parte espacial, ou matéria para uma parte espacial. E o objeto conhecido via esta intuição é dado na forma de (pelo menos) este conjunto de partes potencialmente definidas, cada uma das quais é posta ante a mente por um destes elementos representacionais.*" Ob. cit., p. 81. Howell não explica, por certo, como partes meramente potenciais podem ser apresentadas à mente ***uma a uma***! É verdade que, logo adiante, a exposição do professor Howell identifica precisa e amplamente os problemas envolvidos nestas idéia, assim como os textos de Kant que a contrariam. Sua posição final é a seguinte: "(....) *Kant não faz uma distinção nítida e clara (....) entre os elementos que põem ante à mente (....) matérias para conceitos e elementos que põem ante à mente (....) matérias para partes espaciais. (....) Assim (....) continuarei a distinguir tais elementos.* Ob. cit., p. 87.

[38] V. B. Longuenesse, ob. cit., p. 299 e seg. V. também *Prolegômenos*, § 21, ed. cit, p. 77 (AK, IV, 303). Cf. P. Guyer, The Claims of Knowledge, Cambridge University Press, New York, 1987, p. 191 e seg.

[39] V. B. Longuenesse, ob. cit., p. 287.

que faculte determinar a *quantitas* do *quantum* assim individualizado. É muito precisa, portanto, a interpretação dos Axiomas proposta por Gordon Brittan Jr. quando diz:

> "(....) *os* ***indivíduos*** [grifo, jc] *a que fazem referência ostensivamente nossos termos singulares são (ou têm) grandezas extensivas. O* Axiomas da Intuição *revela um aspecto do que é ter uma posição espaço-temporal definida.*"[40]

Evidentemente, se seguirmos esta interpretação de Brittan, não poderemos compreender a afirmação de Kant de que "*todo o* fenômeno (....) *só pode ser conhecido através de uma síntese sucessiva (de parte em parte) na apreensão*" (A 163/ B 203-4), como se o próprio ***dar-se*** do objeto na intuição implicasse uma composição formada pela adição de partes, mas antes no sentido de que todo fenômeno ao assomar na intuição apresenta-se necessariamente como um *quantum* formado por delimitação cuja composição quantitativa poderá ser então aditivamente determinada a partir de uma unidade de medida conveniente.

17. É fundamental entender, porém, que isto que está sendo denominado aqui de síntese – a delimitação dos todos intuídos e a composição topológico-mereológica do múltiplo contido em tais todos, vale dizer, as partes que é possível distinguir aí – não é a mesma ligação que tem lugar quando a cognição se faz mediante a execução de juízos no sentido próprio da expressão.

Este é um dos pontos explicitados por Kant em outra decisiva passagem da *Dedução transcendental*, a nota do § 26. Lê-se ali, com efeito:

> *"Representado como* ***objeto*** (....), *o espaço contém* ***mais*** *do que a simples forma da intuição, a saber, a* ***compreensão*** *do múltiplo dado de acordo com a forma da sensibilidade numa representação* ***intuitiva****, de modo que a* ***forma da intuição*** *dá somente o múltiplo, mas a* ***intuição formal*** *a unidade da representação. Na estética, enumerei essa unidade meramente como pertencente à sensibilidade para apenas observar* ***que precede todo conceito****, não obstante pressuponha* ***uma síntese que não pertence aos sentidos****, mas mediante a qual todos os conceitos do espaço e do tempo tornam-se primeiramente possíveis"*. (B 160-161, nota.)

No presente contexto, desta passagem extremamente densa, interessa simplesmente a afirmação de que "*a* ***compreensão*** *do múltiplo dado*

---

[40] V. Gordon G. Brittan Jr., *Kant's Theory of Science*, Princeton University Press, 1978, p. 91, nota 6.

numa representação ***intuitiva*** possui **uma** ***unidade que precede todo conceito, não obstante pressuponha uma síntese que não pertence aos sentidos***". E isto simplesmente porque é manifestamente ***desta síntese precedente a todo conceito*** que resulta a ***unidade da consciência encontrada como sintética, mas mesmo assim, como originária*** de que falava a nota ao § 17.

Isto quer dizer que os procedimentos de constituição primária de todos intuídos devem ser entendidos como ***pré-conceituais*** no sentido de que a ***individualização*** de tais todos não depende nem da disponibilidade antecedente de conceitos geométricos – como os conceitos de quadrado e cubo, de triângulo e pirâmide, de círculo e cilindro e assim por diante –, nem de conceitos empíricos designadores de objetos reais isomorficamente equivalentes a tais figuras como os de quadro e dado de jogar, de triângulo de sinalização viária e pirâmide arquitetônica, de anel e toro.

Idéia que, expressa positivamente, implica que a individualização dos objetos designados por tais palavras pode ter lugar na intuição pura ou empírica, conforme o caso que se quiser considerar, quando o entendimento, tendo em vista ***apenas*** as relações externas e internas das formações espaciais geradas na intuição pura, ou encontradas na intuição empírica, proceder a individualização de objetos. O que é também dizer que, neste último caso, para valer-me de uma expressiva frase de Arthur Melnick, "*os objetos tomam de empréstimo sua identidade numérica à região do espaço e do tempo que ocupam*".[41]

Repare-se que o caso das relações espaciais ***externas***, Kant o trata no ponto mais agudo da polêmica com Leibniz, quando diz na *Anfibologia*:

> *"Certamente, se conheço uma gota d'água (....) como uma coisa em si mesma, então não poderei admitir nenhuma gota d'água como diferente das outras se o inteiro conceito dela for idêntico com a primeira. Entretanto, se a gota d'água é um fenômeno no espaço, então ela possui o seu lugar não simplesmente no entendimento (entre os conceitos), mas na intuição sensível externa (no espaço); aí os lugares físicos são totalmente indiferentes com relação às determinações internas das coisas: um lugar = b pode tanto admitir uma coisa inteiramente semelhante e igual a uma outra em um lugar = a, quanto o poderia fosse a diferença interna entre ambas a maior possível.*[42] ***A diversidade de lugares por si só já torna não***

[41] V. *Kant's Analogies of Experience*, The University of Chicago Press, 1973, p. 12.

[42] O texto de Rohden-Moosburger diz: "(....) *um lugar = b pode tanto admitir uma coisa inteiramente semelhante e igual a uma outra em um lugar = a, por maior que seja a diferença interna entre ambas*". Este fraseado rompe a subordinação anunciada pelo ***tanto*** que exige o ***quanto*** para completar o pensamento. Dos Santos e Morujão não

***somente possível mas necessária* – *sem ulteriores condições* – *a pluralidade e distinção dos objetos como fenômenos*".**[43]

É patente neste texto, portanto, que, para Kant, o espaço, ou, mais exatamente, a localização é um princípio **autônomo** de individualização cognitiva de objetos. Um princípio autônomo na medida em que a diferenciação dos itens percebidos feita com base nele é ***totalmente indiferente***, como mostra o texto, às relações de semelhança ou dessemelhança conceitual dos objetos locados em espaços diversos, pois, como a passagem sublinha, mesmo admitindo-se que as gotas de água compartilhassem ***todas*** as ***notas características***, elas, simplesmente por se mostrarem à intuição em espaços diversos, seriam individualizadas como objetos distintos.

De outra parte, importa sublinhar que o espaço é igualmente crítico para a determinação de relações ***internas*** aos múltiplos sensíveis, determinação esta que tampouco dependerá da disponibilidade de conceitos empíricos ou matemáticos. Este ponto é claramente expresso por Kant no texto de que partimos, quando na nota da *Resposta a Eberhard* Kant afirma que o "*selvagem da Nova Holanda que visse uma casa pela primeira vez*" poderia "*distinguir-lhe todas as partes*", ainda que não dispusesse nem do conceito de casa, nem, *a fortiori*, do conceitos de partes de casa.

Obviamente, Kant só pode dizer isso na medida em que está a supor que no exemplo em questão tal distinção de partes estaria fundada em relações internas ao todo percebido, em relações de contigüidade ou afastamento espacial, de simetria ou de assimetria, de orientação das partes distinguidas como tais na intuição do objeto em questão.[44] O que é também dizer que o selvagem seria capaz de proceder a tal distinção de partes em função das relações topológico-mereológicas que estariam imediatamente dadas – sinteticamente encontradas e contudo originárias – na unidade da consciência intuitiva.

(cont. nota 42) são mais felizes porque dão uma sentença diretamente contraditória. Seu texto reza: "(....) *um lugar = b também pode admitir uma coisa semelhante e igual a outra situada num lugar = a, por maior que seja a diferença interna entre elas*". A citação corrige o texto de acordo com as lições de Wood-Guyer, Pluhar e Tremesaygues-Pacaud. O original diz: "(....) *ein Ort = b kann ein Ding, welches einem anderen in dem Orte = a völlig ähnlich und gleich ist, ebensowohl aufnehmen, als wenn es von diesem noch so sehr innerlich verschieden wäre*".

[43] A 272/B 329. Kant já expressara a mesma idéia um pouco antes, em A 263/B 319.

[44] Como diz Kirk Dallas Wilson: "(....) *as partes dos objetos físicos estão em uma relação mereológica com o todo do objeto físico de que são partes, como, por exemplo, uma janela é parte de uma casa*". Art. cit., p. 254. Dentro da tradição kantiana, o caso mais notório de relações espaciais internas é, contudo, o das chamadas contrapartidas incongruentes de que Kant trata, *inter alia*, no § 13 dos *Prolegômenos*.

Mas se nos perguntarmos pela intuição da própria casa, se nos perguntarmos como poderá ele a ter individualizado, a resposta que precisamos dar encontra-se expressa muito claramente na seguinte passagem da *Crítica da faculdade do juízo*:

> *"Que algo seja uma grandeza (*quantum*) pode-se reconhecer desde a própria coisa, sem nenhuma comparação com outras, a saber quando a pluralidade do homogêneo, tomado em conjunto, constitui uma unidade".*[45]

O que é também dizer que na teoria crítica os objetos são primariamente individualizados como ***quanta*** espaciais, constituídos por delimitação, de tal sorte que deve ser admitida uma correlação necessária entre delimitar e contar, podendo mesmo dizer-se que cada delimitação constitui uma unidade ou uma subunidade.[46] Uma unidade se, como no caso das gotas do exemplo da *Anfibologia*, houver uma descontinuidade entre as regiões espaciais ocupadas pelos objetos intuídos, uma subunidade se houver continuidade entre as regiões espaciais ocupadas pelos itens distinguidos, os quais, neste caso, terão em suas assimetrias uni, bi ou tridimensionais o critério para a distinção de regiões no objeto inteiro, assim subdividido.

Quando, portanto, Kant declara na nota do § 26 que a ***unidade*** da representação intuitiva ***precede todo conceito***, embora pressuponha ***uma síntese que não pertence aos sentidos***, sua afirmação pressupõe que ***nem os elementos*** que são objeto de tal síntese ***são instâncias*** de conceitos previamente dados, nem são eles combinados em função das ligações passíveis de serem estabelecidas por meio das ***relações intensionais e extensionais próprias aos conceitos***. A síntese neste caso toma como elementos regiões espaciais e os objetos que saturarem tais regiões, seu trabalho con-

---

[45] Id., p. 94. É preciso ressaltar que Kant está a falar aqui de um *Quantum*, não da *Quantitas*, a qual, como é explicado em B 300, só pode ser pensada em função de "*quantas vezes a unidade é posta nela*", vale dizer com relação ao estabelecimento de uma *medida*, consoante lição já da *Dissertação de 70* (Cf. § 15, C, nota). Sobre esta questão v. B. Longuenesse, ob. cit., capítulo 8 e M. Fichant, *O espaço é representado como uma grandeza infinita dada: a radicalidade da Estética*, in Philosophie, n° 56, dezembro de 1997, Minuit, p. 26-27.

[46] Roberto Casati e Achille C. Varzi ao tratarem deste ponto em uma investigação contemporânea dizem: "*Cada partição de um objeto determina uma contagem, mas como cada partição exclui a qualquer outra, assim cada contagem exclui as demais. Assim, uma maneira de conciliar a rigidez do contar efetivo com a possibilidade de partições múltiplas é dizer que qualquer ato de contar que atribua um valor maior do que um a um objeto maximamente conectado precisa ser uma conta de partes potenciais*". Cf. Roberto Casati e Achille C. Varzi, *Parts and Places*, The MIT Press, Cambridge, Massachusetts, 1999, p. 100.

sistindo em individualizar primariamente tais regiões e objetos, em seguida cuidando de estabelecer as relações topológicas e mereológicas existentes entre eles.

VII

18. Nesta altura poder-se-ia argumentar que representar-se um todo no espaço, primeiro por delimitação e em seguida por diferenciação mereológica, embora envolvendo atos do entendimento executados independentemente da disposição de conceitos geométricos ou empíricos, ainda não implica que tais representações sejam representações de ***objetos***.

No entanto, uma tal conjetura só pode ser feita por quem contrabandeia para a interpretação de Kant pressupostos cartesianos e, de maneira totalmente indevida, enclausura a subjetividade transcendental numa esfera subjetiva imanente.

Este ponto, aliás, é de fácil comprovação e torna-se manifesto tanto em B 162, no § 26 da *Dedução transcendental*, quanto à luz da lição expressa na seguinte passagem da chamada prova do Axiomas:

> "*Ora, a consciência do homogêneo múltiplo na intuição em geral, na medida em que por meio dela é* ***primeiramente*** *possível a representação de um objeto, é o conceito de uma quantidade (*quanti*). Portanto, mesmo a percepção, a percepção de um objeto enquanto fenômeno, só é possível mediante a mesma unidade sintética do múltiplo da intuição sensível dada pela qual é pensada a unidade da composição do múltiplo homogêneo no conceito de uma quantidade* (....)." *A 162/B 203*[47]

É preciso entender, porém, que contrariamente ao que sugere Tieftrunk em uma confusa a carta a Kant datada de 5 de novembro de 1797[48], que a categoria da quantidade tem que ser pensada primariamente com relação ao espaço e a seus objetos, pois como Kant diz B 293:

> "(....) *a possibilidade das coisas como quantidades, e portanto a realidade objetiva da categoria da quantidade, também só pode ser exposta na intuição externa e só mediante ela* (....) *pode ser aplicada ao sentido interno*".

---

[47] Para efeito de clareza estilística, a citação dá a versão de Rohden-Moosburger parcialmente modificada pela lição de dos Santos e Morujão.

[48] *Immanuel Kant – Philosophical Correspondence*, The University of Chicago Press, Midway Reprint, Chicago, 1986, p. 240.

Passagem esta inteiramente referendada no mais refletido, no mais autorizado dos textos da *Crítica da razão pura*, no texto com o qual Kant encerrou a redação de seu *opus magnum*, a nota aposta ao prefácio à segunda edição, cuja lição é preciso jamais perder de vista quando se lê o livro e que cabe transcrever aqui:

> *"O sentido externo é **já em si** referência da intuição a algo real fora de mim". (B XL)*

19. Para encerrar estas já demasiadamente longas observações, me seja ainda permitido dizer que a teoria da individualização pré-conceitual de objetos fundada no papel atribuído por Kant à representação do espaço não corre nenhum risco de *over-kill*, pois continua a ser plenamente verdadeiro que as *intuições sem conceito são cegas*, como se pode facilmente mostrar mediante o exercício seguinte.

Admita-se que a casa anteposta ao selvagem e ao civilizado que eventualmente o ladeie não seja uma casa, mas simplesmente uma fachada, como essas que compõem cenários em palcos ou filmes. Neste caso, a descoberta que esse seria o caso teria efeitos devastadores sobre as crenças e juízos do civilizado, uma vez que a propósito de tais objetos não faria sentido afirmar "*Essa casa é confortável*", ou "*Essa casa é funcional*", ou ainda "*Eu gostaria de morar nessa casa*". Já com relação às crenças do selvagem, o efeito de que o percebido fosse uma fachada seria nulo, uma vez que lhe seriam inteiramente alheias as expectativas normativas associadas ao conceito de casa.

Repare-se que na hipótese que estamos a considerar o objeto da representação selvagem seria, como Kant diz em A 20/B 34, simplesmente o *fenômeno*, o *objeto indeterminado de uma intuição empírica*, de sorte que sua representação, porque impotente até mesmo para distinguir uma casa de um simulacro de casa, deveria muito justamente ser qualificada como cega.

Por derradeiro, deve-se ainda observar que uma tal representação não se encontraria submetida ao princípio que Gareth Evans propôs denominar de *general constraint*, isto é, à exigência de que para representar ***a*** seja necessário não apenas distingui-lo de ***b***, mas também pensá-lo com ***F*** ou como ***G***, sendo ***F*** ou ***G*** predicados sortais ou, na linguagem de Kant, conceitos empíricos.

Com efeito, na situação descrita, o civilizado ao representar-se a casa estaria comprometido a pensar que se o ***x*** percebido é uma casa então poderia ser também uma taberna. Já o selvagem que meramente a intuísse não estaria submetido a tal exigência, pois, como a representação intuitiva não tem esfera, a abertura de sua representação não ultrapassaria o domínio das diferenças espaciais e dos traços sensíveis singulares. Creio que é isso que Kant diz em uma rara e fundamental passagem da *Lógica de Viena* onde se lê:

> "(....) *fosse alguém de tal jeito que, dada a expressão* ***casa,*** *o que sempre lhe ocorresse fosse a* ***taberna*** *que ele havia visto, então ele preservaria sempre um* ***intuitus***".[49]

Não obstante, mesmo assim o selvagem se representaria um objeto, magro e incontornável ponto de partida de seu esclarecimento, na verdade base de todo o progresso da ciência.

---

[49] Ed. cit., p. 353 (Ak, 909). Sobre representações que não satisfazem o princípio de generalidade. Cf. Adrian Cussins *The Connectionist Construction of Concepts*, in Margaret Boden (ed.) *The Philosophy of Artifical Intelligence*, Oxford University Press, 1990, § 8.

4. HEGEL E O DESTINO

I

Eu gostaria de assumir nesta comunicação que a filosofia moral tem três figuras.

A primeira figura, contemporaneamente a mais comum, é de tipo ***fundacional***.

Seu ponto de partida é uma preocupação com a fragilidade da moral, com sua falta de sustentação, com a iminência do desastre prático. Aqui, tudo se passa como se o mundo ético fosse um edifício periclitante, na verdade desesperadamente carecido, não apenas de escoras reforçadas, mas de fundações de um novo tipo.

Considerada em perspectiva histórica, essa primeira figura ganha densidade, passando a explicar-se como uma decorrência da *Aufklärung* e do que Weber denominou de desencantamento do mundo. Sob essa ótica cumpre considerá-la como uma exigência da razão esclarecida, que – escandalizada com a confusão, com a diversidade, com as contradições dos sistemas morais existentes – recusa submeter-se a quaisquer regras que não sejam introduzidas mediante justificações argumentativamente sustentadas.

É fácil ver que, nesta primeira figura da filosofia moral, a ***moral ela própria*** torna-se indissociável de uma *metaética*, para usar uma expressão de Bernard Williams, uma vez que as expectativas, as regras e as injunções morais só serão reconhecidas como válidas, só serão efetivamente *morais*, se vinculadas à razão, e, portanto, se forem passíveis de justificação segundo critérios estabelecidos por esta última.

Não é difícil ver que a moral torna-se então necessariamente crítica e filosofante, sempre pronta a exibir os títulos que justificam seus preceitos frente às argüições desconfiadas ou contestatórias que seus destinatários estão, por princípio, sempre autorizados a opor-lhe.

A conseqüência é que agir moralmente torna-se então, necessariamente, uma atividade secundária, eis que as ações, pelo menos *de jure*, deverão suceder e concluir argumentos. Elas serão, assim, o resultado de um *cálculo de benefícios*, se a variante considerada for uma ou outra forma de utilitarismo. Ou, então, o termo de uma *ponderação, pelo menos virtualmente argumentativa, de condições de universalizabilidade*, se se tiver em vista (i) seja uma posição kantiana, (ii) seja, alternativamente, uma das muitas posições neocontratualistas em que tem sido pródiga a filosofia moral dos últimos anos.

De outra parte, considerada em função de seu objeto, a moral poderá incidir tanto sobre as ações quanto sobre instituições ou mesmo formas de vida, porque é evidente que se pode pedir os títulos justificadores a qualquer uma dessas realidades práticas.

Isso implica que, no horizonte desta primeira figura da filosofia moral, a moral se torna necessariamente impessoal, pois mesmo na variante kantiana, onde o que conta é a pureza e a retidão das intenções, supõe-se que estas sejam determinadas consoante critérios *universais* e, portanto, *objetivos*.

Correspondentemente, o destinatário da moral é o homem considerado relacionalmente, o relevante sempre sendo aquilo que podemos fazer ou sofrer ao interagirmos com os outros – próximos ou remotos, indiferentemente.

A moral torna-se então uma disciplina social, sociável e loquaz, uma forma raciocinativa e argumentada de regrar as relações interpessoais, um princípio refletido e secundário de ordenação do convívio.

Por certo, na deliberação o sujeito moral assumirá suas responsabilidades e responderá pelo que fizer. Mas o solilóquio que tiver precedido a decisão, ou, pelo menos, que deveria ter sido feito para garantir o bem fundado da ação empreendida, será constitutivamente relacional, ponderará direta ou indiretamente o interesse e os rebatimentos do que o sujeito tiver resolvido fazer sobre a situação alheia.

A segunda figura da filosofia moral é a ***doutrina das virtudes***.

Neste caso, o ponto de partida é inteiramente outro. Já não se tomará a moral como uma edificação frágil e instável em cujo socorro é preciso acudir com os reforçados esteios das justificativas metaéticas, mas, ao contrário, tomar-se-á a moral como dada, como indiscutivelmente forte e cogente, ainda que suscetível e necessitada da revisão crítica que só a filosofia é capaz de fazer.

Neste caso, o objeto da intervenção filosófica será não o de estabelecer fundacionalmente critérios definidores do que é moral ou imoral, mas antes um esforço para tornar o universo moral mais consistente e para explicitar os pressupostos implícitos nos valores, regras e injunções assumidos como expressões da moral.

O problema moral já não será primariamente o da determinação prescritiva das ações individuais, nem, ainda menos, o dos dilemas de consciência das pessoas. E tampouco a filosofia moral pretenderá substituir-se à moral mediante a oferta aos indivíduos de ferramentas de segunda ordem, capazes de separar o joio do trigo, moralidade e imoralidade.

O que é também dizer que aqui tem-se a ética como ***mais antiga*** do que as análises que lhes são dedicadas e, antes, como co-extensiva aos valores comunitariamente compartilhados, os quais – eles – consagram certas formas de vida e estabelecem os padrões de excelência que merecerão o respeito e a admiração dos homens.

Neste contexto, à filosofia caberá explicitar e sistematizar estas avaliações embebidas em um mundo prático e histórico determinado, de modo a dar nitidez e clareza aos valores consagrados, submetendo-os, ademais, a depurações que as exigências de consistência eventualmente tornem forçosas.

Por certo, ao aprofundar-se, ao se constituir como uma doutrina sistemática das virtudes, a reflexão filosófica sobre a ética radicaliza-se e propõe-se a pôr em evidência os fundamentos ontológicos dos padrões normativos estabelecidos na moral comum. Além disso, não hesita, como se vê nas obras que Aristóteles dedica às questões éticas, a tomar partido com relação à hierarquização que se deve estabelecer entre as virtudes tradicionalmente reconhecidas: a coragem, a temperança, a justiça, a prudência ou a sabedoria.

O decisivo, porém, é que essa reflexão sobre os fundamentos não é ela própria fundacionalista, apresentando-se, antes, como uma descoberta, como o desvelamento de estruturas profundas que, por assim dizer, já desde sempre estiveram na base dos valores morais tradicionais.

A ética neste caso é vista como um padrão de excelência humana, um padrão estabelecido prática e tradicionalmente. E a filosofia moral determina-se então como uma explicação arrazoadamente justificadora das escolhas valorativas consagradas pelo discurso normativo de primeira ordem.

Também importante é entender que para esta segunda figura da filosofia moral impõe-se uma conexão interna entre a moral e a felicidade, uma vez que viver excelentemente assegura a plenitude – a realização, como hoje dizemos – da vida daqueles que se ajustam ao padrão idealmente estabelecido. Conseqüentemente, a moral será aqui menos uma disciplina do convívio – como no caso da primeira figura – do que o caminho de consumação de uma vida vivida com plenitude.

A terceira figura da filosofia moral é a ***moral metafísica.***

Neste caso – o único que na verdade importa à presente comunicação – a filosofia moral passa a uma outra ordem.

Ela partilha com a primeira das figuras distinguidas anteriormente a condição de uma espécie de sabedoria de segundo grau, razão pela qual também ela estará distanciada da moral ordinária e marcada por uma certa espécie de formalismo.

No entanto, não por isso, pretenderá empreender um exercício fundacional. O entendimento que a terceira figura da moral tem de si mesma é, bem diversamente, o de definir uma *atitude geral frente a vida e frente ao mundo.*

Aqui o compromisso, a obsessão tradicional da moral com relação ao outro, a sociabilidade da moral convencional, cede o passo e a questão moral passa a ser uma questão irremediavelmente pessoal, um problema da relação do sujeito, não com os outros, mas antes de mais nada consigo mesmo, como se a verdadeira moral não pudesse ser senão solitária e egocêntrica.

Correspondentemente, neste caso a moral das ações, das instituições já interessa menos e nem mesmo a busca de realização das excelências humanas será considerado o mais importante.

O ***sentido da moral neste caso é na verdade a escolha de um caráter.***

Não se entenderá, porém, o que seja isto e no que importa se não se tiver presente que nesta terceira figura da moral o destino é o conceito essencial, e isto simplesmente porque é com relação a ele e em função dele que será determinada esta opção pelo caráter a que se acaba de fazer alusão.

Importa notar que *destino* é também o nome da *sorte* – da *τύχε*, como diziam os gregos –, o que, pelo menos à primeira vista, parece ser simplesmente o fim da linha de toda reflexão ética. E no entanto é aqui que as coisas verdadeiramente começam.

II

No início da coletânea de Bréhier sobre os estóicos são reproduzidos uns versos de Cleanto, com os quais, aliás, também se encerra o *Manual* de Epicteto[1], que bem servem para introduzir o ponto que interessa. Lê-se ali:

> *"Conduzi-me, Zeus, e tu também, Destino, ao lugar que me haveis reservado. Sem demora irei ter convosco, pois eu seria mau se o recusasse, sem, com isso, ver-me liberado de vos seguir"*[2]

---

[1] V. Pierre-Maxime-Schuhl (org.), *Les Stoïciens*, trad. de E. Bréhier, Gallimard, Tel, 1997, II, p.1.132.

[2] Id., I, p. 5.

De outra parte, contemporaneamente, tomando por assim dizer a outra ponta da história, ouve-se a mesma harmonia quando escutamos Deleuze dizer:

> *"Ou bem a moral não tem nenhum sentido, ou bem o que ela quer dizer – e ela não tem a dizer nada de diferente disso – é o seguinte: não sejamos indignos do que nos acontece. Ao contrário, tomar o que acontece como injusto e não merecido (é sempre a culpa de alguém), eis o que torna nossas feridas repugnantes: o ressentimento em pessoa, o ressentimento contra o acontecimento. Não há outra vontade má".*[3]

Por certo muitos dos senhores poderão estar a pensar: e Hegel?, o que tem Hegel a ver com isso?

E minha resposta será que Hegel tem tudo a ver com isso, embora a teia deste ter a ver, o complexo de laços que o liga à terceira das figuras morais que acabei de distinguir, não seja de fácil restituição.

Na verdade, para recuperar-lhe a lição, será preciso sondá-lo variada e repetidamente, ainda que no âmbito desta comunicação eu me vá limitar a fazê-lo somente por duas vezes, uma primeira prestando atenção aos chamados escritos teológico-juvenis, uma segunda lendo o adendo ao § 147 da Enciclopédia.

III

Para começar, me seja permitido citar esta muito comentada passagem de *O espírito do cristianismo e seu destino* onde se lê:

> " (....) *o destino é incorruptível e ilimitado como a vida; ele não conhece relações estabelecidas, distinções de pontos de vista, esfera própria da virtude. Onde quer que a vida tenha sido ferida, embora justamente e, assim, com o alívio da quitação, aí avança o destino e esta é a razão pela qual se pode dizer que jamais sofreu a inocência, que todo sofrimento é uma culpa*".[4]

---

[3] V. Gilles Deleuze, *Logique su Sens*, Minuit, 10/18, 1969, p. 204. Em uma aula disponível atualmente na internet (aula de 17 de maio de 1987), Deleuze retoma o ponto e diz: "*O que me interessa é uma moral do acontecimento, porque eu creio que não há outra moral senão a da natureza das pessoas com relação àquilo que lhes acontece. A moral não é nunca o que é preciso fazer, mas, antes, como suportas o que te acontece, para o bem ou para o mal*". Cf. http://www.webdeleuze.com/sommaire.html

[4] V. Hegel, *O espírito do cristianismo e seu destino*, na tradução italiana de Nicola Vaccaro, publicada em *Scritti teologici giovanili*, Guida Editori, Napoli, 1977, vol 2, p. 396.

Como creio seja bem evidente, a interpretação deste texto não é nada óbvia e parece que o signo sob o qual Hegel introduz o conceito de destino – a partir da linguagem e da figura da culpa – já põe tudo a perder, uma vez que culpabilizar a todo sofrimento é um pensamento odioso e aviltante, que leva até o último ponto a cultura do ressentimento e parece constituir-lhe a mais radical e derradeira figura. E no entanto reencontra-se este pensamento na *Fenomenologia do espírito*, onde se diz:

> "*Inocente, portanto, é só o não-agir – como o ser de uma pedra; nem mesmo o ser de uma criança [é inocente].*"[5]

Mas é preciso bem compreender Hegel, tentar entender o que é a inocência das pedras e indagar mais precisamente onde está a culpa, o que o texto entende como lhe constituindo o veneno.

Quero crer que o melhor caminho nesta direção não é o mais curto e que convém fazer uma considerável volta pelos manuscritos teológicos juvenis e fazê-lo com auxílio de Dilthey, seu primeiro decifrador e intérprete mais fundamental.

Preliminarmente, importa observar que, muito embora a preocupação com a exatidão filológica não seja o interesse da presente comunicação, há um ponto de leitura de texto que precisa ser tratado com clareza e que tem repercussões importantes com relação ao assunto que verdadeiramente me interessa: o esclarecimento da posição ética fundamental de Hegel e da medida de seu estoicismo.

Este ponto de interpretação textual, creio que o introduzo adequadamente se disser que o conceito de *destino* em *O espírito do cristianismo aparece* ***no meio do caminho***.

O que quero dizer é que o tema do destino irrompe em meio ao texto de *O espírito do cristianismo* como uma ilha que emerge no mar, como uma formação alheia e independente da análise de Abraão e da lei antiga, assim como também das considerações sobre Jesus e a nova religião.

(cont. nota 4) (Nohl, 283-4. Na tradução francesa de J. Martin, ed. por Vrin, Paris, 1971, p. 53-54). Encontra-se esse texto em português em G. Lebrun, *O avesso da dialética*, tradução de Renato Janine Ribeiro, Companhia das Letras, São Paulo, 1988, p. 40. Dilthey a comenta em tom muito alto dizendo: "*Mas este ideal de Hegel revela toda sua grandiosidade na última parte de nosso fragmento, que se ocupa da culpa da inocência e do conflito da mesma com o destino*". Cf. *Hegel e o idealismo*, na trad. para o espanhol de E. Ímaz, publicada por Fondo de Cultura Econômica, México-Buenos Aires, 1956, p. 87. E Lukacs também a cita; cf. *O jovem Hegel e os problemas da sociedade capitalista*, na trad. para o espanhol de M. Sacristan, Juan Grijalbo, México, 1963, p. 208-9.

[5] V. *Fenomenologia do espírito*, trad. brasileira de Paulo Meneses, Vozes, 1992, v. II, p. 24.

Estou bem consciente dos riscos que assumo ao colocar as coisas nestes termos, pois não ignoro que Dilthey, com toda sua autoridade, ao interrogar-se sobre a estrutura dos manuscritos teológicos juvenis, sustenta sobre este ponto uma posição diversa, parecendo-lhe, bem ao contrário, que é preciso agrupar o fragmento sobre o destino com as análises sobre a religião do amor.

A justificativa para esse seu partido interpretativo, Dilthey a apresenta ao iniciar a quarta parte de seu capítulo sobre os *Fragmentos histórico-teológicos,* precisamente em um apartado que tem por título "*Reconciliação com o destino por meio do amor*".[6]

É importante notar, contudo, que apesar de propor firmemente a junção do fragmento sobre o destino com o fragmento sobre Jesus, o incômodo de Dilthey é indisfarçável, na verdade claramente denunciado ao final da passagem que citei em na nota de rodapé aposta ao final da frase anterior. Pois o que afinal Dilthey diz ali é simplesmente que se o fragmento sobre o destino obviamente não pode fazer parte da análise da lei e da religião de Abraão, então ***tem*** que integrar o estudo sobre a religião de Jesus, tem que incluir-se na exposição especulativa da religião do amor.[7] Mas é óbvio que o antecedente é compatível com várias alternativas de conseqüente, a começar naturalmente pela mais óbvia: a de que o fragmento sobre o destino constitua-se ele próprio em uma parte autônoma do texto.

E de fato parece-me muito melhor interpretação admitir que o fragmento sobre o destino ***parasita*** o texto de *O espírito do cristianismo* e que, embora se enovele e seja inseparável do restante da meditação que Hegel empreende nessas páginas, ele está ali como uma espécie de incontrolada ressurreição do que Dilthey chama, alhures, ***a veneração de Hegel ao helenismo***.

Bem entendido, não se trata de negar que Hegel quisesse juntar as lições do Evangelho ao legado dos gregos e especialmente ao sublime da tragédia antiga.

---

[6] Lê-se ali notadamente o seguinte: "*Reconciliação do destino por meio do amor, assim intitula Hegel o tema deste manuscrito* (....). *Não se encontra nenhuma indicação que pusesse em relação estes dois fragmentos* [o fragmento sobre o destino e o fragmento sobre Jesus e sobre o amor, se entendo bem a Dilthey], *que guardam entre si uma conexão completa, com o anterior* [a análise da religião judaica]. [Eles] *Seguem desenvolvendo a conexão da vida da moralidade tal como contida na religiosidade de Jesus e por isso pertencem, por seu conteúdo, a este lugar. Ademais, de outro modo, não haveria lugar para eles. Antes não poderiam ir, naturalmente, e tampouco depois, porque encontramos até o final da obra uma conexão* (....) *cuja base é constituída nestes fragmentos*". Ed. cit., p. 82.

[7] Id., 83. Aliás é exatamente isso que leva Dilthey a resumir a lição central do texto em questão dizendo: "*Lei e amor, justiça punitiva e reconciliação do destino; na separação dessas categorias descansa este fragmento único por sua genialidade histórica*".

O que quero dizer é que, malgrado essa intenção, as coisas não fecham e que este primeiro, decisivo e intenso esforço de conceber a união das matrizes essenciais da nossa cultura fracassa rotundamente. Ou, por outra: quando se lê *O espírito do cristianismo* com olhos de ver, o que ressalta no texto, o que é incontornável, é essa presença intrusa e insólita de um tema grego essencial – essencial e irredutível – em meio à novela que se desenrola de Abraão a Jesus.

Por certo, como admiti há pouco, é totalmente evidente a ambição – eu diria a desatinada ambição hermenêutica de Hegel – de mostrar que há um laço essencial que amarra e enfeixa as matrizes ideológicas do Ocidente e que, pelo menos ele, Hegel, sabe com precisão como tal laço se desdobra, dobra e cinge.

No entanto, não creio que o leitor crítico se possa convencer, de sorte que a conjunção do Novo Testamento com o tema sublime da tragédia, com o destino, não me parece que possa ser considerado – pelo menos não no contexto que estamos a considerar – senão como uma conjunção artificiosa e falsa, como expressão de um anacronismo de inegável grosseria.

Apreciado em termos mais estritamente conceituais, deve-se notar que, no horizonte dessa análise de *O espírito do cristianismo e seu destino*, o que interessa a Hegel é mostrar como a separação absoluta entre o finito e o infinito imposta pelo judaísmo é uma parcialidade cruel, na verdade, justa e felizmente já superada pela figura de Jesus.

É certo que o manuscrito não apresenta este ponto neste nível de generalidade, tratando-o – dir-se-ia que reduzidamente – na denominada "*dialética do crime*", a qual "*se converte num foco de expressão filosófica e poética*" – não propriamente das contradições da sociedade burguesa, como quer Lukacs, de quem, aliás, tomamos de empréstimo a frase anterior –, mas das alternativas metafísicas e éticas com que se debate o jovem Hegel.

Com efeito – e esta é a lição fundamental do texto –, sob o signo de Israel, na vigência da Lei Antiga e, sobretudo, em suas inesperadas reapresentações contemporâneas, como na filosofia da religião de Kant, há uma oposição insuperável e abstrata entre a lei e o crime, uma vez que, explica-nos Hegel:

> "*Na oposição da lei à natureza, do universal ao particular, ambos os opostos são postos, são reais, um é sem o outro* (....)"[8],

de onde decorre, como será dito logo adiante, que:

---

[8] Id., p. 389 (Nohl, 277. Martin, p. 45, erra ao traduzir "(....) *l'un ne peut être sans l'autre*").

"Se não há nenhum meio de fazer com que uma ação não tenha acontecido, se a sua realidade é eterna, não há nenhuma reconciliação, nem mesmo com a submissão ao castigo (....)".[9]

Ora, é precisamente a supressão desta contradição irremediável que, aos olhos de Hegel, constitui o mérito profundo de Jesus e da religião cristã.

O mais interessante, porém, e igualmente o mais problemático como veremos em seguida, é que para mostrar como o ponto de vista da Antiga Aliança pode ser superado, Hegel não se limita a evocar a lição de Cristo, senão que dá um segundo – e, creio que posso dizer, um segundo ***inesperado* e desastrado** passo – ao recorrer, como diz Dilthey,

" (....) *ao conceito de destino extraído da tragédia grega*".[10]

Ora, o que sugeri acima é que neste segundo movimento encontra-se a origem de uma incongruência, o lugar onde começa uma espécie de fratura conceitual, em cuja fenda, contudo, e, por certo, paradoxalmente, parece-me despontar o verdadeiro pensamento ético de Hegel.

Repare-se, primeiramente, que não é difícil entender em que sentido Hegel pode dizer que Jesus supera a separação definitiva e intransponível entre a lei e o crime, pois em sua interpretação a idéia fundamental da religião cristã é de que "*no amor toda idéia de dever se desvanece*"[11], de onde se segue, como diz o mesmo texto, que:

"Jesus exige que renunciemos (....) ao direito e que nos elevemos acima de toda a esfera da justiça"[12].

E é preciso entender, é claro, que na interpretação hegeliana, a doutrina cristã do perdão dos pecados não pode ser vista simplesmente como um gesto de desprendimento pessoal, como a generosidade do justo, mas precisa ser visualizada em uma dimensão cósmica, ou, para dizer melhor, transcendente, como o reconhecimento da comunhão universal dos seres, eis que, como diz Hegel:

"Se vós perdoardes a quem vos ofendeu, o Pai perdoará também as vossas ofensas. Perdoar aos outros só pode significar a supressão da hostilidade, o retorno do amor e ***este em sua totalidade*** [subli-

[9] Id., p. 391 (Nohl, 278; Martin, 47).

[10] Id. 85.

[11] *O espírito do cristianismo*, ed. cit., 379. (Nohl, 267. Martin, p. 33.)

[12] Id. 384 (Nohl, 271. Martin, 38-39). Este ponto como fica muito claro, por exemplo, em Mateus, $5_{38\text{-}40}$, quando Jesus diz: "*Ouvistes o que foi dito:* ***Olho por olho e dente por dente****. Eu, porém, vos digo: não resistais ao homem mau; antes àquele que te feriu na face direita oferece também a esquerda (....).*"

nhado meu, jc]; *o perdão dos pecados vem dele e este perdão não é algo fragmentário, uma ação singular".*[13]

O que é dizer que – acima e em volta do crime, da lei e do castigo – o amor procede a remissão dos pecados e a reconciliação do finito com a vida infinita, uma vez que, doutrina ainda Hegel:

> *"Na reconciliação com um ofensor, o coração não persiste mais na oposição jurídica em que se encontrava com relação a ele e ao renunciar ao direito como seu destino hostil, ao mau gênio do outro, ele se reconcilia com ele e na mesma medida se enriquece no domínio da vida, tem de volta a vida que lhe era hostil, reconcilia-se com o divino* (....)".[14]

No entanto, se, assim, se entende bem o sentido em que a doutrina cristã do amor supera a antinomia da Lei Antiga, o papel que Hegel quer atribuir ao destino no enredo dessa peça é bem mais difícil de apreender.

Ora, o ponto que me interessa sustentar é que somente quando trata desta segunda questão revela Hegel efetivamente o teor de sua verdadeira posição ética.

Como se disse acima, manifestamente o propósito de Hegel não é separar o tema do destino da análise conceitual de Jesus. Ao contrário, o filósofo concentra sua força especulativa em conjugá-los, em pensar o amor de Cristo de maneira indissociável do tema grego do destino.

E é também evidente que será a análise do sentimento de culpa, do remorso, que lhe servirá de elo de ligação entre as duas problemáticas, como se vê com muita clareza nesta passagem central de *O espírito do cristianismo*:

> *"A partir do momento em que o criminoso experimenta a destruição de sua própria vida (ao sofrer o castigo), ou se sabe destruído (na má consciência), inicia o efeito de seu destino e este sentimento da vida destruída deve transformar-se em nostalgia da vida perdida; o que lhe falta, o culpado o reconhece como uma parte de si mesmo, como o que devia estar nele e não está; este vazio não é um não ser mas a vida sentida como não sendo*".[15]

A condição para a reconciliação está, portanto, na ***redução do destino ao sofrimento do criminoso***, nesta espécie de interiorização da

[13] Anexos a *O espírito do cristianismo*, id., 544 (Nohl, 393. Martin, 161-2).

[14] Id., 399-400 (Nohl, 287. Martin, 57-8).

[15] Id., 394 (Nohl, 281. Martin, 51).

hostilidade do destino, que faz da dor experimentada no fundo da consciência criminosa a chave para o entendimento de que o sujeito é o autor de sua própria perda e de que a consciência de sua falta é o caminho para a reconciliação com a vida.[16]

Ora, colocadas as coisas assim, interrompida a análise neste ponto, já não se percebe a fratura sobre a qual insisti acima. Ao contrário, é manifesto que nesta dialética de pecado, purgação pela culpa e redenção já não sobra nada da exterioridade majestosa, inelutável e imprevisível da idéia grega do destino.

Na verdade, faz-se barata a integração do tema do destino ao tema do amor, pois o sofrimento do arrependido é apenas a face negativa de sua reconciliação, a expressão de seu amor à vida lastimadamente ferida e insuportavelmente ausente, sobre cujo rastro o sofredor lança-se presta e sofregamente.

Fosse simplesmente essa a lição do texto, a divergência hermenêutica que apresentei acima se resolveria em favor de Dilthey, sem que me restasse outra alternativa do que a de retirar uma hipótese de leitura evidenciada improcedente e inconseqüente.

Além disso, e muito mais gravemente para meus propósitos presentes, arruinada também estaria a sugestão de ver na incompossibilidade do tema do destino com o tema do amor cristão este ponto especial e singular de revelação da posição ética de Hegel.

No entanto, o pensamento de *O espírito do cristianismo* não é assim tão simples e a ***veneração de Hegel ao helenismo***, para repetir a expressão de Dilthey, emerge no texto com enorme força disruptora na seguinte passagem:

> *"Mas o destino tem um domínio mais extenso do que o do castigo; a falta sem crime o suscita igualmente e esta é a razão pela qual ele é infinitamente mais rigoroso do que a pena; seu rigor parece freqüentemente se transformar na injustiça mais gritante, quando da maneira mais terrível se dirige à mais sublime das faltas, a falta da inocência".*[17]

---

[16] O ponto é claramente ratificado na passagem seguinte: "*Nos sacrifícios, nas expiações, os criminosos se impuseram mil dores; como os peregrinos, de pés descalços, portadores do cilício, eles perpetuaram a cada um de seus passos a consciência do mal, sua dor, e sentiram com toda força a amplitude de sua perda e do que lhes falta, mas ao mesmo tempo eles deram a si próprios a intuição total de suas vidas* (....) *e com isso se tornaram plenamente aptos para reassumi-la, eis que a oposição é a possibilidade da reconciliação e na medida em que a vida é o oposto da dor ela pode ser reassumida*". Id., 395 (Nohl, 282. Martin, 52).

[17] Id., 396 (Nohl, 283. Martin, 53).

Aqui tem-se, exibido em toda a sua força, o tema greco-romano do destino e da *dike*, da ordem implacável que se impõe indiferente aos homens e aos deuses, a culpados como a inocentes.

E esta idéia – assim como também o reconhecimento correlato e constitutivo da tragédia de que há não só o sofrimento do justo, mas conflitos que não são passíveis de conciliação moral, porque são os próprios bons os compelidos a fazer coisas más – manifestamente não se encaixa e não se compõe com a idéia da reconciliação pelo sofrimento.

Deste ponto de vista, embora sem admitir localizar as dificuldades nas mesmas questões, parece-me forçoso concordar com Lukacs quando este diz que o texto de *O espírito do cristianismo* é aporético e irresolvido.[18]

De resto, esta mesma fratura, se assim posso dizer, aparece com igual clareza quando Hegel, na mesma página que se acaba de citar, trata das ***atitudes***, do modo de enfrentar a conta não pedida e incontornável do destino. Neste caso, ao examinar a conduta a tomar frente à força do destino, ***o tema do arrependimento e da reconciliação pela contrição desaparece completamente***, substituído pela evocação da linha mais antiga e mais classicamente greco-romana, a doutrina estóica do recolhimento e da indiferença do sábio. Lê-se, com efeito, no *Manuscrito*:

> *"Aquele que renuncia ao objeto do qual o outro se aproxima como inimigo deixa de nomear seu aquilo que o outro ataca, evita a dor da perda, evita a ação do outro ou do árbitro, evita a necessidade de por sua vez reagir. Qualquer que seja o lado em que se sentir tocado ele se retira e abandona ao outro somente o que no instante [mesmo] do ataque ele já fizera uma realidade estranha a si. Ora, esta renúncia a suas próprias relações é uma abstração de si mesmo que não tem limites determinados. Quanto mais vivas são as relações das quais uma natureza nobre deve retirar-se (....) maior é sua infelicidade. Mas esta não é justa nem injusta e se torna seu destino somente porque aquela natureza nobre desprezou aquelas relações de livre e espontânea vontade. Todas a dores que resultam daí são, por conseguinte, legítimas; constituem agora o destino infeliz que aquela preparou conscientemente para si mesma e sua glória é sofrer justamente, pois [a natureza nobre] se pôs bem*

[18] Dieter Henrich também nota as ambigüidades metafísicas e éticas de Hegel nos textos de juventude. Assim, comenta: "*É certo que ao princípio subsiste uma falta de homogeneidade e por isso uma tensão entre essa virtude e o ideal de reconciliação de si mesmo com o outro na unidade da vida e na elevação para Deus; entre o elemento estóico e o neoplatonismo da faculdade do espírito*". Cf. *Teoria de Hegel sobre a contingência*, em *Hegel em seu contexto*, na tradução para o espanhol de Jorge A. Díaz A., publicada por Monte Avila Editores, Caracas, Venezuela, 1990, p. 210-11.

acima desses direitos para os ter como inimigos. (....) Mas opondo-se assim completamente ao destino, ela se eleva ao mesmo tempo completamente acima de todo destino; a vida se lhe fez infiel, mas ela não foi infiel à vida; ela [a natureza nobre] se retirou da vida, mas não a ofendeu e, se pode suspirar por ela como por um amigo ausente, não a perseguirá como a um inimigo; em parte alguma é vulnerável, mas como a sensitiva, a cada contato recolhe-se em si mesma e antes de fazer da vida um inimigo, antes de provocar um destino contra si, retira-se da vida".[19]

Por certo, nesta altura o ouvinte e o leitor atentos poderão observar que, misturada às descrições que Hegel faz nas mesmas páginas da dialética da culpa e do arrependimento, esta exposição admirativa, mas sob certo aspecto distanciada, das posições estóicas, enfeixadas no conceito da bela alma, não pode ser considerada, como parece que eu pretenderia, como uma adesão confessa ao estoicismo, como se Hegel embandeirasse aqui sua aliança com a tradição de Zenão, de Cleanto e dos romanos tardios.

E eu efetivamente concordarei que a evidência é inconclusiva e direi mesmo que os *Manuscritos teológico juvenis* são por demais convulsos para que se os possa considerar como expressando com clareza uma posição hegeliana de fundo.

Contudo, antes de dar por encerrada esta primeira sondagem do *corpus* hegeliano, antes de fechar-lhe o balanço lançando o resultado negativo na coluna devedora, convém fazer ainda dois registros.

O primeiro é simplesmente a observação de que a passagem e a figura da ***bela alma*** são incompreensíveis sem esta recuperação do tema do destino, importando sublinhar que a crítica que Hegel lhe endereçará – em última análise sustentada na tese da necessidade da contingência – situa-se também já inteiramente fora do esquema dominante no manuscrito, o da reconciliação pelo amor.

Em segundo lugar, e isto é o aspecto positivo e fundamental da lição que precisa ser tirada da leitura do manuscrito, é a evidência de que a doutrina do amor cristão tal como Hegel a interpreta coloca-se já para além da ética.

Pode-se ver isso com clareza quando Hegel diz:

"Assim como a virtude realiza a obediência à lei, o amor realiza as virtudes; ele suprime toda unilateralidade, todas as exclusões, todos os limites das virtudes; não há mais pecados virtuosos, nem virtudes pecadoras, pois ele é a relação viva dos próprios seres; nele desaparecem todas as divisões (....) que lugar restará para as

[19] Id., 398-399 (Nohl, 285-286. Martin, 55-56).

virtudes quando não se tem mais que renunciar a qualquer direito?"[20]

E a explicação metaconceitual que acompanha esta passagem também não deixa dúvida de que o nexo que Hegel pretende ver no amor está para além das formas próprias do comportamento e do pensamento finito, pois, diz o texto, o amor :

" (....) *jamais pode fornecer uma regra, pois jamais tem a forma de um universal oposto a um particular*".[21]

Ora, parece simplesmente evidente que quando nos colocamos para além das virtudes e para além de toda regra abandonamos o terreno da moral, deixamos o terreno do finito e ingressamos na esfera do saber absoluto, por definição alheio e superior quer à moral do entendimento, quer às formas éticas do espírito objetivo.

IV

Face a estes resultados predominantemente negativos, o interesse de explorar a idéia de que o pensamento hegeliano pode ser considerado – pelo menos em parte – como uma variante da terceira das figuras morais distinguidas inicialmente recomenda repetir as sondagens, voltar aos textos para ver se aos impasses do jovem Hegel não se substituirá uma outra e mais madura doutrina.

E na verdade creio que é nas explicações e desenvolvimentos que constam do adendo ao § 147 da *Enciclopédia* que encontramos os elementos que nos permitirão retornar à questão-guia desta comunicação de maneira mais positiva e convincente.

O tema do **destino** é introduzido ali primeiramente no contexto de uma oposição histórico-crítica, como a linha de corte entre os antigos e os modernos com relação à questão fundamental do parágrafo: a questão da **necessidade**. O texto primeiramente nos diz o seguinte:

"*Quando consideramos necessário o que acontece, à primeira vista parece uma relação completamente destituída de liberdade. É bem conhecido que os antigos apreendiam a necessidade como* ***destino****, enquanto o ponto de vista moderno, ao contrário, é o da* ***consolação***".[22]

---

[20] Ed. cit., 408 (Nohl, 295. Martin, 68).

[21] Id., ib.

[22] V. *Enciclopédia das Ciências Filosóficas – Em Compêndio (1830)*, tradução para o português de Paulo Meneses, Edições Loyola, São Paulo, 1995, I, p. 276.

Ao desdobrar a análise desta oposição fundamental, antes mesmo de começar a tomar partido e de aprofundar a avaliação do que vai nela envolvido, Hegel faz questão de observar que, ao contrário do que poderia parecer, quando considerada mais de perto, essa visão dos antigos:

> "(....) *não* (....) *proporciona* (....) *de modo algum, a intuição da não-liberdade, mas antes a intuição da liberdade*".[23]

Declaração que para quem conhece o pensamento de Hegel não poderia ser mais elogiosa. Bem entendido, ***a questão difícil está em compreender como é possível que o reconhecimento da força do destino possa ser considerado como uma intuição da liberdade.***

A explicação de Hegel consistirá simplesmente em observar que a não-liberdade "*está fundada no sustentar-se na oposição*"[24], tese que não faz senão repetir a lição da ética antiga resumida no conceito estóico de adiaforia.

É verdade, porém, que Hegel não fica somente aí, pois acrescenta em seguida:

> "(....) *na mentalidade dos antigos* (....) *porque tal [coisa] é, assim ela é; e,* ***como*** *é, deve ser*".[25]

Neste passo parece-me automático que leitor minimamente familiarizado com Hegel evoque o "*Hic Rhodus, hic saltus*" do prefácio da *Filosofia do Direito*, incluindo nesta evocação tanto a sentença que o segue imediatamente

> " (....) *Apreender e compreender o que é, esta é a tarefa da filosofia, pois o que é é a razão*"[26],

quanto seu contexto imediato: a crítica aos que, ao se voltarem para a ciência do Estado, em vez de se dedicarem à compreensão do presente e do real, dedicam-se ao exercício, parcial, vazio e fútil de pretender construir um além.

Metafisicamente, ou logicamente, se se quiser, o ponto de Hegel é que – para retomar novamente o formulário da *Filosofia do Direito* –, o racional é o efetivo e o efetivo, racional. **A expressão prática da tese é a**

---

[23] Id., ib.

[24] Id., ib.

[25] Id., ib.

[26] V. *Fundamentos da Filosofia do Direito*, trad. para o espanhol de Carlos Díaz, publicada por Libertarias/ProdhufiMadrid, 1993, p. 59 (p. XXI, do vol. II da edição de Ilting).

convicção de que – esta a intuição dos antigos de que nos fala o adendo – **a compreensão do que é racionalmente necessário liberta**.

V

Certamente nesta altura os que me ouvem e os eventuais leitores deste texto poderiam certamente pensar: mas nem é verdade e nem é doutrina de Hegel que tudo o que acontece – a começar pela diversificação ilimitada dos entes e processos naturais, passando pelos equivalentes espirituais da caneta de Traugott Krug – seja racional. O que, por certo, pareceria uma dificuldade para esta aproximação que estou a sugerir entre a tese antiga sobre o destino e a doutrina hegeliana da racionalidade do efetivo.

Antes de responder a esta possível objeção, convém, no entanto, prestar atenção para o termo de que Hegel se vale para designar a tese antípoda à dos antigos, ao nome – à palavra ***consolação*** – que ele reserva para designar o ponto de vista dos modernos, cuja apresentação é feita quando nos é dito que ela consiste em que:

> "(....) *quando renunciamos a nossos fins, a nossos interesses, o fazemos em vista de obter por isso uma compensação*".[27]

Mesmo se provisoriamente deixarmos de lado o utilitarismo tomado aqui como o traço mais típico da posição dos modernos e pensarmos abstratamente no conceito de ***consolação***, será inevitável sentir a ambigüidade contida na tonalidade afetiva da palavra, que remete ao mesmo tempo às tristezas e sofrimentos da vida e à mão que os alivia e consola.

Por certo se poderia meditar neste tema a partir do Evangelho, pensando, por exemplo, no discurso sobre as bem-aventuranças cujo magistério bem conhecido nos previne que:

> "*Bem-aventurados os aflitos, porque serão consolados; bem-aventurados os que têm fome e sede de justiça, porque serão saciados*". (Mateus, 5, $_{5\text{-}6}$)

Neste caso, é claro que a remissão aos sofrimentos, às infelicidades da vida, não implicaria nenhuma diminuição, integrando-se, de maneira muito diferente, na dialética da compensação cristológica do sofrimento e da injustiça.

E, contudo, não é isto o que Hegel faz, o texto do adendo caminhando, na verdade, para o lado oposto.

---

[27] *Enciclopédia*, id., ib.

Com efeito, a posição de Hegel será antes uma crítica aos modernos, aliás feita em exato contraste com o elogio dos antigos. O texto diz, com efeito:

> " (....) *não se pode deixar de admirar a tranqüila submissão dos antigos ao destino, e de reconhecer esta mentalidade como mais elevada e mais digna do que a moderna, que persegue obstinadamente seus fins subjetivos*"[28]

e que, ademais – poderíamos nós acrescentar – está sempre atrás de recompensas e consolos, seja nesta, seja na outra vida, mas de qualquer modo jogando sempre em mesas de compensações, quer terrenas e profanas, quer sagradas e escatológicas.

Contudo, antes de declarar que esta crítica à idéia da **consolação** é efetivamente a posição ética final de Hegel, convém reconhecer que a exposição do adendo feita até aqui é muito parcial, sendo absolutamente pacífico que, quando se lê o texto inteiro, constata-se que não é somente desprezo o que Hegel reserva ao tema da consolação.

Na verdade, a lição de Hegel nesta página é que não se entenderá nada desta discussão enquanto não se entender que é preciso distinguir não apenas o ponto de vista finito do ponto de vista infinito, mas também que a própria subjetividade é ao mesmo tempo finita e infinita. Este ponto, Hegel o apresenta com toda clareza ao dizer:

> " (....) *a subjetividade também não é simplesmente a subjetividade má e finita, enquanto oposta à Coisa; mas, segundo sua verdade, é imanente à Coisa; e, portanto, subjetividade infinita, é a verdade da Coisa mesma. Compreendido assim, o ponto de vista da consolação recebe uma significação totalmente outra e mais elevada; e é nesse sentido que a religião cristã deve ser considerada como a religião da consolação e, na verdade, da consolação absoluta*".[29]

Que haja, portanto, uma dignidade possível, na verdade uma dignidade necessária do ponto de vista da consolação é a mais evidente das lições da passagem citada. Contudo é preciso teimar em que a dignidade do consolo só existe enquanto se o considerar da perspectiva da subjetividade infinita.

O que isto quer dizer, porém, nem o texto citado até aqui, nem o meu comentário esclareceram.

---

[28] Id., ib.

[29] Id., p. 277.

Aliás, fazendo um balanço, podemos dizer que, na estação em que estamos, seria possível sumariar o visto até aqui nos seguintes pontos:

1) o ponto de vista da consolação é moralmente inferior ao ponto de vista do destino;
2) a distinção entre subjetividade finita e infinita é contudo indispensável para avaliar adequadamente a questão;
3) considerada a subjetividade infinita há uma significação mais elevada a reconhecer e atribuir ao ponto de vista da consolação.

VI

A questão é: por quê? De onde vem a elevação do tema da consolação quando se o considera da perspectiva da subjetividade infinita?

A explicação de Hegel é a seguinte:

> " (....) *o que há de consolador na religião cristã reside em que, sendo Deus mesmo conhecido aqui como a subjetividade absoluta, e contendo em si a subjetividade, o momento da particularidade,* ***nossa*** *subjetividade, por isso, também é reconhecida não simplesmente como algo a ser negado abstratamente, mas ao mesmo tempo como algo a ser conservado*".[30]

O que é dizer que, como a subjetividade absoluta não pode existir senão na medida em que existem as subjetividades particulares, quer dizer, nós mesmos, temos o consolo absoluto de nos sabermos momentos da subjetividade divina.

No entanto, como Hegel não é louco e não ignora que o momento da particularidade da subjetividade infinita é indissociável da naturalidade, da contingência e da finitude, ele tem que voltar ao ponto de vista da subjetividade finita que, não obstante suprassumida, na verdade não some e resta na existência natural ***carecida e merecedora de uma elevação que o ponto de vista da consolação não lhe pode oferecer***.

De onde se segue, os senhores me terão entendido, uma insuperabilidade dos estóicos, pois somente a adiaforia pode dar sustentação à subjetividade finita que, enquanto finita, se sabe momento, apenas momento, da subjetividade infinita.

[30] Id., ib. Tradução ligeiramente alterada consoante a lição de Bourgeois (Cf. *Enciclopédie dês Sciences Philosophiques*, I – *La science de la logique*, tradução de Bernard Bougeois, Vrin, Paris, 1970, p. 583).

A chave especulativa para a compreensão deste ponto encontra-se, como Dieter Henrich mostrou com extraordinária pertinência, na doutrina da maturidade de Hegel sobre as modalidades, notadamente na idéia de que, se a necessidade **põe suas próprias condições, põe-nas como contingentes**.

Henrich explica este ponto ao dizer:

> "*O possível que se tornou real não é contingente, mas necessário, porque ele próprio põe suas condições. Com o que é superado o conceito de contingência mediante uma categoria superior. Com isso, se poderia pensar, de fato, que o conceito de contingência teria perdido seu significado na realidade; realidade que é definida por Hegel com a ajuda do conceito de necessidade incondicionada, como realidade da Idéia absoluta. O que em um primeiro momento pareceria contingência se mostraria na verdade como necessidade. Com efeito, é assim que se deve entender a análise das categorias da modalidade na Lógica de Jena. No entanto, na Lógica de 1813, o pensamento é outro: certamente a necessidade põe suas condições,* ***mas as põe como contingentes****. Uma realidade se mostra como necessária precisamente porque surge de qualquer condicionalidade; por isso as condições que tal necessidade põe a si mesma são igualmente, em quaisquer ocasiões, arbitrárias*".[31]

Ora, transposto este ponto geral para o contexto específico da teoria da subjetividade, é forçoso o reconhecimento de que se a subjetividade absoluta desdobra-se e põe a subjetividade finita como momento seu, a põe como particularidade cuja contingência, como contingência, é necessária e, portanto, insuperável.

Para a interpretação de Hegel, o esclarecimento que acaba de ser feito implicará, explica Henrich, que, contrariamente ao que pensam muitos intérpretes, será forçoso admitir que:

> " (....) *o idealismo especulativo de Hegel, conquanto afirme a necessidade de todos os entes, aspira tão pouco a poder deduzir o individual que, antes, é a única teoria filosófica que* ***conhece o conceito de contingência absoluta***".[32]

E este ponto, acrescenta Henrich, é o fundamento do que devemos denominar a "ética" de Hegel.

[31] Ob., cit., p. 203.

[32] Ob. cit., p. 200.

É que, uma vez reconhecida a necessidade que eu seja "determinado em meu ser imediato por circunstâncias contingentes", *as quais decorrem de minha existência como ser natural*[33], *torna-se patente que a única atitude ética adequada conceitualmente – ou, se se preferir, logicamente ajustada – será o dizer sim à contingência, aceitá-la sem decepções, nem ilusões, compreendendo, para usar provocativamente o verso famoso de Mallarmé, que* "jamais un coup de dés n'abolira le hazard", *nem mesmo o lance de dados do pensamento especulativo e do saber absoluto.*

Que, pois, em tais circunstâncias metafísicas, a ética de escolha seja uma variante, seja, quem sabe, ***a*** variante do que chamamos ao começar de *terceira figura da filosofia moral*, é o que cabe ainda precisar.

Para fazê-lo, o primeiro passo será evitar confundir o *amor fati* que está implícito na análise anterior com o fatalismo. Na verdade, ensina-nos Hegel neste mesmo texto da *Enciclopédia* pelo qual nos vimos orientando, é fundamental que

> "(....) *o homem compreenda o que o atinge no sentido do velho adágio que diz: cada um é ferreiro de sua própria sorte*".[34]

Ponto este, que, contudo, precisa ser bem entendido, pois não se trata de tomarmo-nos como senhores absolutos do que nos acontece, como diretores soberanos e oniscientes de nossas vidas. A lição do texto é, de fato, mais nuançada, muito mais nuançada.

De um lado nos é dito sim que precisamos assumir – e assumir plenamente, por certo – a responsabilidade com relação àquilo que efetivamente temos sob nossa disposição e controle.

Mas, de outra parte, o que Hegel também está a nos dizer é que é preciso aceitar com serenidade a contingência inelutável a que está submetida a subjetividade finita, a qual tem que saber-se tanto como elemento entre os azares da vida natural quanto momento subordinado da marcha do espírito no mundo e do desenvolvimento da Idéia que sobrevém em meio a este.

O que é dizer também, mais trivialmente, que precisamos desprendermo-nos de nós mesmos, que precisamos aceitar livre e calmamente que não apenas nossas ações, mas também nossas intenções cobram sentido muito além de nossa esfera de controle, exigindo-nos o reconhecimento humilde de que tanto o que nos acontece – sucessos e fracassos, a felicidade e o desgosto, a saúde e a doença, a vida e a morte – quanto o significado desse acontecer encontram-se submetidos – para roubar um termo à filosofia analítica mais recente – a um inevitável e fatal externalismo.

[33] Cf. Id., 208.

[34] Local cit., 277.

Torna-se fácil, assim, entender por que, em tais circunstâncias, o estoicismo é a única ética compatível com a filosofia especulativa.

Trata-se, simplesmente, de que somente a adiaforia, o distanciamento frente ao que nos acontece pode pôr-se à altura do regime de dupla exigência moral a que nos vemos submetidos.

À altura tanto das exigências éticas da vida finita quanto da injunção infinita: a que nos impõe alçar-nos ao elevado e escarpado ponto em que podemos ver e dizer sim à contingência absoluta, aceitando a morte como a incontornável, como a necessária condição de realização da Idéia Absoluta.

O primeiro destes pontos torna-se mais preciso e claro se, conforme já visto acima, aceitarmos, como os antigos, que "*porque tal [coisa] é, assim ela é; e, **como** é, deve ser*", pois então teremos reconhecido também que, depois desta aceitação – este o magistério de Hegel –, já não haverá:

> "(....) *nenhuma oposição* (....) *nenhuma não-liberdade, nenhum sofrimento* (....) *e nenhuma dor*".[35]

E teremos compreendido também que se não for assim, se enquanto subjetividades finitas nos aferrarmos ao ponto de vista da consolação, nos veremos rebaixados moralmente, indignamente sempre prontos a atribuirmos a culpa "do que nos molesta", como diz ainda o adendo,

> "(....) *aos outros homens, ao desfavor das circunstâncias e coisas semelhantes. Este é* (....) *o ponto de vista da não-liberdade, e ao mesmo tempo a fonte do desassossego.* (....) *O homem que vive em discórdia consigo mesmo e com sua sorte o faz precisamente por causa da falsa opinião de que sofre injustiça da parte dos outros* [*e isso com*] *muito erro e muito equívoco*".[36]

Qualquer distância com relação a esta compreensão exigente da condição humana nos conduz à revolta, ao ressentimento, à indignidade moral e ao sofrimento vão.

De outra parte, na medida em que precisamos nos elevar, nos pôr à altura da ***injunção infinita***, como eu disse acima, na medida em que nos assumimos como momentos da subjetividade infinita, torna-se natural reconhecermos, como Hegel diz com tanta clareza no § 324 da *Filosofia do Direito*, que

> "(....) *o finito – a vida e a propriedade – seja posto como contingente, pois este é o conceito do finito*".

---

[35] *Enciclopédia*, adendo ao § 147, p. 276.

[36] Loc. cit., 277.

Necessidade esta, prossegue o mesmo texto, que embora tenha, "(....) *por um lado, a figura de uma força natural: [eis que] tudo o que é finito é mortal e passageiro*", de outra parte, no plano da

"*essência ética, no Estado*"

faz com que não apenas "*essa força seja subtraída à natureza*", mas também com que a própria necessidade "seja elevada ao plano da obra da liberdade", na medida em que "*caráter passageiro do que é finito*" torna-se "*então algo querido*".[37]

VII

Antes de concluir, cabe ainda dizer que, considerada a lição que acabamos de resumir do ponto de vista de seus destinatários, de quem se põe na condição de assumi-la praticamente, apresenta-se ainda uma última dificuldade, precisamente a dificuldade de vencer a vaidade do estóico – "*essa vaidade mais abstrata*", como diz Henrich, de quem "*se sente seguro frente a uma lesão contingente*"[38] –, a qual se lhe apresenta – se nos apresenta, seria melhor dizer – como uma última tentação.

A virtude do sábio absoluto não estará certamente neste orgulho da coragem, mas residirá antes – esta a lição de Henrich na mesma página recém-citada, aliás ao apresentar uma espécie de teoria hegeliana das virtudes – na combinação das disposições altas do ***autodomínio*** e da ***valentia*** com a ***abnegação e o espírito comunitário***. É que somente assim será possível evitar que adiaforia não seja simplesmente indiferença, o bronze duro da alma seca e empedernida.

Terminei.

Mas antes de terminar de terminar permitam-me, contudo, ainda duas observações.

A primeira é um esclarecimento sobre a suspeita que lancei acima de que as afirmações de Hegel de que:

"*jamais sofreu a inocência*", de "*que todo sofrimento é uma culpa*"

e de que, correlatamente, não há outra inocência senão a das pedras, se constituiriam em um pensamento odioso e aviltante.

O esclarecimento – na verdade já inscrito nas considerações anteriores – pode ser feito simplesmente lembrando que, uma vez assumido o ponto de vista especulativo, ***culpa*** é simplesmente o nome da contingência

[37] Ed cit, p. 778-779 (Ilting, II, 332).

[38] Ob. cit., 213.

necessariamente envolvida pelo momento da particularidade da vontade livre, para utilizarmos o jargão da *Introdução à Filosofia do Direito*. Na verdade, neste plano,

> "*Quando o homem tem a consciência de sua liberdade*"[39],

não só

> "*a desgraça que lhe acontece não destrói a harmonia de sua alma, a paz de seu coração*"[40]

mas tem ele consciência de que

> "*o que lhe sucede é apenas uma evolução de si mesmo e* [o] *que ele suporta* [é] *sua própria falta*".[41]

E, sendo assim, ele saberá como se comporta um homem livre, o qual, com relação a

> "*tudo o que lhe acontece tem a fé de que nada de injusto lhe sobrevém*"[42].

De onde se segue, os senhores me terão entendido, que no sentido ordinário das expressões tanto a ***culpa*** quanto o ***remorso*** lhe serão inteiramente alheios.

Meu segundo e este sim último destes dois derradeiros pontos é uma observação que me permito fazer sobre quão perto está a lição hegeliana que acabo de resumir das posições mais íntimas de Deleuze, das posições que este expõe em passagens como a seguinte:

> "'*Amor fati', querer o acontecimento, isto jamais foi resignar-se* (....), *é antes extrair de nossas ações e paixões esta fulguração de superfície, **contra-efetuar** o acontecimento, acompanhar esse efeito sem corpo que ultrapassa a consumação: a parte imaculada. Esta é a passagem propriamente estóica*".[43]

Hegel estóico, este o recado.

---

39 *Enciclopédia*, ed. cit., p. 277-8

40 Id., ib.

41 Id., ib.

42 Id., ib.

43 V. Gilles Deleuze et Claire Parnet, *Dialogues*, Champs, Flammarion, Paris, 1996, p. 80.

5. Hegel e o patriotismo

I

01. Na observação ao § 268 da *Filosofia do Direito* Hegel diz:

"Freqüentemente se entende por patriotismo somente a disponibilidade a sacrifícios e ações ***extraordinárias****. Essencialmente ele é, porém, a disposição de ânimo que na situação e nas relações de vida ordinárias está habituada a considerar a comunidade como fim e como base substancial. Esta consciência que se põe à prova em todas as relações no andamento ordinário da vida é, então, o que fundamenta também a disponibilidade a realizar esforços fora do comum".*[1]

Manifestamente, neste texto Hegel está a contrapor-se a uma concepção do *patriotismo* que, embora ***freqüente***, lhe parece ***inessencial***.

Antes, porém, de atentar para o que será para Hegel o patriotismo essencial, convém sublinhar que a concepção ***adversa***, essa que o filósofo limita-se aqui a qualificar de ***freqüente***, é uma doutrina muito antiga, uma doutrina que, na verdade, deve ser reconhecida como a concepção clássica do patriotismo, a concepção que não apenas esteve primeiramente associada ao termo do ponto de vista cronológico, mas aquela que, malgrado não poucas vicissitudes semânticas, mantém-se até hoje como seu sentido fundamental.

Com efeito, a associação do conceito de ***patriotismo*** ao sublime do sacrifício pessoal não apenas remonta à acepção dada à expressão na Antigüidade, mas é expressamente reafirmada quando o conceito de ***pátria*** e seus cognatos ressurgem ao final da Idade Média, em paralelo ao progres-

[1] V. G.W.F. Hegel, *O Estado*, tradução de Marcos Lutz Müller, Textos didáticos nº 32, IFCH/Unicamp, maio de 1998.

sivo movimento de transformação das antigas monarquias feudais nas primeiras figuras do Estado moderno.

Este ponto pode ser demonstrado com facilidade a partir dos estudos de Ernest Kantorowicz[2] e de Gaines Post[3], os quais evidenciam segura e exaustivamente como tanto a doutrina antiga quanto a renovação do tema nos alvores da época moderna são indissociáveis do registro dramático e de alta exigência moral que se associa à disposição a ***lutar e a morrer pela pátria – pugna pro patria*** e ***pro patri mori*** –, conforme as expressões latinas, tão justamente postas em destaque pelos autores citados.

Baste, aliás, para ilustrar o ponto, primeiramente a reprodução da seguinte conhecida passagem do *De Officiis* de Cícero:

> *"Temos amor a nossos pais, a nossos filhos, aos parentes, aos amigos; mas todos esses amores se juntam no amor da pátria. E, para defendê-la, qual será o cidadão que, se for preciso, teria dúvida em arriscar a própria vida?".*[4]

Já um registro do mesmo ponto quando do ressurgimento do uso político do termo *pátria* ao fim da Idade Média pode ser qualquer um dos inúmeros textos levantados por Kantorowicz e Post, por exemplo a arenga de Dubrick de Caerleon, tal como apresentada na *Historia regum britanniae* de Geoffrey de Monmounth, que diz:

> *"Vós que tendes a honra de professar a fé cristã mantende firme em vossas mentes o amor que deveis a vossa pátria e a vossos concidadãos, cujos sofrimentos, pela malícia dos pagãos, serão para vós um reproche permanente, se não os defenderdes corajosamente. É por vossa pátria que vós lutais e é por ela que vós deveis, quando requerido, morrer (....). Porque quem tiver que morrer por seus irmãos oferece a si mesmo em sacrifício vivo a Deus e tem a Cristo por modelo, o qual condescendeu em entregar sua vida por seus irmãos. Se, portanto, vos tocar ser mortos nesta guerra, a morte ela própria, que será sofrida por causa tão gloriosa, será para vós penitência e absolvição de todos os pecados".*[5]

---

[2] V. *The King's Two Bodies – A Study in Medieval Political Theology,* Princeton University Press, 1981 (1957), Cap. V, 3, p. 232 e seg.

[3] V. *Two Notes on Nationalism on the Middle Ages,* Traditio, vol. IX, New York, 1958, p. 281-310.

[4] V. Cícero, *De Officiis,* I, 57. Na trad. de Maximiano A. Gonçalves, Livraria H. Antunes Ltda., Editora, 2ª ed., Rio de Janeiro, s/d, cap. XVII, p. 110.

[5] V. Kantorowicz, ob. cit., p. 241.

E, contudo, a lição de Hegel, pelo menos segundo o texto de que partimos, é que uma tal concepção, não por ser encontradiça, não por reiterar-se ao longo dos séculos, poderá ser admitida como adequada. Ao contrário, ela não expressaria o verdadeiro conceito de patriotismo, não corresponderia ao que este é ***essencialmente***.

II

2. O que importa esclarecer, então, é o que vem a ser esse sentido essencial do patriotismo, que Hegel opõe à posição que deve ser considerada como a concepção clássica desse conceito, segundo dissemos antes. E de outra parte importa também determinar com mais exatidão o alcance dessa oposição de Hegel à tal posição clássica, pois, como se verá adiante, malgrado a declaração do § 268, ela não é e não pode ser inteiramente alheia ao pensamento do filósofo.

Repare-se que, à primeira vista, a distância de Hegel da concepção clássica parece ser absoluta, eis que a lição contida na passagem citada ao princípio destas notas parece ser a de que se deve conceber o patriotismo não como a disposição a ***morrer***, mas ao contrário como a disposição a ***viver*** pela pátria, pois é bem isso o que nos é em todas as letras dito na passagem seguinte:

> "*Essencialmente ele* [o patriotismo] *é (....) a disposição de ânimo que na situação e nas relações de vida ordinárias está habituada a considerar a comunidade como fim e como base substancial*".

Literalmente, portanto, a recusa de Hegel à posição clássica é construída a partir da oposição entre "*sacrifícios e ações **extraordinárias***" e a "*situação e as (....) relações de vida **ordinárias***".

O que é fundamental sublinhar, porém, é que não se entenderá por que esta contraposição de situações de vida ***ordinárias*** e ***extraordinárias*** implica uma mudança no próprio ***conceito*** de patriotismo senão à luz do que Hegel denomina a ***profundidade do Estado moderno***.

3. Para começar a esclarecer este ponto convém atentar para o caput do § 260 da *Filosofia do Direito*, para a passagem em que Hegel diz:

> "*O princípio dos Estados modernos tem este vigor e esta profundidade prodigiosos de deixar o princípio da subjetividade plenificar-se até o **extremo autônomo** da particularidade pessoal e, ao mes-*

*mo tempo, de **reconduzi**-lo à unidade substancial, e, assim, de manter essa **unidade substancial** nesse princípio da subjetividade".*[6]

Por certo não estará cometendo qualquer impropriedade quem quer dos senhores que estiver a perguntar-se a esta altura que diabos afinal um tema tem a ver com o outro, pois, pelo menos à primeira vista, não é evidente o que a declarada capacidade do Estado moderno de permitir que "*o princípio da subjetividade*" realize-se, como diz o texto, "*até o **extremo autônomo** da particularidade pessoal*" tem a ver com a nova concepção do patriotismo preconizada por Hegel.

E, contudo, desde que bem entendida a marcha do argumento da *Filosofia do Direito*, será forçoso reconhecer não apenas que os temas estão correlacionados, mas que, efetivamente, segundo a primeira lição de Hegel, a verdade do patriotismo só pode ser adequadamente determinada a partir da essência do Estado moderno. E é isso o que agora precisamos explicar mais detalhadamente.

4. Para começar a fazê-lo, o socorro ao mesmo tempo mais imediato e mais eficaz encontra-se já no *Adendo* ao próprio § 260, pois ali se pode ver a perspectiva histórica a partir da qual Hegel compreende o Estado moderno, assim como se obtém uma glosa muito esclarecedora do que está concretamente implicado na afirmação de seu ***vigor*** **e** ***profundidade prodigiosos*** – o sentido da obscura afirmação de que tal profundidade e vigor derivam da permissão dada ao "*princípio da subjetividade*" para que se realize "*até o **extremo autônomo** da particularidade pessoal*".

Com efeito, explica-nos o *Adendo*, o próprio das formações políticas modernas tem que ser apreendido por oposição às características essenciais dos "*Estados da Antigüidade Clássica*", os quais, se continham o princípio da universalidade, não permitiam que "*as determinações particulares dessa Idéia*" alcançassem a "*livre autonomia*".

O que é dizer, ainda em jargão hegeliano, que "*a particularidade não estava ainda solta de seus vínculos e liberada*". O que também significa, para dizer o mesmo com os termos que Hanna Arendt viria a propor já em nossos dias, que, visualizada retrospectivamente, a Antigüidade caracteriza-se pela ausência do ***social,*** pela falta de uma ordem privada provida de funções reconhecidamente ***públicas***.[7] Já a "*essência do Estado moderno*", bem ao contrário, prossegue o *Adendo*:

---

[6] Ed. cit., p. 35-36.

[7] Cf. Hanna Arendt, *A condição humana*, trad. de R. Raposo publicada por Forense Universitária, Rio de Janeiro, 1981, cap. 9, p. 78 e seg.

"(....) está em que o universal esteja ligado com a plena liberdade da particularidade e com a prosperidade dos indivíduos, em que, portanto, os interesses da família e da sociedade civil-burguesa têm de se concentrar e convergir para o Estado, mas em que [,também,] a universalidade do fim não pode progredir sem o saber e o querer próprios da particularidade, que deve reter o seu direito".

Ora, se "*a universalidade do fim não pode progredir sem o saber e o querer próprios da particularidade*" então compreende-se que o patriotismo possa ser concebido primariamente, como dizia o texto de que partimos, como uma "*disposição de ânimo que nas relações de vida ordinárias*" toma a "*comunidade como fim e como base substancial*".

E compreende-se igualmente que tal disposição de ânimo seja posta à prova, como diz o texto, nas relações do "*andamento ordinário da vida*", porque é precisamente no empenho em cuidar do seu no espaço de interação entre os indivíduos cidadãos ou, se se quiser, entre os burgueses cidadãos, que cada um, conscientemente ou não[8], toma a *comunidade como fim e como base substancial* de sua ação. Hegel torna este ponto absolutamente transparente ao atacar o moralismo abstrato e estúpido dos que se obstinam em considerar o interesse particular como inessencial e mesmo como indigno. Lê-se com efeito na observação do § 261:

"O lado abstrato do dever se atém a desconsiderar e proscrever o interesse particular como um momento inessencial e, até mesmo, indigno. A consideração concreta da Idéia mostra que o momento da particularidade é igualmente essencial, e, portanto, que a sua satisfação é absolutamente necessária; o indivíduo tem que encontrar de alguma maneira no cumprimento de seu dever, simultaneamente, o seu próprio interesse, a sua satisfação e o seu proveito, e da sua situação no Estado tem de lhe resultar um direito graças ao qual a coisa pública ***torna-se a sua própria coisa particular****".*[9]

O que é também dizer, como já visto, que no âmbito do Estado moderno o universal só pode progredir graças ao saber e ao querer próprios dos indivíduos-cidadãos, de sorte que estes ao cuidarem de seus interesses particulares encontram-se já além de si mesmos, promovendo o progresso do fim universal.

---

[8] Creio que é isto que Hegel enuncia formalmente ao dizer no § 258 da *Filosofia do Direito* que "(....) *a vontade objetiva é o que é em si racional no seu* ***conceito****, seja ele reconhecido ou não, querido ou não pelo capricho do singular*". Ed. cit., p. 28.

[9] Ob. cit., 38.

E quase não é necessário observar que parece seguir-se forçosamente da posição que acaba de ser exposta uma recusa frontal por parte de Hegel do que denominamos anteriormente a doutrina clássica do patriotismo, uma vez que esta, ao associá-lo essencialmente à disposição de luta e morte pela pátria, pareceria inteiramente anacrônica, inteiramente alheia à profundidade prodigiosa do Estado moderno, em cujo âmbito cada um é patriota ao ocupar-se do seu e, assim, ao fazer privadamente a sua parte.[10]

5. No entanto, a despeito de que exposição que acaba de ser feita possa ser abonada, como foi, por citações de Hegel, seria um erro se nos detivéssemos neste ponto e assumíssemos que tudo o que haveria para dizer com relação à concepção hegeliana do patriotismo já tivesse sido dito.

Razões para desconfiar de que isso não possa ser assim não faltam, a começar pela constatação de que se a posição recém-exposta fosse a posição ***final*** de Hegel com relação ao assunto seria forçoso concluir que o Estado teria sido quase confundido com a sociedade civil, a posição de Hegel aproximando-se célere e inverossimilmente do liberalismo mais extremado.

Na verdade a posição hegeliana não é essa, seu pensamento sobre o tema é muito mais complexo, de sorte que compete a seus leitores fazer justiça a tal complexidade.

Repare-se, antes de mais, que já nas imediações do texto de que partimos, no § 261 da *Filosofia do Direito*, fica evidente que a história toda ainda não foi contada, pois ali se diz que se o Estado é ***fim imanente*** às

---

[10] Na transcrição do curso de Heildelberg de 1817-1818 feita por Peter Wannenmann, isto é dito quase que com todas as letras. Lê-se ali, com efeito: "*No patriotismo o objetivo é que todos se assemelhem, mas aqui onde estamos a tratar com a educação temos particularizações. Em uma república, onde o estágio da educação ainda não foi alcançado, nós temos a virtude dos antigos [o patriotismo]. Mas este momento do valor infinito que os indivíduos têm dentro de si mesmos, este princípio da religião cristã segundo o qual cada indivíduo teve ser considerado como tendo valor como tal (....), este princípio exige que os indivíduos se auto-sustentem. (....) Somente mediante sua produção os indivíduos subsistem em sua particularidade e esta é seu interesse. (....) O conteúdo é algo particular (....) e pode diferir muito: pode relacionar-se somente à subsistência e aos instintos dos indivíduos (e este é o auto-interesse) ou ao universal. Se em seu patriotismo a vontade de todos está direcionada a fazer o que é universal esta particularização é superada. Depois da guerra do Peloponeso os gregos tornaram-se inquietos e precipitaram-se em grande azáfama, cada um querendo envolver-se e fazer tudo, mas o todo degenerou então em impotência.*" V. *Hegel's Lectures on Natural Right and Political Science – The First Philosophy of Right*, editado pelo Staff of the Arquivos Hegelianos, citado aqui de acordo com a tradução para o inglês de J. M. Stewart e P. C. Hodgson, publicada por University of California Press, 1995, p. 235 (p. 184-5 da edição original feita por Felix Meiner, Hamburgo, 1983).

esferas do direito privado, da família e da sociedade civil, é ele também, de outra parte, uma necessidade ***exterior*** e ***superior*** a elas.

O que quero dizer é que a concepção do patriotismo como uma disposição ordinária, traduzida já no simples empenho com que nos ocupamos de nossa família, de nossa profissão, de nossas interações privadas com os demais, corresponde a apenas uma das dimensões de nossas vidas como indivíduos-cidadãos. A dimensão em que, como diz Hegel, "*minha obrigação para com o substancial*" é "*simultaneamente o ser-aí da minha liberdade particular*", de sorte que sob este aspecto e nesta dimensão "*obrigação e direito*" estão "***unidos numa e mesma relação***".

No entanto, parece desde logo evidente que terá que haver um segundo sentido para o patriotismo, correspondente ao que sugeri chamar de segunda dimensão do Estado, aquela em que este é "(....) *necessidade* ***exterior*** *e poder* ***superior*** (....) à família e à sociedade civil".

6. Em vista disso, o que precisamos investigar é se Hegel não reconhece que correspondentemente a esta segunda face do Estado haja, de fato, também uma ***segunda*** concepção do patriotismo, sendo esta, então, muito mais próxima do que denominamos acima a concepção clássica do termo.

Ademais disso, se confirmada tal hipótese, cumpriria ainda entender de maneira mais rigorosa como se relacionam estas duas maneiras de conceber os aspectos ***subjetivos*** da relação do universal com o singular na teoria hegeliana do Estado.[11]

O professor J. A. Dotti, nosso colega da Universidade de Buenos Aires, ao tratar deste tema e aperceber-se da complexidade da posição hegeliana, propôs que se a concebesse como uma concepção eqüidistante tanto da:

> *"(mítica) virtude desinteressada dos antigos, da devoção à polis, quanto do individualismo extremo dos modernos".*

Em seguida sugerindo que a posição de Hegel deveria ser interpretada como equivalente à posição igualmente eqüidistante e por assim dizer moderada de Gibbon, para o qual, como se lê já no primeiro capítulo de *Do declínio e queda do império romano*:

> *"A virtude pública que era chamada patriotismo entre os antigos deriva de um forte sentido de nosso* ***próprio interesse*** *na preservação e na prosperidade do governo livre de que somos membros".*[12]

---

[11] V. *Dialética y Derecho – El proyecto ético-político hegeliano*, Hachette, Buenos Aires, 1983, p. 209 e nota 131.

[12] Id., ib., nota 31. Na edição de *The Decline and Fall of the The Decline and Fall of the Roman Empire* publicada por Encyclopædia Britannica Inc., Great Books of the Western World, Chicago, 1952, v. I, p. 4.

No entanto, muito embora não se possa negar a correção da avaliação de Dotti com relação ao que parece ser a posição de fundo de Hegel sobre o tema[13], creio que ela não faz inteira justiça à complexidade da concepção hegeliana do patriotismo, a qual, estou persuadido, só poderá ser compreendida, inclusive neste seu posicionar-se por assim dizer "*intermediário*", se a entendermos à luz – ou, mais exatamente, como o resultado especulativo – do desenvolvimento trinitário do silogismo ético.

7. Antes, porém, de nos aventurarmos no núcleo especulativo da posição hegeliana, convém ainda observar que, se retomando e sobretudo complementando a análise histórica resumida acima, contrapusermos, como é indispensável, o Estado moderno já não aos impérios ou às repúblicas da Antigüidade Clássica, mas, antes, às monarquias feudais, das quais, aliás, ele concretamente emerge, será forçoso reconhecer que o traço constitutivo da forma política moderna é o que Hegel caracteriza como a "*unidade do Estado em seu si mesmo simples*", unidade que constitui justamente a ***soberania***.

E nesta linha de análise o que importa é que aqui já não se admitem nem os principados, nem as corporações, nem as comunas independentes da Idade Média, de sorte que, como se diz no § 278 da *Filosofia do Direito*, ao agregado de que eram constituídos os proto-estados da Idade Média tardia, substituem-se as totalidades orgânicas dos verdadeiros Estados, em cujo âmbito partes já não são partes, mas "*membros, momentos orgânicos, cujo isolamento e subsistir por si é a doença*".[14]

É exatamente a isto que Hegel denomina de o ***idealismo da soberania*** com relação à qual:

> "(....) *toda particularidade e toda determinidade é uma particularidade e uma determinidade suprimida, o fundamento absoluto determinando a si mesmo* (....)".[15]

Convém notar ainda, seguindo o que Hegel nos diz na mesma página, que este idealismo da soberania "*vem aparecer de uma dupla maneira*", ou, parece que seria melhor dizer, sob um duplo regime, a saber: em ***situação de paz*** e em ***situação de necessidade constringente***.

---

[13] Avaliação, aliás, corroborada ainda recentemente, por exemplo, pela ênfase posta por Bourgeois na tese da reconciliação hegeliana do Estado antigo e da sociedade moderna, fundada na reconciliação geral da substância e da subjetividade Cf. Bernard Bourgeois, *Hegel et les actes de l'esprit*, Vrin, Paris, 2001, p. 132-3.

[14] Id., p. 76.

[15] Id., p. 77.

O que importa entender, porém, é que, nos dois casos, o ***idealismo da soberania*** é marcado pela ***subordinação*** do particular ao todo.

No primeiro caso, isso pode ocorrer tanto em decorrência da "*necessidade inconsciente da coisa*" – que inverte fins e ocupações particulares e os faz meios para o sustento recíproco de toda a sociedade, como é próprio do *sistema das necessidades*, cujas totalizações, aliás, freqüentemente aparecem ante os indivíduos com "*a força secreta de um destino*", para nos valermos de uma expressão de Bourgeois[16] – quanto em conseqüência do que o texto denomina *a influência direta do alto*[17], isto é, uma ou outra forma de intervencionismo estatal.

Já no segundo caso, nas situações de *necessidade constringente*, a situação é inteiramente outra, pois ali a soberania já não designa uma subordinação simplesmente exterior do singular ao universal, mas passa a ser "*aquilo em cujo conceito simples o organismo conflui*", sendo-lhe confiada, prossegue o texto:

> "(....) *a salvação do Estado, com o sacrifício disso que de outra maneira é legítimo*".[18]

É absolutamente essencial notar, porém, que é somente aqui, quando torna-se necessário *o sacrifício do que de outra maneira é legítimo* – isto é, o interesse, o direito e a vida particulares – que, diz Hegel:

> "(....) *a soberania chega à sua realidade efetiva particular*".[19]

O que, neste ponto, passa a ser a relação de universalidade e particularidade podemos ver da maneira mais crua no § 323 da mesma *Filosofia do Direito*, porque ali Hegel – ao falar da relação negativa do Estado a si próprio tal como emergente no confronto de um Estado a outro Estado – mostra o peso da relação substancial e a predominância da universalidade. Anota-se ali, com efeito:

> "(....) *a substância* [ao erguer-se] *como potência absoluta contra todo o singular e particular, contra a vida, a propriedade e seus direitos, assim como sobre os círculos exteriores, traz ao ser-aí e à consciência a nulidade dos mesmos.*"[20]

---

[16] Ob. cit., 98.

[17] Id., ib.

[18] Id., § 278, ed. cit., p. 78.

[19] Id., ib.

[20] Id., § 323, p. 129.

Texto que prossegue insistindo em que em tal situação revela-se:

"(....) *o dever substancial desses particulares – o dever de conservar essa individualidade substancial, a independência e a soberania do Estado, com perigo e sacrifício da sua propriedade e da sua vida* (....)".

Sublinhe-se que somente agora se pode efetivamente notar e dar a devida importância ao fato de que Hegel, ao introduzir o conceito essencial de patriotismo no § 268, na verdade já antecipara este ponto, eis que, embora sublinhando que o essencial do sentimento cívico põe-se à prova no andamento ordinário da vida, ele já ali antevia a situação excepcional na qual é exigida "*à disponibilidade para realização de esforços fora do comum*".[21]

E não parece razoável pensar, a despeito da ambigüidade dos textos, que essa excepcionalidade torne tal situação inessencial do ponto de vista das relações inerentes e próprias ao conceito de Estado. Antes pareceria o inverso, antes parece justificado pensar, para usar uma expressão de Carl Schmitt, que, na verdade, é nessa situação de exceção que se revela o essencial da soberania e a dimensão última do patriotismo.

O que me interessa sugerir é, portanto, que aos dois regimes da idealidade da soberania correspondem, se não dois conceitos de patriotismo, pelo menos duas dimensões dessa disposição de espírito: uma própria das situações ordinárias, outra adequada aos momentos de grande constrição e exigência.

E neste segundo regime, isto é o que me importa sublinhar, ***Hegel recupera por inteiro a concepção clássica do patriotismo***, pois para enfrentar o destino – esta contingência que vem se abater sobre o contingente, como é dito no § 324 – é preciso que os indivíduos estejam prontos para:

"*A guerra* (....) *o momento no qual a idealidade do* ***particular adquire o seu direito*** *a sua realidade efetiva*".[22]

8. Nesta altura convém observar, porém, que a exposição anterior, por rente que tenha ficado à letra de Hegel e malgrado tenha avançado com relação ao ponto de vista exposto na abertura das presentes considerações, ainda não é uma apresentação metodologicamente satisfatória do ponto de vista hegeliano, uma vez que nesta segunda aproximação – embora já não possamos admitir seja o conceito de patriotismo alheio à nota heróica

---

[21] Id., p. 43.

[22] § 324, p. 131.

caracterizadora da concepção clássica do termo – continuamos a pensá-lo de maneira manifestamente inadequada, uma vez que lhe apresentamos o conceito como sujeito a uma duplicidade de sentidos determinada por circunstâncias contingentes e externas, o que, como saberá quem quer que tenha familiaridade com os estudos hegelianos, não pode ser admitido.

Para aprofundar o ponto e nos aproximarmos de uma reconstrução mais fina da posição hegeliana, creio que podemos mover-nos seguindo uma dica de Dieter Henrich em seu artigo *Sobre a forma conceitual do conceito propriamente hegeliano de Estado*[23]. Uma dica consoante a qual é na interpretação especulativa das figuras do silogismo que se deve buscar o modelo formal de explicação para os sistemas reais, a começar pelo constituído pela vida ética e pelos conceitos que o integram, inclusive o de patriotismo.

9. Com efeito, se seguirmos esta indicação e procurarmos entender as relações próprias do que convém denominar o ***silogismo ético***, veremos que a silogística ético-especulativa efetivamente permite dar mais um passo na compreensão desta variação da concepção hegeliana do patriotismo.

É preciso desde logo adiantar, porém, que a reconstituição da posição hegeliana sobre este ponto não é nada fácil, seja porque, como sublinha Henrich, "a obra de Hegel sobre a Filosofia do Direito não expôs a doutrina do Estado segundo o princípio formal da sucessão silogística"[24], seja porque, de outra parte, as sumárias apresentações do silogismo ético feitas na *Enciclopédia* e na *Lógica* não são exatamente coincidentes, as variações ocorrendo quer quanto às figuras silogísticas identificadas, quer quanto à ordem em que são elas apresentadas.

Contudo, não obstante essas dificuldades, e alguma incerteza exegética delas resultante, é pela exploração desta via que se pode avançar no esclarecimento do tema que nos ocupa nesta conferência, ainda que agora nos vejamos obrigados a enfrentar textos obscuros e difíceis.

---

[23] In *Hegel em seu contexto*, na tradução para o espanhol de Jorge A. Díaz A., publicada por Monte Avila Editores, Caracas, Venezuela, 1990, p. 263 e seg.

[24] Id., p. 277.

III

10. Na *Observação* do § 198 da *Enciclopédia*, texto difícil mas decisivo para a linha de interpretação que estamos a querer explorar, lê-se, com efeito, o seguinte:

> *"Como o sistema solar, assim (....) no domínio prático o Estado é um sistema de três silogismos.*
>
> *1º) O **Singular** (a pessoa) une-se*[25] *, por meio de sua **particularidade** (as necessidades físicas e espirituais, (....) a sociedade civil) com o **universal** (a sociedade [política], o direito, a lei, o governo).*
>
> *2º) A vontade, atividade dos indivíduos, é a força mediadora que dá satisfação às carências no quadro da sociedade, do direito etc. e o que dá à sociedade, ao direito etc. implementação e efetivação.*[26]
>
> *3º) Mas o universal (Estado, governo, direito) é o meio-termo substancial no qual os indivíduos e sua satisfação têm e mantêm sua realidade, mediação e subsistência implementadas. Cada uma das determinações, enquanto a mediação a une ao outro extremo precisamente aí une-se a si mesma; produz-se a si mesma e essa produção é conservação de si. É só por meio da natureza desta união, por meio dessa tríade de silogismos com os mesmos* termini, *que um todo é verdadeiramente compreendido em sua organização".*[27]

---

[25] Na tradução de Paulo Meneses e José Machado em vez de «*une-se*» lê-se «*conclui-se*», mas neste caso parece melhor seguir a lição de Bourgeois, que diz «*s'enchaîne*» e de William Wallace que propõe «*is coupled*» para verter o «*schließt sich*» do original. O texto original do número 1 diz "*1. Der **Einzelne** (die Person) schließt sich durch seine **Besonderheit** (die physischen und geistigen Bedürfnisse, was weiter für sich ausgebildet die bürgerliche Gesellschaft gibt) mit dem **Allgemeinen** (der Gesellschaft, dem Rechte, Gesetz, Regierung) zusammen;*".

[26] A tradução de P. Meneses para o número 2 é incompleta. O original diz: "2. *Ist der Wille, Tätigkeit der Individuen das Vermittelnde, welches den Bedürfnissen an der Gesellschaft, dem Rechte usf. Befriedigung, wie der Gesellschaft, dem Rechte usf. Erfüllung und Verwirklichung gibt*". A tradução de Wallace diz: "2. *The will or action of the individuals is the intermediating force wich procures for these needs satisfaction in society, in law, etc., and wich gives to society law, etc., their fulfilment and actualisation*". Cf. Hegel Works, http://www.marxists.org./reference/archive/hegel/index.htm. O texto de Bourgeois é o seguinte: "*La volonté, l'activité des individus, est l'elément mediatisang qui donne satisfaction aux besoins dans le cadre de la societé, du droit, etc., comme il donne à la société, au droit, etc., remplissement et réalisation effective*". In G. W. F. Hegel, Encyclopédie des Sciences Philosophiques I Science de la Logique, Vrin, Paris, 1970, p. 438.

[27] Tradução de P. Meneses modificada segundo as lições de Wallace e Bourgeois.

Segundo este texto, portanto, o silogismo ético é a unidade de três silogismos especulativos cujas figuras, se lermos a Observação com a ajuda das indicações do caput do parágrafo, são as seguintes:

1º) **S–P–U (Singular; Particular; Universal);**
2º) **U–S–P (Universal; Singular;Particular);**
3º) **P–U–S (Particular; Universal; Singular).**

A primeira figura, **S–P–U**, deve ser interpretada como a tese de que quando se analisa as relações lógicas internas entre os componentes essenciais do sistema ético é preciso reconhecer um primeiro plano ou nível de relação no qual os ***indivíduos-cidadãos*** – o *designatum* do termo ***Singular*** ocorrente na fórmula do silogismo – superam sua dispersão, precariedade e insubsistência e, graças à interdependência de suas carências e à constituição do ***sistema das necessidades*** e ***da sociedade civil*** – graças, portanto, à formação daquilo que a fórmula do silogismo designa como a ***Particularidade*** – integram-se e se subsumem ao ***Universal***, isto é, à sociedade política, à lei e ao governo.

Manifestamente neste primeiro plano ou padrão de relação, o termo-médio sobre o qual se apóia a relação dos extremos – a relação dos ***Singulares*** à ***Universalidade*** – é a ***Particularidade***, na medida em que é precisamente graças à multiplicação das necessidades distribuídas e da ação – padronizada e em seguida corporativizada – para atendê-las que se cria, no âmbito mesmo da particularidade, uma universalização objetiva.

Já na segunda figura, **U–S–P,** apreende-se o silogismo ético de outra perspectiva, pondo-se ênfase já não no papel universalizante de nossas carências recíprocas, mas sim no fato de que é pela mediação dos ***indivíduos-cidadãos***, do ***Singular***, que tanto o ***Universal***, quer dizer, novamente, a ***sociedade política***, o ***direito*** e o ***governo***, quanto a ***Particularidade*** da sociedade civil ganham efetividade. E isso assim porque nem há ***sociedade política***, ***direito*** e ***governo*** sem indivíduos que ajam politica, jurídica e administrativamente, nem se estrutura o sistema de mercado e a sociedade civil sem que empreendam os capitalistas, trabalhem os operários, cliniquem os médicos, e assim por diante. De outra parte, porém, em retorno, é igualmente certo que tanto os indivíduos, o ***Singular***, quanto a ***Particularidade*** – esta teia objetiva de relações resultante da totalização objetiva das ações individuais – dependem essencialmente do ***Universal*** – isto é, da ***sociedade política***, do ***direito*** e do ***governo*** –, pois estes têm que ser reconhecidos e tomados como pré-condições indispensáveis da estruturação e estabilidade das múltiplas ações e do sistema do espírito objetivo que resulta de seu entrelaçamento.

Em resumo, nesta figura o papel de termo médio é dado, pois, ao ***Singular***, quer dizer aos ***indivíduos-cidadãos***, ***sem cujas ações nem se***

constituiria o sistema das necessidades, nem o correspondente sistema estatal.

Já na terceira figura do silogismo ético, **P–U–S**, o termo-médio é o próprio universal, isto significando que desta perspectiva de análise deve-se ver o ***Singular***, os ***indivíduos-cidadãos***, assim como a ***Particularidade***, isto é, o sistema de suas carências e de seus desdobramentos corporativos, como determinações do ***Universal***, isto é, da ***sociedade política***, do ***direito*** e do ***governo***. O que é também dizer que é somente pela totalização especificamente política que os indivíduos humanos podem organizar estavelmente suas interações e assim garantir sua própria subsistência e suas condições de ação. Neste caso sublinha-se que é somente pela mediação do universal, quer dizer do Estado, que a trama das particularidades pode se tornar efetiva, organizar-se e garantir a subsistência dos indivíduos.

Considerado o silogismo ético a partir da apresentação feita na *Lógica*, o panorama é algo diverso. Ali o que se lê é o seguinte:

> "(....) *o* ***governo****, os* ***indivíduos-cidadãos*** *e as* ***carências da vida exterior*** *são três termos, dos quais cada um é o termo médio dos outros dois. O* ***governo*** *é o centro absoluto no qual o extremo dos singulares é unido com sua subsistência externa; semelhantemente, os* ***singulares*** *são o termo médio que passa esse indivíduo universal à existência concreta exterior e transpõem sua essência ética no extremo da efetividade. O terceiro silogismo é o formal, o silogismo da aparência, em que os singulares, por suas carências e sua existência externa são religados à individualidade absoluta universal; um silogismo que, enquanto meramente subjetivo, passa aos outros e nestes tem sua verdade".*

Percebe-se, pois, que neste caso as figuras do silogismo são apresentadas em uma outra ordem, e que, em uma delas, tem-se uma variação no modo de apresentação com relação ao da *Enciclopédia*.

Com efeito, enquanto que na apresentação enciclopédica a primeira figura era **S–P–U** – a figura, aliás, sob cuja égide são compostos os *Grundlinien* –, aqui, no texto da *Lógica*, a primeira figura é **S–U–P**. Além disso, **S–U–P** é uma figura que não consta das figuras apresentadas na *Enciclopédia*, ainda que possa ser tomada como uma variante da terceira figura da apresentação enciclopédica, **P–U–S**, posto que ambas têm o universal como termo médio.

De qualquer modo, o sentido geral da figura apresentada assim variadamente é, no entanto, o mesmo, pois nos dois casos o ***Universal***, o Estado no sentido restrito da expressão – quer dizer, a lei e o governo – é o centro absoluto no qual o extremo dos singulares é unido com sua subsistência externa. No entanto, há uma diferença na medida em que enquanto na apresentação enciclopédica enfatizava-se o fato de que era somente graças à universalidade política que o sistema das necessidades se poderia estruturar, garantindo a subsistência dos singulares, aqui, no texto da *Lógica*, enfatiza-se o fato de que é a universalidade política – o governo, o direito e a lei – que permite aos próprios ***indivíduos*** se inter-relacionarem e comporem o sistema das necessidades e a sociedade civil em geral.

Esta diferença implica que consoante a apresentação da *Lógica* enfatiza-se a dependência do sistema de interações econômicas com relação à iniciativa livre dos indivíduos, enquanto que na fórmula da *Enciclopédia* a ênfase recai, ao inverso, no fato de que a subsistência dos indivíduos pressupõe estruturadas e constituídas o que, com Marx, se poderia denominar as condições materiais de reprodução da sociedade.

Já a segunda das figuras do silogismo ético de acordo com a *Lógica*, **U–S–P**, é perfeitamente coincidente com a segunda figura apresentada na *Enciclopédia*, de sorte que, tanto em um texto como no outro, o essencial a sublinhar é que é graças à mediação dos indivíduos-cidadãos, do ***Singular***, que o ***Universal***, quer dizer, novamente, a ***sociedade política***, ganha efetividade ao se assentar sobre a universalidade objetiva constituída graças às interações interindividuais no âmbito do sistema das necessidades, vale dizer, no âmbito da ***Particularidade***. E esta, em retorno, tem que ser reconhecida como dependente do ***Universal*** – isto é, da ***sociedade política***,do ***direito*** e do ***governo,*** que, já vimos, são pré-condições indispensáveis de sua estruturação.

Por fim, a terceira figura do silogismo ético segundo a *Lógica* é **S–P–U**, figura que corresponde exatamente à primeira figura da apresentação enciclopédica, cabendo portanto repetir que, neste caso, a *Lógica* e a *Enciclopédia* enfatizam igualmente que o ***Singular***, isto é, os ***indivíduos-cidadãos***, supera sua dispersão, precariedade e insubsistência graças à ***Particularidade*** de suas carências e dependência recíprocas, na medida em que estas ao se entrecruzarem no ***sistema das necessidades*** e constituírem assim a ***sociedade civil*** integram-se e se subsumem ao ***Universal***, isto é, à sociedade política, à lei e ao governo.

11. É manifesto, porém, que a despeito dessas diferenças na ordem de apresentação das figuras e da variação apontada, tanto a *Lógica* quanto a *Enciclopédia* sustentam como ponto fundamental que – a despeito de que o silogismo ético compreenda uma triplicidade básica de figuras e a despeito de que se possa distinguir variantes a estas últimas – ***há nele uma hierarquia e uma assimetria fundamentais***.

No texto da *Enciclopédia* esta hierarquia é manifesta já na oposição estabelecida por Hegel entre o centro ***absoluto***, quer dizer, o ***Universal*** realizado no governo, na lei e, assim, na sociedade política no sentido estrito da expressão, e o centro ***relativo***, isto é, o domínio primeiramente dos indivíduos singulares e, em seguida, da *universalidade do entendimento*, a esfera das necessidades e da composição meramente objetiva que resulta como um destino da interação dos singulares.

Não se entenderá, porém, o enorme alcance da assimetria em jogo senão na medida em que se tiver claro que para Hegel o termo médio do silogismo especulativo tem que ser entendido como o ***fundamento*** dos termos extremos[28], porque é exatamente quando se leva devidamente a sério o papel fundador do termo médio que torna-se forçoso distinguir e hierarquizar as figuras do silogismo ético.

A passagem da *Lógica* em que Hegel trata expressamente desta questão torna este ponto claro ao dizer:

> *"O governo é o centro absoluto no qual o extremo dos indivíduos é unificado a seu subsistir exterior".*[29]

Correlatamente, o caráter ***superficial*** da primeira figura (segundo a ordem de apresentação da *Lógica*), **S–P–U**, Hegel o assinala ao dizer:

> *"O terceiro silogismo é o formal, o silogismo da aparência em que os singulares por suas necessidades e sua existência externa religam-se à individualidade universal absoluta; um silogismo que, enquanto meramente subjetivo, passa nos outros e neles encontra sua verdade".*[30]

Contudo, para corretamente entender a assimetria das figuras e avaliar corretamente a afirmação de Hegel de que o *governo é o centro absoluto*, de tal sorte que a **S–U–P** deve ser considerada como a figura fundamental, é ainda indispensável precisar dois pontos.

Primeiramente é preciso sublinhar que a palavra *governo* – empregada tanto no texto da *Enciclopédia* quanto no texto da *Lógica* como sendo o *designatum* do termo ***Universalidade*** ocorrente na fórmula do silogismo – deve ser entendida não no sentido específico e técnico corrente, mas como designando a própria *Idéia do Estado*, a *Idéia efetivamente real*, como Hegel diz no § 262 da *Filosofia do Direito*, quer dizer, o espírito que divide a si mesmo em sua finitude.

---

[28] V. *Ciência da lógica*, tomo II, *Lógica subjetiva ou doutrina do conceito*, primeira seção, cap. III, *O silogismo*, p. 155 (p. 310 da edição de Lasson) da trad. para o francês de P.-J. Labarrière e Gwendolne Jarczyk, publicada por Aubier, Paris, 1976;

[29] Ed. cit., 234 (Lasson, 374).

[30] Id., ib.

Em segundo lugar é preciso entender com exatidão o que significa dizer que o *governo*, ou, como estamos propondo interpretar, a *Idéia do Estado*, é o centro ***absoluto***.

Absoluto tem que significar aqui que os termos extremos ligados por este termo médio são ***postos*** por ele, resultam de sua divisão, no sentido de que é uma necessidade interna da *Idéia* no plano da eticidade que a universalidade do espírito ganhe efetividade por meio da existência real das individualidades humanas, ao mesmo tempo em que estas já imediatamente se universalizam em função de suas carências recíprocas, tendo-se sempre presente porém que essa universalização *do entendimento*, por assim dizer, só vem a constituir-se – só vem a formar o que Hegel denomina de *sistema das necessidades* – ao se enquadrarem os indivíduos e suas relações sob um centro político sob cuja autoridade, unicamente, tal sistema pode estabilizar-se.

Absoluto quando aplicado à **Universalidade** colocada como termo médio na figura **S–P–U** designa, portanto, não apenas a universalidade formal, mas a necessidade processual do silogismo propriamente especulativo, cujas diferentes determinações se expressam nas figuras silogísticas determinadas em que ele se desdobra. Por isso Hegel pode dizer:

> "(....) *o indivíduo absoluto é o meio-termo objetivamente universal que traz a unidade e segura junto o ser dentro de si do indivíduo relativo e sua exterioridade*".[31]

Aliás, o grupo de comentadores franceses coordenado por André Lécrivain que publicaram, tanto quanto sei, o mais recente dos comentários da *Grande Lógica,* glosou muito bem este ponto ao dizer:

> "(....) *no domínio do Espírito objetivo o advento da lei suprassume a exterioridade das determinações econômicas e explicita a determinação propriamente imanente e objetiva dos indivíduos-cidadãos. O encadeamento destes três silogismos atesta a re-emergência da estrutura conceitual* (....). *Aliás, a articulação que agora se explicita subordina o terceiro silogismo* **[S–P–U]** *ao primeiro* **[S–U–P]** *e ao poder totalizante de seu termo médio. Dividindo-se em seus extremos, este põe então a exterioridade imediata que o mecanismo apresentava inicialmente como uma pressuposição; constituindo o princípio de atividade dos dois outros termos médios, ele funda a coerência do conjunto*".[32]

---

[31] *Lógica*, ed. cit., p. 234 (L., 374).

[32] J. Biard, D. Buvat, F.-F. Kervegan, J.-F. Kling, A. Lacroix, A. Lécrivain, *Introduction à la lecture de la* Science de la Logique *de Hegel*, Aubier, Paris, 1987, T. III, p. 282-3.

Bem entendido, é precisamente esta processualidade especulativa que exaspera os críticos do hegelianismo. Assim Marx, em um contexto ligeiramente diverso, ao comentar o § 262 da *Filosofia do Direito* diz:

> *"Nesta passagem o misticismo lógico, panteísta, aparece claramente. A situação real é que 'no nível de cada indivíduo, a repartição dos materiais do Estado* [= da Idéia] *tem o ar de realizar-se graças à mediação das circunstâncias exteriores, do arbítrio e da livre escolha das vocações'. Este fato, esta* ***situação real,*** *é transfigurada pela especulação em uma* ***aparência****, em um* ***fenômeno****. As circunstâncias exteriores, o arbítrio, a escolha livre das vocações, esta mediação* ***real*** *é apenas a aparência fenomênica de uma mediação que a Idéia real faz consigo mesma e que se passa nos bastidores. (....) A Idéia é erigida em sujeito e a relação* ***real*** *da família e da sociedade civil com o Estado é apresentada como obra da Idéia e de sua* ***atividade imaginária****. A família e a sociedade civil são as pressuposições do Estado; elas são, portanto, os únicos elementos realmente ativos, mas na especulação tudo é posto ao reverso".*[33]

12. No presente contexto não me importa fazer a defesa de Hegel, mostrar que a própria constituição da família e da sociedade civil pressupõem a organização política das comunidades, nem insistir em que toda vida social se faz sob a incontornável representação da identidade coletiva da comunidade a que pertencemos.

O que preciso fazer aqui nesta conferência – e fazer urgentemente – é voltar a meu ponto de partida, cumprir a promessa feita acima e esclarecer em que sentido a silogística especulativa recém-apresentada rebate-se necessariamente sobre o entendimento que se deve ter da concepção hegeliana do patriotismo.

A propósito, a primeira e creio que óbvia constatação a fazer é que a dupla determinação do patriotismo vista anteriormente – uma vez como *a disposição de ânimo que dá prova de si nas relações de vida ordinárias*, outra vez nas situações de grande constrição, como a *disponibilidade para realização esforços fora de comum* em defesa da *independência* e da *soberania do Estado,* inclusive com risco e *sacrifício de propriedades e vidas* – tem que ser interpretada em correlação com as figuras do silogismo ético.

---

[33] V. Karl Marx, *Crítica do Estado hegeliano*, na tradução francesa de Kostas Papaioannou publicada por 10/18, Paris, 1976, p. 59.

E se assim o fizermos, parece claro que o que Hegel apresenta como a determinação essencial do patriotismo nos parágrafos 267 e 268 da *Filosofia do Direito*, isto é, o patriotismo como ***hábito*** e ***confiança***, como, em suas próprias palavras:

> "(....) *a consciência de que meu interesse substancial e particular está conservado e contido no interesse e no fim de um outro (aqui, do Estado), enquanto este está em relação comigo como singular, com o que, precisamente, este não é de maneira imediata nenhum outro para mim* (....)",

precisa ser correlacionado segundo a ordem de apresentação *Enciclopédia* à primeira das figuras do silogismo ético, ou à terceira, segundo a ordem da *Lógica*. Isto é, precisa ser entendido como a determinação da relação subjetiva do ***Singular*** ao ***Universal***, que toma aquele como ponto de partida e liga-o a este último tendo como termo médio as inter-relações dos indivíduos-cidadãos, isto é, a ***Particularidade***. O que é dizer que este é o patriotismo do *Estado do entendimento,* poderíamos dizer, o patriotismo da sociedade civil, o patriotismo da figura **S–P–U** – ***a figura meramente formal do silogismo ético.***

Já o patriotismo das ***situações extraordinárias***, dos ***esforços fora do comum***, da entrega do patrimônio e da própria vida, há de ser entendido como o patriotismo da terceira figura, segundo a ordem proposta na *Lógica*, o patriotismo da figura **S–U–P**.

E isto simplesmente porque, neste caso, a relação subjetiva do ***Singular*** ao ***Universal*** tem lugar no momento supremo do próprio Estado, quando sua infinitude, como é dito no § 323, torna-se efetivamente real afirmando sua substancialidade contra todo singular e particular. Este é o momento extraordinário em que a potência do universal atesta a idealidade de todo singular e de todo particular – de todo finito –, exibindo-se ao mesmo tempo como seu fundamento e fim último.

Admitindo-se isso, parece forçoso então dizer que o que denominamos ao começar a concepção clássica do patriotismo – a disposição de ânimo expressa nos lemas ***pugna pro patria*** e ***pro patria mori*** – só pode ser dita ***inessencial*** à luz da figura formal do silogismo ético, a expressa na fórmula **S–P–U**. E isto porque quando se considera a totalidade ética sob a perspectiva formalizada por essa figura considera-se a situação normal do Estado moderno, aquela em que a socialização e a integração política dos indivíduos se faz de maneira ao mesmo tempo essencial e prosaica, mediante esta contribuição ao todo que cada um faz ao cuidar de sua própria vida e com a consciência de que ao dedicar-se a esta última está contribuindo para a vida e para a prosperidade de todos.

No entanto, como vimos, a interpretação especulativa do silogismo ético nos obriga a reconhecer que em última análise o universal precisa ser pensado como o termo médio ***absoluto***, o que equivale a dizer que é preciso entender que os indivíduos e suas necessidades estão ao mesmo tempo fundados na universalidade substancial e comprometidos com o ***indivíduo absoluto***, com o Estado, que, excepcionalmente, pode deles exigir o sacrifício também absoluto.

Em vista disso cabe dizer, portanto, que a concepção clássica do patriotismo, longe de ser alheia à posição hegeliana, é aí expressamente reconhecida como a disposição de ânimo que corresponde subjetivamente ao que a *Lógica* denomina a primeira e fundamental figura do silogismo ético, aquela que tem o universal como termo médio e que tem a este, não apenas como um predicado abstrato, mas como o centro – que é também fundamento – absoluto. Ponto este que permite dar toda a importância à passagem aparentemente anódina do § 268 da *Filosofia do Direito*, do qual partimos, na qual nos é sugerido que o patriotismo das *relações de vida ordinárias* prepara e anuncia *a disponibilidade* para os *esforços fora do comum*.

IV

13. Antes de terminar permitam-me dizer ainda uma palavra sobre uma suspeita de anacronismo e de reacionarismo que facilmente pode ser associada à evocação do tema do patriotismo, sobretudo nestes nossos tempos em que parecem emergir incontornável e invencivelmente ou bem a figura ***Império***, ou bem as promessas de um **Estado universal**.

A propósito, o que primeiramente importa notar é que a posição de Hegel sobre essas possibilidades é extremamente crítica. Isso fica inteiramente evidente em passagens como o *Adendo* ao § 324 da *Filosofia do Direito,* onde se lê:

> *"Paz perpétua foi freqüentemente exigida como um ideal, do qual a humanidade deveria se aproximar. Kant propôs, assim, uma coligação de príncipes, que deveria arbitrar os conflitos dos Estados. Só que o Estado é um indivíduo e, na individualidade, a negação está essencialmente contida*".[34]

A continuação do texto é ainda mais escandalosamente politicamente ***incorreta***, pois põe-se a louvar, incondicionadamente, o efeito regenerador

[34] Ed. cit., p. 132.

da guerra. Mas o que me parece importante na posição de Hegel é a convicção de fundo, consoante a qual, como se lê em *A razão na história*, no *elemento da história universal*:

> "(....) *o Espírito é um indivíduo de natureza ao mesmo tempo universal e determinado: um povo* (....)"[35],

o qual, como é dito em seguida:

> "(....) *é o Espírito universal em uma figura particular que lhe é subordinada*".

Figura esta que, contudo, mesmo subordinada, precisa ser assumida quando o espírito passa à existência, pois, como diz ainda o texto,

> "*com a existência aparece igualmente a particularidade*".[36]

Aliás, é exatamente este mesmo ponto que Hegel faz no § 548 da *Enciclopédia* quando afirma:

> "*O espírito-do-povo, determinado, porque é efetivo, e [porque] sua liberdade existe enquanto natureza, tem segundo esse lado natural o momento de uma determinidade geográfica e climática*".

E a seqüência imediata do texto logo ajunta, no mesmo diapasão, que este mesmo espírito, na medida em que está também no tempo – por ter "*um princípio* ***particular***", por ter que *percorrer um desenvolvimento* próprio, por ter ***uma história*** –, encontra-se inapelavelmente submetido à história universal enquanto ***tribunal do mundo***.

O que é simplesmente dizer que Hegel tem como incompatível com a estrutura interna do conceito de espírito a idéia de uma comunidade humana politicamente unificada, uma vez que uma tal hipótese suprimiria o inescapável momento lógico da particularidade.

Deste ponto de vista e se admitirmos que a cada vez mais freqüente ressurreição dos particularismos nacionalistas – seja no topo, seja nos níveis mais inferiores da escala mundial de poder – reforça a tese hegeliana da inelutabilidade lógica da divisão política da comunidade humana, torna-se natural pensar que o tema do patriotismo, não apenas em Washington, não apenas em Tel Aviv ou em Ramallah, mas um pouco por toda parte, continua a ser, queira-se ou não, um tema de incontornável atualidade.

---

[35] V. *A razão na história*, na tradução para o francês de Kostas Papaioannou, publicada por UGE, 10/18, 1965, p. 80.

[36] Id., 82.

II. EM TORNO DO MARXISMO: A PROPÓSITO DE MARX, SARTRE E GIANNOTTI

6. VALOR E SERIALIDADE*

Para a memória de Eginardo Pires

A idéia de que há no marxismo e, em especial, na teoria do Modo de Produção Capitalista a expressão de um tipo "*sui generis*" de racionalidade, que caracterizaria, exemplarmente, a lógica dos objetos e regularidades sociais, foi difundida e reforçada nas análises de Althusser e nos trabalhos produzidos em torno delas. No quadro geral destas discussões, a teoria do valor como que reduplicava a exemplaridade, tudo se passando como se a compreensão adequada da forma do valor fosse o crisol onde se decantasse a expressão mais simples dessa racionalidade especial que Marx teria entregue, pela primeira vez, ao controle da teoria.

O pressuposto deste artigo é que esta idéia – nos termos formais e sumários em que acaba de ser exposta – é essencialmente correta e que, não obstante a insuficiência e as inconseqüências dos ensaios para estabelecê-la, é irrecusável que na teoria do valor se encontra um ponto privilegiado para a elucidação das questões cruciais de uma lógica das Ciências Sociais. Para demonstrá-lo, convém, no entanto, proceder metodicamente e partir de um exame – ainda que breve – dos pontos mais importantes da discussão aludida.

As aproximações mais conseqüentes dos aspectos lógico-ontológicos da teoria do valor encontram-se no trabalho de Rancière (1967) em *Lire le Capital I*, no livro *Calcul Economique et Formes de Proprieté* de Bettelheim (1970), na resposta de Arghiri Emmanuel, às "*remarques*" de Bettelheim (Emmanuel, 1972) e, finalmente, no artigo de Giannotti publicado no n° 3 da revista *Teoria e Prática* (Giannotti, 1968).

O trabalho de Rancière (1967) tem o mérito inestimável de reabrir a discussão em torno da forma do valor e de reabri-la em seu nível próprio, vale dizer, desdobrando-lhe adequadamente as sérias dificuldades e as complexas implicações teóricas. Do ponto de vista da análise presente, sua

* Sempre que possível, as remissões bibliográficas foram atualizadas, as citações sendo feitas segundo as traduções para o português atualmente disponíveis.

importância poderia ser resumida nos tópicos seguintes: 1) enfatiza o caráter contraditório da equação de troca; 2) chama a atenção para os textos em que Marx, discutindo as objeções de Bailey, é forçado a explicitar o problema das condições de possibilidade desta igualização aparentemente impossível que já fizera o escândalo de Aristóteles (trata-se da questão do difícil *secundum quid*, a partir da qual se há de poder comparar o incomparável, um par de sapatos e vinte quilos de ferro, por exemplo); 3) em afirmar que são as relações de produção e, mais determinadamente, a identidade – própria do Modo de Produção Capitalista – entre trabalho abstrato e concreto que – enquanto causa ausente da equação – a sustenta e a explica.

O interesse e a novidade, mas também a fraqueza, da contribuição de Rancière se concentram no terceiro item distinguido, em sua maneira de localizar e compreender a solução marxista para o problema levantado. O interesse está, desde logo, em que Rancière identifica bem o lugar teórico em que deve situar-se a resolução do problema – na identidade dos dois trabalhos, própria do Modo de Produção Capitalista, e, como se verá, da produção mercantil como tal. A novidade está em ter salientado o caráter problemático, difícil, desta identidade. A fraqueza em não lhe ter elucidado suficientemente a dificuldade. E isto, evidentemente, porque dizer que a identidade de trabalho concreto e abstrato é, como causa ausente, a condição de possibilidade da equação de troca, antes que uma resolução para o problema, é um modo eficaz de acentuar-lhe a dificuldade. Dizendo de outra maneira: à força de ser conciso, Rancière torna-se ambíguo, e a articulação dos dois níveis de significação, que, como se verá, há que distinguir em sua fórmula – para que possa ter sentido –, é, a permanecer-se em sua literalidade, inoperável. Além disso, mesmo reconhecendo sentido à sua tese, deve-se dizer que seu desenvolvimento omite pontos decisivos, visto que negligencia a questão do modo de presença e ausência dos dois trabalhos, o problema de sua ligação com a forma de equação e, finalmente, a explicitação da razão da necessidade desta equação ela mesma. A rigor, pode-se dizer que Rancière apenas desloca o problema do nível da circulação para o da produção, sem elucidar-lhe a razão da estrutura, também neste segundo nível, contraditória; nem o mecanismo de resolução que lhe é próprio.

As análises que se encontram no livro citado de Bettelheim continuam, e com propriedade, às de Rancière. Põem em evidência aquilo que no Modo de Produção Capitalista é responsável pela forma do valor, isto é, assinala-lhe o caráter "mercante" (a separação e autonomia dos produtores combinadas a sua interdependência *qua* consumidores) e a privatização do trabalho social daí decorrente (Bettelheim, 1970, p. 41). Entretanto, na medida em que pressupõem que o caráter social dos trabalhos privados é anterior à seqüência das trocas, acabam por enfraquecer, por esquecer o caráter problemático desta identidade - o qual, precisamente, a formulação de Rancière tinha o mérito de acentuar – e negligenciam o mecanismo (como se verá) absolutamente essencial de sua igualização.

A contribuição essencial do artigo de Giannotti está no referir o valor a uma gênese categorial real (Giannotti, 1968, p. 72-4) e de situá-la corretamente na reiteração das trocas. Sua falta é negligenciar a estrutura interna deste mecanismo de constituição e, seguramente em conseqüência, pensar o correlato desta síntese objetiva em termos substanciais. Além disso, e pela mesma razão, Giannotti inverte a ordem lógica na análise da forma do valor ao afirmar que é na passagem "da identidade à igualdade que se constitui o fundamento" (Giannotti, 1968, p. 72).

Arghiri Emmanuel, ao pôr em evidência a inseparabilidade da teoria do valor trabalho dos mecanismos que lhe dão efetividade, faz o processo da posição substancialista e abre decisivamente o caminho para uma análise correta do problema em discussão. Surpreendentemente, no entanto, é também por negligenciar as exigências da forma do valor que, num erro como que simetricamente contrário ao de Giannotti, reduz (de maneira demasiado abrupta, sem dúvida) o valor à pura categoria de relação, faltando-lhe, também, por isso, ao difícil modo de existência. De maneira aproximativa e antecipando o resultado das análises seguintes, poder-se-ia dizer que escapa a Emmanuel a consistência, a quase objetividade que o valor assume em conseqüência do caráter "reificador" da produção mercantil.

Resumindo, e de maneira bem geral, pode-se, portanto, dizer que Rancière e Bettelheim passam por cima do modo específico em que se dá e ocorre a identidade de trabalho abstrato e concreto; que Giannotti, ainda que tenha remetido esta questão ao lugar teórico no qual se torna possível respondê-la, analisa-a insuficientemente e extrai-lhe conseqüências equivocadas; que Emmanuel, finalmente, embora elucide corretamente o mecanismo essencial pelo qual a forma do valor se torna efetiva e faça, conseqüentemente, a crítica da posição substancialista, desconsidera – à sua maneira, bem entendido – a forma do valor e esquece a opacidade e o peso real e objetivo que lhe é peculiar.

Pode-se perceber, assim, que a análise correta da forma do valor – vale dizer, a compreensão da necessidade, ou antes da articulação de sua necessidade e estrutura com os mecanismos desta derivados – é um passo estrategicamente decisivo na elucidação do estatuto ontológico do valor. Pode-se ver também que é por terem, de uma maneira ou outra, faltado a essas exigências que cada um dos textos referidos – ainda que adiantando instrumentos preciosíssimos para a análise – não elucida de maneira satisfatória os problemas em discussão.

Uma conclusão provisória é, portanto, que, para avançar nesta análise e, mostrando mais em detalhe o que aportam e no que faltam os trabalhos referidos, penetrar no cerne mesmo do problema, é mister refazer a analítica da forma do valor a partir da ponderação rigorosa do mecanismo de funcionamento da lei do valor que dela se deriva.

Na exposição propedêutica do início de *O Capital*, Marx inicia a colocação do problema do valor nestes termos: para que duas coisas se meçam, é preciso que tenham entre si qualquer coisa de comum, um *secundum quid* a partir do qual possam ser relacionadas. A colocação é confessadamente aristotélica; e a resposta, seguramente aristotelizante: este comum, que Aristóteles não acreditava possível, é o trabalho humano de onde provém toda mercadoria. Giannotti insiste em que este trabalho, que para cumprir suas funções deve ser abstrato e geral, socialmente necessário, é fruto de uma gênese social real e que, portanto, a igualização de duas mercadorias é possível porque há **realmente, e como que antes delas, um trabalho abstrato real.** Nesta hipótese, que é de resto sugerida pelo próprio Marx em muitos textos, o que não se compreende ***é a necessidade da forma do valor***, isto é, não se vê por que o valor só pode expressar-se, relativamente, numa mercadoria determinada, mais precisamente no valor de uso de uma mercadoria que lhe faz as vezes de equivalente. Note-se que a dificuldade é da coisa mesma, agrura de pensar a articulação da resolução do problema lógico da equação de troca (contida na descoberta clássica da "substância" do valor) à necessidade da forma do valor, isto é, da relação polar entre forma relativa e equivalente. A dificuldade está, já se vê, em que a existência da forma do valor resulta da inexistência da produção comunitária, vale dizer, em termos positivos, do fato de que em toda produção em forma mercante os produtores ou as unidades de produção são separados e autônomos – ainda que, claro, interdependentes via o agregado de suas necessidades de consumo. O que implica dizer que o tempo de trabalho socialmente necessário à produção de cada classe de mercadorias, assim como ao conjunto destas, não pode determinar-se anteriormente aos julgamentos que se operam, com a iteração do ciclo, no circuito das trocas – não obstante, por ele (isto é, pelo valor) regulado. De onde, portanto, que, dada uma estrutura mercantil, a condição lógica da equação, a identidade dos termos a igualar ao terceiro comum que as torna comensuráveis, não existe anteriormente à equação que este deve tornar possível (Marx, 1978, p. 149). Isso não quer dizer, naturalmente, que a forma valor exclua e inutilize as conquistas da teoria clássica do valor trabalho. Quer dizer apenas que a simplicidade da colocação aristotelizante com que se abre *O Capital* tem que ser superada em vista de uma teorização menos tradicional, em que a contradição que acaba de ser apontada possa ser pensada.

Marx, conforme se sabe, como Rancière suficientemente insistiu, afirma que o valor de uso da mercadoria posta como equivalente na estrutura polar da relação de troca expõe ou representa o valor, isto é, o trabalho socialmente necessário. A análise estrutural tratou de explicitar a complexidade implicada nesta formulação, o fato de que o determinante é aí presente desde sua ausência. A colocação tem, pelo menos, o mérito indiscutível de transpor a contradição para um nível metacategorial e, em o fazendo, de pôr bem em evidência sua dificuldade. Quer dizer, mostra como, dada a estrutura mercante, o trabalho socialmente necessário é indeterminável *ex-ante* e como, no entanto, as trocas em que se efetua sua determinação são por ele reguladas. Esta é a contradição que cabe elucidar.

A dificuldade é irresolúvel enquanto não se subordinar o exame das dificuldades lógicas apontadas à consideração atenta dos problemas específicos que a teoria do valor deve resolver. Em termos elementares, pode-se dizer que o ponto de partida da teoria do valor, a dificuldade empírica de que arranca, são as múltiplas e multifárias trocas reais, esses movimentos variados e indefinidadmente recorrentes em que mercadorias de toda sorte se substituem reciprocamente sem que, à primeira vista pelo menos, se possa detectar qualquer princípio que possibilite regular-lhe as comparações que redundam nas razões de troca a cada vez de fato estabelecidas.

O procedimento teórico que visa a resolver essas dificuldades comporta, histórica e logicamente, duas etapas, de importância equivalente, mas de complexidade desigual.

A primeira dessas etapas resume-se no que Marx chama a descoberta da "substância do valor", na intuição de que aquilo que Ricardo chamava o "valor relativo" de uma mercadoria repousa – pelo menos para aquelas cuja quantidade é suscetível de ser aumentada pelo trabalho humano – na quantidade de trabalho necessária à sua produção. De onde, naturalmente, a dissolução imediata da dificuldade relativa às condições de possibilidade de comparação entre mercadorias diversas, posto que se está assim a dizer que, para além da diversidade empírica dos produtos, está este elemento comum que – supostas as possibilidades de sua simplificação e homogeneização – as torna comensuráveis. Estabelecer as condições de redução do trabalho complexo ao simples e explicitar que o atendimento à "necessidade social" – no duplo sentido de obediência às condições técnico-sociais médias de produção e de aptidão para satisfazer a demanda social efetiva – é a forma e o sentido da abstração do trabalho formam os passos seguintes desta teorização complicada.

A segunda etapa é marcada pela descoberta da "forma do valor" e dos complexos problemas nela implicados. A dificuldade fundamental está no que Rancière chamou, com felicidade, **a questão crítica**, isto é, em compreender ***por que e como a substância do valor reveste a forma do valor***. Ou dizendo de outro modo: em saber por que o tempo de trabalho socialmente necessário, que define o valor, não pode servir diretamente como padrão de medida do valor relativo das mercadorias, devendo aparecer sempre, ao contrário, determinado relativamente – numa equação absolutamente inelidível – no valor de uso de uma mercadoria qualquer, afetada à posição de equivalente.

A resolução dessa dificuldade reside na explicitação da estrutura de produção que torna a forma do valor necessária, vale dizer, na análise da estrutura mercantil e de suas implicações.[1] Solução difícil, exposta de maneira sempre demasiado elíptica no texto de Marx, e de modo também sempre mais ou menos truncado nos comentários que lhe são consagrados. O ponto de partida está, evidentemente, em mostrar a exigência da forma do valor implicada pela estrutura mercante. O essencial, nesse sentido, sendo ver que esta estrutura é uma forma de organizar o processo de reprodução social em que a divisão do trabalho se faz de modo a conceder autonomia e discrição às diferentes unidades de produção pelas quais se distribuiu a força de trabalho socialmente disponível. Compreende-se que, nesta condição, a distribuição e a repartição do produto, momentos essenciais do processo de reprodução, só possam fazer-se pela troca e que esta, nesta medida e segundo a expressão de Marx, se torne a forma de interconexão do trabalho social.[2] Compreende-se, igualmente, que, uma vez que os proces-

---

[1] Considerando que o que interessa neste artigo é estudar os problemas conceituais implicados pela teoria da forma do valor e a questão do estatuto ontológico do valor, toda a seqüência deste artigo suporá – por evidentes razões de simplificação – a existência de relações de valor puras, isto é, não capitalisticamente modificadas. O que é também dizer que se suporá a existência de uma economia composta de trabalhadores independentes, proprietários de seus meios de produção e na qual não há, evidentemente, trabalho assalariado. Conforme Emmanuel (1972, p. 57 e seg.) e Lange (1972). De qualquer modo, estamos convencidos de que a tese central deste artigo, a saber, que a noção sartreana de serialidade explicita a infra-estrutura lógica da forma do valor, não é afetada por uma demonstração da impossibilidade da conversão dos valores em preços de produção. Ver a este propósito a resposta, reformulada, de Emmanuel às *remarques* de Bettelheim na segunda edição de *A troca desigual* (Emmanuel, 1972). Nesse caso, se suas objeções efetivamente se sustentarem, tratar-se-á de transpor os termos da análise presente para o quadro do que será uma teoria da formação dos preços de produção autônomos.

[2] Ver a carta de Marx a Kugelmann, de 11 de julho de 1868 (Marx, 1969). A este propósito, Hilferding (1971, p. 122) expressa-se da seguinte maneira: "A produção social, isto é, o fundamento material da sociedade, é naturalmente determinada qualitativamente pelo modo em que é organizado o trabalho social; tal organização, causalmente emanada da necessidade econômica, é logo fixada em termos jurídico-legais. Essa 'regulação de fora' constitui a premissa lógica da economia e dá, de fato, a forma em que se estabelecem as relações recíprocas entre os membros da sociedade – membros que trabalham ou que regulam o trabalho. Nas sociedades em que existe divisão da propriedade e divisão do trabalho, essa relação se manifesta na troca e se expressa como valor de troca".

sos de trabalho são independentes, não haja uma fixação *ex-ante* do tempo de trabalho socialmente necessário à produção das diferentes classes de mercadorias. Em conseqüência, parece evidente, a descoberta clássica da dita substância do valor afigura-se, pelo menos à primeira vista, perfeitamente inútil, posto que não se vê como possa ela determinar as razões de troca. Ao contrário, o que se percebe desde logo muito bem é a determinação do valor de troca de cada mercadoria fazer-se relativamente, medir-se nos valores de uso daquelas com as quais se troca. A considerar-se mais atentamente a questão, porém, descobre-se que, uma vez aceito que cada mercadoria representa uma parte alíquota do tempo de trabalho socialmente expendido, na troca de mercadorias esconde-se a ponderação indireta da participação de cada um dos proprietários de mercadorias no processo de reprodução social. De modo que, por trás da relação entre os produtos, está a relação entre os produtores que comparando suas mercadorias respectivas estão a comparar os tempos de trabalho por cada um deles expendido (Meek, 1971, p. 163; cf. Marx, 1978, p. 140). Seria um erro, no entanto, concluir daí, e sem mais, que os equivalentes, isto é, os valores de uso das mercadorias contra as quais os produtores permutam as suas, expressem efetivamente o valor, o tempo de trabalho socialmente necessário à produção de cada uma delas. Isto implicaria o esquecimento de que os trabalhos que constituem cada processo de trabalho efetivo são trabalhos concretos, realizados em condições técnicas e em quantidades, em princípio, quaisquer.[3] Seria, portanto, esquecer ou pelo menos minimizar o caráter contraditório da produção mercantil, a saber: a ***privatização*** das atividades necessárias à reprodução ***social***. Proceder dessa maneira implica um duplo erro: no plano da análise da circulação, o erro dos partidários dos bônus de trabalho (Marx, 1968, t. 1, p. 75 e seg; p. 89 e seg.) que pretendiam utilizar o tempo de trabalho como regulador direto das trocas sem abolir a divisão do

---

[3] Marx (1978, p. 149) diz: "Mas, de fato, os trabalhos individuais que se apresentam nesses valores de uso particulares somente se tornam trabalho geral, e desta forma trabalho social, trocando-se efetivamente entre si proporcionalmente ao tempo de duração do trabalho contido neles. O tempo de trabalho social existe, por assim dizer, apenas de forma latente nestas mercadorias, e se manifesta somente em seu processo de troca. Não se toma como ponto de partida o trabalho dos indivíduos, na condição de trabalho coletivo, mas inversamente os trabalhos particulares de indivíduos privados, trabalhos estes que apenas no processo de troca se confirmam como trabalho social geral por eliminação de seu caráter original. Por isso, o trabalho social geral não é uma pressuposição acabada, mas sim um resultado vindo a ser. Surge assim uma nova dificuldade [tradução levemente alterada, pois o texto de Edgar Malagodi diz, *sic*: "E assim resultada a nova dificuldade (....)"], pois, por um lado, as mercadorias devem entrar no processo de troca como tempo de trabalho geral objetivado, ***mas por outro lado a objetivação do tempo de trabalho dos indivíduos como geral, é, ela própria, um produto do processo de troca***". (negritos e grifos meus, JCBT).

trabalho em forma mercante; implica ainda, com relação à análise da produção, um segundo erro, que é o de hipostasiar o trabalho social geral, numa variante da operação especulativa que pretende fazer dos trabalhadores individuais – vale dizer, dos processos de trabalho concretos – meros órgãos deste trabalho social geral hipostasiado.[4] Seja como for, o essencial é ver que a **identidade** de trabalho abstrato e concreto, individual e social, ***não é imediata*** e que, conseqüentemente, o valor só se expressa e representa no equivalente no quadro de um mecanismo complexo a cujas estruturas é preciso estar atento.

Esse mecanismo opera em dois tempos.[5] No primeiro deles, dada a separação dos processos de trabalho com a conseqüente impossibilidade de conhecimento *ex-ante* dos custos da produção social assim como das necessidades sociais, os produtores autônomos defrontam-se como proprietários de mercadorias que procuram, cada um e todos, por meio de trocas, obter os produtos por eles próprios não produzidos e que lhes são necessários. É claro que neste primeiro tempo as trocas se fazem em função das quantidades físicas oferecidas e das escalas de necessidades e preferências de cada produtor (considerado aqui, obviamente, *qua* consumidor). Da mesma maneira, é claro que o valor de troca de cada mercadoria só pode encontrar sua medida objetiva no *quantum* de outras mercadorias que com ela se puder obter, ou, mais precisamente, nos *quanta* – materialmente diferenciados e formalmente, em princípio, equivalentes – de todas as outras mercadorias presentes no campo social que contra ela seja possível permutar[6] (é a forma valor desdobrada ou extensiva). Supondo-se a existência de um equivalente geral real, isto é, a monetarização da economia, segue-se que o valor de cada mercadoria se expressa no *quantum* de dinheiro que com ela se pode obter. É claro que nesse primeiro tempo as proporções podem ser quaisquer, de modo que aquelas mercadorias que funcionarem como equivalentes não poderão expressar diretamente o tempo de trabalho socialmente necessário à produção daquelas com as quais estiverem equacionadas. É por isto que, se é verdade que o valor de uma dada mercado-

[4] Este segundo erro, de resto muito comum entre os intérpretes de Marx, parece ser sugerido por textos como o seguinte: "O trabalho que é medido desta maneira, isto é, pelo tempo, aparece não como o trabalho de diferentes sujeitos, mas, ao contrário, os indivíduos diversos que trabalham aparecem como meros órgãos do trabalho". (Marx, 1978, p. 137-8, e Hilferding, 1971, p. 121).

[5] Confira-se a explicação de Kurowski *apud* Brus (1970, p. 126).

[6] Marx (1968, t. 1, p. 77) diz: "Enquanto valor, a medida de sua trocabilidade é determinada por ela própria: o valor de troca exprime justamente a relação na qual ela substitui outras mercadorias; na realidade, uma mercadoria só se pode trocar em quantidades relacionadas a suas propriedades naturais e que correspondam às necessidades dos que participam da troca".

ria só se pode expressar relativamente nos valores de uso de outras mercadorias com as quais se troque, não é verdade que as quantidades empíricas dessas outras mercadorias, contra as quais eventualmente se troque, expressem-lhe **imediatamente** o valor.[7] Ou supondo a economia monetarizada e citando Marx: (1998, p. 128-9)

> *"Mas, se o preço, ao revelar o valor da mercadoria, revela a relação de troca da mercadoria com o dinheiro, não decorre daí necessariamente a recíproca de que o prelo, ao revelar a relação de troca da mercadoria com o dinheiro, revele a magnitude do valor da mercadoria".*[8]

A questão que se põe, portanto, é saber **quando e sob que condições a forma equivalente expressa efetivamente o** ***quantum*** **de valor de uma mercadoria dada, tornando determinada a função que lhe pertence por princípio**. Isso ocorre, precisamente, no segundo tempo do mecanismo de funcionamento que vem sendo analisado. Primeiramente, como se acaba de ver, os produtores atomizados desconhecem custos e necessidades sociais, de modo que a homogeneização das condições técnico-sociais de produção assim como a complementaridade dos diferentes trabalhos sociais tornam-se um fato exterior e contingente.[9] Num segundo momento, entretanto, os desequilíbrios originados por essas condições são corrigidos pelo que se pode chamar concorrência dos produtores. Isto é, no fechamento do primeiro tempo, cada produtor pode ver, em função do *quantum* de outras mercadorias ou dinheiro que conseguiu obter contra sua produção, quer dizer, em função de sua taxa de remuneração, qual foi o julgamento social sobre sua participação no processo produtivo. A partir daí poderá, então, decidir da conveniência de aumentar sua produção, de incrementar e melhorar suas condições técnicas de trabalho, ou de, no limite, retirar-se de sua atual linha

---

[7] Marx (1978, p. 143-4) diz, por exemplo: "É claro que o valor de troca de uma mercadoria, do linho, por exemplo, não se esgota na proporção em que outra mercadoria particular, café, por exemplo, constitua seu equivalente".

[8] Marx (1968) expressa o mesmo dizendo que a diferença entre valor e preço é real e não nominal. "O preço não se distingue, portanto, do valor como o valor real se distingue do valor nominal" (p. 72) [pois] "...a diferença nominal entre o preço e o valor provém de sua diferença real" (p. 75).

[9] Marx (1998, p. 134-5) diz: "Os componentes dispersos do organismo social de produção, configurados na divisão social do trabalho, têm suas funções e proporcionalidade determinadas de maneira espontânea e aleatória. Por isso, descobrem nossos donos de mercadorias que a mesma divisão do trabalho, ao fazer deles produtores privados, torna independentes deles o processo social de produção e as próprias relações que mantêm dentro do processo, e, ainda, que a independência recíproca das pessoas se integra num sistema de dependência material de todas as partes".

de produção, transferindo-se para outro setor de atividade em que a taxa de remuneração seja maior (Kurowski *apud* Brus, 1970). Para dizer e explicar o mesmo de maneira mais rigorosa, pode-se atentar para a fórmula da circulação simples de mercadorias. Como se sabe, nesta fórmula, o processo de produção (P) não está incluído. Isto não quer dizer, no entanto, que não haja relação alguma entre produção e circulação numa economia mercantil simples. Significa, apenas, que se considera P materialmente independente do processo de circulação. Ou, sendo mais explícito: mesmo supondo que o processo produtivo não depende do circuito de trocas e que este se limita a fazer circular bens de consumo não-produtivo, fica ainda uma dependência formal de P em relação ao processo de circulação. E isto na medida em que, a cada rotação do processo de reprodução, cada agente, cada unidade de produção mede ou antes vê medido seu momento produção pelo momento circulação, de modo que, com a iteração do ciclo, o momento produção do ciclo posterior é determinado em função do momento circulação do ciclo anterior. De onde que seja precisamente nesta regulação iterada do processo de reprodução pelas trocas que o tempo de trabalho socialmente necessário à produção das diferentes classes de mercadorias vai sendo continuamente constituído e determinado. E isto em dois sentidos, naturalmente. Primeiro, com o processo contínuo de adequação de cada produtor às condições técnico-sociais de produção da classe de mercadorias com as quais trabalha. Segundo, com o ajustamento igualmente contínuo da estrutura da oferta à estrutura da demanda solvente.[10] Observe-se que, nestas condições, são sempre concebíveis novos desequilíbrios, de modo que o ponto exato no qual se alcança, para cada classe de mercadorias, a uniformidade social das condições técnicas de produção, assim como a alocação exata dos *quanta* de trabalho social disponível, é um limite perpetuamente perseguido e negado. E tanto mais assim, naturalmente, quanto mais são evidentes a abertura constitutiva do mercado e as alterações constantes na produtividade do trabalho.[11] Por isto Marx (1963, p. 38) diz:

---

[10] Marx (1980, v. 1. p. 213; cf. v. 2, p. 955-6) diz: "Todo o tempo de trabalho empregado em determinado ramo de produção pode estar abaixo ou acima da proporção correta para com a totalidade do trabalho social disponível, embora cada parte alíquota do produto só contenha o tempo necessário para sua produção ou cada parte alíquota do tempo de trabalho empregado seja a necessária para gerar [a] correspondente parte alíquota do produto total. A essa luz, o tempo de trabalho necessário adquire outro sentido. A questão é saber em que quantidades o próprio tempo de trabalho se reparte pelos diferentes ramos de produção".

[11] Discutindo a questão dos "*bons horaires*", Marx (1968, v.1, p. 73) diz a este respeito: "Essa depreciação constante das mercadorias relativamente aos bônus de horas em períodos longos decorre da lei da produtividade crescente do tempo de trabalho e de que o valor relativo, ligado ao próprio princípio de tais bônus, a saber, o tempo de trabalho, é questionado perpetuamente".

> "(...) *se aceita que o valor dos produtos é determinado pelo tempo de trabalho, deve-se aceitar igualmente o movimento oscilatório que, unicamente, faz do trabalho a medida do valor".*

Quer dizer: é somente em função deste movimento que se opera a socialização e abstração do trabalho (ter chamado insistentemente a atenção para isto é um dos méritos de Emmanuel) e a gênese real do valor de que fala Giannotti. E nisto está a resposta à questão colocada anteriormente sobre as condições e circunstâncias em que o equivalente expressa o valor: **ele só o faz nos pontos médios e, por assim dizer, sempre no limite deste movimento constante.**

Voltando agora à discussão inicial sobre os problemas lógicos implicados na teoria do valor, o primeiro a dizer é que, como quer Giannotti (1968, p. 72), há uma gênese categorial real, um processo de constituição efetiva do valor enquanto abstração real. Mas deve-se dizer também, e contra sua pretensão, que a igualdade precede a identidade, posto que, como acaba de ser visto, *os quanta* de trabalho socialmente necessário que definem, para cada classe de mercadorias, o valor só existem como resultantes das igualizações iteradas no curso das trocas reais. Ou, como diz exemplarmente o próprio Marx:

> *"Na atividade produtiva, o trabalho do indivíduo lhe serve de dinheiro para comprar diretamente o produto, o objeto de sua atividade particular, mas é um dinheiro particular que compra unicamente este produto determinado. Para que ele fosse diretamente dinheiro geral, seria necessário que ele fosse trabalho geral e não particular ou, dizendo de outra maneira, ele deveria ser desde o início um elemento da produção geral. Mas então não seria mais a troca que* ***lhe daria um caráter geral****; seria seu caráter comunitário que determinaria diretamente sua participação na produção. Desde o início seria o caráter comunitário da produção que tomaria o produto geral e coletivo.* ***Mas sobre a base dos valores de troca, a troca deve inicialmente tornar o trabalho geral****".* (Marx, 1968, t. 1, p. 109)[12] (Negritos e grifos JCBT.)

---

[12] Veja-se também o seguinte texto de Smith (1983, cap. 5, p. 64): "Entretanto, embora o trabalho seja a medida real do valor de troca de todas as mercadorias, não é essa a medida pela qual geralmente se avalia o valor das mercadorias. Muitas vezes é difícil determinar com certeza a proporção entre duas diferentes quantidades de trabalho. (....) Efetivamente, ao permutar entre si produtos diferentes de tipos diferentes de trabalho, costuma-se considerar uma certa margem para os dois fatores. Essa, porém, é ajustada não por medição exata, mas pela pechincha ou regateio do mercado, de acordo com aquele tipo de igualdade aproximativa, que, embora não exata, é suficiente para a vida diária normal".

Note-se que neste ponto se marca a diferença essencial entre os modos de produção mercantes e os comunitários, lugar estratégico em que se decide a necessidade de uma contabilidade social indireta, apoiada no cálculo monetário para os primeiros e a possibilidade de um autêntico cálculo econômico para os segundos.[13] Desconhecer esta diferença essencial foi o erro dos proudhonianos, dos adeptos dos bônus de trabalho e de todos aqueles que, substantivando o valor – depois de terem hipostasiado o trabalho social geral –, negligenciaram as exigências da forma do valor. Num certo sentido, pode-se dizer que a tese de Giannotti marca como que a expressão filosófica deste erro, pois, preocupado em estabelecer a realidade substancial do universal valor, desatende aos requisitos da forma do valor e deixa escapar o mecanismo efetivo de constituição do tempo de trabalho socialmente necessário.

Isto não quer dizer, evidentemente, que as análises, as demais análises alternativas, sejam por sua vez perfeitas. O mérito dos althusserianos (de Rancière e Bettelheim) é terem sido sensíveis à problematicidade da forma do valor, terem reconhecido que o valor, embora regule as trocas, não está em nenhum lugar (Bettelheim, 1970, p. 39). Sua falta está em não terem tematizado as modalidades desta ausência e presença. Bettelheim explica a contradição da equação de troca pelo caráter contraditório do trabalho responsável pela produção de mercadorias. Em seguida, explica a natureza contraditória deste trabalho explicitando a natureza íntima das relações mercantis (Bettelheim, 1970, esp. p. 40-1). Quando diz, no entanto, que no quadro destas últimas o trabalho deve ser simultaneamente privado e social[14], deixa uma ambigüidade terrível na análise, pois se interpreta o "deve" como implicando uma necessidade moral, o menos que se deve dizer é que não de deve tomá-la ao pé da letra; se, ao contrário, o compreende como implicando uma necessidade real, a conseqüência é que se deve pura e simplesmente rejeitá-lo. De resto, o texto de Bettelheim parece confundir o real com o imaginário, posto que o fato que o produtor pense seu produto como um valor de troca e assim pondere, especulativamente, sua sociabilidade possível, de modo nenhum garante, absolutamente em nada garante, a possibilidade de sua socialização real. Ao mercado interessa pouco a subjetividade dos agentes.

---

[13] Marx (1998, cap. 1, 4, p. 103) diz: "Sendo o valor-de-troca uma determinada maneira social de exprimir o trabalho empregado numa coisa, não pode conter mais elementos materiais da natureza do que uma cotação de câmbio". Ver ainda para essa distinção o livro citado de Bettelheim (1970).

[14] "Para os proprietários participantes da troca, seus produtos são não-valores-de-uso, são valores de troca, de modo que o **trabalho concreto** que forneceu esses valores de uso deve ser, ao **mesmo tempo**, trabalho abstrato, trabalho que produz mercadorias." (Bettelheim, 1970, p. 42)

Rancière, que é quem vai mais longe na tentativa de elucidar a dificuldade da forma do valor, chega a dizer que a causa da equação é a identidade de trabalho abstrato e concreto enquanto causa ausente.[15] Também aqui a expressão é extraordinariamente obscura. Em vez de dizer que a condição de possibilidade da equação é a identidade de trabalho abstrato e concreto **enquanto ela é também uma não-identidade**, Rancière, confundindo os níveis de análise, transfere a contradição material do elemento que funciona como causa para estrutura formal da relação de causalidade ela mesma. A confusão perde em importância quando se vê que a ausência formal da causa só pode ser, materialmente, a ausência da identidade. Quer dizer: se a causa é a identidade dos dois trabalhos e se é causa enquanto ausente, podem-se cruzar os dois níveis de determinação e dizer que a identidade dos dois trabalhos é causa enquanto é também não-identidade. Mas a formulação não poderia ser mais abstrusa. Seja como for, ou bem se cruzam os níveis e neste caso pode-se descobrir um sentido para a formulação ou bem se mantém a pureza lógica, vale dizer, sustenta-se que a causa é ausente em sua formalidade, e, neste caso, a fórmula de Rancière não tem sentido algum.[16] Em segundo lugar, deve-se ver que esta colocação, na medida em

---

[15] "Aqui, na equação, ou, o que vem a dar no mesmo, na contradição x mercadorias A = a y mercadorias B, a causa não está na equação. (....) Esta causa ausente não é o trabalho como sujeito, é a identidade do trabalho abstrato e do trabalho concreto na medida em que sua generalização exprime a estrutura de um certo modo de produção: o modo de produção capitalista." (Rancière, 1967, p. 132)

[16] De resto, ainda que implicitamente e em meio a inconseqüências, Rancière o reconhece. É assim que em sua crítica de Althusser (e autocrítica, bem entendido), ao dizer que "(...) a estrutura não se esconde porque, à maneira da natureza heracliteana, goste de esconder-se, mas sim porque assim dissimula seu caráter contraditório" (Rancière, 1970, p. 326) e ao ajuntar que esta contradição é uma contradição de classe, ele faz da indevida redução, das contradições do capitalismo às contradições de classe, a alavanca da muito necessária e pertinente crítica ao caráter místico do estruturalismo althusseriano. Melhor do que recusar, sem mais, a tese de uma opacidade estrutural geral teria sido, no entanto, mostrar como na forma mistificadora da tese althusseriana de um nível geral de opacidade ideológica escondia-se um primeiro nível de contradições também próprio do modo de produção capitalista: o das contradições mercantes em sentido estrito. É por não ter compreendido que, no capitalismo, às estruturas que lhe são específicas superpõem-se as mercantis que Rancière, negando a existência de dois níveis de opacidade ideológica e assim faltando à relação estrutural que torna a forma do valor necessária (a separação e autonomia das unidades de produção), fecha o caminho para uma reinterpretação mais positiva de seus próprios textos sobre a causalidade estrutural. Além disso, de maneira conseqüente com o erro anterior, Rancière recusa a elucidação do fetichismo desde a forma do valor. Numa nota em que remete a seu texto de *Lire le Capital*, Rancière (1970) diz: "Com efeito, não basta dizer do fetichismo que ele constitui a manifestação/dissimulação das relações de produção; o que dissimula de maneira específica é o caráter antagônico das relações de produção". É verdade que a palavra específica relativiza um pouco a afirmação. Seja como for, no entanto, não há dúvida de que neste particular Bettelheim é muito mais

que encobre uma recusa de pensar o sentido e o modo de identidade dos dois trabalhos, pouco mais faz do que deslocar a discussão do nível da circulação para o da produção, sem aperceber-se de que é precisamente na articulação destes dois níveis que pode decidir-se a elucidação real do problema.

Na verdade, é somente quando se compreende a natureza e a modalidade desta identidade de trabalho abstrato e concreto que se compreende a natureza da forma do valor; recíproca e inversamente é tão-só quando se compreende efetivamente a estrutura e a função da forma do valor que se pode compreender o sentido e o modo da identidade entre trabalho abstrato e concreto. O que, falando materialmente, implica dizer que, dada a separação e autonomia dos processos de trabalho, só há, imediatamente, trabalhos concretos, de modo que o trabalho social geral só pode resultar das trocas entre mercadorias que, segundo o mecanismo já exposto, generalizam o trabalho. Isto quer dizer que a forma do valor existindo, porque não há identidade entre trabalho abstrato e concreto, é precisamente o instrumento de realização desta identidade ausente. Não se presuma, entretanto, que esta realização da até então inexistente identidade suprime-lhe, de uma vez por todas, a ausência. Ao contrário, a forma valor **vive** da reposição contínua desta não-identidade e só tem sentido enquanto instrumento continuamente, vale dizer, infinitamente, operante de sua destruição.

É evidente que esta estrutura complexa pode e deve ser resumida numa metaconceptualização não-tradicional – sobretudo não-aristotélica como a seguida nos textos do primeiro capítulo de O Capital – que pode ser tanto o conceito derridiano de "différance" (certamente com mais propriedade) quanto o jogo hegeliano da negação, ou seja, da identidade e da não-identidade. Na primeira hipótese, ter-se-ia que dizer que, no funcionamento da forma do valor, o valor é permanentemente **diferido pelo** mecanismo que o religa àquela, vale dizer pela "*différance*" inelidível que dá existência e sentido a ambos. Na metalinguagem hegeliana, pode-se simplesmente dizer, como o faz Marx, que:

> *"O valor de mercado é sempre diferente deste valor médio das mercadorias: ele está sempre ora acima, ora abaixo.* ***O valor de mercado revém ao valor real através de suas perpétuas oscilações e não através de uma equivalência a um terceiro: ele é constante-***

(cont. nota 16) conseqüente. Ao fazer da dupla separação – (i) das unidades de produção entre si e (ii) dos trabalhadores imediatos dos meios de produção (Bettelheim, 1970, p. 71) – a figura central do modo de produção capitalista e ao atribuir à primeira feitos ideológicos específicos, Bettelheim penetra muito profundamente no cerne do que são efetivamente as relações de produção no MPC. E conseqüentemente, claro, habilita-se para compreender-lhe mais adequadamente os efeitos ideológicos (Bettelheim, 1970, p. 80-1).

***mente inigual a si próprio** (não é uma identidade abstrata como diz Hegel, mas uma **perpétua negação** da negação, quer dizer que ela nega-se a si própria negando o valor real)". (*Marx, 1968, t. 1, p. 71) (Negritos e grifos meus, JCBT).

Poder-se-ia pensar ainda na esquizofrenia do capitalismo tal como a entende Deleuze[17] e dizer que a estrutura valor é esquizofrênica na medida em que a identidade de trabalho abstrato e concreto por ela suposta, e para cuja realização ela vive, só existe e é eficaz ao ser constantemente rejeitada, deslocada e, "(...) *na medida em que este funcionamento comporta sempre uma duração, diferida*". (Wahl, 1970, p. 148)

Mais importante do que se alongar nesta tentativa de metaconceptualização, do que tentar esta via sintética – na qual se trata, em última análise, de economizar a paciência de uma análise difícil – é, no entanto, voltar à análise da forma do valor, de modo a penetrar-lhe na infra-estrutura lógica. Antes disso, no entanto, duas palavras sobre a posição de Emmanuel. A contribuição essencial de suas análises segundo o interesse da discussão presente é clara: resume-se em terem explicitado e sublinhado, com precisão e concisão admiráveis, a dependência da teoria do valor em relação aos mecanismos que dão efetividade à lei do valor.

Dizendo de outra maneira: ao sublinhar os pressupostos conceituais e institucionais da lei do valor – a saber: (i) divisão do trabalho em forma atômica; (ii) a vinculação da partilha do produto social à participação de cada agente no processo de reprodução social em função do direito à remuneração que, suposto o direito de propriedade dos produtores sobre o resultado do seu trabalho, cada proprietário pode obter pela alienação de seu produto; (iii) a troca como forma de interdependência dos trabalhos sociais discretos; (iv) a possibilidade de transferência dos produtores de um ramo de produção a outro – e, notadamente, marcando a dependência de seu termo-chave, o tempo de trabalho socialmente necessário, em relação aos itens (ii) e (iii), Emmanuel demonstra a insustentabilidade da posição substancialista e a inseparabilidade da teoria do valor de uma teoria do equilíbrio/desequilíbrio dos preços. Ao fazê-lo, Emmanuel torna evidente a necessidade de pensar esta problemática toda no quadro de uma teorização menos tradicional.[18]

---

[17] Em textos como o seguinte, por exemplo: "A esquizofrenia não é, portanto, a identidade do capitalismo, mas sua diferença, seu afastamento, sua morte". (Delleuze, 1972, p. 292)

[18] Esta vantagem dos textos de Emmanuel torna-se muito evidente quando se os compara com outros situados aparentemente no mesmo nível e tratando, *grosso modo*, do mesmo assunto. Assim se compararmos, por exemplo, a análise de Godelier sobre "o papel da oferta e da procura na teoria marxista do valor e dos preços" com os textos correlatos de Emmanuel, fica muito clara a indecisão teórica da primeira. De uma

Deste ponto de vista, aliás, as observações anteriores apenas procuraram extrair de suas análises as conseqüências teóricas aí virtualmente contidas. Na medida, porém, em que Emmanuel, extrapolando de sua análise do mecanismo de funcionamento da lei do valor, define-lhe o estatuto ontológico em termos puramente relacionais e reduz o termo-chave – valor – a uma simples tensão entre direitos, deve-se dizer que ocorre uma negligência em relação à forma do valor e um conseqüente desvio na determinação do estatuto deste termo. Para precisar este ponto, é necessário, como se verá, retornar à análise do mecanismo de funcionamento da lei do valor para ver que tipo de estrutura lógica está, em última análise, nele implicada.

Os desenvolvimentos precedentes mostraram como o funcionamento da lei do valor é indissociável do movimento de concorrência entre os produtores ou, se se quiser e para ver as coisas de modo mais objetivo, da "perequação" das remunerações. Em o fazendo, mostraram também que a articulação que sustenta a lei implica uma relação circular na qual o termo universal que funciona como regulador das equações de troca só se constitui enquanto resultante da iteração do ciclo produtivo do qual fazem parte as tantas trocas reais – correspondentes às tantas rotações do processo de reprodução – que, ainda que operadoras de sua determinação, são por ele reguladas. Isto se deve, como se disse abundantemente, ao fato de que, no quadro da produção mercantil, a abstração do trabalho só pode realizar-se *ex-post.*

O que falta ainda mostrar é como esta estrutura e este mecanismo põem em jogo e definem o estatuto ontológico do valor, conferindo-lhe uma forma de objetividade especial (que é, de resto, própria de todos os objetos sociais) que cumpre precisamente elucidar. Neste sentido, o primeiro ponto a firmar é que tais objetos, e igualmente o valor, não podem ser compreendidos fora da rede de relações que – conquanto de outro ponto de vista deles dependentes – os constituem e sustentam. Não há nisto, bem entendido, qualquer novidade, posto que a teoria marxista do fetichismo tem por obje-

---

(cont. nota 18) parte, com efeito, Godelier (s.d., p. 81), distinguindo o processo de formação dos preços do processo de formação do valor e, de outra, afirmando – sem elucidar-lhe a natureza e limitando-se a nomeá-la (realização) – a ligação subsistente entre preço e valor, fica sempre, num momento como no outro, aquém de uma análise rigorosa do estatuto do valor e das implicações teóricas compreendidas no "tempo de trabalho socialmente necessário", expressão que o define. A superioridade da colocação de Emmanuel está em ter compreendido que, uma vez dada a produção mercante e, em conseqüência, a indeterminabilidade *ex-ante* do valor, a formação dos preços, isto é, a dinâmica da realização do valor, coincide necessariamente, no período longo, **com o processo de formação do valor,** isto é, de determinação do tempo de trabalho socialmente necessário à produção de cada classe de mercadorias presente no campo social.

to, justamente, mostrar como em circunstâncias determinadas reificam-se relações sociais e socializam-se termos materiais. O que a teoria marxista tradicional não fez, no entanto, foi penetrar na infra-estrutura lógica do processo de fetichização, deixando assim pela metade a análise do estatuto dos objetos sociais. É exatamente a continuação desta análise que se pode derivar da teoria sartreana do prático-inerte e, notadamente, da noção sartreana de serialidade. Para perceber, no entanto, como, a partir de tais elementos, se aprofunda e se radicaliza a análise marxista, é preciso voltar ainda ao exame da forma do valor e ver como a estruturação deste complexo teórico, articulando-se pelo entrecruzamento de duas séries, remete **diretamente** às análises sartreanas.

Isto se torna muito claro quando se atenta para a estrutura formal do processo de socialização real no qual se dá a determinação do tempo de trabalho socialmente necessário. Este processo, já se viu, implica o atendimento a uma dupla ordem de necessidades sociais: de uma parte, e a propósito da produção de uma dada classe de mercadorias, o atendimento à necessidade de homogeneização das condições técnico-sociais da produção; de outra, a propósito da produção social no seu conjunto, o atendimento à necessidade de estruturá-la de modo a satisfazer a demanda efetiva. O mecanismo pelo qual se processa a busca contínua de satisfação desta dupla necessidade é, a considerar-se sua forma mais imediata, a variação dos preços no mercado. Esta variação de preços é, portanto, o ponto onde se entrecruzam e superpõem os dois eixos de determinação do tempo de trabalho socialmente necessário. Num primeiro nível e em prazo mais curto, os preços variam em busca de seu ponto de equilíbrio específico, isto é, em busca da homogeneização das condições técnico-sociais de produção e em função do ponto de equilíbrio na remuneração dos produtores de cada classe dada de mercadorias. Num segundo nível, e a mais longo prazo, os preços variam em busca de uma alocação correta do tempo de trabalho socialmente disponível e em função do ponto de equilíbrio da remuneração intersetorial. No primeiro nível, varia o valor individual das mercadorias; no segundo, o valor social de cada classe delas. Estas duas ordens de variação realmente se superpõem, e sua diferença não é imediatamente visível. Seja como for, do ponto de vista lógico, pode-se dizer que o preço de uma dada mercadoria expressa sua relação com as demais de sua classe e também, pelo menos mediatamente, com as das demais classes co-presentes no campo econômico. Marx (1978, p. 165) diz com efeito:

> *"Porque todas as mercadorias medem seu valor de troca pelo ouro (....) o ouro se torna medida do valor. (....) Deve-se distinguir nesta expressão: um momento qualitativo e outro quantitativo (....). De um lado, aparece o caráter* ***geral*** *do tempo de trabalho contido*

*nelas; de outro, sua quantidade expressa em seu equivalente em ouro. **O valor de troca das mercadorias assim expresso como equivalência geral*** (negrito e grifo, JCBT) *ao mesmo tempo* ***como grau desta equivalência*** (negrito e grifo, JCBT) *em relação a uma mercadoria específica, ou expresso ainda numa só equação ligando as mercadorias a uma mercadoria específica, é o* ***preço****".*

Aparentemente não está presente série nenhuma nesta dupla articulação da forma preço. Talvez se pudesse mesmo dizer que a análise marxista se desdobra para suprimir o conceito de série que, por um momento, aí aflora. É assim que, se o segundo ponto da análise da forma do valor (o primeiro consiste em mostrar que o valor de uma mercadoria determinada só pode determinar-se, relativamente, no valor de uso de uma outra mercadoria que lhe seja posta como equivalente) implica demonstrar que o valor de troca de uma mercadoria qualquer só pode expressar-se na série de equivalentes e equivalências com que, unicamente, pode-se tornar efetiva sua socialização, o terceiro se resume, finalmente, em dissolver as dificuldades próprias à forma desdobrada do valor. Com efeito, Marx (1998, p. 86) assinala dois defeitos na forma extensiva ou desdobrada do valor, a saber: (i) a expressão relativa do valor é inacabada e infinita porque a série dos equivalentes é aberta; (ii) a generalização da fórmula implica a infinitização das séries que serão tantas quantas as mercadorias presentes no campo social.

Pois bem, a introdução do conceito de equivalente geral destina-se precisamente a superar essas dificuldades, pois ao erigir-se uma mercadoria determinada em equivalente geral, isto é, fazendo com que todas as mercadorias expressem seu valor relativo num mesmo equivalente, cada uma, ao medir-se com o equivalente geral, se mede com todas as demais.[19]

Um exame mais atento dos textos e da coisa mesma permite ver, no entanto, que a passagem à forma geral do valor, na verdade, não elimina, mas apenas refrata os defeitos atribuídos à forma do valor desdobrada. Isto porque, sendo a forma do valor do dinheiro a forma extensiva,[20] segue-se que sua medida padece da indeterminação inerente a esta última e que, nesta medida, esta se transfere para a determinação do valor de cada mercadoria no dinheiro, isto é, para seu preço. Poder-se-ia pensar, claro, que a natureza polar da equação de troca elidiria a dificuldade, porquanto o impor-

---

[19] "(...) a grandeza do valor da mercadoria se apresenta exaustivamente, pois, na mesma proporção em que as mercadorias são igualadas ao ouro, são também igualadas entre si". (Marx, 1978, p. 164-5.)

[20] "Desse modo, a forma extensiva do valor relativo, a forma B, revela-se a forma específica do valor relativo da mercadoria que serve de equivalente geral." (Marx, 1998, p. 91.)

tante na mercadoria funcionando como equivalente é seu valor de uso e não seu valor de troca. É evidente que nessas condições a indeterminação do valor de troca da mercadoria dinheiro seria completamente irrelevante na determinação do valor de troca das demais mercadorias. Marx diz mesmo explicitamente que:

> *"Na medida em que o preço aparece como matéria na qual se exprime e se mede o preço de todas as mercadorias, o dinheiro é ele próprio uma quantidade determinada de ouro, de prata, em resumo, de sua substância natural; ele é então uma simples quantidade de uma matéria determinada que não é nem valor de troca nem relação. Assim, portanto, a mercadoria servindo de preço a uma outra* ***não é posta como valor de troca, mas como simples quantidade dela mesmo****"*. (Marx, 1968, t. 1, p. 147 e 149.)

Não obstante, se for efetivamente assim, a igualização ao dinheiro não terá a generalidade que lhe constitui precisamente a especificidade de equivalente. Isto porque

> "(...) *é somente como resultado dessa transformação de todas as outras mercadorias em linho que este passa a ser imediatamente* ***objetivação do tempo de trabalho geral****, quer dizer produto da alienação multilateral, suspensão dos trabalhos individuais"*. (Marx, 1978, p. 150.)

De onde, bem entendido, que o valor de uso específico do dinheiro não seja o valor de uso da mercadoria funcionando como dinheiro e sim sua faculdade de ser "portador do valor de troca, meio de troca universal".[21] Dizendo de outra maneira: o valor de uso específico do dinheiro, aquilo que o faz mercadoria geral, é sua trocabilidade ou liquidez. Ora, na medida em que

---

[21] "Se as mercadorias duplicam desta maneira sua existência, a fim de aparecerem reciprocamente como valores de troca, a mercadoria excluída como equivalente geral duplica também seu valor de uso. Além de seu valor de uso particular, ela adquire um valor de uso geral. Este seu valor de uso é, ele próprio, determinidade formal, isto é, provém do papel específico que esta mercadoria desempenha no processo de troca através da ação multilateral das outras mercadorias sobre ela. O valor de uso de qualquer mercadoria como objeto de uma necessidade particular tem um valor diferente em mãos diferentes; seu valor difere conforme se encontre nas mãos de quem a aliena ou de quem se apropria dela. A mercadoria excluída como equivalente geral é agora objeto de uma necessidade geral que nasce do próprio processo de troca, e tem para qualquer um o mesmo valor de uso que é ser portador de valor de troca, ou seja, meio de troca geral. Assim, nesta única mercadoria, se resolve a contradição que reside nas mercadorias como tais, e que consiste em ser, ao mesmo tempo, valor de uso particular e equivalente geral, e, por isso, valor de uso para qualquer um, valor de uso geral." (Marx, 1978, p. 151.)

esta liquidez depende "da ação das demais mercadorias sobre o dinheiro", segue-se que o cumprimento da função que especificamente lhe compete – assegurar a alienação universal das mercadorias e, indiretamente, assim, a socialização dos trabalhos privados – coincide com o processo de constituição de sua generalidade, o qual, por sua vez, e circularmente, é o pressuposto do cumprimento desta função.

Esta estrutura circular apenas confirma a impossibilidade de uma socialização do trabalho *ex-ante* – no interior de uma estrutura mercantil, bem entendido – e evidencia os limites do fetichismo como forma de resolver as contradições que são àquela inerentes. Quer dizer, o dinheiro que aparece para resolver a contradição entre trabalho concreto e abstrato[22] e, representando o trabalho social geral, avalizar (promissoriamente) o processo efetivo de socialização dos trabalhos privados, cumpre esta função precariamente – na medida exata em que a socialização não pode preceder-se a si própria senão relativamente. Sendo assim, é claro que a realização do valor, o "salto perigoso" em que se mede a participação de seu produtor no processo de reprodução social, mesmo se efetuado, não lhe garante, por si só, a definição exata de sua participação. Isto porque o valor real da quantia de dinheiro obtida com a venda depende dos demais momentos do processo de circulação, "da ação das demais mercadorias sobre o **dinheiro**", **de modo que "seu poder de compra real** é o resultado de uma recorrência infinita". (Sartre, 1960, p. 337.)

Isto se torna evidente em período de inflação galopante, onde a desvalorização intensa da moeda, refletindo a desconfiança recíproca universal, a potencialização do processo de atomização, evidencia a deterioração

---

[22] "O tempo de trabalho determinado se materializa em uma mercadoria particular e determinada, tendo tais e quais propriedades e tais e quais relações particulares às necessidades; mas, enquanto valor de troca, ele deve ser materializado em uma mercadoria indiferente a suas propriedades naturais e que lhe exprima somente sua quotidade ou quantidade. Dito de outro modo, tal mercadoria deve ser suscetível de se metamorfosear ou de trocar-se com qualquer outra mercadoria que contenha um tempo de trabalho equivalente. É o objeto ele próprio que deve ter esse caráter geral em oposição a sua particularidade natural. Só se pode resolver essa contradição dando-lhe a forma de um objeto, isto é, pondo a mercadoria simultaneamente em sua forma natural e imediata e em sua forma mediata de dinheiro; dito de outro modo: fazendo de uma mercadoria particular a substância geral do valor de troca, ou identificando o valor de troca das mercadorias a uma substância particular, mercadoria particular, diferente de todas as outras. Em outras palavras, é preciso começar por trocar a mercadoria contra essa mercadoria geral, produto simbólico universal ou objetivação do tempo de trabalho, para em seguida trocar à vontade esta última, como valor de troca, contra todas as outras mercadorias, para nelas a metamorfosear. O dinheiro é o tempo de trabalho sob a forma de objeto universal ou objetivação do tempo de trabalho geral; é o tempo de trabalho sob a forma de mercadoria universal." (Marx, 1968, t. I, p. 106.)

dos laços de sociabilidade e, pelo mesmo movimento, a natureza essencialmente social do dinheiro. Seja como for, do ponto de vista da análise presente, o que importa acentuar é: (i) que no dinheiro se abole a separação radical entre valor de uso e valor de troca, posto que seu valor de uso específico – o ser meio, instrumento universal de troca – é função de seu valor de troca, isto é, do índice geral de preços que é a forma contraída de seu equivalente (e isto porque é óbvio que se deteriorando o valor de troca da moeda se deteriora automaticamente seu valor de uso específico, o ser meio, instrumento universal de troca); e (ii) que, nestas condições, a separação radical entre o valor de uso e o valor de troca do dinheiro não resiste a uma análise sistemática, de modo que, como se disse antes, a indeterminação do valor de troca do dinheiro (efeito de sua forma de equivalência) se reflete em seu valor de uso e, a partir deste, se espalha por todas as definições de valor. De resto, considerando que cada mercadoria, ao comparar-se com o equivalente, está a comparar-se com todas as outras, que sua definição exaustiva depende, portanto, da "totalidade" desta comparação indireta e, de outra parte, considerando ainda que o universo das mercadorias " (...) nunca se fecha definitivamente, mas, ao contrário, expande-se constantemente" (Marx, 1978, p. 144), percebe-se logo que não poderia mesmo ser de outro modo.

Voltando à questão da serialidade, o que se deve então acrescentar é que, se a determinação do valor de troca das mercadorias – na medida em que se considera a estrutura formal de sua dimensão qualitativa – não escapa à formalização em termos seriais, isto se deve a que os trabalhos que distributivamente os definem e os indivíduos ou unidades de produção que os perfazem se relacionam, eles, serialmente. O que, de maneira muito geral, significa que, na ausência de uma divisão comunitária do trabalho, a participação de cada produtor no processo de reprodução social, vale dizer, a socialização do trabalho e a fixação do tempo de trabalho socialmente necessário, definidor do valor de cada classe de mercadorias, só pode fazer-se mediante a comparação[23] multicentrada, recorrente e infinita do trabalho de cada um com o dos demais, operada indiretamente na comparação das mercadorias.

Antes de precisar, no entanto, o significado e as implicações teóricas precisas desta organização serial que se anuncia já no esquema formal da dimensão qualitativa da forma do valor, convém examinar também o que Marx chama sua dimensão quantitativa. Ao fazê-lo, ver-se-á que também aqui a infra-estrutura categorial da análise está armada em termos seriais de modo que – dada a interdependência essencial das duas dimensões que,

[23] "É a comparação em vez da comunidade ou universalidade verdadeiras." (Marx, 1968, t. 1, p. 98.)

por necessidade de análise, se está a distinguir – será possível mostrar como o mecanismo geral de funcionamento da lei do valor é sustentado serialmente. Além disso, ver-se-á também como o problema do estatuto ontológico do valor se resolve com a explicitação adequada disto que, segundo Sartre, pode-se chamar "uma lógica de alteridade".

Chamamos dimensão quantitativa da forma do valor – seguindo a distinção feita no texto de Marx (1978, p. 164) – o grau de equivalência de uma mercadoria determinada com seu equivalente. Supondo-se a monetização da economia, este grau chama-se, como se sabe, preço. À primeira vista, não há nestas definições nenhum vestígio de serialidade, a pretensão a descobri-la parecendo, portanto, pelo menos estranha. Na medida, porém, em que se recorda e se precisa que esta distinção nominal entre valor e preço provém de sua diferença real, a situação muda consideravelmente de figura. Esta diferença real – que mais não é do que a diferença interna do valor consigo próprio – provém, em última análise, da separação entre os produtores que, tornando forçoso o aparecimento da forma do valor, a necessidade do equivalente, provocam, pelo mesmo motivo e com igual necessidade, a contingência e a instabilidade das aferições do valor social das mercadorias. Considerando, porém, que esta contingência, como diz Marx (1998, p. 129), longe de ser um defeito, constitui a beleza[24] da forma preço e o modo específico de manifestação da necessidade – num sistema de produção em que a regra só faz lei pelo jogo cego das irregularidades (Marx, 1998, p. 129) – , é necessário concluir que "(...) o preço das mercadorias está constantemente acima ou abaixo do valor mercante e [que] este resulta dos altos e baixos do preço das mercadorias" (Marx, 1968, t. 1, p. 72). Ora, é evidente que nestas condições cada uma das variações de preço é uma tentativa de fixação do grau de equivalência de uma dada mercadoria com o equivalente geral, espelho de seu valor, e é evidente também que a determinação efetiva desta equivalência não se reduz a nenhuma destas medidas particulares, surgindo, ao contrário, como o ponto médio destas variações, limite perpetuamente evanescente deste movimento contínuo de igualização. **De onde se conclui que a medida objetiva do grau de equivalência de uma mercadoria determinada com o equivalente geral é a quase-objetividade resultante da série de igualizações que a referem diferenciada e recorrentemente a este último.**

Voltando à questão da infra-estrutura lógica da forma do valor, pode-se precisar agora que, na medida em que o processo de socialização e a abstração real do trabalho (suposta a estrutura mercante, bem entendido) dependem da fixação das razões de troca internas à multiplicidade de merca-

---

[24] Que haja aí uma *beleza* é um ponto que aparece somente na versão francesa de *O Capital* por Joseph Roy, como se sabe, revista por Marx.

dorias presentes no campo social, segue-se, necessariamente, a dependência de sua efetividade do entrecruzamento de duas séries infinitas: (i) a das equações, que referindo cada classe de mercadorias – implícitas na comparação de cada uma delas com o equivalente geral – ao conjunto aberto (Marx, 1978, p. 144 e 1998, p. 86) das demais determina relativamente o sentido de cada uma destas igualdades; e (ii) a dos ajustes constantes na determinação da razão de troca entre cada uma destas classes de mercadorias e o equivalente geral, isto é, o movimento infinito de variação dos preços.

É claro que estas duas séries – que, se quiser, estão entre si como a horizontal para a vertical, o estático para o dinâmico ou o extensivo para o intensivo – se entrecruzam e dissolvem a aparência de sua autonomia respectiva. E isto, claro, porque o preço médio de cada mercadoria – que, supõe-se, lhe expressa o valor – só tem sentido se referido à série aberta dos demais preços médios, que, como que lateralmente, na série infinita, recorrente e indireta de suas comparações recíprocas, lhe determina o "sentido", a precisão disto que Ricardo chamava, a despeito da reserva de Marx,[25] com profundidade insuperável, seu valor **relativo**. Inversamente, a verdade desta comparação lateral é o movimento intensivo no qual ocorre e acontece a busca constante de cada preço médio, da fixação da razão de troca – adequada entre cada classe de mercadorias e o equivalente geral real. Que, sem este "segundo" movimento, a primeira ordem de igualações não seria possível e que, inversamente, sem aquela, cada realização desta não teria nenhum sentido, é algo que se percebe imediatamente.

Resta ainda mostrar que esta configuração duplamente serial da forma do valor é o reflexo e a manifestação como que de superfície de uma estrutura mais profunda. De resto, se a forma do valor ela própria é determinada por um modo específico de organizar-se a produção, segue-se, presumivelmente, que também assim deve ser com suas propriedades. Considerando, pois, que a forma do valor deriva da separação e da autonomia dos produtores, a questão resolve-se em precisar o que, nesta forma de articulação dos produtores, força o aparecimento dos traços seriais na forma econômica que dela se deriva.

A forma do valor emerge, como se viu, da impossibilidade de uma socialização *ex-ante* da produção social, do fato de que, nas condições descritas, o processo de aferição da participação de cada unidade de produção no processo de reprodução social só pode fazer-se mediante a **comparação** dos produtos. Os traços seriais desta forma – isto é, a infinitude extensiva (posto que a forma do valor desdobrada é a expressão mais verdadeira da dimensão qualitativa da forma do valor) e intensiva (posto que a

[25] Ver os textos sobre a análise ricardiana do valor nas "Teorias sobre a mais-valia".

determinação do "valor relativo" de cada mercadoria é inseparável do movimento contínuo de variação dos preços) – ***derivam, por sua vez, da posição serial em que se encontram os próprios produtores***.

Sabendo-se que as duas dimensões da comparação, cuja estrutura formal é a dupla serialidade que se está a considerar, têm seu operador efetivo numa dupla ordem concorrencial, pode-se já avançar que a ***alteridade*** é o modo de inter-relacionamento das unidades de produção concorrentes. O que significa que o antagonismo que as opõe não assume a forma de um sistema de negações direto e recíproco, senão que seus conflitos se processam como que lateralmente, em função do índice de preços e dos diferenciais nas taxas de remuneração. Isto quer dizer que a estrutura serial da dupla ordem de comparações em que se define a forma do valor resulta da posição – em dois níveis – concorrencial dos produtores entre si. Assim, pode-se dizer, numa primeira aproximação, que a variação intensiva dos preços (desde que se a isole, para efeitos de análise), na qual se opera internamente a homogeneização das condições de oferta de uma classe dada de mercadorias, reflete e resulta da situação concorrencial em que estão os produtores desta classe de mercadorias. O que significa que o movimento de homogeneização vem a cada um desde os outros e aos outros desde cada um, na medida em que a concorrência faz de cada um e de todos outros que si próprios. Dizendo materialmente: trata-se de que melhorar as condições de oferta para um agente determinado **significa sempre, seja antecipar-se aos demais, seja segui-los**,[26] de tal modo que a ação de cada um só se compreende em relação às alheias e que o ponto de equilíbrio ao qual todas elas tendem é apenas a extrapolação real, a passagem ao infinito de uma recorrência constante. É claro que, nestas condições, o ponto de equilíbrio – que expressa o tempo de trabalho socialmente necessário à produção de uma dada classe de mercadorias – não se constitui a partir da livre e consciente intervenção de cada um, mas resulta da **transitividade** de cada intervenção (Sartre, 1960, p. 697). Vale dizer: do fato de que cada uma delas determina alhures as demais e é, também sempre alhures, por estas determinada.

O essencial neste mecanismo, pode-se logo ver, **é a formação de uma resultante comum a partir de uma prática dispersa**. É claro que, deste ponto de vista, a ponderação do que foi chamado acima a variação extensiva dos preços não força qualquer alteração nos termos da análise. Apenas

---

[26] É claro que este movimento de alteração da oferta supõe a iteração do ciclo e o julgamento que o momento realização da volta anterior emitiu sobre as condições de produção de cada produtor. Convém notar que este julgamento – isto é, a adequação de curto prazo entre a oferta fisicamente dada e a demanda solvente –, vale dizer, a fixação do preço de mercado, e ela própria inteiramente serial. Ver sobre este ponto a explicitação exaustiva de Sartre (1960, p 328 e seg.).

obriga a reconhecer que os pontos de equilíbrio, dependendo também de uma concorrência intersetorial, envolvem a superposição de dois movimentos seriais: o que organiza e informa o movimento da oferta no quadro, desde logo e sempre apenas provisoriamente definido, dos que produzem uma dada classe de mercadorias e o que, relativizando sempre esta definição, informa o movimento de passagem de um ramo a outro. A diferença entre estes dois movimentos, apenas material, está em que, num caso, o objeto em torno do qual ele se dá são taxas de remuneração intra-setoriais e o outro é, portanto, mais próximo, enquanto que no outro este objeto são taxas de remuneração intersetoriais. Formalmente, no entanto, as relações são, em ambos os casos, igualmente de alteridade, e a diferença na escala das séries anula-se na infinitude da recorrência de ambas. O que se acrescenta, no entanto, com a consideração da dimensão extensiva da forma do valor é a pluralidade constitutiva do valor e, com isto, de que seja ele, por definição plural, a necessidade de princípio de pensá-lo sempre relativa ou diacriticamente.

Retornando à discussão anterior sobre o estatuto ontológico do valor, o ponto relevante a sublinhar é o peso, a gravidade desta realidade transfinita (Sartre, 1960) que, constituída na recorrência das relações de alteridade, adquire uma consistência específica e passa a impor-se a cada um dos agentes intervenientes como o regulador, móvel e constante, de suas práticas. Falando das condições de acesso a este tipo de realidade, Sartre nota que ela não é acessível unicamente ao historiador – nem tampouco unicamente à análise pura –, mas é o fundamento de todos os cálculos de alteridade prática (Sartre, 1960). O que significa que a relação de polarização unívoca entre cada agente e este termo quase universal que se constitui no limite de sua intervenção só tem sentido na medida em que cada agente sabe e reconhece sua eficácia em relação aos demais.

Não é, de resto, outra coisa o que está a dizer Marx ao afirmar que o valor, sendo uma média e, enquanto tal, uma abstração exterior, não deixa, por isto, sob a forma de preço médio de ser menos real, visto que uma tal média é a base da especulação comercial, que justamente define suas expectativas e projetos em função dela. De onde que como referência de cada intervenção no mercado coloque-se sempre este termo universal que, embora se determinando sempre alhures, está sempre presente, para cada agente, como um ***dado***, ainda que formado a partir dessa fuga infinita que o define. Compreende-se, portanto, que Sartre, ao dizer que "a unidade do processo não é um todo mas uma fuga" (Sartre, 1960, p. 696), esteja apenas a precisar o sentido desta estrutura "différantielle" de que se falou antes. Quer dizer, difere-se constantemente a definição do valor na medida em que a socialização do trabalho, em condições mercantes, "tirando sua realidade objetiva e prática da separação física e mental dos indivíduos" (Sartre, 1960, p. 334), só podendo, portanto, efetuar-se no limite da série duplamente infinita das comparações em alteridade que visam a suprimi-la, é ela própria permanentemente diferida. De onde que se possa estritamente dizer do valor o que Sartre diz do preço, isto é, que "ele é real na medida em que reúne em si os fatores reais da separação" e que "sua força vem da impotência de cada agente em relação aos demais termos da série" (Sartre, 1960, p. 334), ou ainda, se quiser, do intervalo que originariamente (isto é, desde que há produção mercante) separa as unidades sociais.

É preciso ajuntar ainda que este processo de constituição de um termo regulador a partir de uma prática desmultiplicada só é possível na medida em que a multiplicidade dos agentes se agrupa em torno de uma mesma realidade material – neste caso, e tomando as coisas no nível de generalidade máxima, o conjunto de bens formadores do produto social – a partir da qual se define, para cada um deles, um interesse particular e próprio e, ao mesmo tempo, desde que formalmente considerado, sempre idêntico. É essencial, no entanto, perceber que esta identidade formal do interesse é **sintética**, resulta da situação de antagonismo serial em que se encontram os agentes e não de qualquer traço, de qualquer hipotética essência humana.[27]

De outra parte, convém ainda acrescentar que a realidade, o peso do termo quase-universal constituído na passagem ao limite das práticas serializadas, é suportada pela materialidade, por essa materialidade a partir da qual se definem os interesses. O que significa dizer que as variações nos preços de que resulta no longo prazo a determinação do valor são reverbe-

---

[27] "Pelo contrário, é fácil observar que o interesse particular, como objeto material do mundo, já tem uma estrutura de generalidade, uma vez que se apresenta como o mesmo em todos, na medida em que essa identidade cria os antagonismos no ambiente da alteridade. E, com toda certeza, isso não é inteiramente verdadeiro: ele não é, antes de tudo, o mesmo para dividir-se em uma infinidade de oposições, mas, em determinado campo social, são essas oposições, na medida em que a unidade do mesmo equipamento, das mesmas técnicas e dos mesmos conhecimentos constitui a base prática fundamental que torna possível todo antagonismo, que definem, umas pelas outras e em seu enfrentamento, a unidade de todas – na medida em que negam, cada uma – (....), a característica universal do interesse particular. Assim, a economia clássica acreditou poder definir esses interesses particulares idênticos como se existissesm igualmente em qualquer indivíduo de um grupo, sem levar em consideração que essa unidade é o resultado de um processo serial. (....) Mas de fato, trata-se de uma coisa completamente diferente já que esse interesse não vem a cada um senão em certas condições totalizantes e pelos Outros (....) eis que ["e já que", traduz Guilherme João de Freitas Teixeira] se trata de uma estrutura de alteridade serial do ser-fora-de-si individual." (Sartre, 2002, p. 314; 1960, p. 267-8.) "Sendo assim a **identidade** (....) torna-se sintética: cada um é idêntico ao Outro na medida em que ele é feito, pelos Outros, Outro, Outro atuante sobre os Outros; a estrutura formal e universal de alteridade fará a ***Razão da série***." (Sartre, 2002, p. 369; 1960, p. 314.)

rações (Sartre, 1960, p. 239) na realidade material das mercadorias da multiplicidade das intervenções práticas na seqüência das trocas. Sartre diz mesmo que a ausência de cada um dos termos que, compondo a estrutura serial em sua racionalidade de alteridade, determina-lhe os efeitos, "só pode manifestar-se num objeto material do qual ela constitui a realidade humana".[28]

Seja como for, na seqüência da discussão anterior sobre o estatuto ontológico do valor, o importante a sublinhar é esta consistência, este peso real assumido pela resultante da prática serial e que recomenda recusar a pretensão de Emmanuel de pensar o estatuto do valor unicamente no quadro da categoria de relação. De onde se deve concluir que o valor, não sendo nem substância, nem relação, se define intermediariamente como esta objetividade sintética que emerge constantemente da prática serial por ele regulada (Sartre, 1960, p. 315).

Do ponto de vista da lógica e da ontologia dos objetos sociais, o essencial a reter é que estes termos sintéticos que vimos chamando de quase universais não são conceitos, isto é, neles a identidade dos termos diversos não está dada na definição prévia do que cada um é, mas resulta da alteridade reciprocamente ativa de todos os termos (Sartre, 1960, p. 313). E isto de tal modo que não só a substantivação dos processos à maneira espinozista (Sartre, 1960, p. 668), mas também o modelo lógico do espírito hegeliano são inaceitáveis.

Do ponto de vista do prosseguimento da análise, o importante é ver que a possibilidade de seu aprofundamento repousa inteira em aprofundar, diferenciar, desdobrar as implicações desta racionalidade serial – que é, sem dúvida, uma das pouquíssimas novidades teóricas da filosofia pós-hegeliana – no corpo teórico marxista. E tanto mais assim quanto mais se tiver como desiderato pensar o tipo de racionalidade especial implicada na descoberta marxista do continente histórico.

Bibliografia

BETTELHEIM, Charles (1970). *Calcul économique et formes de propriété.* Paris, Maspero.

EMMANUEL, Arghiri (1972). *L'échange inégal.* 2. ed. Paris, Maspero.

BRUS, Wlodzimierz (1970). *Problèmes géneraux du. fonctinnement de L'économie socialiste.* Paris, Maspero.

[28] Compreende-se que, nestas condições, deva-se ver a reificação menos como a metamorfose do indivíduo em coisa do que como a regulação das práticas individuais por termos quase universais por ela constituídos na recorrência de uma prática em alteridade (Sartre, 1960, p. 243).

DELEUZE, G. (1972). *L'anti-oedipe, capitalisme et schizophrénie*. Paris: P.U.F. (Collection Critique).

EMMANUEL, A. (1972). Réponse à Ia Charles Bettelheim. In: *L'échange* inégal. Paris: Maspero.

GIANNOTTI, J. A. (1968). *Contra Althusser. Teoria e Prática*, São Paulo: s.ed., (3).

GODELIER, Maurice (s.d.). *Racionalidade e irracionalidade na economia*. Rio de Janeiro, Tempo Brasileiro.

HILFERDING, R. (1971). La critica di Böhm-Bawerk a Marx. In: HILFERDING, R. et alii. *Economia borghese ed economia marxista*. Firenze, La Nuova ltalia.

LANGE, Oskar (1972). A economia marxista e a moderna teoria econômica. In: *A economia moderna e o marxista*. Rio de Janeiro, Zahar.

MARX, Karl (1963). *Ouvres I*. Paris, Gallimard (Bibliotheque de Ia Pléiade).

___. (1963). Misère de Ia philosophie. ln: *Ouvres I*. Paris: Gallimard. p. 7-136. (Bibliotheque de Ia Pléiade.)

___. (1968). *Fondements de la critique de l'economie politique*. Paris: Anthropos.

___. (1969) *O 18 brumário e cartas a Kugelmann*. Rio de Janeiro: Paz e Terra.

___. (1978). *Para a crítica da economia política*. In Marx, Os Pensadores, São Paulo: Abril Cultural, p. 127-257.

___. (1980). *Teorias da mais-valia*. Tradução de Reginaldo Sant'Anna. Rio de Janeiro: Civilização Brasileira.

___. (1998) O Capital. Crítica da Economia Política. Tradução de Reginaldo Sant'Anna. Rio de Janeiro: Civilização Brasileira.

MEEK, Ronald (1971). *Economia e ideologia*. Rio de Janeiro: Zahar.

RANCIÉRE, Jacques (1967). Le concept de critique et Ia critique de I'économie politique des manuscrits de 1844 au Capital. In: ALTHUSSER, L. et alii. *Lire le capital*. Paris: Maspero, t. 1.

___. (1970) La política de Althusser. ln: *Lectura de Althusser*. Buenos Aires: Galerna.

RUBIN, Isaac Ilyich (1979). *The history of economic thought*. London: Ink Links.

SARTRE, Jean Paul (1960). *Critique de la raison dialectique*. Paris: Gallimard.

___. *Crítica da razão dialética*. Rio de Janeiro: DP&A, 2002. Tradução de Guilherme João de Freitas Teixeira.

SMITH, Adam (1983). *A riqueza das nações*. São Paulo: Abril Cultural. Os Economistas, v. 1 e 2.

TORRES, João Carlos Brum (1979). *Valor e forma do valor*. São Paulo: Símbolo.

WAHL, F. (1970). *Estruturalismo e filosofia*. São Paulo: Cultrix.

7. O MARXISMO E A HISTORICIDADE DO SABER

A propósito de uma observação de Carlos Estevam Martins acerca das posições marxistas concernentes às relações entre o saber e o tempo.

"Reconhecer a razão como a rosa na cruz do presente e rejubilar-se com ela, esta a visão racional..."[1]

A escolha metodológica de Estevam com vistas à elaboração do ensaio intitulado *Três tipos de capitalismo de Estado* – a feitura de uma tipologia – é certamente estranha à tradição marxista, a qual, ainda quando não supõe sejam suas categorias conceitos objetivos[2], pelo menos presume que seu discurso ou enuncia princípios reguladores da dinâmica social, ou, com apoio em tais princípios, analisa processos históricos efetivos.

Ora, a construção tipológica manifestamente não se identifica com qualquer dessas alternativas, visto não se querer nem forma discursiva de articulações lógicas objetivas e reais, nem expressão de um conjunto de leis análogas às das ciências naturais, nem tampouco análise de situações históricas determinadas e específicas.

Ao pretender outra coisa – a montagem de um modelo abstrato, feita com a seleção de características subjetivamente consideradas como relevantes num campo empírico dado, sem outro fito que o de gerar uma linha de iluminação, um esquema de inteligibilização a ser usado no entendimento dos fenômenos insertos neste campo –, a elaboração de tipos afrouxa a ligação da teoria com o real, tornando-a contingente, se não arbitrária, ademais de abrir espaço à subversão das teses marxistas clássicas sobre as relações entre teoria e prática.

A diferença entre estas duas linhas metodológicas, se é, pois, em si mesma, clara e radical, modula-se diversamente, no entanto, conforme seja considerado o estudo do passado ou o exame do que ainda não foi historicamente estabelecido, tornando-se, neste último caso – nos movediços

[1] Hegel, *Princípios da Filosofia do Direito*, Prefácio, tradução francesa editada por Vrin, 1975, p.58.

[2] Cf., por exemplo, "Introdução geral à Crítica da economia política", tradução francesa editada por Gallimard, in MARX, Karl, Oeuvres I, Biblioteca da Pléiade, p. 261.

terrenos prospectivos em que se cuida de transitar das confusões do presente às determinações do futuro –, singularmente virulenta.

Ao decidir por delinear um tipo ideal de sociedade de transição[3], ao esboçar as características de um Capitalismo de Estado teórica e presumidamente capaz de servir como ponte para uma sociedade verdadeiramente socialista, Estevam não procede, porém, irrefletidamente, desconsiderando irresponsavelmente os princípios e tradições do saber marxista no âmbito do qual seu texto, ao fim e ao cabo, não deixa de incluir-se. Ao contrário, baseou sua escolha num balanço teórico dos problemas que lhe parecem entravar o desenvolvimento deste e que seu último texto[4] trata precisamente de divulgar.

Tudo se passa, portanto, como se para Estevam a superação dos impasses em que se perde a ciência marxista não estivesse a exigir outra coisa senão o rompimento com uma tradição de incertezas, a superação de velhas inércias, de divergências dilacerantes que "repetem-se mas não se resolvem"[5].

Não estranha, por conseguinte, que um dos pontos centrais em *Do príncipe ao principado* seja uma avaliação das posições marxistas relativas ao conhecimento do futuro, um esforço de explicitação das aporias em que, a seu juízo, estas se desestruturam, impedindo-as de se firmarem em uma orientação produtiva e coerente sobre esta questão e as que lhe são correlatas.

Segundo Estevam, é possível, com efeito, encontrar na tradição marxista não só a tese de que só há ciência do passado, de que a coruja de Minerva só alça vôo ao entardecer – e que seria a tese predominante –, mas também tomadas de posição e análises em que se supõe que o saber informador da prática política antecipa o curso dos acontecimentos, habilitando-o a inflectir o curso destes.[6]

Ademais, ao aprofundar esta discussão perguntando "Que crítica é a crítica materialista histórica?", e ao reconhecer que é possível pretender seja esta última uma chave para a superação da antinomia assinalada, o ensaio em questão recusa tal contra-argumentação, observando que, se preservado o materialismo, a antecipação do futuro pela via negativa, fruto da inspeção minuciosa das contradições do presente, não nos pode dar nada além de "indícios de superação de certas formas", não "as novas formas que, efetivamente, constituem a superação das anteriores".[7]

---

[3] In *Capitalismo de Estado e modelo político no Brasil*, 1ª parte, capítulo 3º, Graal, 1977.

[4] Referimo-nos ao ensaio "Do Príncipe ao Principado – Por via dos princípios", a ser publicado proximamente.

[5] Id.

[6] Id.

[7] Id.

Sua conclusão – apoiada simultaneamente na convicção de que é necessária esta antecipação das novas formas e numa crítica à força especulativa da negação[8] – é que há de admitir-se como legítimo, além de urgente, o esforço de antecipação teórica do futuro, de determinação *a priori* das formas a serem impressas às diversas instâncias do desenvolvimento social.

De resto, sua defesa da necessidade de assumir-se uma posição decididamente valorativa na análise histórica e o próprio ensaio de construção de um modelo conceitual de sociedade de transição indicam o convencimento de Estevam de que alternativamente não só à **falsidade** das teses sobre a incognoscibilidade do futuro (ou, no pólo oposto, de sua plena transparência graças aos reveladores da análise negativa), mas também à **verdade** relativa de um conhecimento dele não mais do que incoativo (enquanto resultado legítimo da aplicação correta da negação determinada), é necessário desenvolver uma outra posição, marcada pela concessão à teoria política do que se faculta a qualquer estrategista, simplesmente a capacidade de antecipar-se ao curso dos acontecimentos, de prever-lhes os desdobramentos e de interferir decisivamente sobre seus destinos.

É possível, sem dúvida, que Estevam tenha razão em pleitear o reconhecimento desta alternativa analítica, mas o que é certo é que sua postulação está referida a marcos teóricos mal-estabelecidos, diferenciando-se de uma posição marxista deformada. Além disso, parece também inequívoco, como se procurará mostrar adiante, que o capítulo sobre o *Capitalismo de Estado de Transição* dispensa perfeitamente esta fundamentação de princípio.

O esclarecimento do primeiro destes pontos, todavia, não poderá deixar de ser algo sinuoso – e isto em razão da própria complexidade da posição marxista relativamente ao conhecimento do futuro, assim como à maneira em que Estevam a apresenta.

A este respeito convém, antes de mais nada, observar que é abusivo concluir da afirmação do caráter necessariamente "**ex post**" do conhecimento científico do mundo histórico que, pelo menos na medida desta afirmação, seja o materialismo histórico entendido "como um saber exclusivamente relativo ao passado"[9]. E isto porque, já literalmente, afirmar que "a análise científica segue a via oposta ao desenvolvimento real", insistir em que ela parte "dos resultados acabados do processo de desenvolvimento"[10], isto, longe de significar que o referente do saber tenha sido deixado para trás, quer dizer apenas que a consolidação do conhecimento histórico pressu-

---

[8] Id.

[9] Id.

[10] Id.

põe a plena determinação de seu objeto, "acabamento" devendo-se entender aqui antes no sentido de "completação" que no de "passamento".

Evidentemente, esta proposta de interpretação literal só se torna convincente na medida em que é abonada por outros cânones hermenêuticos, os quais, no entanto, ao confirmarem-na, asseguram-lhe a objetividade. Neste sentido, a primeira confirmação vem da história das idéias que, ao nos remeter às fontes hegelianas dos enunciados marxistas referidos, tende a confirmar plenamente o sentido que atribuímos ao predicado "posterior", imputado ao saber nesta linhagem teórica.

É, com efeito, no próprio prefácio à *Filosofia do Direito* – texto no qual se encontra a famosa alegoria da coruja de Minerva, referida por Estevam – que Hegel precisa sua concepção das relações entre o desenvolvimento da ciência e a maturação do processo histórico. Introduz a discussão deste ponto na apresentação do trabalho, como momento de seu esforço para desmarcar-se das abstrações ou trivialidades usuais sobre o tema. Acima de tudo importa-lhe opor-se ao que denomina "o ateísmo do mundo moral", às posições que, recusando-se a reconhecer no mundo ético, no Estado, uma racionalidade objetiva, análoga a vigente no mundo natural[11], entregam-se ao acaso, ao arbítrio ou ao sentimento, para fabularem, cada uma a seu jeito, projetos de Constituições, comunidades políticas ideais[12]. Sua crítica é breve e incisiva, reduzindo-se, no essencial, à observação de que é a própria realidade, os Estados efetivos que – porque "levam necessariamente a sério os princípios dos direitos e deveres"[13] – impõem por si próprios sua verdade, evidenciando, ao mesmo tempo, a inoperância, o caráter vão das construções intelectuais que tentam afastar-se do presente[14] e a solidez da filosofia que "precisamente porque é a descoberta do racional é, simultaneamente, compreensão do presente e do real e não construção de um além"[15].

Além disso Hegel insinua que estes ensaios de antecipação do porvir, quando não inteiramente fúteis – exceção de que a República platônica é um bom exemplo –, não fazem mais do que expressar determinados aspectos do mundo presente do qual almejam arrancar-se[16], de tal modo que é o

---

[11] Hegel, o.c., p. 48-9.

[12] Ibid.

[13] Id., p. 54.

[14] Os termos de Hegel sobre este ponto são os seguintes: "Se a reflexão ou qualquer outra forma que seja da subjetividade consciente consideram o presente como vão, situam-se além dele e crêem saber mais do que ele, elas todas só incidirão sobre o que é fátuo e – porque a consciência não tem realidade senão no presente – ela mesma (a subjetividade consciente) será somente vaidade". Id., p. 55.

[15] Id., p. 54.

[16] Assim, no caso de Platão, Hegel diz que "A república não é, essencialmente, mais do que uma concepção da vida ética grega". Id., § 4, p. 185.

próprio aparecimento de ideais contrastados à realidade imediata que supõe o pleno amadurecimento desta última[17].

Que a coruja de Minerva só alce vôo ao entardecer isto não quer dizer, portanto, em boa doutrina hegeliana, que só haja ciência do passado, mas simplesmente que o conhecimento do mundo supõe que esteja este formado, que tenha alcançado sua maturidade[18], de tal modo que seria mais correto dizer, se houvesse que resumir e forçar a posição hegeliana numa frase, que a verdadeira ciência, enquanto conhecimento do racional, é, sempre e inelutavelmente, ciência do presente[19].

Serão as coisas muito diversas no caso de Marx? Haverá nas teses deste, a despeito de formulações indiscutivelmente próximas das hegelianas, uma inversão dos princípios informadores destas últimas?

Num certo sentido, como veremos, isto é certamente assim. Num primeiro momento, contudo, o que parece mais urgente acentuar é que neste ponto a diferença de Marx com seu maior não implica na negação da preeminência gnosiológica do presente. Ao contrário, Marx certamente a reafirma. E a reafirma já no próprio texto citado por Estevam, cuja leitura só ratifica a hipótese interpretativa que sugerimos. Ou pretender-se-á, acaso, que o esforço para dar conta, teoricamente, dos preços, do valor ou do dinheiro[20], visto pressupor o pleno amadurecimento destas formas mercantis, pressupõe-lhes, "**ipso facto**", o desaparecimento histórico? Não, não há como recusar que a passagem invocada, antes que restringir o conhecimento científico a um saber do passado, na verdade privilegia – em fidelidade estrita, aliás, a sua ascendência obviamente hegeliana[21] – o presente.

De mais a mais, este privilégio do presente é afirmado de maneira totalmente explícita em várias outras passagens da obra de Marx. Assim, por exemplo, nos "Fundamentos" pode-se ler que a "justa concepção do presente nos dá a chave do passado", do mesmo modo que "nos faz descobrir o movimento do devir e os pontos que fazem pressentir a abolição da

---

17 Id., p. 58.

18 Id.

19 Isto foi bem observado por Althusser, que comenta: "O presente constitui, com efeito, o **horizonte absoluto** de todo o saber, posto que todo saber nunca é mais do que a existência no saber do princípio interior do todo. A filosofia, por longe que vá, não ultrapassa nunca os limites deste horizonte absoluto: mesmo se ela alça vôo ao entardecer ela pertence ainda ao dia, ao hoje, ela não é mais do que o presente refletindo sobre si, refletindo sobre a presença do conceito a si – o amanhã lhe é proibido por essência". In *Lire le Capital*, t. II, Maspero, 1967, p. 41.

20 A tal esforço – em que se deve subentender o trabalho da economia clássica inglesa – se refere o texto citado por Estevam. Cf. *O Capital*, I, IV, tradução francesa editada por Éditions Sociales, 1975, p. 87.

21 Cf. Althusser, o. c., p. 87.

forma atual de produção e prefiguram a sociedade futura"[22]. E não outra coisa se expressa na famosa passagem da *Introdução à crítica da economia política* onde se afirma que, por ser a produção capitalista a forma mais desenvolvida de produção, permite ela que as categorias que a expressam sirvam como guias para a compreensão das sociedades desaparecidas. Passagem que termina com a incansavelmente repetida frase segundo a qual a anatomia do homem explica a anatomia do símio, alegoria onde se resume, como veremos, o essencial desta outra linha de reafirmação da preeminência gnosiológica do presente[23].

Não é difícil, portanto, produzir evidências textuais comprovadoras desta linha de interpretação. Certamente muito mais complicado, porém, é dar conta do travejamento lógico-doutrinário que a sustenta, é explicar o complexo argumentativo e textual em que se apóia a subordinação do conhecimento do passado ao saber do presente e a limitação *a priori* das veleidades de cognição do futuro.

Para avançar nesta direção o primeiro a fazer é observar que a tese do primado teórico do presente é introduzida no discurso marxista por pelo menos três linhas argumentativas diversas, referidas, cada uma, a um contexto retórico específico e que estão entre si como se fossem diferentes camadas ou estratos de uma mesma formação doutrinária.

Em primeiro lugar, cabe distinguir as afirmações que ligam, por assim dizer exteriormente, certos enunciados, ou grupos de enunciados, a uma circunstância histórica específica – afirmações que não fazem mais do que reiterar abstratamente a tese da historicidade geral do saber, um dos pilares, como se sabe, da vulgata historicista pós-hegeliana. Dentre tais afirmações

---

[22] V. Grundrisse, tradução francesa intitulada Fondements de la Critique de l'Économie Politique, editada por Anthropos, Paris, 1968, v. I, p. 424-5.

[23] A tradição marxista tampouco tem sido menos taxativa. Assim Lênin, criticando a Mikhailovski, observa: "Todo mundo sabe... que *O Capital* limita-se a alusões muito genéricas no que diz com o futuro e só examina os elementos hoje existentes nos quais se anuncia o regime futuro". In *Quem são os amigos do povo e como eles lutam contra os sociais-democratas*, tradução francesa editada por Éditions du Progrés, Moscou, p.79. Lukacs, por sua vez, afirma que "todo conhecimento histórico é conhecimento de si", de tal forma que "o passado só se torna transparente quando é possível operar de maneira conveniente uma autocrítica do presente". In *História e consciência de classe*, tradução francesa editada por Minuit, p.273. No mesmo sentido pronunciam-se também intérpretes contemporâneos. Assim, J. F. Lyotard, em um texto em boa parte dedicado precisamente à análise da posição marxista a respeito desta questão, assinala: "...é preciso pôr no núcleo racional recebido de Hegel a possibilidade de que a um presente de referência (no objeto) corresponda um presente de inteligência (no sujeito)"; e mais adiante acrescenta: "o núcleo hegeliano é também o da comunicação possível num presente de duas faces (face histórica/face teórica) da realidade aparente com a construção teórica possível". V. La place de l'aliénation dans le retournement marxiste, In *Dérive à partir de Marx et Freud,* 10/18, Paris, 1973, p. 83-4.

há que incluir boa parte das passagens que referem a história da economia política à evolução do capitalismo[24], ou ainda as que tratam simplesmente de expressar este princípio de vinculação necessária das figuras do saber às vicissitudes do processo histórico.

Ora, nestas paragens – em que o marxismo se alinha com as trivialidades do historicismo vulgar, repetindo, sem assumir-lhes os pressupostos, as teses hegelianas – a afirmação das amarras históricas do conhecimento costuma vir acompanhada – como é o caso do texto de *O Capital* citado por Estevam e comentado antes – da enunciação do privilégio do presente. Esta última tese parecendo estar fundada, neste contexto, numa quase-teoria[25] das condições de possibilidade do conhecimento histórico, em que os limites do historicamente cognoscível estariam dados por sua proximidade – física, psicológica e pragmática – relativamente ao sujeito cognoscente, bem como pelo grau de amadurecimento ou completação do estado de coisas considerado como objeto virtual de conhecimento.

Uma ilustração, certamente canônica, do modo como funcionam essas condições se encontra nas referências de Marx às circunstâncias que ligam os avatares do pensamento econômico nos diferentes países europeus às peculiaridades de seus processos de desenvolvimento respectivos. Assim, no posfácio à segunda edição alemã de *O Capital*, Marx explica a inelutabilidade da importação da teoria econômica por parte da Alemanha em função do caráter tardio do desenvolvimento capitalista em seu território. E logo acrescenta que quando, finalmente, tal desenvolvimento tem lugar, já haviam desaparecido "as circunstâncias que permitiriam o estudo imparcial mesmo sem ultrapassar o horizonte burguês"[26]. A razão desta segunda impossibilidade estando em que "a Economia Política" – na medida em que é um saber burguês[27] – "só pode sustentar-se como ciência

[24] Uma excelente amostra de tais textos encontra-se no posfácio à segunda edição alemã de *O Capital*, que em seguida comentaremos.

[25] A afirmação de que há de falar-se aqui numa quase-teoria está atenta ao fato de que, como observa Rancière, Marx não refletiu conceitualmente sobre as condições de possibilidades específicas da economia política (Cf. *Lire le Capital*, ed. cit., I, p. 207), porque para compreender-lhe a possibilidade "é preciso pôr o problema da possibilidade da ciência ela própria, de sua relação a suas condições históricas de possibilidade" (Id., p.209). O que, subentende-se, não foi feito. Pelo menos não "conceitualmente". Mas que caiba falar de uma quase-teoria, isto quer dizer, em primeiro lugar, que a posição de Marx é enunciada reiterada e sistematicamente e, em segundo lugar, que é possível extrair dos textos tratando desta questão um argumento capaz de justificar sua posição a respeito.

[26] Em *O Capital*, ed. cit., I, p. 23.

[27] Marx explica: "Quer dizer, enquanto vê na ordem capitalista não uma fase transitória do progresso histórico, mas, antes, a forma definitiva e absoluta da produção social". Id., p. 24.

enquanto a luta de classes permanece latente, ou só se manifestando em fenômenos isolados"[28].

O que significa dizer, em primeiro lugar, que o desenvolvimento da Economia Política está vinculado à própria experiência do capitalismo, como se fosse a participação no desenvolvimento deste que possibilitasse e induzisse os esforços para entendê-lo. Isto explicando, naturalmente, porque a Economia Política desenvolveu-se na Inglaterra – o país de desenvolvimento capitalista mais precoce – e não na Alemanha, exemplo típico de capitalismo tardio.

A esta tese junta-se uma segunda, que estabelece uma regra de inversão para a correlação positiva entre maior desenvolvimento capitalista e maior conhecimento do capitalismo ele próprio. Reversão derivada, segundo Marx, do fato de que, com o pleno amadurecimento do capitalismo, se escancaram e agudizam as contradições sociais por ele geradas, de tal modo que já não é mais possível dissociar o discurso sobre o capital e o capitalismo dos efeitos que sua vinculação possa ter no desdobramento da luta de classes. O que equivale a dizer, em linguagem mais abstrata, que a relação de proximidade do sujeito de conhecimento com o segmento de realidade que lhe é correlato, na medida em que envolve uma dimensão **pragmática** – isto é, enquanto implica um comprometimento do sujeito de conhecimento com os efeitos práticos, decorrentes da enunciação de seu saber, sobre o "comportamento" do processo real que lhe serve de referência –, funciona, sob determinadas circunstâncias, já não mais como um possibilitador-indutor de conhecimento científico mas como seu inibidor[29].

Convém observar, no entanto, que a um tal embotamento do conhecimento da economia na época da maturação do capitalismo corresponde, de um lado, o florescimento da economia vulgar e, de outro, o da crítica da economia política. A primeira, tratando de **colar** na superfície do universo econômico, ocupa-se ora em traduzir as noções mais comuns em jargão doutrinário[30], ora em elidir todas as questões teóricas, de uma forma ou outra, capazes de chamar a atenção para as contradições do discurso econômico ou, muito mais ainda, sobre as contradições do próprio capitalismo[31]. Já a segun-

---

[28] Posfácio, ed. cit., Id.

[29] Marx se expressa assim: "É em 1830 que abre-se a crise decisiva. A partir de então, na teoria como na prática, a luta de classes assume formas cada vez mais nítidas, cada vez mais ameaçadoras. Ela dobra o toque de finados da economia burguesa científica. Doravante não se trata mais de saber se tal ou qual teorema é verdadeiro mas sim de ver se ele é bem ou mal soante, agradável ou não à polícia, útil ou não ao capital". Posfácio, ed. cit., p. 25.

[30] Cf. *Teorias sobre a mais-valia*, tradução inglesa editada por Lawrence & Wishart, v. III, p. 503.

[31] Id., p. 501.

da, para a qual a história alemã reservou certamente um lugar[32], além de penetrar nas formas nucleares das relações sociais presentes, contém simultaneamente "a inteligência de sua negação fatal"[33].

Seja como for, o importante a notar, de momento, é que, nesta primeira linha argumentativa, afirma-se o privilégio do presente com apoio no pressuposto de uma vinculação formal do saber à experiência direta do segmento de realidade que lhe é objeto de conhecimento, como se a experiência imediata e atual fosse o inelutável ponto de partida e a matriz irrepudiável tanto dos desvios e falsidades ideológicos quanto do saber verdadeiro[34].

A segunda linha de afirmação da preeminência gnosiológica do presente encontra-se na crítica marxista à utopia. Apartar o socialismo das doutrinas utópicas, cuidar da fundação do socialismo científico, esta foi, com efeito, uma das preocupações mais antigas e constantes da parte de Marx e Engels. E isto a um ponto tal que a recusa sistemática a proceder a um estudo do ideal, o repúdio à elaboração intelectual de formas de organização social *a priori* tidas como perfeitas, tornou-se um dos traços característicos da posição marxista[35].

Ora, os pressupostos filosóficos desta posição são, em larga medida, os mesmos, manifestamente, que os que sustentavam a posição hegeliana vista anteriormente. Em ambos os casos a recusa da utopia está fundada na negação da cisão entre o ideal e o efetivo, na crítica à dicotomia – em última análise kantiana – entre o que deve ser e o que é.

Dizer, com efeito, como na carta a Schweitzer, que é preciso "tirar a ciência do conhecimento crítico do movimento histórico, movimento em que ele próprio produz as condições materiais da emancipação"[36], acrescentar que "as pinturas imaginárias das sociedades futuras", tão próprias aos

---

[32] Marx observa a propósito: "A marcha própria à sociedade alemã excluía, portanto, qualquer progresso original da economia burguesa, **mas não de sua crítica** (negrito, JCBT). Enquanto tal crítica representa uma classe, ela não pode representar senão aquela cuja missão histórica é revolucionar o modo de produção capitalista e, finalmente, de abolir as classes – o proletariado". Posfácio, Id., II.

[33] Id., p. 29.

[34] "É que o ser desta sociedade só pode revelar-se àqueles que a experimentarem diretamente", diz Lucien Sebag. V. *Marxisme et Structuralisme*, Petite Bibliothèque Payot, p. 85. Esta posição será retomada, afinada no que estamos a chamar no contexto deste artigo a terceira linha de afirmação do privilégio do presente.

[35] É o que Lênin expressa muito incisivamente ao dizer: "Não há nem um grão de utopismo em Marx: ele não inventa, não imagina puramente uma sociedade nova. Não, ele estuda como um processo de história natural o nascimento da nova sociedade a partir da antiga, as formas de transição desta àquela". In *O Estado e a Revolução*, tradução francesa editada por Gonthier, p.56.

[36] Carta datada de 24/1/1865. V. in Marx, *Oeuvres* I, ed. cit., p. 145.

utópicos, "nascem numa época em que o proletariado, ainda na infância, apenas imagina confusamente sua própria posição"[37], precisar, como faz Lukacs, que não se trata de aspirar a um mundo melhor ou mais belo, mas de seguir a exigência proletária que se identifica com o conhecimento e expressão do rumo e sentido do processo social[38], tudo isto supõe a assunção de que, entre o que é e o que será, se interpõe a responsabilidade de um sujeito histórico capaz de induzir e levar a cabo esta passagem. O que implica afirmar que nesta linha argumentativa a posição marxista é caudatária do idealismo alemão, notadamente de seu esforço para superar a dicotomia sujeito-objeto e de sua afirmação de que "a substância é essencialmente sujeito"[39].

Tese que posta em linguagem não-especulativa significa, simplesmente, que entre o sujeito do conhecimento histórico e a própria história há uma identidade pelo menos parcial[40]. Bem entendido, esta identidade não é a identidade do filósofo com o saber absoluto, mas a identificação, no seio de um universo social concreto, de uma classe social à qual está confiado o trabalho de operar a transição de um período histórico a outro. Quer dizer, a identidade de que cabe tratar aqui é a identidade de um agente histórico determinado com o curso dos eventos de que é ele responsável.

Ou por outra: a crítica à utopia só pode coimplicar o privilegiamento do presente se o conhecimento das tendências de transformação do sistema social estiver identificado à prática de realização destas mesmas tendências. Não é difícil perceber, assim, que a precedência gnosiológica concedida ao saber do que é atual articula-se não só à superação da dicotomia sujeito-objeto mas também àquela que quer teoria e prática como termos irremediavelmente disjuntos.

Pertence certamente a Lukacs a explicitação sistemática dos pressupostos filosóficos dessas teses. Pressupostos que podem ser provocativamente resumidos dizendo-se que para o proletariado o ser é um predicado real[41], proposição cujo sentido, em termos mais triviais, é de que o verdadeiro autoconhecimento do proletariado já é, por si só, posição-realização de

---

[37] "Manifesto Comunista", tradução francesa in *Oeuvres* I, ed. cit., p. 192.

[38] Parafraseamos aqui uma passagem de *História e consciência de classe*, ed. cit., p.299.

[39] Cf. Hegel, *Fenomenologia do espírito*, tradução francesa por Hyppolite, Aubier-Montaigne, v. I, p. 22.

[40] A propósito desta identidade Habermas comenta: "Marx, no entanto, conquanto retendo a tese kantiana da não-identidade de sujeito e objeto, adere à posição pós-kantiana segundo a qual a história não pode ser posta entre parênteses, isto é, segundo a qual sujeito e objeto entram em relações variadas um com outro – assim como a unidade de subjetividade/objetividade realizada nos produtos do trabalho implica que a proporção entre trabalho e matéria pura natural varia consideravelmente". In *Conhecimento e interesse*, tradução para o inglês, Beacon Press, p. 324, nota nº 28.

[41] Cf. *História e consciência de classe*, ed. cit., p. 161 e 245.

uma nova etapa histórica, visto que o caráter de parteiro do porvir lhe é intrinsecamente constitutivo – um pouco como se, por uma vez, o argumento ontológico se revelasse verdadeiro[42].

Seja como for, o que é preciso ressaltar é que se a recusa do ideal e da utopia quer apoiar-se no conhecimento do que será necessariamente, se aspira, portanto, a estar fundada no conhecimento rigoroso e objetivo do sentido evolutivo dos acontecimentos históricos, não decorre daí nenhum naturalismo, a ordem destes últimos não podendo, em nenhum caso, ser compreendida como a sucessão necessária e inteiramente objetiva de dois estados de coisa. Ou por outra: o que é preciso entender é que o processo histórico determina certas tendências para cuja realização, no entanto, supõe-se a participação dos indivíduos humanos – não evidentemente "*qua*" indivíduos, mas na medida em que, ao se agregarem em classes sociais, tornam-se eles sujeitos do processo histórico.

Assim, no caso da transição do capitalismo ao socialismo, por exemplo, afirma-se que é a própria dinâmica do primeiro, as formas de seu amadurecimento, que prepara esta passagem. E costuma-se chamar a atenção, no desdobramento desta ordem de raciocínio, para fenômenos tais como o incremento, a todos os títulos, da divisão social do trabalho, ou – o que não é mais do que outro aspecto do mesmo ponto – para o adensamento da socialização do processo produtivo –, ou ainda para o processo de concentração e centralização dos capitais, traços todos que tendem a acentuar a contradição entre o caráter crescentemente socializado da produção e o caráter privado da gestão das diferentes unidades produtivas, bem como da apropriação do produto social[43].

Por outro lado, afirma-se igualmente que a passagem do capitalismo a uma sociedade de transição não se fará automaticamente por pura força da ação destas tendências. Ao contrário, insiste-se que esta passagem só terá lugar se o proletariado, tomando consciência de sua verdadeira posição no universo social capitalista, organizar-se num partido político que o conduza à consecução das tarefas históricas que lhe são estruturalmente confiadas[44].

---

[42] Cf. abaixo, o texto citado na nota 45.

[43] Para tal argumentação, conferir Lênin, *Quem são os amigos...*, ed. cit., p. 66 e seguintes.

[44] Marx diz: "Na medida em que a grande indústria se desenvolve, a base mesma em que a burguesia assentou sua produção e apropriação foge sob seus pés. O que ela produziu, antes de tudo, foi seus coveiros (...), a burguesia não forjou somente as armas que a liquidarão, ela produziu além delas os homens que manejarão estas armas – os trabalhadores modernos, os proletários". E mais adiante Marx ajunta: "Logo, os operários se ensaiam em coalizões contra os burgueses: agrupam-se para defender seu salário. Eles chegam até mesmo a fundar associações duráveis para constituir provisões em vista de revoltas eventuais... De tempos em tempos os trabalhadores saem vitoriosos, mas seu triunfo é efêmero. O verdadeiro resultado de suas lutas não é o sucesso imediato,

Percebe-se, assim, que a recusa da utopia, embora esteja fundada no conhecimento de tendências históricas inscritas na própria configuração material do processo social, não implica atribuir a este último uma lógica puramente objetiva, de cujo funcionamento os indivíduos humanos estariam por princípio alheados e alijados.

De resto, só este segundo aspecto – a afirmação de que às classes sociais cabe expressar e realizar as tendências históricas desenhadas por uma situação estrutural dada – justifica a afirmação da preeminência do presente, pois não dependesse a realização das tendências objetivas do desenvolvimento social da assunção de determinadas responsabilidades históricas por agentes específicos e o privilégio do presente não seria mais do que o simulacro de um saber na verdade anacrônico, comprometido com uma verdade ideal, desprovida de qualquer vinculação intrínseca à temporalidade.

Se a negação da utopia fosse feita com base no conhecimento do que será inevitavelmente, por cumprimento de lei natural, não haveria por que sublinhar a importância do presente relativamente ao passado ou ao futuro. Neste último caso a consideração do tempo histórico concreto não podendo deixar de ser irrelevante, visto que a sucessão dos acontecimentos históricos não seria mais do que a ocorrência ordenada de uma série prevista por lei natural.

O conhecimento do presente só se torna relevante, ao contrário, na medida em que não há nada de cogente a determinar completamente o que será o futuro, na medida em que, para falar em linguagem mais específica, não há qualquer determinismo econômico no sentido forte, na medida, enfim, em que é preciso não só entrever no presente as tendências do porvir, mas também empenhar-se e trabalhar para torná-las realidade.

Não se superará a obscuridade dessas afirmações, todavia, se não se precisar de alguma forma o que são tais tendências ou prenúncios de futuro que é possível descobrir no presente.

A este propósito, se voltarmos um instante ao que foi dito antes sobre o agravamento das contradições intrínsecas ao capitalismo em seu processo de amadurecimento, notaremos que o que se pode "ler" no presente é pura e simplesmente a marcha dessas contradições: a socialização crescente do processo de trabalho social concomitantemente à preservação de formas privadas de gestão e alocação dos recursos produtivos, por exemplo; ou as crises daí resultantes, ou o agravamento do escândalo que à

(cont. nota 44) mas a união, cada vez maior, dos trabalhadores (....) Esta organização dos proletários numa classe e, depois, num partido político é constantemente destruída pela concorrência dos operários entre eles. Mas ela renasce incessantemente, sempre mais forte, mais sólida, mais potente". In *Manifesto comunista*, tradução francesa em Marx, *Oeuvres* I, ed. cit., p.170.

apropriação privada por uns poucos da maior parte da riqueza social, ou ainda o fato de que a maioria, assim continuadamente prejudicada, tem uma força política insuspeitada etc. Em nada disto há, no entanto, qualquer antecipação do futuro.

Esta só acontece quando estas contradições sociais são assumidas desde uma das posições que elas põem em jogo quando, desde tais posições, elas são idealmente negadas[45], isto é, quando – uma vez assumida a posição daqueles que são prejudicados pelas contradições imanentes a um determinado estágio de desenvolvimento histórico – desenha-se e articula-se socialmente um projeto de superação dessas contradições via alteração substantiva e radical de seus determinantes últimos.

Nega-se a utopia, portanto, a partir do conhecimento do futuro. O conhecimento deste, contudo, não é mais do que a negação do presente desde uma posição social determinada. Privilegia-se, pois, o presente na medida em que é o conhecimento rigoroso de suas determinações essenciais, assim como de suas contradições, que permite – graças à sua negação – antecipar os princípios de organização do que será a sociedade vindoura.

Será, no entanto, este conhecimento do futuro pela via negativa um operador especulativo, um artifício destinado a dar soluções imaginárias a uma questão irresolúvel realmente?

Suspeita que pode determinar-se numa dupla direção, seja supondo-se que a "negação da negação faz o ofício de parteira do futuro", como dizia Duhring[46], seja afirmando-se que da negação completa do presente decorre a determinação igualmente completa do porvir[47].

---

[45] "Se ele descobre que os produtos do trabalho são seus, condena a dissociação de suas condições de realização e julga que se lhe impõe uma situação intolerável, o operário terá adquirido uma imensa consciência, que decorre, aliás, do modo de produção sustentado pelo Capital. E nessa ocasião o dobre de finados do capital soará; assim, quando os escravos se aperceberam que não podiam ser propriedade de terceiros e quando tomaram consciência de si mesmos, o escravismo passou a vegetar artificialmente e cessou de ser por mais tempo a base da produção". In *Fundamentos*, ed. cit., I, p. 427.

[46] Citado por Engels no *Anti-Duhring*, tradução francesa editada por Editions Sociales, p. 161. O reproche de Duhring está apoiado na seguinte passagem de *O Capital:* "A apropriação capitalista, conforme ao modo de produção capitalista, constitui a primeira negação desta propriedade privada que não é senão o corolário do trabalho independente e individual. Mas a produção capitalista engendra ela própria sua negação, com a fatalidade que preside às metamorfoses da natureza. É a negação da negação. Ela restabelece não a propriedade privada do trabalhador, mas sua propriedade individual, fundada sobre as conquistas da era capitalista, sobre a cooperação e a posse comum de todos os meios de produção, inclusive o solo". Cap. XXXII, ed. cit., t. III, p.205.

[47] É o que Estevam denomina "a compreensão idealista da função crítica". Cf. *Do Príncipe ao...*

A improcedência da primeira dentre estas acusações foi sustentada por Engels e Lênin, que – em polêmicas contra Duhring e Mikhailtlovski respectivamente – acentuaram ser a argumentação de Marx uma demonstração antes de mais nada histórica[48], caucionada, portanto, pelos fatos e, nesta medida, inocente de qualquer culpa especulativa. E Engels ajunta, como que para assentar sua defesa num princípio, que a negação da negação é uma lei extremamente geral, da qual não se pode extrair qualquer conhecimento sobre nenhum processo de desenvolvimento particular e concreto. O conhecimento destes só podendo resultar de um estudo deles mesmos que mostre, a propósito de cada um, "qual seu gênero original de negação da negação"[49].

Lênin, por sua vez, avança ainda mais, sustentando a propósito da própria argumentação de Engels no texto citado[50] que "a insistência sobre a dialética, a escolha dos exemplos provando a exatidão da tríade, não são mais do que vestígios do hegelianismo de onde saiu o socialismo científico, vestígios de sua maneira de exprimir-se".[51]

Já a segunda linha de suspeição dentro da qual pode ser encarado o papel atribuído à negação – e, portanto, à crítica no discurso marxista – refuta-se por derivação do anterior porque é evidente que se a descoberta do futuro, enquanto negação determinada do presente, longe de anular, ou tornar meramente aparente a participação dos indivíduos no processo histórico[52], supõe, ao contrário, sua intervenção na forma de um confronto (em

[48] "Marx demonstra simplesmente pela história...", diz Engels, o. c., p. 165. Afirmação que Lênin glosa nos seguintes termos: "... Engels diz que Marx jamais sonhou em provar nada com as tríades hegelianas, que ele apenas cuidou de estudar e analisar o processo real que, para Marx, o único critério de aferição de uma teoria era sua conformidade com a realidade. E se acontece, às vezes, que um fenômeno social concorde com o esquema de Hegel: tese, negação, negação da negação, não há nisto nada de surpreendente posto que de uma maneira geral a coisa não é rara na natureza... É evidente para todos que o centro de gravidade na argumentação de Engels é que os materialistas devem expor com exatidão e precisão o verdadeiro processo histórico; (...)" In *Quem são...*, ed. cit., p. 49-50.

[49] Cf. Engels, o. c., p. 172.

[50] Mas sua observação é válida, "*a fortiori*", para o parágrafo de *O Capital* que citamos acima e que deu origem a toda esta discussão.

[51] Cf. Lênin, ibid.

[52] Lênin observa a propósito: "A idéia de determinismo que estabelece a necessidade dos atos humanos e rejeita a fábula absurda do livre-arbítrio não abole, de modo algum, nem a razão, nem a consciência do homem, nem a apreciação dos seus atos. Bem ao contrário: só o ponto de vista determinista permite emitir um juízo rigoroso, em vez de tudo jogar sobre o livre-arbítrio. Do mesmo modo a idéia de necessidade histórica em nada informa o papel da personalidade na história: a história inteira é formada precisamente de ações e personalidades, que, sem nenhuma dúvida, são forças atuantes". Id., p. 43.

última análise político) entre classes sociais, parece claro que as formas concretas de organização dos diferentes segmentos e instâncias do universo social não poderão ser determinadas *a priori*, devendo, inversamente, somente emergir desta própria luta.

Lênin expressa este ponto de vista com muita clareza ao precisar a posição marxista a propósito das formas políticas a serem instituídas na sociedade de transição. O texto é tão esclarecedor que vale a pena citá-lo *in extenso*:

> *"Os **utópicos** se esforçaram por descobrir as formas políticas sob as quais se devia operar a reorganização socialista da sociedade. Os **anarquistas** elidiram em bloco a questão das formas políticas. Os **oportunistas da social democracia** contemporânea aceitaram as formas políticas burguesas do Estado democrático parlamentar como um limite que não se poderia ultrapassar, tendo mesmo quebrado a testa à força de se prostrarem frente a este 'modelo', taxando de anarquismo toda tentativa de quebrar estas formas.*
>
> *De toda a história do socialismo e da luta política, Marx deduziu que o Estado deverá desaparecer e que a forma transitória desta desaparição (passagem do Estado ao não Estado) será 'o proletariado organizado em classe dominante'. Quanto às **formas** (grifo de Lênin) políticas deste futuro, Marx não assumiu a responsabilidade de **descobri-las** (grifo de Lênin). Ele limitou-se a observar exatamente a história da França, a analisá-la e a tirar a conclusão que o conduziu ao ano de 1851: as coisas se orientam para a **destruição** (grifo de Lênin) da máquina de Estado burguesa.*
>
> *E quando 'explodiu o movimento revolucionário' de massa do proletariado, malgrado seu fracasso, não obstante sua curta duração e sua fraqueza evidente, Marx pôs-se a estudar as formas que ele, o movimento, tinha **revelado*** (grifo de Lênin)."[53]

O que significa dizer, para resumir, que se a negação do presente – desde a perspectiva das classes dominadas e tendo em vista a construção de uma sociedade socialista – permite deduzir a necessidade do desaparecimento do Estado e da ditadura do proletariado como primeiro momento deste processo de desaparecimento, disto não decorre nenhum conhecimento determinado acerca das formas políticas concretas que vigerão durante esta transição. Estas últimas, Lênin insiste, serão geradas pelo próprio processo histórico, não cabendo ao analista teórico senão pôr-se

---

[53] *O Estado e a Revolução*, ed. cit., p. 64-65.

na escola da experiência – na escola da Comuna, se quisermos repetir Marx[54].

A terceira linha de afirmação do privilégio gnosiológico do presente, finalmente, perfaz-se como que em dois níveis. O primeiro é determinado pelo princípio de precedência do conhecimento da articulação sistemática das relações sociais num determinado modo de produção, relativamente ao conhecimento da gênese de cada uma das relações que o integram tomada isoladamente[55]. O segundo destes níveis é determinado pela tese de que as categorias que expressam as estruturas sociais mais desenvolvidas, e, por conseguinte, de maior complexidade (o que supõe, naturalmente, a possibilidade de distinguir graus de diferenciação e complexidade entre os diferentes modos de produção) "permitem ao mesmo tempo compreender a estrutura e as relações de produção de todos os tipos de sociedade desaparecidos".[56]

O primeiro destes princípios, a tese da precedência epistemológica do sistema sobre a gênese, é formalizado na distinção elaborada na análise do Capital entre as "pressuposições históricas", "condições de gênese"[57] e "autopressuposição"[58] de um determinado processo; ou para valer-nos das expressões usadas por Giannotti, da distinção entre pressupostos meramente históricos de um processo dado e certos outros pressupostos dos quais cabe dizer que são também repostos.

Bem entendido, a tese marxista não se desdobra da maneira abstrata em que a estamos a expor aqui. Marx introduz essas distinções no exame das

---

[54] Id., p. 56. Ficando claro, naturalmente, que experiência é aqui sinônimo de presente histórico, de tal modo que mudado este último muda necessariamente aquela. A experiência que é preciso ter em conta hoje, no último quartel do século 20, não pode mais ser, por conseguinte, unicamente a dos revolucionários franceses de 1878. Hoje nosso universo de referência há de integrar, além das experiências das revoluções russa, chinesa, cubana e vietnamita, as lições – de resto a cada dia mais inequívocas – inclusas na duração, no alongamento do processo histórico havido a partir destes diversos acontecimentos revolucionários. Neste nível sendo evidente que no entendimento de nosso presente a atenção às formas políticas assumidas pelos Estados socialistas (ou às contradições e conflitos entre estes últimos) é tão importante – embora muito mais negligenciada – do que a discussão sobre os caminhos e estratégias revolucionários – insurreição, guerra de guerrilhas, guerra prolongada ou de libertação nacional. Chamar a atenção para este ponto, aliás, este o maior dos méritos de *Do príncipe ao principado*, que trata precisamente de enriquecer, de "adensar" a reflexão da esquerda brasileira a propósito do socialismo. Reflexão da qual cabe dizer que não só é muito limitada teoricamente como profundamente marcada por inaceitáveis pudores e suspeitas elisões.

[55] Cf. Marx, *Introdução à crítica...*, ed. cit., p.262 e *Fundamentos I*, ed. cit., p. 424.

[56] V. *Introdução...*, ed. cit., p. 260.

[57] Estas expressões encontram-se nos *Fundamentos*, ed. c., p. 428 e 424, respectivamente.

[58] Ibid.

categorias fundamentais do capitalismo, para mostrar a propósito da força de trabalho, por exemplo, que "se o êxodo para as cidades é uma das condições históricas preliminares do sistema urbano, ele deixa de ser uma condição e um elemento deste último quando as cidades estão desenvolvidas".[59]

Ou ainda, para expressar o mesmo em linguagem mais rigorosa, o que é preciso entender é que se no ponto de partida da produção capitalista era necessária a separação entre uma categoria de pessoas munida de tudo que é necessário ao trabalho e uma outra categoria cujos haveres totais se resumem em sua própria força de trabalho, isso muda inteiramente de figura quando da reprodução capitalista, situação em que "o que foi inicialmente ponto de partida torna-se resultado constantemente renovado"[60].

E o mesmo raciocínio vale para esta outra pressuposição histórica da produção capitalista que é a concentração de dinheiro nas mãos daqueles indivíduos que vão se transformar em capitalistas previamente, por assim dizer, a instauração de relações capitalistas propriamente ditas. Tal concentração, explica Marx, é uma "condição histórica preliminar que, do ponto de vista histórico, pertence ao passado e entra em sua genealogia", uma condição que, "em todo caso, cessou de pertencer à história contemporânea, onde o sistema social está efetivamente dominado pelo modo de produção capitalista"[61]. E Marx não tem dificuldade em demonstrar que esta acumulação preliminar[62] é ao mesmo tempo gasta e reconstituída, negada e reposta pelo processo de reprodução do capital[63].

Seja como for, o que nos interessa acentuar no contexto da discussão presente é a afirmação da irredutibilidade da "história contemporânea" do modo de produção capitalista relativamente aos elementos que historicamente lhe condicionaram a formação, os quais, como Marx precisa, pertencem a modos de produção anteriores à consolidação das relações de produção propriamente capitalistas[64].

É que tal irredutibilidade, afirmada assim na análise do processo real, não pode deixar de produzir conseqüências na ordem de exposição do conhecimento dos fatos sociais. Dentre essas cabendo ressaltar, na presente discussão, a anterioridade lógica do conhecimento do presente relativa-

---

[59] Id., p. 423.

[60] V. *O Capital*, ed. c., tomo I, p. 19-20.

[61] *Fundamentos*, ed. c., I, p. 424.

[62] A qual, convém insistir, além de ser uma condição histórica do processo capitalista, lhe é também uma premissa lógica.

[63] Esta demonstração é a parte central do capítulo XXIII de *O Capital*, ed. cit., t. III, p. 12 e seguintes.

[64] Cf. *Fundamentos*, ibid.

mente ao conhecimento do passado, anterioridade que permite, por exemplo, que na análise do modo de produção capitalista empreendida em *O Capital*, o estudo dedicado à sua gênese, o estudo dos pré-requisitos históricos da produção capitalista, só tenha lugar muito depois que esta foi analisada e esmiuçada em suas determinações essenciais[65].

Convém notar, todavia, que a preeminência do presente derivada, assim, da afirmação da primazia lógica do sistema sobre a história de seus elementos, tem um alcance formal, podendo ser afirmada de qualquer modo de produção, sendo aplicável, portanto, à análise de qualquer processo social.

O teor do que chamamos o segundo nível desta tese permite, porém, como logo veremos, retornar à questão que nos interessa precipuamente e que diz respeito à prioridade não do presente lógico com relação à origem de seus termos, mas sim àquela do presente histórico relativamente a um passado igualmente histórico.

Este segundo ponto deriva, já o afirmamos, do princípio marxista segundo o qual é possível distinguir níveis de diferenciação e complexidade entre as múltiplas formas globais de organização social, entre os vários modos de produção para falar linguagem mais ortodoxa.

Tampouco aqui a tese de Marx é enunciada no nível de generalidade em que vimos de apresentá-la. Também neste caso o objeto específico da análise é o modo de produção capitalista. Marx enunciando o princípio em questão nos seguintes termos:

> *"A sociedade burguesa é a organização histórica da produção mais desenvolvida e diferenciada de todas. As categorias que exprimem suas condições e a compreensão de suas estruturas permitem, ao mesmo tempo, compreender a estrutura e as relações de produção de todos os tipos de sociedade desaparecidos sobre cujas ruínas e elementos ela se edificou e dos quais ela continua a carregar alguns vestígios ainda não ultrapassados, dos quais certas virtualidades se desenvolveram plenamente.* (....)
>
> *Assim a chave da economia burguesa fornece a chave da economia antiga etc."*[66]

De qualquer modo, é claro que Marx, embora referindo-se especificamente à posição da sociedade capitalista na série evolutiva das formas históricas de sociedade, está a enunciar um princípio geral de diferenciação

---

[65] Estamos nos referindo, obviamente, à posição do capítulo sobre a acumulação primitiva na arquitetônica do livro I de *O Capital.*

[66] *Introdução Geral* ..., ed. cit., p. 260.

progressiva do universo social, princípio que leva das formas menos às mais complexas e ao qual é associada uma regra de prevalência gnosiológica que faz destas últimas a "chave", como diz o texto, do conhecimento das primeiras, das formas menos diferenciadas de organização social.

Este último ponto é afirmado, aliás, mais determinantemente em vários contextos. Assim, por exemplo, logo na seqüência da passagem que acabamos de citar, Marx diz:

> *"Pode-se conhecer o tributo, a dízima etc., quando se conhece a renda fundiária; mas é preciso não os identificar".*[67]

Analogamente, e ainda neste mesmo parágrafo da *Introdução geral à crítica da economia política*, Marx mostra como a generalização da economia mercantil (fenômeno tipicamente moderno, próprio do modo de produção capitalista já estabelecido e consolidado), sua vigência também a nível produtivo, com a comercialização da força de trabalho, ao criar um princípio de indiferença relativamente à determinação material do trabalho, torna possível a emergência da idéia abstrata de trabalho como "condição geral das trocas materiais entre o homem e a natureza", como condição "independente por isso mesmo de todas as suas formas sociais, ou, antes, igualmente comuns a todas".[68]

E se pode dizer também, em um nível de abstração e generalidade ainda mais alto, que é o próprio princípio básico do materialismo histórico – o que afirma que em **qualquer** forma de sociedade são as condições de produção que fundamentam o modo em que se organiza o conjunto da vida social – que é derivado da análise do presente.

Isto se torna claro nas passagens em que Marx, afirmando-se plenamente conhecedor das observações, certamente triviais, segundo as quais se é óbvio que o princípio do primado da vida material é válido com relação ao mundo moderno, o mesmo não se haverá de admitir a propósito da Idade Média (onde predominava o catolicismo), nem das civilizações do mundo antigo (onde primava o político), insiste em que se vá além das aparências para verificar que "são as condições econômicas de então que explicam porque lá o catolicismo e aqui o político tiveram o papel principal".[69] O mesmo raciocínio é desenvolvido no conhecido texto sobre a gênese da renda fundiária capitalista, onde Marx sustenta que "é a forma econômica específica em que o sobretrabalho não pago é extorquido aos produtores diretos" que "determina o sistema de dominação e servidão", ou ainda, que

---

[67] Ibid.

[68] *O Capital*, ed. cit., t. I, p. 186.

[69] Id., p. 93, nota.

"é sempre nas relações imediatas entre os donos das condições de produção e os produtores diretos" onde "se deve buscar o segredo íntimo, o fundamento escondido de toda a estrutura social, assim como a forma política das relações de soberania e dependência, em resumo da forma de Estado numa época histórica dada".[70]

É manifesto, pois, que é o conhecimento havido na análise do capitalismo e, portanto, do presente – a descoberta da importância fundamental da estrutura produtiva, no caso dele, quase transparente – que serve como chave à resolução dos enigmas representados pelas sociedades passadas.

Ou, para usar os termos de Marx, não é difícil perceber aqui de que modo "as categorias que exprimem as condições e a compreensão das estruturas" da sociedade burguesa "permitem compreender a estrutura e as relações de produção de todos os tipos de sociedades desaparecidos".[71]

Vê-se assim, como o conhecimento do presente, sendo conhecimento do mais complexo, abre caminho para o conhecimento do passado, de tal modo que se torna manifesta não só a prioridade do conhecimento do modo de produção capitalista sobre o conhecimento da gênese histórica de seus elementos, como também o privilégio epistemológico fundamental atribuído assim ao entendimento do capitalismo relativamente à compreensão de todas as macroestruturações sociais passadas.

Por último convém acentuar que este autoconhecimento do presente (das relações de produção mais desenvolvidas em que se encontra a chave necessária ao entendimento das que a antecederam) só se desvencilha das taras ideológicas que usualmente o viciam[72] quando se torna capaz de autocrítica[73].

Este ponto, de resto, é fundamental pois nele marca-se a diferença irredutível que separa a concepção marxista do privilégio do presente daquela sustentada por Hegel.

Para Hegel, de fato, o saber do presente não é mais do que uma das expressões do espírito da época[74], de tal modo que mesmo admitindo-se

---

[70] Id, livro III; in *Oeuvres* II, p. 1398-1403.

[71] V. *Introdução à Crítica...*, ed. cit., p. 260.

[72] Marx refere-se, aqui, quer à tendência a conceber todo o passado como uma seqüência evolutiva de caráter linear, concebida como um processo simples de gestação das formas modernas, quer às chamadas "robinsonadas". Cf. *Introdução...*, Ibid.

[73] "É assim que a economia burguesa só consegue entender a sociedade feudal, antiga, oriental no momento em que empreende sua autocrítica". Id., p. 261.

[74] Assim Hegel diz: "somente há um espírito (...), um princípio, uma idéia, um caráter, o qual se expressa nas mais distintas formas. É o que chamamos o espírito de uma época. Por conseguinte, este não é nada superficial, nada exteriormente determinado; o espírito de uma época não deve ser conhecido por pequenas formalidades (exterioridades)

que, enquanto saber, ele destaca-se de seu tempo[75], continua válido que esta diferença é meramente formal[76] – e isto independentemente de que nela possa estar o germe "de uma nova forma de evolução do espírito"[77].

Nesta medida, pode-se aceitar a formulação de Lyotard segundo a qual, na concepção hegeliana, a relação entre o presente do saber e o presente da realidade histórica é de redobramento[78] desta naquele. E se pode

---

(cont. nota 74) mas através das grandes formas. A filosofia é uma dessas formas, logo ela existe com uma determinada religião, uma determinada constituição, arte, moralidade, ciência etc." In *Introdução à história da filosofia*, tradução espanhola publicada por Aguilar, Buenos Aires, 1961, p. 105. E ainda: "Logo a filosofia é um aspecto da configuração total do espírito, a consciência do espírito, a vida mais elevada dele; porque seu anelo é este: saber 'o que é o espírito". Ibid. E mais adiante: "A filosofia é idêntica ao espírito da época em que aparece; não está ela acima de seu tempo; ela é somente a consciência do substancial de seu tempo, o saber pensante do que existe no tempo". Id. Note-se que nesta comparação específica da posição de Marx com a de Hegel seguimos as sugestões de Lyotard no texto citado. As expressões "redobrar" e "reafirmar" vêm de seu artigo.

[75] Id., p.106.

[76] Ibid. E isto porque – para valermo-nos de um exemplo do próprio Hegel – o modo em que "o que foi a filosofia grega se tornou realidade no mundo cristão" (id., p. 107) não faz com que o conteúdo das obras filosóficas – da República, por exemplo – deixe de ser "uma certa concepção da natureza da vida ética grega" (*Prefácio dos Princípios da Filosofia do Direito*, ed. cit., p. 54), uma descrição da vida ética substancial em sua beleza e em sua verdade ideais" (Id., § 185, p. 217). O sentido em que cabe dizer que a filosofia grega antecipa Roma e o Cristianismo há que ser buscado, pois, na atitude filosófica, visto que esta, enquanto atividade de pensamento, supõe um afastamento do mundo efetivo, a descoberta de um mundo interior. ("O aparecimento do mundo interior provocou a ruptura com a realidade". V. *Lições sobre a Filosofia da História Universal*, tradução francesa editada por Vrin, p.206.) A leitura paralela das duas passagens seguintes talvez deixe mais claro este ponto difícil na compreensão de Hegel: "(...) o direito à liberdade subjetiva constitui a viragem ou o momento decisivo em que se afirmou a diferença entre a antigüidade e o mundo moderno (...). Este direito em sua infinidade foi expresso no Cristianismo e tornou-se o princípio universal efetivo de uma nova forma do mundo" (*Filosofia do Direito*, § 124, ed. cit., p. 163); e esta outra: "Assim Sócrates e Platão se apresentam quando já não se participa nos negócios públicos. A realidade, a vida política já não satisfaz e eles buscam esta satisfação no pensamento; por conseguinte, buscavam em si algo mais excelente que aquilo que, relativamente à Constituição, era mais elevado". (*Introdução à história da filosofia*, p.111.) E ainda um pouco antes: "Por conseguinte, a filosofia surge quando a vida moral de um povo se dissolveu e o espírito seguiu para o mundo do pensamento para buscar um mundo interior" (Id., p. 110).

[77] Observe-se que com esta frase complicada e com os esclarecimentos e citações da nota anterior apenas quisemos evitar a simplificação excessiva da posição hegeliana tal como ela aparece no artigo de Lyotard, cuja posição estamos em geral a seguir neste ponto.

[78] Entenda-se "redobramento" como ato de "tornar a soar", de dizer ou fazer de novo. Conferir as definições e a polissemia no dicionário Aurélio, por exemplo.

admitir igualmente a tese de que, em Marx, o presente da teoria não repete o presente histórico, mas que, antes, o revira (**retourne**), rasgando o véu de ilusões por ele gerado, desentranhando-lhe os limites que em si esconde e antecipando, deste modo, os princípios daquilo que deverá sucedê-lo.

Bem entendido, como observa ainda Lyotard e conformemente ao estabelecido na análise desdobrada supra, esta separação entre o saber e o presente, implicada pela crítica, não anula a vinculação daquela a este último, não suprime o nexo que ata o saber à história, nó onde se encontra a garantia de que, criticando-se a Hegel, não se retrocede a Kant. Ou por outra: o que é preciso não perder de vista é que a crítica – não obstante implicar uma separação radical entre o teor do discurso atual e a textura das determinações do presente – só se desenvolve enquanto crítica de um presente histórico determinado, de um presente que, por assim dizer, a suscita.

E a suscita, já o vimos, na medida em que, no caso do capitalismo, por exemplo, é seu próprio amadurecimento que abre o espaço teórico em que vão emergir, simultaneamente, a economia política vulgar e a crítica da economia política.

Os pressupostos filosóficos são, aqui, aqueles mesmos que dão conta da relação entre o desenvolvimento do capitalismo e o surgimento da economia política. Nos três casos admite-se **explicitamente** que todo discurso desenvolve-se elaborando intuições e representações imediatas[79] e, **implicitamente**, que há uma **dimensão pragmática** envolvida em qualquer análise teórica – dimensão na qual, supostas as contradições sociais, é possível diferenciar **posições discursivas** diversas. A diversidade destes pontos ou lugares de enunciação dando conta, ademais, da multiplicidade e das variações de discursos coetâneos[80]. Percebe-se, portanto, que há em

---

[79] "Portanto para a consciência (...) o pensamento que concebe é o homem real; e o real é o mundo uma vez concebido como tal; o movimento das categorias lhe aparece como verdadeiro ato de produção (...) cujo resultado é o mundo; é exato – mas trata-se apenas de uma tautologia, na medida em que a totalidade concreta enquanto totalidade pensada, concreto pensado, é, de fato, um produto do pensamento, do ato de conceber; ela não é, portanto, de modo algum, o produto do conceito que engendraria a si próprio, que pensaria fora e acima da percepção e das representações, mas um produto da elaboração das percepções e das representações em conceitos". V. *Introdução geral...*, ed. cit., p. 255-56.

[80] Parece-nos, portanto, que a ênfase dada por Lyotard à alienação como um esquema (elemento duplo, simultaneamente dado da percepção e da experiência imediata e realidade conceitual) desvia a análise. Porque antes de enfatizar o papel decisivo, na relação entre a teoria do modo de produção capitalista e a vivência do capitalismo, deste elemento intermediário, seria necessário chamar a atenção para os princípios que tornam tal relação inteligível. Além disso parece-nos esquemática e exagerada a importância conferida por Lyotard – não sem apoio no próprio Marx, é preciso reconhecê-lo – à indiferença empírica, objetiva e subjetiva, na transição da representação do capitalismo e sua apreensão conceitual.

Marx uma espécie de dedução da multiplicidade necessária dos discursos – embora haja, também, a fundação de um princípio de hierarquização entre estes, hierarquização que está apoiada numa espécie de discriminação, a cada momento histórico, dos lugares determinados em que o futuro honrará algumas de suas promessas, dando efetividade a alguns de seus possíveis. Neste ponto é que entra a utilização da negação determinada, enquanto instrumento de valia inestimável relativamente ao trabalho de descobrir e realizar o curso da tendência histórica. Nesta medida pode-se dizer, igualmente, que é o sucesso, maior ou menor, na utilização deste recurso que classifica os discursos em vivos e mortos, embora tal diagnóstico, se feito, "*ex ante*", esteja inelutavelmente afetado de risco e incerteza.

Se retornarmos agora à afirmação de Estevam da qual partimos, podemos concluir que a disjunção em que ela pretende encurralar a posição marxista a propósito das relações entre o saber e o tempo (ou saber do passado, ou um autopresumido pleno conhecimento do futuro) não pode ser considerada senão como um artifício retórico, destinado a legitimar a introdução de uma tese própria com relação a este ponto difícil.

O que preocupa Estevam, efetivamente, o que lhe parece urgentemente necessário, é trabalhar na elucidação – indiscernivelmente antecipadora e prospectiva – das formas a serem assumidas pelas diferentes instâncias do todo social, quando do processo de transição de um modo de produção a outro e, especialmente, das formas políticas que deverão viger quando da transição do capitalismo ao socialismo.

Ora, que esta posição tenha sido explicitamente recusada por Marx, por Lênin, pelo grosso da tradição marxista, enfim, é o que acabamos de ver. O que não quer dizer, no entanto, que esta recusa seja cientificamente conclusiva e que dela se deva tirar um interdito incondicionalmente redibitório de qualquer esforço ou tentativa de antecipar-se ao curso do processo histórico. O que quisemos mostrar, apenas, é que as possibilidades de desenvolvimento de uma posição afirmativa nesta linha implicam, se não num rompimento radical e completo com o todo da tradição marxista, pelo menos no abandono de uma de suas teses importantes.

Mas, além disto, o que nos importava sublinhar é que é a própria discussão disto que Estevam chama o "Capitalismo de Estado de transição", por exemplo, ou, igualmente, o "Capitalismo de Estado autonomizado", que dispensa perfeitamente a legitimação por via desta teorização dissidente. E isto simplesmente porque nos tipos de Estevam não há mais do que reflexão e análise da e sobre a experiência efetiva dos processos de transição até hoje ocorridos.

O que implica dizer que o que era ortodoxamente impossível ao tempo de Marx e Lênin – o exame detalhado e minucioso das formas políticas instituídas pelo processo de transição ao socialismo e nele vigentes – torna-se, hoje, **ortodoxamente imperativo**.

Paradoxo facilmente dissolúvel quando lembramos que a história teve lugar, quando nos apercebemos que o que era futuro ao tempo dos clássicos do marxismo hoje é presente. Presente marcado, porém, justamente pela tragédia consubstanciada nas formas políticas assumidas pelos processos de transição efetivos e concretos. Deste ponto de vista o primeiro dos ensaios de Estevam aqui considerados dispensa perfeitamente a caução de princípio que o segundo (*Do príncipe ao principado*) lhe pretenderia dar. O que continua ortodoxamente inaceitável, todavia, é a insinuação de que a tragédia histórica a que aludimos derive da falta de reflexão política, de teoria política concernente à organização do poder público nas sociedades de transição. Esta é uma lacuna real e Estevam certamente está assistido por carradas de razão ao assinalá-la. É uma lacuna, no entanto, que só se tornou visível em face da experiência efetiva da transição.

Em face desta última, todavia – profundamente marcada ao mesmo tempo pela imprevista tendência de fortalecimento dos aparelhos de Estado e pelo inegável fracasso na obra de construção de uma democracia socialista autêntica –, é simplesmente escandaloso que se continue a fazer da Comuna, ou dos textos e feitos bolcheviques do período heróico, as únicas referências para a análise das questões políticas postas pela transição ao socialismo. Ao assim proceder sacraliza-se os textos clássicos, perdendo-se o que neles é essencial: a sensibilidade às lições do presente e à prontidão em reconhecer as novidades históricas.

Seja como for, com estas observações todas, tranqüiliza-se aos leitores por ventura incondicionais da ortodoxia, ao mesmo tempo em que se ilumina o verdadeiro contexto teórico em que se há de situar o trabalho de Estevam: trata-se simplesmente de pôr a tarefa e a obra crítica à altura de seu presente.

O que não se compreenderá senão na medida em que se aceitar que a fidelidade ao marxismo não pode consistir na repetição ritualizada das obras clássicas, expediente cujo resultado não pode deixar de ser senão o extravio exegético e o falseamento das intenções vazadas nas obras fundadoras.

Resta por avaliar, naturalmente, o teor específico das análises dos problemas políticos da transição, assim como da teoria marxista do Estado, desenvolvidas por Estevam. Tarefa importante, à qual cabe dedicar um outro texto.

8. AÇÕES E PROCESSOS: NOTAS PARA UMA TEORIA MATERIALISTA DA ASTÚCIA DA RAZÃO*

I

Num ensaio intitulado "Sobre o entendimento da conduta humana",[1] M. Oakshott propõe uma distinção terminante entre, por um lado, ações e práticas e, por outro, processos. Aceitas sua terminologia e distinção e as ações seriam "respostas escolhidas a situações afrontadas inteligentemente, referidas a um resultado imaginado e desejado";[2] as práticas, correlatamente, deveriam ser vistas como especificações de desempenho, delimitações de procedimento, tais como são os usos, costumes, padrões, regras etc. em que se enquadram as ações[3]. Já os processos seriam ocorrências, eventos articulados entre si por relações de dependência causal ou funcional[4].

De acordo com Oakshott, a esta distinção corresponderia uma divisão do mundo[5], disto que ele denomina os *goings-on*, das ocorrências ou sucessos, entre os que são meramente inteligíveis e aqueles, outros, que ademais de inteligíveis são também exibições de inteligência[6]. O que, em resumo, significa dizer que "condutas" e "processos" devem ser pensados como duas entidades categorialmente distintas, gêneros diferentes de ocorrências (*goings-on*), aos quais corresponderiam duas ordens incomensuráveis de investigação[7].

---

[1] Incluído em *On Human Conduct*, Clarendon Press, Oxford, 1965.

[2] Op. cit., p. 53.

[3] Id., p. 55.

[4] Cf. id., p. 103.

[5] Num sentido, de alguma maneira, próximo ao da primeira proposição do *Tractatus* de Wittgenstein.

[6] Cf., p. ex., p. 15.

[7] Oakshott ilustra sua distinção com o seguinte exemplo: "Aventurando-me na península de Yucatan, posso perceber uma ocorrência (*going-on*) que, ao percebê-la, identifico como as ruínas de um templo maia, isto é, como um artefato humano, como uma

Conseqüências deste corte radical são as teses de que uma ação "não pode ser entendida como um meio para a realização de um fim não implícito pela mesma", ou de que "não há espaço para relações contingentes nos interstícios dos processos", ou ainda a de que um acontecimento inteligente é uma "ocorrência individual que é em si própria o que é para si própria".[8]

Ora, o que me interessaria discutir na presente comunicação é simplesmente a idéia de que a dialética pode ser tida como uma rejeição desta dicotomia, como uma tese lógico-ontológica destinada a explicar como de ações inteligentes, teleologicamente orientadas, podem derivar resultantes quase mecânicas e também como são possíveis acontecimentos e séries de acontecimentos providos, simultaneamente, de sentido e conseqüências inteiramente alheios às intenções imanentes às múltiplas práticas que os originaram e/ou sustentam e que, contudo, impõem-se cogentemente aos indivíduos e grupos de indivíduos de cujas ações eles derivam. Ou, para expressar o mesmo nos termos de Oakshott, o que me interessaria discutir é sob que condições, em que sentido e em que medida a dialética permite pensar sensatamente a existência de processos constituídos por ações e práticas e, conversamente, a de ações processuais.

A economia será um bom exemplo para este fim. A fixação de preços em mercados concorrenciais é resultante de ações ou de um processo? Mais generalizadamente, o movimento de constante circulação de mercadorias deve ser pensado simplesmente como uma série de múltiplas ações

---

(cont. nota 7) expressão de inteligência. E se, como parte desta compreensão, eu a reconheço como um 'ainda não entendido', ela requererá uma ordem de investigação em que possa vir a ser entendida em termos de seus postulados. Uma vez que a ruína é um artefato, tais postulados serão eles próprios compreensões. Podem ser as crenças religiosas dos maias, seus rituais, etc., atinentes à história religiosa desse povo. Ou, se o que percebo é a ruína de uma construção arquitetônica, minha teorização dirá respeito a seu desenho e seus materiais, entendidos como resultantes de escolhas, circunstâncias e habilidade adquiridas. Sua condição de ruína deveria ser compreendida, então, como um evento histórico, resultante da negligência ou do propósito, conforme a evidência viesse a mostrar. Em resumo, minha investigação diria respeito a crenças e idéias (*understandings*) humanas, a ações entendidas como respostas a situações livremente apreendidas, com eventos, costumes, práticas e usos. Mas se, ao invés, eu fizesse abstração e identificasse a ocorrência como uma estrutura física aluída, ou como um processo de mudança química, e a considerasse como 'um ainda não entendido', a ordem de investigação requerida e os teoremas nos termos dos quais a 'identidade' em questão poderia ser entendida, seriam, categorialmente, de espécie diferente. A identidade que eu teria, então, ante mim, não seria a expressão de uma consciência reflexiva, de tal modo que o instrumento de compreensão seria um tipo ideal (*ideal character*) composto de leis ou condições causais, que especificariam um processo, não uma prática". Id., p. 13-14.

[8] Id., p. 103.

inteligentes ou deve ser visto, antes, como a própria forma do processo de reprodução social?

Perguntas incômodas, dir-se-ia que afetadas por uma impertinência congênita, pois é evidente que num caso como no outro é preciso pensar simultaneamente em ações e em processos.

Propor um preço, com efeito, é obviamente uma ação humana – pois, como já observava Adam Smith, "ninguém jamais viu um cão fazer uma honesta e deliberada troca de ossos com outro cão".[9] E o sentido de uma proposta de troca, assinala ainda Smith na mesma página, fica bem expresso na seguinte fórmula: "dá-me o que quero e terás o que queres"[10] – sentença que revela eminentemente todos os requisitos da conduta exigidos pela definição de Oakshott, a saber e repetindo: o reconhecimento inteligente de uma situação (no caso a falta de um produto qualquer, digamos "a", e o excesso de um outro bem, digamos "b"), a imaginação e o desejo de um outro estado de coisas (por exemplo, uma repartição mais equilibrada das quantidades de "a" e de "b" disponíveis), assim como o cálculo dos meios a mobilizar tendo em vista a consecução de tal fim (precisamente a proposição da troca).

No entanto, é mais ou menos intuitivo que a razão de troca efetiva entre "a" e "b" não será determinada apenas pela vontade soberana de quem estiver disposto a ceder "x" quantidade do bem "a" contra "y" quantidade do bem "b". Pelo menos não se supusermos que os sujeitos da troca em questão não são indivíduos isolados encontrando-se casualmente nos extremos de uma fronteira deserta. Ressalvada esta situação, com efeito – em cujo âmbito talvez fosse possível considerar o estabelecimento da razão de troca como derivada da reciprocidade, mais ou menos antagônica, mas transparente, de duas vontades dispondo autonomamente sobre os termos de seu intercâmbio[11] – e notadamente se os mercadores, ofertantes e adquirentes forem muitos, operando com produtos relativamente homogêneos, é evidente que a razão de troca efetiva entre "a" e "b", a ser estabelecida a cada confronto de proprietários de uma e outra, dependerá intrinsecamente do que tiver ocorrido, estiver ocorrendo ou se preveja venha a ocorrer

[9] *Wealth of Nations*, L. I, cap. II, § 2; Glasgow Edition, Clarendon Press, Oxford, 1976, vl. I, p. 26.

[10] Ibid.

[11] A propósito desta situação, K. Wicksell observa: "Nos contentaremos em indicar que a fixação do preço na troca isolada é um problema *indeterminado* (...). Onde se efetuarem trocas isoladas a fixação virtual do preço dependerá essencialmente das condições pessoais de cada indivíduo, de sua capacidade, sangue-frio, da boa vontade de ambos etc.". Em *Lições de economia política*, 1ª Parte, 3, I, p. 46 da tradução espanhola publicada por Aguilar, Madri, 1947.

nas operações análogas entre os demais membros da série de partícipes do campo de troca. Nesta situação, aliás, a proporção exata da troca será para os "mercadores" antes um dado a que é impossível deixar de atender do que uma decisão arbitral, posto que, justamente, o conteúdo da proposição de cada um e as chances de que venham elas, distributivamente, a vingar, determina-se alhures, por força do que estiver a ocorrer nas demais transações do mercado.

O sentido de um ato de troca qualquer esborda, por conseguinte, a racionalidade reciprocamente teleológica em que se esgota o contrato, vendo-se invadida por uma força e por um excesso de sentido que lhe aparece como um dado externo e incontrolável.

Quanto ao outro exemplo mencionado anteriormente, ao movimento de circulação de mercadorias, também é evidente que, embora esteja apoiado nas decisões de cada agente econômico, é ele também o **processo** através do qual efetua-se continuamente a socialização econômica do conjunto social – ou, se quiser falar a linguagem do marxismo, o processo pelo qual, sob condições de separação e autonomia dos produtores, ganha efetividade e é regulado o processo de reprodução econômica do todo social.

Neste caso, tanto quanto no anterior, é evidente que a operação de cada indivíduo tem suas condições de possibilidade e êxito (o fato, por exemplo, para o vendedor, de que venha a encontrar, ou deixar de encontrar, compradores para seu produto), assim como seus termos (por exemplo, o preço em que sua venda será obrigada a efetuar-se) inteiramente dependentes do que estiver a ocorrer ao nível do processo de reprodução no seu conjunto, o qual – ainda que só exista no e pelo inter-relacionamento dos múltiplos agentes nele intervenientes – é independente de cada um e de todos eles, se, neste último caso, considerados distributivamente. As configurações do processo de reprodução – depressões, por exemplo, ou surtos inflacionários – devem ser reconhecidos, pois, como realidades objetivas, que, embora produzidas e alimentadas pelas múltiplas práticas, são na verdade alheias a elas, espécie de destino a que nenhuma pode fugir.[12]

---

[12] Sobre este caráter do processo de reprodução há uma página de Marx especialmente clara e feliz. Marx diz: "A circulação é um movimento em que a alienação geral aparece como apropriação geral e vice-versa. Ainda que o conjunto deste movimento apareça como um processo social cujos momentos isolados emanaram da vontade consciente e dos fins particulares dos indivíduos, a totalidade do processo é um agregado objetivo, nascido espontaneamente, saído da interação dos indivíduos, mas que não é, por isso, um feito da consciência deles e eles não o assumem como totalidade. Seus próprios conflitos produzem uma força social acima deles, que lhes é estrangeira; a ação que eles exercem uns sobre os outros torna-se um processo e uma potência que escapa ao controle deles. Totalidade do processo social, a circulação é também a primeira forma na qual não somente a relação social – como é o caso com a moeda e

Não parece, portanto, que se possa negar seja a economia constituída de "processos práticos", se ouso dizer; de mecanismos providos de inequívoca efetividade e, contudo, fundados em ações que, pelo menos em primeira instância, são também inequivocamente livres, atos de escolha teleologicamente orientados.

Aliás, se poderia dizer que os economistas se aperceberam disto muito cedo, pois, por exemplo, quando A. Smith diz que "cada indivíduo está continuamente esforçando-se para descobrir o emprego mais vantajoso para o capital de que dispuser", quando acrescenta que, ao fazê-lo, "tem ele em vista sua própria vantagem, e não a da sociedade", e quando, enfim, conclui observando que, contudo, "a busca de sua vantagem o leva naturalmente, ou antes, necessariamente, a procurar o emprego (para o seu capital) que é o mais vantajoso para a sociedade"[13], não está ele senão a atentar para este mecanismo pelo qual tendências globais afirmam-se graças à livre ação de indivíduos.

Bem entendido, a nossa **questio juris** continua intocada. Constatar que de ações livremente efetuadas, dirigidas a fins e interesses particulares, resultam processos a que tais ações vêem-se submetidas não é, obviamente, explicar como isto é possível. De resto, quando Smith refere-se a esta derivação da, a seus olhos, harmônica satisfação de carências sociais a partir de ações individuais e dispersas, valendo-se da metáfora da "mão invisível"[14], que promoveria um fim que não faz parte das intuições dos agentes, ele está, na verdade, a reconhecer o caráter enigmático misterioso do que está aí em jogo.

II

Expressa de forma não-metafórica, a questão **filosófica** colocada pelas estranhas harmonias da economia política é a de saber de onde e de que forma emerge a unificação regrada das múltiplas e dispersas ações sociais.

(cont. nota 12) o valor de troca – mas o conjunto do movimento da própria sociedade se apresenta como um fato independente dos indivíduos. As inter-relações sociais destes últimos se erigem em autoridade autônoma acima deles; quer se represente esta autoridade como um fato da Natureza, do acaso ou de qualquer outra coisa, ela é o resultado fatal de que o ponto de partida do movimento social não é o **livre** (sublinhado por Marx) indivíduo social. Primeira totalidade entre as categorias econômicas, a circulação presta-se admiravelmente a tornar visível este estado de coisas". Prefácio ao Livro II de *O Capital* segundo a edição de M. Rubel, em K. Marx, *Oeuvres II*, 1968, p. 506. Trata-se de um texto dos Grundrisse que na tradução francesa de Dangeville aparece – aliás, desfigurado – nas p. 137–38.

[13] Op. cit., IV, II, § 4°, ed. cit., v. I, p. 454.

[14] V. id., p. 456.

A primeira grande resposta a esta questão encontra-se no conceito hegeliano de sociedade civil. Hegel o introduz partindo exatamente do ponto a que acabamos de chegar, começando por afirmar que os princípios da sociedade civil são, por um lado, a pessoa particular, "mistura concreta de carências e vontade arbitrária", e, por outro, a "forma da universalidade"[15] que, neste nível, "não é senão a necessidade"[16], "o entendimento que age (no) e rege (ao)"[17] entrelaçamento das vontades particulares[18].

O passo seguinte é dado pela observação de que entre as "vontades subjetivas", os "fins egoístas", os "elementos particulares", ou como quer que se os denomine, e a "forma da universalidade", a legalidade que lhes preside os movimentos à primeira vista disparatados, interpõe-se, como mediação essencial, "o sistema da dependência recíproca"[19].

No parágrafo 192 da *Filosofia do Direito*, e em sua adição, Hegel precisa que é porque "devo conformar meu comportamento ao dos outros que **a forma da universalidade se introduz**"[20], o que significa dizer que a legalidade que se presume vigente nesta interação aparentemente desordenada de ações individuais tem sua raiz nas limitações materiais dos indivíduos, os quais, a despeito de que vontades livres, não são materialmente auto-suficientes, vendo-se inelutavelmente obrigados, ao contrário, a trocar os produtos de seus trabalhos respectivos. Ora, ao fazerem isto, diz Hegel, ao se entrelaçarem no movimento de intercâmbio, convertem eles o "egoísmo de cada um em contribuição às carências de todos os outros, em mediação do particular pelo universal, de tal sorte que por este movimento dialético"[21] a universalidade mostra-se como "fundamento e forma necessária da particularidade, potência que a ultrapassa e lhe constitui o fim último"[22].

É fundamental observar, todavia, que, embora os dois princípios que compõem a sociedade civil – de um lado, recorde-se, as pessoas e, de outro, o "entendimento", as leis que lhes determinam as ações – permaneçam

---

[15] *Princípios da Filosofia do Direito*, § 182, aqui citado de acordo com a tradução francesa editada por Vrin, Paris, 1975, p. 215.

[16] Id., adição ao § 229, p. 215.

[17] Id., § 189, observação, p. 220.

[18] O qual dá lugar, segundo Hegel, à constituição da Economia Política, "ciência que honra ao pensamento" porque "descobre as leis que regem uma multidão de elementos contingentes". Ibid., adição.

[19] Cf. id., § 183, p. 215-16.

[20] Id., p. 222.

[21] Id., § 199, p. 225.

[22] Id., § 184, p. 216.

independentes[23], a verdade é que esta separação marca-lhe o limite, responde pela inferioridade ontológica da sociedade civil, uma vez que isto que Hegel denomina a unidade substancial, a identidade de cada consciência com o racional em si e para si, isto é, o Espírito plenamente realizado no Estado, é o verdadeiro fim, o ponto de partida e o resultado da satisfação recíproca das necessidades, assim como, em geral, das condutas e atividades dos indivíduos.[24]

Percebe-se, pois, como Hegel desdobra sua análise do paradoxo que estamos a considerar, introduzindo em primeiro lugar a idéia de que o caráter regrado do processo de reprodução econômica tem suas raízes na dependência recíproca dos indivíduos, a qual é a essência de que a obstinação dos particulares em seus fins egoísticos não é mais do que a aparência. Logo em seguida, no entanto, Hegel abre o segundo movimento de sua análise ao sustentar que esta universalidade calcada na dependência recíproca não é ela própria senão aparência da verdadeira universalidade, daquela que aparece no Estado enquanto "realidade efetiva da Idéia ética", âmbito em que os indivíduos "vão por eles próprios ao interesse do universal, reconhecendo a este último como seu querer e saber, como seu próprio espírito substancial, passando assim a agir em função dele como de seu fim último".[25]

O essencial da posição hegeliana pode, aliás, ser esclarecido e expresso também por uma breve análise do clássico tema da "astúcia da razão".

A consecução de fins sociais, a obra de ordenação da história a partir das paixões e interesses dos indivíduos, os quais, nesta medida, tornam-se meios daqueles, isto precisamente é a **astúcia da razão**[26]. Condição para a ação agregadora e globalmente finalizadora desta última encontra-se em primeira instância, como vimos, na dependência recíproca dos indivíduos. Em segunda instância – e mais profunda e radicalmente – provém, no entanto, da **proposição especulativa**, isto é, do fato de que os indivíduos são meios do Universal e de que este, enquanto ativo, só pode existir graças às paixões e iniciativas daqueles[27].

---

[23] Id., § 186, p. 217-18. Posto que "o interesse da Idéia não está presente na consciência dos membros da sociedade civil enquanto tais, encontram-se antes no processo...". Id., § 182, p. 218.

[24] Id., p. 259.

[25] Id., § 260, p. 264.

[26] Em *A Razão na História* Hegel diz: "As paixões (...) se realizam segundo sua determinação natural, mas elas produzem o edifício da sociedade humana no qual elas conferiram ao direito e à ordem o poder contra elas mesmas". Citado aqui conforme a tradução francesa editada por UGE, 10/18, p. 107.

[27] Hegel diz: "Desde o início expliquei qual é nosso pressuposto ou nossa fé: a idéia de que a Razão governa o mundo e, por conseguinte, governa e governou a História Universal é substancial; todo o resto é subordinado e lhe serve de instrumento e meio. Ademais esta

Que esta mediação se faça **astuciosa**, ardilosamente, isto também deve ser explicado em dois níveis. Primeiramente, produz-se o ardil na medida em que os indivíduos ignoram os fins da razão,[28] ignorância que é também ignorância deles mesmos. Mais profundamente, no entanto, a Razão se faz astúcia na medida em que não pode deixar de mediar-se a si própria, de existir primeiro como que esquecida de si mesma, racionalidade puramente "em si", que só progressivamente, historicamente, torna-se "em si" e "para si"[29].

Seja como for, é quase desnecessário dizer que, ao não se aprofundar na análise disto que denomina de "dependência recíproca" (embora vendo aí o fundamento das leis econômicas), ao pensá-la logo como uma espécie degradada da verdadeira universalidade e também ao não deter-se no exame dos mecanismos concretos graças aos quais "resulta das ações dos homens algo diverso do que projetaram e atingiram, do que eles sabem e querem imediatamente"[30], ao tratar, ao contrário, de reduzir o que está aí em jogo à ação mediada do Espírito do Mundo, está muito claro que Hegel pouco elucida a questão que nos está a interessar precipuamente aqui[31].

Com efeito, expressa em linguagem corrente, a contribuição de Hegel neste ponto resume-se em dizer que relações necessárias, processos, podem emergir de ações livres na medida em que por trás da dispersão dos agentes históricos encontra-se a substância de que são eles expressão, a Razão que governa o mundo e que é "substância, potência infinita, matéria infinita de toda vida natural ou espiritual"[32]. O que significa dizer que, diante do paradoxo formado pela constituição de processos, regularidades e eventos históricos providos de um sentido que esborda às intenções e à consciência dos indivíduos de cujas ações eles derivam, Hegel trata de lhe dar solu-

---

(cont. nota 27) razão é imanente à realidade histórica, realiza-se em e por esta. É a união do Universal existente em si e para si e do individual e do subjetivo que constitui a única verdade: é a proposição especulativa, que desenvolvemos na Lógica". Id., p. 110.

[28] Hegel diz: "Eles realizam seus interesses mas produz-se ao mesmo tempo outra coisa que está ali escondida, da qual a consciência deles não se apercebia e que não estava em suas intenções". Id., p. 111.

[29] Hegel diz: "O fim geral com o qual começa a História é de dar satisfação ao conceito de Espírito. Mas este fim só existe 'em si', isto é como natureza: é um desejo enterrado nas camadas mais profundas da interioridade e toda a obra da História Universal consiste (...) no esforço de elevá-lo à consciência". Id., p. 110.

[30] Id., p. 111.

[31] A despeito de que lance ele as bases para a compreensão do que seja, na verdade, a alienação e de que, ao fazê-lo, introduza a idéia sugestiva e utópica do Estado como forma de sociabilidade perfeita, inteiramente reflexiva e transparente em seu nível e que é, neste sentido, o contrário da alienação.

[32] Id., p. 47.

ção tornando a dispersão e a multiplicidade aparências de uma identidade ao mesmo tempo originária, presente e destinada à mais plena revelação e reconhecimento.

Ora, que a sociabilidade seja um *a priori*, que tenha necessidades próprias que se afirmam independentemente do querer dos indivíduos, ainda que só se tornem efetivas graças a eles – termos a que poderia ser reduzida, e trivializada, a análise hegeliana –, isto, ainda que admitido como verdadeiro, em nada explica como, concretamente, as ações individuais se transformam em alma alienada dos processos.

A resposta a esta questão, sem a qual toda recusa da dicotomia de Oakshott é dogmática e metafísica, tampouco nos é dada por Marx, embora deva-se reconhecer que a teoria do fetichismo reponha o esquema hegeliano que acabamos de apresentar de forma menos especulativa.

O que Marx denomina de fetichismo da mercadoria – e que não mais do que a autonomização dos eventos econômicos, o caráter quase automático dos movimentos de preços, por exemplo – deve ser compreendido como uma conseqüência do fato de que, sob condições mercantis, a reprodução econômica da sociedade não se faz de forma diretamente social, senão que deriva das iniciativas de agentes econômicos independentes e autônomos.

O dispositivo lógico que sustenta a análise do fetichismo é, contudo, o mesmo da análise hegeliana. Isto fica claro em muitos contextos, mas é provavelmente na carta que Marx endereça a Kugelmann em 11 de julho de 1868 que sua posição externa-se com mais clareza.

Nessa carta Marx insiste em que o processo de reprodução econômica é regrado – independentemente das diferentes formas que o processo produtivo pode vir a assumir – simplesmente porque a sociedade não pode subsistir senão à condição de obedecer a certas exigências que lhe são próprias constitutivamente, notadamente o fato de que tem ela em sua base um complexo de carências – seja as atinentes ao consumo individual de seus membros, seja outras, referidas aos requisitos técnicos indispensáveis à atividade produtiva – que lhe é imperativo satisfazer, sob pena de autodestruição, e cujo atendimento exige forçosamente a repartição do tempo de trabalho socialmente disponível em alíquotas que lhes sejam proporcionais.

Por outro lado, Marx insiste em que estes princípios, inelutáveis, de ordenação do processo de reprodução social assumem a forma de leis **econômicas**, de processos que se afirmam como leis incontroláveis, justamente porque, e na medida em que, a reprodução econômica da sociedade processa-se, como dissemos, com base na "livre iniciativa" dos agentes econômicos, cuja integração-socialização só pode perfazer-se, então, na dinâmica recorrente, e cega, dos mercados.

O progresso com relação a Hegel está, evidentemente, na concepção de que é a segmentação do processo produtivo, própria às sociedades mercantis, que, atomizando o todo social, impede que a vida econômica desdobre-se, reflexiva e transparentemente, no âmbito e sob as normas que uma prática coletiva se auto-imporia. Neste sentido, é fundamental observar que o caráter "astucioso", o "ardil" próprio à dinâmica econômica, não radicaria no padrão evolutivo da "Razão", mas no fato externo e contingente de que a história separa os indivíduos e autonomiza as atividades produtivas.

É claro, no entanto, que tanto para Hegel quanto para Marx a condição de possibilidade de unificação das ações múltiplas e disparatadas reside, em última instância, em sua unidade originária, no fato de que são elas, desde sempre, momentos de uma ação por princípio una.[33]

No caso de Hegel, esta unidade originária das múltiplas ações funda-se na identidade do Espírito, que é o verdadeiro ser de todas e de cada uma das vontades. No caso de Marx, a identidade é a da sociedade que é, por assim dizer, a base, o pressuposto de que emergem e em que radicam, em última análise, os indivíduos e suas ações. Para ambos, igualmente, o caráter "legal" exterior desta síntese funda-se no "esquecimento", na perda desta identidade originária.

Ora, esta resposta – esta maneira de resolver o problema da derivação de processos e regularidades sociais a partir da dispersão das ações individuais que consiste em suprimir-lhe, em dissolver a multiplicidade prática efetiva numa identidade originária postulada –, esta resposta, dizíamos, é inaceitável por pelo menos três razões.

Em primeiro lugar porque o estatuto dessa unidade substancial – desta sociabilidade originária que se torna como uma espécie de *a priori* transcendental, determinante e constitutiva das práticas sociais reais e efetivas – é, a par de fundado em definições do ser social dogmáticas, singularmente obscuro. O conceito hegeliano de Espírito parece óbvio que não se pode considerá-lo, hoje, senão como um tema de filosofia hegeliana, impossível de ser levado a sério como proposta de determinação ontológica da realidade humana. Já no caso de Marx a dificuldade está em que o estatuto desta sociedade que já está sempre aí, e que nos amarraria originariamente, nunca foi objeto de elucidação sistemática, salvo, é claro, nos textos meio especulativos/meio naturalistas sobre o gênero ou sobre a espécie humana.

Uma segunda e mais direta razão para não aceitar o modelo de explicação ínsito nas propostas de Marx e Hegel está em que, uma vez admitida a separação dos indivíduos e a autonomia de suas ações, a pressuposição

---

[33] Assim, Marx conclui a carta que citamos acima, dizendo que as instituições sociais se erigem em autoridade autônoma acima dos indivíduos na medida em que "o ponto de partida do movimento social não é o livre indivíduo social".

de que o ponto de partida na verdade não é esta multiplicidade aparentemente "livre", como diz Marx, mas, ao contrário, e no "fundo", a unidade originária em que todos comungam, nada nos diz sobre o modo em que **age** esta última, não mostra em que sentido ela é ativa, como as forças que lhe são próprias **soldam** a multiplicidade de ações livres e disparatadas. O que significa dizer apenas que dentro desta posição não há como deixar de reconhecer que os caminhos e desígnios da Providência são insondáveis.

Em terceiro lugar, cabe ainda observar que mesmo a idéia hegeliana de um "sistema das necessidades", o pressuposto de que a unidade que vem a estabelecer-se fundada na universalidade das dependências recíprocas, não soluciona a questão que estamos a tratar, senão que a agrava, posto que a dependência universal pode, obviamente, dar razão a um contrato coletivo de prestação e contraprestação generalizada de serviços, mas deixa inteiramente em aberto a questão de saber como ações separadas e autônomas acabam por "reciprocar-se", obedecendo a uma necessidade cega e exterior.

III

As explicações da legalidade econômica sustentadas com base no postulado do caráter contraditório da ação social, que seria simultaneamente individualizada e universal, particular e social, não conseguem, portanto, estabelecer verdadeiramente as condições de inteligibilidade da "ação alienada", isto é, do fetichismo e de todos os processos que, sem ter nenhum autor identificável e nem visar a fins determináveis *ex-ante*, são, contudo, não só inteligíveis como também fundados em condutas, em ações livres e inteligentes, ademais de se constituir em conjuntos de acontecimentos articulados e providos de sentido.

Para efetivamente enfrentar esta questão, em vez de tentar anular a multiplicidade prática supondo especulativamente a existência de uma unidade social subjacente, o necessário é concentrar a atenção no jogo das ações e inter-relações dos indivíduos humanos, é investigar se na trama destas últimas não há mecanismos e formas de integração alheios tanto às reciprocidades contratuais quanto à fusão metafísica numa sociabilidade "profunda". Excluída esta opção de análise, os processos sociais – que existem exatamente onde ações livres interagem regrada e ordenadamente sob condições de dispersão e na ausência de acordos e planos – permanecerão ou como enigmas insolúveis, como a mão invisível de Smith, ou diluir-se-ão no obscurecimento maior da bruma especulativa.

Deve-se a Sartre o único esforço relevante para enfrentar esta questão.

Seu ponto de partida e seu primeiro grande mérito é ter insistido no problema, no escândalo que há em falar de processos necessários a propósito de agregações de ações livres, as quais, no entanto, se vêem submetidas às regularidades ínsitas naqueles; na dificuldade de conceber como são possíveis processos significativos e, contudo, não intencionados por ninguém.

O essencial da solução proposta por Sartre a esses problemas resume-se na teoria da ação serial, cujo objeto é precisamente a elucidação da lógica das ações dispersas, dos mecanismos de integração destas últimas e, nesta medida, do fundamento lógico e ontológico dos processos sociais.

Num certo sentido, aliás, a proposta de Sartre pode ser tida como um aprofundamento radical da teoria hegeliana da astúcia da razão. Ou, mais exatamente: pode ser tida como um esforço para compreender o que está em jogo na noção hegeliana fora do pensamento especulativo e, nesta medida, como uma tentativa para estabelecer uma compreensão materialista da astúcia da razão.

A base teórica da construção sartreana resume-se na pressuposição de que as ações humanas são livres e constitutivamente referidas à materialidade. Livres no sentido de que são necessariamente negações de dados circunstanciais, pontos iniciais de cadeias de eventos. Constitutivamente referidas à materialidade em dois sentidos, os quais, aliás, determinam-se em função do duplo estatuto desta última. Num primeiro sentido elas se reportam necessariamente à materialidade no sentido de que, sendo indissociáveis da individualidade orgânica dos homens, as ações são sempre, direta ou indiretamente, manipulações do entorno material. Mas constitutivamente referidas à materialidade também no sentido de que o **número**, a multiplicidade dos organismos práticos, é um dado inelutável da materialidade.

Vista deste ponto de vista, a astúcia da razão deverá compreender-se a partir das subversões de sentido que a materialização das ações torna possíveis e inelutáveis.

Uma ilustração introdutória e simples deste ponto de vista, Sartre a dá com o exemplo do desmatamento do campo chinês, realizado por gerações e gerações de camponeses cujas ações não visavam a outra coisa do que ganhar à Natureza mais uma fração de terra arável. Ora, diz Sartre, o estatuto material destas ações, o fato de que elas eram múltiplas e objetivamente aditivas, o fato de que apunham-se sobre um mesmo campo material, acabou por dar origem às grandes inundações, flagelo e sina coletiva das gerações presentes, pelas quais nenhum camponês individualmente foi responsável e contra os quais nenhum pode coisa alguma.

Neste exemplo percebe-se a perversão dos fins e a síntese das ações múltiplas como obra do entorno material, cuja inércia é a base para o encadeamento de eventos que acabará por rebater-se contra os indivíduos que os originaram[34].

É importante notar, todavia, que a lógica que preside a integração das ações e seu rebatimento na forma de inundações, resultado não previsto e inevitável das ações de todos, tem algo de insatisfatório, uma vez que a síntese das ações e a reversão de seu sentido deriva, neste caso, de um fator puramente natural. Do desmatamento às enchentes há um elo puramente físico. O desequilíbrio ecológico, ainda que induzido pela prática coletiva, obedece a leis que lhe são próprias enquanto fato natural.

Ocorre aqui, aliás, a mesma inadequação que Hegel assinala ao ilustrar a "astúcia da razão" com o exemplo do incendiário que, ao pretender vingar-se, ateia fogo à casa de seu inimigo e acaba por produzir mortes que não intencionara e não previra. Num caso como no outro, a inadequação está em que o peso do acidental, de ordem física, é excessivo.

Por isso, no caso de Hegel, a análise prossegue com o exemplo de César, que, ao tornar-se senhor único de Roma agindo por orgulho, vaidade e vontade de poder, realiza uma determinação necessária da história romana e mundial, no caso o fim definitivo da República aristocrática[35].

No caso de Sartre, a análise se aprofunda, com os exemplos dos processos propriamente seriais.

Seja, por exemplo, o caso, mencionado acima, da fixação de um preço num mercado concorrencial. É evidente ali que o preço de mercado é determinado – o preço de mercado considerado como o ponto de equilíbrio ao qual este tenderá na ausência de constrangimentos externos e definidas, bem entendido, as intenções de compra e venda dos agentes – pelos deslocamentos de compradores e vendedores que acabarão por "encontrar", sem na verdade tê-lo procurado, o ponto de equilíbrio. O que significa dizer que, admitida uma definição múltipla e diversa das intenções de compra e de venda, a fixação de preços diferentes daqueles em que se igualam oferta e demanda, provocará deslocamentos de compradores e vendedores, seja no sentido de aumentar a demanda, se o preço efetivamente praticado for menor do que o de equilíbrio, seja no de ampliar a oferta, se o desvio for inverso. Observe-se, além disso, que a própria definição do ponto de equilíbrio a partir do rol das intenções de compra e venda é inteiramente serial, posto que é porque a preços tais ou quais alguns compradores retirar-se-ão do mercado, que os vendedores não poderão aumentar seus preços além de um certo limite; inversamente, é porque determinados compradores estão dis-

[34] Confira-se o exemplo dos camponeses chineses em *Crítica da razão dialética*, Gallimard, Paris, 1960, p. 133 e s.

[35] Ver *A razão na História*, ed. cit., p. 112-13.

postos a pagar o preço "x" que o preço não baixa desse limite, e assim por diante.[36]

O que é fundamental ter presente, no entanto, é que o preço se estabilizará por "ação da recorrência, sem ter sido querido por ninguém",[37] por efeito do encadeamento circular do que cada um fará em função do que souber ou presumir tenham os demais feito, ou estejam por fazer, num movimento cuja lógica encontra-se na determinação interna de cada ação pelas ações dos outros. Assinale-se que, ao determinar-se em função das expectativas ou constatações sobre a ação alheia, cada ação perde-se a si mesma, porque ao fazê-lo induzirá correspondentes modificações ou ajustes nas ações de terceiros e assim indefinidamente, de tal sorte que não só os efeitos e intenções de cada escolha serão modificados, adulterados pelas ações dos demais, como também cada ação alterar-se-á a si mesma, far-se-á desvio de si mesma, outra que si. É, pois, no quadro da ação serial, que cada um torna-se livre causa da necessidade a que se vê submetido, a qual só vem a aparecer em sentido próprio, no entanto, quando cada um apercebe-se da inelutabilidade da alienação "marginal" de suas ações, quando cada agente efetua o que Sartre denomina de "passagem ao limite", isto é, quando passa a tomar o resultado das ações dispersas como um dado objetivo a que é impossível deixar de atender. Um exemplo claro desta operação é a "constatação", por parte daqueles que operam num mercado concorrencial, de que o preço, ou, pelo menos, as variações de preço, são um dado objetivo, incontrolado e incontrolável.

Correspondentemente, é o caráter comum, a "identidade" das múltiplas ações concorrentes que vem a elas "de fora", ou como diz Sartre:

> *"Por esta oposição do Outro e do mesmo no meio do Outro, a alteridade torna-se esta estrutura paradoxal: a identidade de cada um a cada um como ação de interioridade serial de cada um sobre o Outro. Com isto, a identidade torna-se sintética: cada um é feito, pelos Outros, Outro que age sobre os Outros; a estrutura formal e universal da Alteridade fará a Razão da Série."*[38]

Razão comum a cada um e todos, regra de suas ações, mas inteiramente alheia à especulação hegeliana.

Seja como for, é evidente que a unidade dos processos seriais – como a do movimento geral de circulação de mercadorias, para voltar ao exemplo já dado antes – não está predefinida em parte alguma, não é dada,

---

[36] Para um exame mais detalhado deste ponto veja-se CRD, p. 328 e seguintes.

[37] Id., p.350.

[38] Id., p.314.

no caso do exemplo em questão, pela unicidade da sociedade concebida como um sujeito, de cuja vida os movimentos de produção, circulação e distribuição, o processo de reprodução econômica, enfim, seria um momento essencial. É ela, diferentemente, constituída, contínua e indefinidamente, na série aberta das ações dos sujeitos econômicos. Neste sentido, seu caráter justamente de ***unidade*** – que aparece brutalmente, por exemplo, num momento de crise – está sempre alhures, na recorrência dos movimentos concorrenciais, que acabarão por produzir seus padrões médios de funcionamento, cujo rompimento, precisamente, define a situação de crise.

Percebe-se, portanto, que, na análise de Sartre, os processos e as ações processuais são explicados com fundamento na descoberta da alteridade como forma específica de interação humana, forma cuja lógica interna permite compreender, justamente, como vem a ser possível o desenvolvimento de processos necessários e livres, inteligentes e inteligíveis, embora não intencionados por ninguém.

A serialidade como forma específica de interação humana, base formal de toda e qualquer necessidade no campo das Ciências Humanas, esta, pois, a descoberta categorial de Sartre, suficiente para colocá-lo entre aqueles poucos pensadores que foram capazes de revelar, em um ou outro domínio, qual o verdadeiro travejamento lógico-ontológico da realidade.

Seria quase desnecessário observar que a lógica da alteridade pode ser vista, também, como uma maneira de explicar, contra as teses de Oakshott, como as ações podem tornar-se meios para a consecução de fins não-implícitos nelas mesmas, como há espaço para relações contingentes nos interstícios dos processos e como, ainda, podem ser elas em si diversas do que o são para si.

9. TRANSCENDENTALISMO E DIALÉTICA. A PROPÓSITO DE *TRABALHO E REFLEXÃO*[1]

O propósito desta comunicação é muito simples: interessa-me explicitar a natureza do projeto filosófico que anima a *Trabalho e reflexão*. Trata-se de um objetivo de caráter paradidático, próprio do nível mais elementar da análise de textos. Mesmo assim não é um empreendimento sem riscos.

A primeira dificuldade reside no teor do livro. *Trabalho e reflexão* é provavelmente o primeiro clássico da filosofia brasileira, o que significa dizer que é marcado por grande ambição especulativa, largo espectro temático e escrita particularmente densa e difícil. Em segundo lugar, há que considerar que acaba de ser publicado e que mal houve tempo de finalizar-lhe a leitura. Por fim, convém notar que este pequeno exercício vai ser feito na presença do autor, o qual, como sabem todos os que o conhecem pessoalmente, nem por ser amigo extremoso deixa de ser portador de um rigor apaixonado e implacável.

Seja como for, ao escolher prudentemente a mais simples das linhas de abordagem, não perdi a esperança de que as observações seguintes possam ter alguma serventia, eventualmente auxiliando leitores perplexos a recuperarem a orientação.

Materialmente, o que me importa mostrar é que, embora *Trabalho e reflexão* pretenda-se próximo da tradição marxista e conquanto comece anunciando-se expressamente como uma dialética dos fenômenos sociais, é ele, na verdade, um projeto de filosofia transcendental.

A alegação de que o livro é uma dialética, Giannotti a sustenta com base em duas observações. A primeira é que cuida de examinar não propriamente o fenômeno social, mas o modo em que esse vem a ser. A segunda é uma antecipação sobre as implicações que o modo de vir a ser dos fenômenos sociais tem sobre seu modo de ser, isto é, a tese de que o modo de ser

[1] V. José Arthur Giannotti, *Trabalho e reflexão* – Ensaios para uma dialética da sociabilidade. São Paulo, Brasiliense, 1983.

das realidades sociais implica rebatimento em formas de aparecer que são, simultaneamente, formas de ocultação.

Que Giannotti qualifique esta idéia como dialética, isto pode justificar-se, entre outras razões, porque este esquema de rebatimento aparenta-se diretamente com a teoria hegeliana da essência[2].

No entanto, já nesta primeira página fica dito que esta busca do modo em que os fenômenos sociais vêm a ser deve ser entendida como uma investigação sobre suas **condições** de existência, das quais, diz-se literalmente, o real em sua concretude histórica está separado por um verdadeiro abismo. A *Trabalho e reflexão* não interessa, portanto, a história. Nem mesmo a história das categorias históricas, a despeito de que boa parte do livro trate destas últimas. É que ao interrogar sobre seu vir a ser o que preocupa a Giannotti é sua história essencial, a elucidação do modo em que "os fenômenos sociais adquirem suas próprias individualidades".[3]

Concretamente isto quer dizer, por exemplo, que à investigação de *Trabalho e reflexão* não interessa nem a história empírica do capitalismo, nem a análise formal de suas condições históricas, exceto na medida em que o processo de reprodução capitalista interioriza a estas últimas, as repõe (para usar um termo chave de todo livro) como condições por assim dizer sistêmicas. O que importa elucidar no caso do capitalismo é, portanto, "o processo de constituição das categorias"[4] que o travejam, é elucidar, por exemplo, como o valor sintetiza numa única totalidade a multiplicidade dispersa dos comportamentos produtivos[5], ou como o capital engendra novas figuras e nessa diversificação, ao vir a ser capital financeiro, capital estatal, renda da terra, distende sua contemporaneidade e repõe nele formações anteriores[6].

Não há dúvida, portanto, que a única história que realmente importa a *Trabalho e reflexão* é a história imanente e essencial das condições lógico-ontológicas graças às quais cada forma de sociabilidade vem a ser o que é. Ora, estas análises, cujo tema é "a exposição categorial das figuras" e cuja perspectiva é a elucidação das condições imanentes de constituição, definem, reconhece explicitamente Giannotti, "uma ótica transcendental"[7].

É certo que há várias qualificações a fazer na apresentação deste transcendentalismo. Em primeiro lugar cabe notar que Giannotti recusa ex-

---

[2] Cf., p. ex., *Trabalho e reflexão*, p. 42.

[3] Id., p.329.

[4] Id., p.227.

[5] Id., p.254.

[6] Id., p.341.

[7] Id., p.329.

pressamente a idéia de que "haja uma matriz absoluta do social, um elemento qualquer, ação ou comportamento, a partir de que a trama da sociedade pudesse ser traçada"[8]. Em segundo lugar é preciso não esquecer que, além de recusar a existência de um elemento fundador originário, Giannotti concebe os objetos como dotados de um movimento por assim dizer endógeno de determinação de sua própria identidade, a qual não só se produz fora da visada e do arbítrio do investigador[9], como também não pode ser concebida como uma propriedade natural[10].

É sem dúvida esta visão dinâmica dos objetos – pelo menos dos objetos sociais – que lhe permite qualificar sua investigação como dialética sem propriamente errar com relação a si mesmo.

No entanto, convém examinar este ponto com mais cuidado, a fim de mostrar como, malgrado estas qualificações, a perspectiva teórica fundamental de *Trabalho e reflexão* é de marca transcendental.

O movimento de constituição do que denomina "objetidades", Giannotti o apresenta em dois níveis. O primeiro, sumamente abstrato, basicamente tema dos dois primeiros capítulos do livro, constitui-se no que talvez pudéssemos chamar de teoria pura da medida, espécie de equivalente, *soi-disant* materialista, dos procedimentos transcendentais clássicos. Já o segundo nível é composto pela teoria das formas de sociabilidade, cujo escopo é não apenas mostrar que a estruturação última da vida social é dada pela articulação de condições e elementos definidores do que o livro tem por verdadeiros "padrões sociais de medida", mas também determinar quais são estes últimos. Trata-se, portanto, neste segundo nível, de desenvolver algo como uma teoria material das medidas sociais[11].

Muito esquematicamente creio que se pode dizer que a teoria pura da medida é um esforço para mostrar como os objetos são constituídos pelo processo de formação de classes empíricas, o qual é caracterizado pelo que Giannotti denomina de "conversão do predicado por atributo"[12].

Talvez este último ponto possa ser melhor esclarecido se compararmos a análise de *Trabalho e reflexão* que faz Stephan Körner num livro chamado *Experience and Theory*.[13]

---

[8] Id., p. 117. Na p.33 Giannotti diz: "Nosso único projeto é abandonar qualquer ponto de partida absoluto – seja eu transcendental ou esquema de identificação...".

[9] Id., p. 17.

[10] Id., p. 16.

[11] "(....) a descoberta de como a sociedade mede seus produtos oferece novos *a priori* materiais", diz Giannotti. *Trabalho e reflexão*, p. 309.

[12] Id., p. 28.

[13] Editado por Routledge & Keganpaul, Londres, 1966.

De acordo com Körner, nossa apreensão do mundo é feita, necessariamente, através de esquemas de diferenciação, os quais têm como propriedade comum incluir indivíduos em classes, decidindo sobre sua admissibilidade como membros em função de similaridades e dissimilaridades.

Para Körner, portanto, este processo de formação de classes empíricas consiste em definir classes de semelhança, as quais pressupõem, necessariamente, que haja um método de exibição de "indivíduos padrão" e, em segundo lugar, que o caráter de membro se defina por um grau determinado de similaridade de cada "pretendente" ao indivíduo padrão.

Sendo um processo de diferenciação empírica do mundo, este processo de formação de classes está apoiado em semelhanças que são tidas, ao mesmo tempo, como objetivas e como dependentes das intenções, do interesse, das necessidades ou, eventualmente, do modo de ser de quem as produz.

Ora, a primeira tese de Giannotti é não só de que o predicado que define a classe não preexiste num "entendimento discriminador", mas também a de que o caráter padrão do elemento padrão não pode ser definido anteriormente ao seu funcionamento efetivo como padrão – isto é, fora do movimento pelo qual se confronta com os demais pretendentes à condição de membros.

Seu exemplo preferido é o do peso. Mas acredito que, para variar, podemos esclarecer o ponto analisando o estatuto do metro padrão de Paris. Com efeito, segundo Wittgenstein[14], não apenas não podemos nem dizer que aquela barra de platina mede um metro, nem que não mede, mas devemos também reconhecer que seu estatuto é estabelecido pelo exercício de uma função definida no jogo da medida.

Esta função, que Giannotti procura esmiuçar, possui duas características essenciais: em primeiro lugar a de ser o fundamento de qualquer juízo efetivo de extensão, uma vez que não posso determinar o comprimento, a largura ou a profundidade de um objeto qualquer sem apelar ao metro padrão; em segundo lugar a de que este último só pode adquirir esta propriedade de ser padrão ao confrontar-se com os objetos a serem medidos[15]. A primeira destas características, Giannotti denomina de estrutura representa-

---

[14] V. *Investigações filosóficas*, § 50. Na tradução para o português de José Carlos Bruni São Paulo, Abril Cultural, 1975, p. 36.

[15] Assim Giannotti diz: "Daí o peso do padrão não consistir numa propriedade peculiar dele enquanto pedaço de ferro, mas *algo* que lhe advém em virtude de participar de um relacionamento com outros". *Trabalho e reflexão*, p.29. Correlatamente, "um comportamento concreto de medida" deve ser entendido como "uma ação capaz de eleger uma coisa, supor nela uma determinação, que, contudo, somente se especifica em outras unidades, as quais, vinculadas por uma atividade efetiva de comparação e substituição, determinam-se formalmente como os outros daquela unidade previamente escolhida". Id., p. 37.

tiva da medida; a segunda, seu caráter reflexivo ou reflexivizante. A combinação de ambas nas operações de medida constitui o esquema lógico fundamental de toda medida (pelo menos tal como a compreende *Trabalho e reflexão*), que Giannotti apresenta em frases como as seguintes:

> *"Nessa desigualdade consigo mesmo, que lhe advém pelo fato de se determinar como membro de um relacionamento concreto de medir, o ferro passa a* ***representar*** *uma objetividade pressuposta, reposta, contudo, em cada objeto medido".*[16]

Em resumo, a aludida conversão do predicado em atributo pressupõe, a nível metodológico, que "passemos de uma fenomenologia para uma tecnologia da abstração"[17], passagem cujo sentido resume-se na tese de que um predicado qualquer só se torna efetivamente uma propriedade ao ser atribuído determinadamente a coisas concretas pelos e nos processos "de identificação e individualização", próprios e típicos dos procedimentos de medida.

É evidente que, neste nível, o caráter representativo e reflexibilizante dos objetos é indissociável das operações pelas quais acedemos a eles – o que implica reconhecer que as características em questão, mais do que aos objetos, pertencem às operações, às ações de diferenciação e constituição do universo de objetos determinados. Neste sentido as diferenças da análise de *Trabalho e reflexão* com relação às de Körner devem ser vistas não mais do que como avanços na análise do processo de constituição de classes empíricas.

Se Giannotti se detivesse aí, parece óbvio que o alegado caráter dialético de sua análise seria uma propriedade exterior, uma vez que a teoria da medida deveria ser entendida, forçosamente, como uma variante moderna de kantismo, isto é, como uma nova explicação do modo como constituímos o mundo.

A pretensão giannottiana de ter desenvolvido uma análise dialética funda-se, no entanto, em traços menos acidentais. É que *Trabalho e reflexão*, ao contrário, aliás, do que se esperaria ao começar, não tarda a interromper o exame destes processos que poderíamos dizer "subjetivos" de medida e passa a procurar estruturas mundanas que produzem suas medidas por si mesmas.

O primeiro e mais claro exemplo destas últimas é o da família. Giannotti mostra como o processo de fixação de sua identidade não depende de "um ato discriminativo do pesquisador"[18], mas resulta, ao contrário, do jogo

---

[16] Id., p. 30.

[17] Ibid.

[18] Id., p. 17.

graças ao qual seus integrantes, referindo-se a um dentre eles como seu representante, fixam-lhe os limites. Na família monogâmica moderna esta determinação de identidade se faz pela instituição, pelos demais, do pai como padrão e ponto de referência, o qual, naturalmente, cumpre tal função fazendo-se pai por referência à mulher e aos filhos. Neste caso é claro que o próprio "objeto" constitui a classe e seu padrão de medida. Aqui há, portanto, movimento do objeto.

Ora, é precisamente no estudo destas realidades objetivamente reflexionantes que *Trabalho e reflexão* vai concentrar-se, o que implica que Giannotti renuncie à universalidade inicial de sua análise para acantonar-se no terreno social, âmbito em que se desenvolvem esses processos objetivos de autoconstituição por engendramento autônomo e objetivo de processos mensurantes.

Giannotti procura tornar menos brusca a mudança no nível de investigação observando que "a mensuração do indivíduo ocorre no hiato de uma vida em comum, de que a presença do outro não pode ser excluída", de sorte que "para que o mensurável seja para todos nós, para que não se consuma numa impressão, é preciso que se eleja um padrão reconhecido socialmente".[19] E acrescenta: "Do mesmo modo o atributo que se torna autônomo remete, por meio de sua medida, à presença velada do outro".[20]

No entanto, é evidente que a investigação sobre o modo em que é constituído socialmente o mundo dos objetos em geral é profundamente diversa do estudo do modo de constituição dos fenômenos sociais. A primeira não pode deixar de ser – se me permitem o apelo à terminologia kantiana – uma doutrina transcendental dos elementos, ainda que sensibilidade e entendimento sejam substituídos por operações interativas de múltiplos sujeitos. Já o segundo, o estudo do processo de auto-engendramento dos objetos sociais, além de ter uma dimensão prática inelidível, implica uma reflexividade de segundo grau, pois remete ao estudo do processo de constituição dos próprios "sujeitos" sociais.

Esta alteração de rumo não escapa inteiramente à percepção de Giannotti, que diz textualmente: "A ontologia social se mostra, assim, ontologia do social"[21].

Entre ambas a relação parece ser não de antecedente a conseqüente, mas de paralelismo e homologia, pois, assim como para determinar o peso de algo é necessário referi-lo ao peso padrão, refazer, num certo sentido, o sistema de medida, do mesmo modo para que um comportamento torne-se

---

[19] Id., p.44.

[20] Ibid.

[21] Id., p.309.

efetivamente social é imprescindível que ele seja submetido ao processo social objetivo de medida[22]. O exemplo mais claro talvez seja o das atividades produtivas autônomas e separadas cujo caráter social depende sempre do salto perigoso representado por sua confrontação efetiva com o dinheiro no mercado.

Seja como for, é evidente que esta alteração no nível da análise não é tratada por Giannotti com a atenção que mereceria. Talvez porque até certo ponto este seja um dos "impensados" do livro. Todavia, creio que bastaria uma vista d'olhos às melhores páginas de *História e consciência de classe* para dar-se conta que aí está o ponto crucial, o passo decisivo que leva da filosofia transcendental à dialética.

Com efeito, na segunda parte de "A reificação e a consciência do proletariado" Lukacs mostra não apenas que "a concepção grandiosa segundo a qual o pensamento só pode compreender o que ele mesmo pode produzir, chocou-se ... em seu esforço para dominar a totalidade do mundo como autoprodução, com a barreira insuperável do dado, da coisa em si"[23], mas também que a superação deste impasse supõe o trânsito à história pois "somente o devir histórico ultrapassa realmente a autonomia – dada – das coisas e do conceito das coisas, assim como a rigidez que daí resulta"[24].

De qualquer modo, para voltar a *Trabalho e reflexão,* o que importa assinalar é que, já a partir da metade de "Os imperativos da ilusão", Giannotti começa a construir sua ontologia do social com base no exame do modo de constituição das "objetividades sociais" por obra dos processos reflexivizantes de medida.

Que, no caso de Giannotti, a mudança no nível da análise, ao remeter a investigação para o terreno do social, faz com que a ontologia deste último continue integrada no horizonte da filosofia transcendental, este, portanto, o ponto que me cabe mostrar a fim de confirmar a proposta de interpretação apresentada inicialmente.

Acredito que isto se tornará claro se atentarmos para o fato de que, diferentemente do que ocorre, por exemplo, no caso hegeliano, a investigação não prossegue como uma descrição das estruturas lógicas que estruturam e em que se encadeiam as formações histórico-sociais, senão que concentra-se em investigar suas condições intrínsecas de reprodução.

Nesta rota pode-se dizer que Giannotti parte de uma espécie de "fato transcendental", se assim ouso dizer, que Marx já enunciara na carta a

---

[22] V. p. 65, o exemplo do remo.

[23] V. Lukacs, *Histoire et Conscience de Classe*, trad. francesa de K. Axelos e J. Bois, ed. por Minuit, Paris, 1960, p. 155.

[24] Id., p. 183.

Kugelmann de 11 de julho de 1868, ao dizer que "qualquer criança sabe que um país que parar de trabalhar, não digo nem um ano, mas umas poucas semanas, morrerá"[25], e que Giannotti retoma em linguagem mais sofisticada dizendo:

> *"Posto que nenhuma sociedade logra manter seu metabolismo social sem alinhá-lo a seu metabolismo com a natureza, posto que qualquer sociedade pereceria rapidamente se seus membros deixassem de trabalhar e de produzir o que necessita, encontramos no trabalho a condição básica de sua existência".*[26]

A conseqüência será então de que, dado este fato elementar e fundamental, a tarefa analítica passa a ser a de "mostrar como o trabalho, na qualidade de esquema operatório, onde se imbricam homens e coisas, instaura formas de sociabilidade capazes de se medirem a si mesmas, de relacionar-se com seus próprios conteúdos"[27].

Em outras palavras, isto quer dizer que, dada a necessidade do trabalho, vale dizer, dada uma certa estrutura orgânica dos seres humanos, que os faz originariamente fontes de carecimento, e dado também, de outra parte, o caráter não-paradisíaco do mundo, segue-se que o trabalho é não só a atividade humana fundamental, mas aquela sobre a qual necessariamente assentam todas as demais dimensões da sociabilidade.

Seria, no entanto, um imperdoável erro de leitura ignorar a qualificação do trabalho feita na frase que acabamos de citar e que marca, precisamente, a singularidade do empreendimento teórico de *Trabalho e reflexão* frente a tentativas análogas.

Trata-se, diz-se ali, de considerar o trabalho como "**esquema operatório, onde se imbricam homens e coisas**" e a precisão é fundamental, pois é ela que permite distinguir, por exemplo, a construção giannottiana da empreendida por Sartre na *Crítica da razão dialética.*

Para Sartre também a raiz da dialética social deve ser buscada na interação do homem com a natureza, tal como é feita na atividade produtiva. O que ele denomina de práxis individual é sem dúvida, em primeira instância, a ação transformadora do ambiente natural pela ação dos indivíduos humanos. E tampouco há dúvida de que a matéria obrada é concebida por Sartre como uma força sintetizadora de comportamentos sociais e base de constituição das "objetidades" sociais.

---

[25] Karl Marx, *O 18 Brumário e Cartas a Kugelmann*, Rio de Janeiro, Paz e Terra, 1969, p. 226.

[26] *Trabalho e reflexão*, p. 60.

[27] Ibid.

No entanto, no caso de Sartre, o transcendentalismo é mais desbragado e convencional, porque para a *Crítica da razão dialética* o ponto de partida está numa dialética constituinte, a qual deve ser entendida como o movimento originário graças ao qual cada organismo prático marca o mundo, assentando nele significações primeiras, um pouco à maneira como um timbre marca o lacre derretido. A dialética constituída, isto é, o movimento pelo qual a partir da materialidade nascem novas significações e novas pautas de comportamento, é, portanto, para Sartre, sempre segundo.

Ora, em *Trabalho e reflexão* manifestamente não há esta dialética constituinte e o instrumento categorial usado para elidi-la e superá-la é precisamente o que Giannotti denomina "esquema operatório". O que vem a ser isso?

Trabalho e reflexão introduz a noção valendo-se de uma espécie de exemplo. Ou, antes, de apresentação/construção de um caso, expediente metodológico característico de todo o livro e cujo estatuto precisaria ser melhor analisado, mas que encontra um antecedente, parece-me, na famosa análise cartesiana do pedaço de cera, a qual caracteriza-se por introduzir sinteticamente – e não regressivamente – uma condição transcendental.

Seja como for, Giannotti nos apresenta o **esquema** operatório pedindo-nos que imaginemos duas situações: a primeira, muito simples, constituída por alguém jogando solitariamente uma bola contra uma parede; a segunda formada por dois indivíduos atirando a bola um para o outro.

Nos dois casos, observa Giannotti, a realização da operação, ao mesmo tempo em que privilegia determinadas propriedades do objeto, de outra parte só é possível graças à ação, por assim dizer, destas mesmas propriedades. Assim, se brinco sozinho, dependo simultaneamente da elasticidade da bola e da rigidez da parede, o que significa dizer que minha ação é condicionada pela estrutura própria dos objetos em questão, a qual, tanto como minhas iniciativas, definem as condições de possibilidade do meu brinquedo.

No segundo caso, quando jogo com outrem, a situação sofre um enriquecimento qualitativo, não apenas porque abre-se o leque de propriedades materiais pertinentes (já não passo a depender da elasticidade da bola, por exemplo), mas porque a presença do outro, ao mesmo tempo em que enriquece o campo das ações possíveis, introduz um elemento restritivo na determinação do brinquedo, seja porque minha ação passa a ser condicionada pela ação alheia, seja, mais fundamentalmente, porque nossa interação mediada pela materialidade passa a ser enquadrada no esquema do jogo, o qual passa a funcionar como que por si mesmo, "como se não pudesse ser interrompido"[28] e a exigir de ambos os participantes comportamentos determinados.

[28] Id., p. 54.

É por isso que Giannotti diz que "o esquema operatório instaura uma objetidade social elementar"[29], uma vez que "tão logo condutas e objetos se subsumem à nova objetividade, suas individualidades de coisa aparecem como **manifestações**, expressões do universal concreto a que estão subordinados".[30] Que universal concreto? O do esquema operatório do jogo, naturalmente.

É preciso ter claro, porém, que a idéia de esquema operatório é apenas a armação vazia dos processos constitutivos das realidades sociais. É certo que Giannotti pretende seja ele a condição formal de constituição das realidades sociais, mas a verdadeira base transcendental da ontologia do social para Giannotti só se completa se, tomando em consideração o fato transcendental a que aludimos antes, viermos a reconhecer no processo de trabalho – denominado individualidade técnica – o esquema operatório básico, aquele sobre o qual necessariamente erguem-se todas as outras formas de sociabilidade[31].

O que significa dizer, precisa Giannotti, que embora sejamos obrigados a pressupor objetos, instrumentos e indivíduos humanos biologicamente considerados, devemos tomá-los unicamente como pressupostos, ponto de partida do movimento reflexionante instaurado pelo trabalho coletivo, que possui a característica essencial de amalgamar tais pressupostos numa singularidade *sui-generis*, a qual, determinando "em seu seio homens e objetos", funda "uma forma de sociabilidade abstrata, que, a despeito deste seu caráter, instaura uma unidade em que forma e conteúdo se determinam reciprocamente"[32]. O que significa dizer que o trabalho é o nosso jogo fundamental – estranho e brutal jogo, todos sabemos, mas não é isto que importa aqui.

Para os propósitos desta comunicação, o que releva observar é que neste ponto o caráter transcendental ou dialético do projeto giannottiano ainda não está decidido.

Com efeito, se Giannotti concebesse a individualidade técnica como animada por um movimento próprio de diferenciação e progressão necessárias e se, a partir daí, tratasse de reconstituir a marcha essencial da história universal, então seu projeto poderia ter ainda uma inspiração verdadeiramente dialética, posto que as condições formais da realidade social ter-seiam mostrado capazes de engendrar a partir de si próprias as grandes, macroformas de sociabilidade, constituindo, assim, um tecido histórico totalizante e unificado.

---

[29] Id., p. 51.

[30] Id., p. 53.

[31] Id., p. 63.

[32] Id., p. 62-63.

Num certo sentido, este era o projeto que devia ser desenvolvido no segundo tomo da *Crítica da razão dialética,* o qual quedou-se, como se sabe, não mais do que como uma vaga promessa.

Trabalho e reflexão, deste ponto de vista, é um projeto mais sensato e, num outro sentido, como logo veremos, também mais astuto.

Mais sensato porque, como diz o próprio Giannotti, seguindo ao Marx dos *Grundrisse*, "seria ridículo passar da tautologia segundo a qual 'toda produção é apropriação da natureza pelo indivíduo no interior e por meio de uma determinada forma de sociedade' a uma forma particular de sociedade"[33]. Assim como seria também ridículo, prossegue o texto, pensar que a explicitação das condições mais simples de produção pudesse resolver os enigmas postos pelos sistemas produtivos[34]. Em termos kantianos isto equivale a dizer que seria ridículo querer extrair as leis do movimento das analogias da experiência.

Portanto, o que cabe fazer depois de apresentar o trabalho como individualidade técnica – isto é, depois de demonstrar que ele é uma atividade já desde sempre socializada por força da identidade dialética de produção-distribuição-consumo[35] – é simplesmente notar que sua ação é sempre **modalizada.** O que significa dizer que a produção "não pode ser encarada como relação direta entre o homem e a natureza", devendo passar a ser vista como mediada essencialmente "pela maneira pela qual o objeto, o instrumento e a própria força física dos trabalhadores se distribuem por entre os membros da sociedade"[36], o que só pode fazer-se segundo modos diferenciados, cuja configuração nos é dada pela história.

É certo, diz Giannotti, que, "como tais objetos são produtos do próprio trabalho", não podemos deixar de reconhecer que "o modo pelo qual o trabalho social é **distribuído**, a fim de satisfazer as necessidades sociais, depende do desenvolvimento de forças capazes de gerá-lo"[37], de sorte que, "neste sentido", compreendemos como "um modo de produção está na dependência do estágio de desenvolvimento das forças produtivas"[38].

No entanto, *Trabalho e reflexão* não segue esta trilha pela qual nos textos canônicos do materialismo histórico procura-se reconstituir a dialética fazendo da contradição entre forças produtivas e relações de produção o motor do movimento autônomo do conteúdo.

---

[33] Id., p. 115.

[34] Ibid.

[35] Cf. id., p. 100 e seguintes.

[36] Id., p. 104.

[37] Id., p. 66.

[38] Ibid.

Giannotti tem, na verdade, uma visão matizada do ponto, pois, se reconhece que "um modo de produção não dá lugar a outro sem ter esgotado suas próprias possibilidades"[39], sustenta, de outra parte, que não há garantia de que o modo de produção "sucessor" (por exemplo, o modo de produção feudal) seja mais produtivo do que o antecessor (por exemplo, o escravismo). Do mesmo modo "não está inscrito no feudalismo que se converterá em capitalismo".[40] Para tanto será necessário não só "a crise dele, a repetição começando a engasgar como motor velho porque suas forças produtivas a impedem"[41], mas também que, prática e contingentemente, sejam resolvidos os problemas concretos da transição.

A razão de princípio para esta recusa à dialética automática das forças produtivas-relações de produção encontra-se, é claro, na idéia de que "relações sociais de produção e forças produtivas são faces da mesma moeda"[42], de sorte que a formação de novas forças produtivas não pode propriamente ser tida como vindo antes que a de novas relações de produção.

Não há, portanto, para *Trabalho e reflexão*, unicidade do movimento histórico, a constituir uma totalidade lógica e necessariamente articulada, ainda que escandida no tempo. E, neste sentido, creio que se pode dizer também não haver em *Trabalho e reflexão* dialética no sentido forte do termo – esta idéia de uma racionalidade imperativa da história que garante aos crentes, contra todas as evidências, que ao capitalismo sucederá o socialismo.

No entanto, Giannotti não renuncia inteiramente à idéia de uma história unificada. Retorna a ela, astuciosamente, como dissemos antes, a partir das características intrínsecas de uma das três formas de sociabilidade[43] fundamentais. É que o capitalismo, a mais recente e a mais complexa destas formas, tem a capacidade singular de – como diz Giannotti num texto que citamos ao começar – procurar "novas figuras e nesta diversificação, ao vir a ser capital financeiro, capital estatal, renda da terra, distender sua contemporaneidade, repondo nela formações anteriores".[44]

De qualquer modo, uma vez examinadas as propriedades formais da individualidade técnica, só acessíveis, como já notara Marx e repete Giannotti, a partir da abstração do capitalismo moderno, não resta ao filósofo outra tarefa do que a de examinar as estruturas dos *a priori* materiais constituídos pelas formas básicas de sociabilidade.

---

39 Id., p. 329.

40 Id., p. 337.

41 Ibid.

42 Id., p. 326.

43 Sobre estes três e sobre as relações de Giannotti com Polanyi caberia escrever todo um artigo.

44 Id., p. 341.

A história real é, portanto, contingência ordenada, inteligível a partir do encadeamento bem comportado de três níveis analíticos: o de suas condições formais mais gerais (o momento transcendental propriamente dito), o exame dos *a priori* materiais constitutivos das formas de sociabilidade e, finalmente, como diz Giannotti, "a investigação detalhada de cada ocorrência".[45]

Se, porém, não estivermos convencidos da pertinência e validade do argumento desenvolvido em *Trabalho e reflexão*, resta-nos o desafio de julgarmos e criticarmos o rigor, a força e a fecundidade do mais recente e brilhante (e nacional!) dos projetos de construção de uma filosofia transcendental. Tarefa, aliás, arriscada e árdua, a ser empreendida por muitas mãos.

---

[45] Ibid.

10. Sobre certa herança marxista[1]

1. O livro como gesto

Certa herança marxista declara aberta uma sucessão e apresenta um inventário. Para fazê-lo, ao mesmo tempo inspeciona o legado teórico de Marx e recompõe os laços que amarram o pensamento atual de Giannotti à teoria do valor, a parte mais central e teoricamente mais densa do espólio *sub judice*.

Aliás, sob esta ótica subjetiva e pessoal, o principal resultado desse empreendimento complexo é dar testemunho da fidelidade do autor a Marx e a si mesmo, e é, portanto, por este ponto que parece conveniente iniciar esta resenha.

É que se costuma considerar a ausência de rupturas em um curso de vida e a linearidade na evolução de um pensamento como testemunhos de integridade, como expressões de uma vida intelectual de virtude e caráter. No entanto, o assunto é complexo e esta exaltação da coerência como provida de valor intrínseco é vulnerável a objeções, necessitada de qualificações, aberta a exceções.

Assim, Maquiavel, no capítulo XVIII do *Príncipe*, ao indagar se a palavra empenhada deve ser honrada ("*Quomodo fides a principus sit servanda*"), responde que será um desatino se um senhor prudente guardar fidelidade quando tal observância lhe for prejudicial e quando desaparecidas as circunstâncias em que foram assumidos os engajamentos. Em nossas brasílicas circunstâncias, uma derivação óbvia deste ponto é a observação de que – excetuado o objetivo estratégico de minar-lhe a credibilidade – são despropositadas as censuras a Fernando Henrique Cardoso por ter

[1] V. *Certa herança marxista*, Companhia das Letras, São Paulo, 2000. Todas as remissões ao livro se farão no corpo do texto, por indicação, entre parênteses, do número de página pertinente.

circunstancialmente exclamado – quando na condição já não de cientista político, mas na de chefe de Estado – que lhe esquecessem os escritos.[2]

De outra parte, seguindo, *a contrario*, esta mesma linha de raciocínio, poder-se-ia pensar que José Arthur Giannotti, tendo recusado a passagem das dignidades do poder simbólico aos encargos e honrarias do poder real, não contaria com os álibis da *real Politik* para justificar suas mudanças de pensamento, de tal sorte que *Certa herança marxista* poderia ser visto como o instrumento de que se vale o autor para cumprimento de um ritual de constância e fidelidade, o qual, se disparatado no plano das relações políticas reais, se imporia no campo da investigação teórica e da correlata história das idéias.

No entanto, este raciocínio tortuoso também não vale nada, pois cá – quero dizer, no plano do desdobramento de uma vida de idéias – tanto quanto lá, no terreno duro e instável dos jogos de poder, a coerência, em e por si mesma, não é virtude e não expressa valor algum.

A admiti-lo, dever-se-ia censurar Kant por ter abandonado as lições da *Dissertação de 70* e ter instituído a filosofia crítica com a publicação da *Crítica da razão pura*. Quem sabe um pouco menos veemente, mas não menos certo, deveria ser o reproche ao Platão das *Leis*, que sobre tantos assuntos revisou as posições da *República*. Vergastado, do mesmo modo, deveria ser o autor de *O Capital* por ter abandonado as posições mais ou menos feuerbachianas e antropologizantes dos *Manuscritos de 44*, assim como se deveria verberar a Heidegger por ter trocado a ontologia fundamental e as análises fenomenológicas dos anos 20 pelas obscuridades pós-*Kehre*. O mesmo se poderia dizer do Wittgenstein do *Tratactus* e do Wittgenstein das *Investigações*, e a série poderia ser prolongada mais ou menos indefinidamente.

Por certo, por oposição ao da política, neste plano o que impede considerar a preservação da fé e a continuidade intelectual como expressões de virtude não são as necessidades próprias da preservação do poder, a racionalidade *sui generis* da ação política. Antes o princípio fundamental de toda vida teórica genuína, o prescrito na antiqüíssima máxima: *amicus Plato, magis amica veritas*.

Mas, se nem sempre a coerência e a continuidade intelectual são sinais de virtude, elas certamente o são em todos aqueles casos em que,

---

[2] Isto não quer dizer que um verdadeiro homem de Estado não tenha convicções e que sua conduta deva sempre aproar-se segundo o vento mais forte. Quer dizer, isto sim, que a coerência de um homem de Estado tem que ser avaliada por sua fidelidade a *razões de Estado*, vale dizer: em função da visão que tiver dos interesses fundamentais da comunidade que lhe compete representar e de sua ação para defendê-los e promovê-los no longo prazo, que é o tempo pertinente para julgar o significado de ações políticas no sentido mais alto da palavra.

como no de Giannotti, assentam não na inércia, nem no desejo de preservação de posições institucionais, nem no acovardamento diante dos novos desafios, nem nas cumplicidades de seitas e sodalícios mais ou menos legítimos, mas, antes, na preservação da abertura de espírito, no hábito do livre exame e na disposição de submeter-se ao bom argumento e às evidências factuais.

O que é também dizer que Giannotti não se rendeu a seu passado, não se deixou, inercialmente, marxista, mas, muito diferentemente, voltou sobre seus passos, inspecionou a linha pedaço por pedaço, substituindo unicamente o que a seu juízo não poderia soerguer as cargas novas que as mudanças do mundo tornam inevitável suportar.

Ao termo desse exercício, na hora do fechamento das contas, do marxismo Giannotti terá guardado muito, conservado tudo o que lhe parece continuar adequado à análise da sociedade contemporânea e da condição dos homens, inclusive, além das teses, o enorme acervo de *invisíveis* conceituais e doutrinários, se assim me posso expressar para fazer referência às questões de estilo, vocabulário e método que, debruando o núcleo duro das posições defendidas, constituem uma tradição de pensamento.

Na verdade, fora, abandonado, Giannotti só deixou o que lhe parece ser imposto pela lição das coisas, por tudo aquilo que, em seu parecer, refuta o marxismo, não com argumentos, mas com fatos, fatos massivos, inelidíveis e que – isto mais do que tudo – são *fatos da teoria*, fatos que o travejamento conceitual mais íntimo do próprio marxismo obriga a ter como centrais e como implicando vida e morte para uma ou outra de suas teses.

Além disso, num registro derradeiro, Giannotti dirá ainda de uma divergência de princípio com Marx, uma divergência que, contudo, pretende ser uma maneira de ser-lhe fiel pelo avesso, como se, para preservar o melhor e o mais importante da contribuição teórica do marxismo, fosse necessário tomar distância, ao mesmo tempo, da deriva especulativa de Marx e de suas intenções políticas expressas.

Seja como for, o leitor não precisa e não deve acreditar em palavra de honra. Nem uma revisão doutrinária séria, nem a exposição arrazoada de uma mudança intelectual são por si suficientes para eliminar controvérsias e questionamentos, de sorte que, justificada e honrada a biografia intelectual, daí não se segue que se lhe deva aceitar partidos e análises.

O que cabe fazer, antes, é acompanhar criticamente o exercício proposto, podendo muito bem ocorrer que nem o marxista conservador considere os elementos de revisão postos em destaque por Giannotti suficientes para obrigar o deslastre da doutrina, nem que os observadores e críticos externos se dêem por satisfeitos com os ajustes propostos em uma *Certa herança marxista*. Ou, por outra: tanto o marxista ortodoxo pode pensar que, embora mudando pouco, Giannotti mudou demais e pôs a perder o essencial, quanto os que não lhe compartilham a orientação filosófica de base podem alegar que mudando pouco nada mudou e que sua história, como a do Príncipe de Salinas, é a das mudanças conservadoras, feitas sem outro propósito que o de garantir que tudo continue o mesmo.

Antes, porém, de chegar a este ponto de avaliação convém olhar o livro, ver mais de perto o que ele faz e o que pretende fazer, embora caiba advertir que este propósito é mais fácil de anunciar do que de cumprir, tendo em vista a grande dificuldade de *Certa herança marxista*, obra escrita sem concessões nem explicações e na qual se combinam muito complexamente – às vezes desconcertantemente – os conceitos da *Lógica* de Hegel, as passagens mais esotéricas da obra de Marx e aquilo que Giannotti denomina de "*nosso vocabulário*". (305)

2. Andamento e argumento do livro

Certa herança marxista é composto de uma *Apresentação* e de cinco grandes capítulos, o último dos quais de conclusão.

Na *Apresentação*, o primeiro ponto de Giannotti consiste em pôr em segundo plano o questionamento direto do marxismo feito em função do fracasso do socialismo real. Em vez disso, o livro nos propõe um caminho longo, em cujo percurso se inspecione com cuidado a lógica que inspirou o projeto de superação do governo dos homens pela administração das coisas.

É fundamental aperceber-se, pois, que já em seu começo o livro revela a dimensão política de suas ambições, entre as quais se inclui destacadamente a de estabelecer uma base filosófica sólida para avaliação de um dos aspectos centrais do século recém-encerrado: o extraordinário e espetacular fracasso dos ensaios de construção de sociedades socialistas.

À luz do argumento de *Certa herança marxista*, o sentido desta aposta na via longa torna-se mais claro quando a *Apresentação* procura mostrar que, conquanto se deva rejeitar o projeto de construção de uma dialética geral, à maneira da *Dialética da Natureza* de Engels, a dimensão filosófica do marxismo e o compromisso com a dialética continuam intactos, devendo-se entender, porém, que a verdadeira filosofia de Marx só é encontrável na análise do capital, notadamente na idéia de que o capitalismo é estruturado como uma espécie de substância-sujeito, à maneira do absoluto hegeliano. A implicação fundamental desta tese é que a chave para compreensão dos fenômenos histórico-políticos precisa ser buscada não no respigamento dos fatos, mas na sondagem da infra-estrutura categorial que lhes dá sustentação, a qual só abrirá seus segredos – esta a aposta do livro – se tocada com instrumentos filosóficos.

A promessa então feita é a de que, se assim procedermos, ao bem compreendermos o implicado no "*empréstimo da tese central da lógica especulativa*" (36), não apenas nos estaremos habilitando a verdadeiramente entender o funcionamento das sociedades, mas teremos aberto o acesso à compreensão de sua dinâmica de mudança e dos limites desta última. Em termos mais específicos, e expressando-nos no jargão marxo-giannottiano, teremos então reconhecido em que sentido faz sentido falar de contradições ***objetivas*** e de ***limites internos*** para a transformação social possível, limites que são assim ***internos*** precisamente porque determinados pela própria lógica do capitalismo.

O principal aqui é a idéia de que há no capitalismo uma associação de pensamento e objeto, no sentido de que o horizonte do que podemos pensar e fazer socialmente é preso pelo visgo das relações sociais objetivas. A isto se deve ainda acrescentar que é precisamente porque estruturado internamente como o espelhamento da racionalidade ***processual*** imanente ao funcionamento das sociedades pela racionalidade ***intencional*** de seus agentes que se pode pensar numa ***negatividade interna do próprio objeto*** (36). E esta última, há de se entender, ao mesmo tempo em que se constitui no espaço para as iniciativas humanas, determina-lhes previamente o sentido e coarcta-lhes, inapelavelmente, escopo e alcance.

Pode-se dizer, portanto, que o convite dirigido pela *Apresentação* aos leitores é acompanhado pela promessa de que somente se nos dispusermos às agruras desse caminho pedregoso e escarpado teremos chance de verdadeiramente compreender em que sentido o capitalismo bloqueia suas contradições internas, eterniza-se como o insuperável modo de produção de nosso tempo e torna vãs as voluntariosas e voluntaristas tentativas de superá-lo.

É verdade que a *Apresentação* suplementa esta austera oferta de realismo teórico e político com uma ponta de charme, com a revelação de uma esperança de fundo, uma esperança – muito ao modo dos frankfurtianos e a despeito das críticas que lhes serão endereçadas adiante – de que a leitura rigorosa de Marx permitirá "*chegar a uma crítica das formas de racionalidade que se imputam ao 'Hommo economicus'* " (38).

Por certo, o leitor desconfiado, obstinado no pensamento de que, afinal, a experiência do socialismo real, por malograda que tenha sido, foi uma experiência de ***pós***-capitalismo, convicto de que também ela precisa ser entendida ***internamente***, relutará em renunciar à via direta, ao questionamento imediato dessa experiência histórica, e não entenderá por que também a ele deve interessar o esforço de elucidação em profundidade da lógica do capital.

Na verdade, para dar-se conta de como uma tal análise dará acesso às razões pelas quais malogrou o projeto contemporâneo de construção de sociedades socialistas, será preciso ler o livro todo e alcançar a altura em que Giannotti – novamente quase em *tandem* com os frankfurtianos – mostra como a elucidação da lógica interna do capitalismo, ao desvelar-lhe a opacidade central, revela também uma opacidade constitutiva de ***toda*** ação e intelecção humanas. É que, ao chegar-se a este ponto, ter-se-á também percebido que, uma vez admitida a insuperabilidade de tal opacidade, será inevitável (i) reafirmar a imperiosa e insubstituível necessidade da crítica filosófica e (ii) assumir definitivamente a insensatez do projeto de construção de formas de sociabilidade totalmente transparentes, quer se tome por tal o ambiciosíssimo projeto de substituição das relações de dominação entre os homens pela administração das coisas, quer sua versão mitigada, o ideal, eventualmente habermasiano, de superação dos conflitos humanos mediante sua submissão a um processo de comunicação racionalmente controlado e translúcido.

No entanto, antes de chegar a esta etapa conclusiva do argumento giannottiano, será necessário percorrer várias estações.

*****

O próximo capítulo de *Certa herança marxista – Desafios recorrentes* – dedica-se a opor os *Grundrisse* à *Ideologia alemã*, ao *Manifesto comunista* e aos demais textos do *Jovem Marx*. O propósito perseguido ali é livrar o marxismo da escatologia historicista e devolvê-lo ao terreno duro das formas de sociabilidade construídas histórica e contingentemente – embora, ver-se-á adiante, não livremente. Do ponto de vista do interesse teórico fundamental de *Certa herança marxista*, o da apresentação/construção da verdadeira filosofia marxista, a tarefa do capítulo é, portanto, a de limpar o terreno, de extirpar o que demasiado freqüentemente se tem como o pensamento de Marx e de tornar possível, assim, o acesso ao que é efetivamente fundamental neste último.

A base da posição assumida por Giannotti e o partido exegético que a justifica encontra-se na visão de que a "*leitura dos textos de Marx nos empurra para óticas divergentes*" (73;72), de sorte que somos obrigados não apenas a distinguir ***duas*** versões do *Materialismo Histórico* (60 e seg.), mas a reconhecer que elas estão entre si como o joio e o trigo.

A primeira de tais versões, da qual se pode ter a *Ideologia Alemã* como epítome, conceberia a história a partir de uma espécie de acavalamento – monstruoso, por certo, ainda que isso não nos seja dito explicitamente –

de teses que são ao mesmo tempo historicistas (61), de caráter darwiniano-naturalista (60;71), neofeuerbachiano (61) e teleológico-teológico (61).[3]

A esta primeira versão do materialismo histórico – considerada insatisfatória obviamente – Giannotti recomenda opor uma segunda, cuja melhor expressão se encontraria nos textos conhecidos como *As formas pré-capitalistas de produção*. Neste segundo caso, Marx já não se trataria "*da sucessão de formações socioeconômicas*" (65), mas antes "*dos modos de funcionamento da propriedade social*", o que tornaria forçoso distinguir entre as ***pressuposições históricas*** e a história ***contemporânea*** e ***sistêmica*** dos modos de produção (64).

Conseqüência fundamental dessa distinção seria a tese de que tais modos de produção já não mais podem ser tidos como etapas necessárias de uma série evolutiva teleologicamente orientada, mas precisam ser vistos como formações contingentes, cuja explicação deve ser feita por assim dizer monograficamente. Daí também se seguiria o abandono da idéia de que a sucessão histórica seria impulsionada por uma contradição automática entre as relações de produção – entendidas essencialmente como quaisquer formas de apropriação do excedente econômico – e o desenvolvimento das forças produtivas. Pela mesma ordem de conseqüência, ter-se-ia que substituir a idéia de avaliar externamente a racionalidade das formações sociais pelo compromisso de exame de sua *lógica* imanente.

O mais importante, porém, segundo a avaliação feita em *Certa herança marxista*, é que somente nos termos desta segunda versão do *Materialismo histórico*, em que "*o desenvolvimento do Conceito é substituído por um processo histórico-categorial totalizante e contraditório*" (69), torna-se possível falar, estrita e rigorosamente, de ***contradição***, ponto que Giannotti considera da mais extrema relevância.

Todavia, a razão para esse destaque conceitual especialíssimo só poderá ser adequadamente apreendida quando assumidas todas as implicações envolvidas neste termo, notadamente a idéia de que somente a oposição ***contraditória*** pode conduzir, ***internamente***, a seu fundamento e a sua própria superação, critério este que permitirá também extremar da maneira

---

[3] Teses de caráter *neo-feuerbachiano* na medida em que nos termos da *Ideologia Alemã* o materialismo histórico pressupõe o conceito de gênero humano, tomado como uma espécie de sujeito fundamental. Teses de caráter *darwiniano-naturalista* no sentido de que considera-se a *aventura* desse ser genérico como uma luta pela vida, em que o homem cuida de apropriar-se da natureza para garantir sua sobrevivência como espécie natural. Teses de caráter *teleológico-teológicas*, enfim, na medida em que se concebe esta aventura como sendo provida de um sentido positivamente evolutivo e salvacionista, uma vez assumido que, ao desdobrar-se em um tempo absoluto (64), a história deve levar à "*reposição da universalidade primeira em sua plenitude*"(61), vale dizer: a uma plena reconciliação do gênero humano consigo mesmo.

mais nítida as formas mercantis de organização da vida social, tanto das que a antecederam quanto daquelas que eventualmente a sucedam.

O que Giannotti quer dizer com isso é que a idéia de processos sociais objetivos, conduzidos por uma racionalidade imanente e destinados a terem um desfecho determinado por sua própria lógica de funcionamento, só faz sentido se se puder estabelecer que há no mundo social contradições verdadeiras e não meras oposições. Para precisar este ponto Giannotti vai mais longe, sustentando que "*a relação social vem a ser contraditória somente ao ser projetada no objeto*" (63), de sorte que "*sem fetichismo não há contradição*" (63).

A justificativa para esta teoria exigente e restritiva da contradição, *Certa herança marxista* pretende expô-la ao dizer que ***contraditórias*** as relações de produção e troca só poderão sê-lo quando "*projetadas numa relação de objetos transformados em signos, que expressam uma eqüidade negada pelo processo de sua reposição*" (63).

O sentido dessa análise, o papel crítico e decisivo que *Certa herança marxista* lhe atribui, continuará enigmático e obscuro se não estiver bem claro que é absolutamente essencial a sua estratégia argumentativa estreitar o foco analítico, restringindo o exame da racionalidade dos sistemas de ação social ao das sociedades organizadas com base na forma mercadoria. De resto, é exatamente essa restrição que servirá como justificativa imediata à tese de que "*sem fetichismo não há contradição*".

De outra parte, importa sublinhar também que esta tese só poderá ser entendida quando se tiver elucidado adequadamente o verdadeiro significado dessa dependência do conceito de contradição das idéias de (i) projeção das relações sociais em objetos e (ii) de transformação dos objetos em signos.

Para esclarecer o primeiro destes pontos, cabe observar que, uma vez que se o admita, já não se poderá considerar os conflitos distributivos, a disputa de dois sujeitos com relação a um mesmo bem – uma disputa bem ilustrada pelos conflitos infantis em que tanto uma criança quanto outra se aferram a um mesmo objeto gritando ambas "*é meu!*" – como sendo uma contradição. Pelo menos não no sentido que, segundo a interpretação de Giannotti, se deve ter como pertinente para o melhor marxismo.

Por certo, o leitor leigo pode muito legitimamente perguntar: por que não? E a resposta será: por duas razões; primeiramente porque em tais casos a oposição não tem uma regra interna de resolução, o conflito sendo ao mesmo tempo transparente e agônico, só podendo resolver-se ou por arbitragem ***externa***, ou por compromissos diretos entre as partes, ou por supressão simples de uma das posições antagonizadas; e, em segundo lugar, correlatamente, porque não subjazem a tais conflitos uma unidade e uma identidade das quais se possa dizer que são, ao mesmo tempo, negadas e expressas pelo antagonismo manifesto.

De maneira simetricamente inversa, se deverá dizer que contradição no sentido próprio do termo só haverá quando for possível reconhecer que a oposição expressa uma unidade e uma identidade subjacentes dos sujeitos em conflito. E dever-se-á também sustentar que a oposição contraditória só poderá constituir-se se tais identidade e unidade subjacentes forem esquecidas ou, melhor, forem escondidas ou recobertas, de tal sorte que, pelo menos *prima facie*, os sujeitos-pólos da contradição desconheçam a identidade e unidade que lhes serve de fundamento e se encontrem na situação que Giannotti denomina como a da *ilusão necessária*. E isto porque, fossem manifestas a unidade e identidade subjacentes, os sujeitos – racionais, é claro! – que as expressam não se poderiam ***pôr em contradição***[4].

O ponto seguinte da exposição consistirá em insistir em que, no contexto da nova concepção da dialética proposta por Marx, esta perda ou alienação da identidade e da unidade do sujeito só pode ocorrer na forma do ***fetichismo***. O que é também dizer que, muito diferentemente do que ocorre no sistema hegeliano, sob pressupostos materialistas, não há nenhum processo automático de auto-alienação do sujeito, a alienação só podendo ocorrer por força de certos efeitos decorrentes da autonomização dos elementos materiais que intermedeiam as relações entre os homens.

O que é preciso ter bem presente, no entanto, é que, conforme a análise proposta por Giannotti, é somente depois de construída a estrutura categorial típica das formas mercantes de organização do processo de reprodução material da sociedade – quer dizer: somente depois de transformados os agentes sociais em ***expressões*** de relações ***autonomizadas*** – que fará sentido dizer que os pólos desse conflito objetivo são levados a reduplicarem conscientemente seu antagonismo e a expressarem em práticas políticas à contradição objetiva cuja expressão eles próprios são.

---

[4] A melhor ilustração dessa tese pode ser feita com base na consideração da relação social fundamental das sociedades mercantis: a troca de mercadorias. Ao fazê-lo devemos observar, em primeiro lugar, que os proprietários das mercadorias envolvidas se assumem como absolutamente independentes, ademais opondo-se reciprocamente na medida em que cada um busca a razão de troca que lhe seja mais favorável. No entanto, se tal transação for considerada do ponto de vista da sociedade considerada globalmente, pode-se facilmente admitir que por trás da oposição entre os sujeitos envolvidos na relação de troca encontra-se a unidade da sociedade que tem dividida sua força de trabalho global entre tais indivíduos. E pode-se admitir também que por trás do processo de barganha, no qual cada um cuida de oferecer o mínimo e de pedir o máximo, encontra-se uma identidade em valor das mercadorias trazidas a mercado, entendendo-se por tal identidade a razão de troca objetiva que viabiliza a reprodução do ciclo de trocas – ou, se se preferir, o preço de equilíbrio – e, assim, a reprodução da própria sociedade.

O decisivo neste último ponto é que somente sob tais pressuposições poder-se-á admitir que no cerne mesmo da dinâmica social se encontre uma contradição fundamental, isto é: um estado dinâmica e objetivamente destinado a resolver-se e a superar-se, ponto crucial para que se possa assentar os projetos de mudança social em condições objetivas e que é essencial para distinguir o caráter revolucionário do marxismo de quaisquer variantes de socialismo utópico, inclusive, bem entendido, as bizarras formas contemporâneas de escatologia redencionista.

*****

No segundo capítulo – *Identidade pela contradição* – Giannotti volta sobre esses temas e cuida de aprofundá-los referindo-os diretamente à lógica das relações mercantis, mostrando como é no desdobramento destas últimas que se encontra o núcleo especulativo do pensamento de Marx. Paralelamente a isso, o capítulo cuidará de pôr em evidência que, ao retomar os esquemas conceituais da lógica hegeliana, Marx o fará sob condições de uma dupla redução, pois já não se tratará de considerar em toda generalidade "*o percurso circular do Ser ao Espírito*" (75), nem se continuará a pressupor que "*todo o real é racional*" (75).

O primeiro desses pontos implica a redução – talvez se pudesse mesmo dizer: implica a ***regionalização*** – do domínio de efetivação das categorias lógicas ao "*espírito finito*", para valermo-nos do jargão hegeliano, e, ainda mais especificamente, a uma certa forma ou modo de organização da vida social com relação a seu processo de reprodução material – "*os fenômenos socioeconômicos, objetos de nossa análise*", como diz Giannotti (96). O segundo ponto envolve uma restrição ao papel e à força da negação da negação, pois se, a partir dos "*empecilhos postos ao avanço das forças produtivas (....) pelo capitalismo*" (76), é possível delinear o conceito de comunismo, isto só terá lugar de maneira negativa e portanto incoativa, uma vez que supõe-se haver na construção de uma forma nova de sociabilidade "*uma parte da realidade*" que "*escapa ao pensamento*" (76).

O que é também dizer que ***a dialética vem ao mundo somente com as sociedades mercantis*** e que só alcança vigência plena quando e enquanto a forma mercantil de organização do processo de reprodução social estiver organizada na forma capitalista clássica.

O que sobretudo cumpre esclarecer são as razões pelas quais se há de atribuir às formas mercantis de organização da vida social em seu aspecto material esse privilégio, esta diferenciação categorial que faz com que somente com relação a elas faça sentido dizer que há, objetivamente, estruturas dialéticas no sentido estrito da expressão.

A resposta a essa interrogação consistirá em sustentar que somente sob tal forma de organização da sociedade ter-se-á uma ***substância-sujeito***. Vale dizer: um modo de conformação da vida social provido de uma macroestruturação interna e de uma dinâmica de auto-reprodução e evolução que, conquanto empiricamente dependente das ações dos indivíduos que o integram, é provido de uma racionalidade que ultrapassa inteiramente o plano da racionalidade intencional de tais agentes.[5]

É verdade, como sabem todos quantos tiverem alguma familiaridade com o marxismo, que a explicação completa dessa idéia precisa começar bem antes da análise do capital, deve começar com a consideração da *mercadoria* e de suas formas, isto é, com esse modo *sui generis* assumido pelo produto do trabalho sob certas e muito determinadas condições sociais.

É que, dada tal configuração dos fatos sociais fundamentais – essencialmente a separação e autonomização dos produtores –, torna-se forçoso prestar atenção para a dependência do processo de socialização efetiva do trabalho coletivo das relações que se estabelecem entre as mercadorias nos processos de troca. O fundamental, porém, é que tal correlação entre (i) as relações entre as mercadorias e (ii) a relação do conjunto das mercadorias ao trabalho social conjunto **não é uma relação *imediata***.[6]

O desdobramento de *Identidade pela contradição* continuará então com a observação de que as relações de troca mediante as quais as mercadorias são postas em relações de igualdade em valor com as demais pressupõem que haja algo de comum entre elas, eis que somente sob tal condição é possível entender como podem ser de mesmo valor coisas tão disparatadas como uma partida de tecidos e um torno mecânico, ou quaisquer outras das inúmeras relações entre mercadorias estabelecidas no mercado.

Contudo, o que a Giannotti interessa sublinhar nessa análise é a distância existente entre (i) o plano em que se situam os agentes (plano em que o que para um é valor de troca, para outro é valor de uso e no qual cada relação é afetada por um grau imponderável de indeterminação, uma vez que a fixação quantitativa do valor relativo dependerá das relações de equivalência que vierem a ser efetivamente estabelecidas) e (ii) o plano que *Certa herança marxista* denomina de "*nível da sociabilidade dos agentes em geral*" (91).

---

[5] É, pois, para introduzir este ponto que a Giannotti tão intensamente interessa "*sublinhar aquele traço do capital que o faz agir como uma substância-sujeito, capaz de se particularizar e crescer por si mesmo* (....)" (78).

[6] Na verdade, há uma espécie de autonomização opaca das relações entre as próprias mercadorias, uma vez que cada uma delas ao inserir-se na dinâmica das trocas assume, como que por si mesma e independentemente de seu valor de uso, um valor relativo cuja determinação é feita pelas demais mercadorias com as quais ela é posta em relação – vale dizer: pelas mercadorias que, na condição de suas ***equivalentes***, quantitativa e qualitativamente, lhe determinam o valor ***relativo***.

E o interesse de tal distinção está em que somente neste segundo plano pode ser superada a oposição entre valor de uso e valor de troca e as incertezas dos processos de troca particulares, uma vez que as limitações das relações particulares entre os agentes é negada pela integração de todas as mercadorias no processo global de circulação de mercadorias, negação esta que tem lugar mediante a redução de todas a seu fundamento comum, o valor. O que é dizer que aqui está a unidade e a identidade pressupostas pela contradição entre valor de uso e valor de troca e pela correspondente oposição entre os agentes envolvidos nos processos reais de intercâmbio.

É de registrar-se ainda, e *Certa herança marxista* não deixa de fazê-lo, que ***imediatamente*** tal redução tem lugar graças ao dinheiro, à "*coisa sobrenatural*" (91), à "*substância mística*" (98) que, ao viabilizar o estabelecimento de relações de preço entre todas as mercadorias, permite que tudo se comensure com tudo, sem que, contudo, as relações sociais subjacentes às relações entre as mercadorias seja apreendida, de sorte que, como diz Giannotti, "*o caráter expressivo do valor (....) transforma o produto do trabalho em* ***hieróglifo social***" (92).

A exposição prossegue então – seguida, sempre de perto, a análise de Marx –, trazendo à luz o fundamento das relações que se estabelecem entre as mercadorias, vale dizer: pela introdução do ***tempo de trabalho social*** como o elemento determinante do valor e, assim, das relações de troca entre os valores de uso levados a mercado.

Releva notar, nesta altura, que a apresentação que Giannotti faz da teoria do valor trabalho ressalta ao máximo a metacategorização especulativa que caracteriza a exposição de Marx, sem, contudo, desconsiderar o papel decisivo cumprido pelas relações de troca reais no funcionamento da lei do valor. Isto quer dizer que Giannotti, ao mesmo tempo em que, por um lado, endossa e ressalta as afirmações de Marx de que o tempo de trabalho deve ser compreendido como uma ***substância*** que se ***coagula*** nas mercadorias, por outro lado insiste sobre a importância essencial do que denomina de "*procedimentos coletivos de abstrair*" (94). O que é reconhecer que as qualificações unicamente mediante as quais o tempo de trabalho pode funcionar como elemento determinante do valor – a saber, seu caráter ***abstrato*** e ***socialmente necessário*** – dependem do processo efetivo de troca.

Sendo assim, pode-se reconhecer que as formas mercantis de organização do processo de reprodução material da sociedade são duplamente contraditórias. Contraditórias, primeiramente, na medida em que as relações de troca particulares e reais contradizem o valor assumido como coagulado nas diferentes mercadorias, eis que, conquanto pressuposto *depositada* em cada mercadoria uma porção definida da ***substância valor***, a verificação de que isto é efetivamente assim depende do movimento reflexionante, vale dizer, depende do que acontece no processo real de trocas, "*post festum*" (105), como diz Giannotti repetindo Marx.

Mas contraditórias, ainda, em segundo lugar, na medida em que o caráter social e qualitativamente unificado de todas as mercadorias, vale dizer, sua propriedade de serem todas elas expressão da "*universalidade social do trabalho*" (99) só aparece por intermédio do dinheiro e do sistema de preços. A estes cabe, com efeito, ao mesmo tempo atestar a "*vicariedade*" (101) ou equivalência das mercadorias e dos trabalhos concretos que as produziram e mensurar que parte do trabalho socialmente necessário foi efetivamente expendido na produção de cada uma delas.

Esta segunda contradição é a contradição entre trabalho vivo e trabalho morto, pelo menos se, no presente contexto, entendermos por trabalho vivo o processo social global de trabalho mediante o qual a sociedade se reproduz ao produzir as mercadorias que lhe são necessárias e por trabalho morto o dinheiro, esta forma coagulada e objetual do trabalho social mediante a qual (i) são viabilizadas as transações, (ii) fixados os preços e, nesta medida, (iii) espelhado e atestado o valor das mercadorias, isto é, o trabalho social que fundamenta e determina este último.

A partir deste ponto não é difícil entender em que sentido a "*forma de sociabilidade mercantil é (....) constituição de produtos em signos*" e "*em significados (....)*", "*graças a uma dialética em que o morto exprime o vivo*" (102).

O ponto adicional que Giannotti julga importante ressaltar neste ponto é a opacidade completa desse processo para os agentes nele envolvidos, pois:

> *"Não é a representação que indica os produtos como peças virtuais da riqueza social, não é esse saber que cada agente possui do processo, mas sua prática efetiva de* ***equiparar uma ação****, seu fazer, que torna os produtos postos em diferentes espécies de troca como valores, conferindo-lhes aquela determinidade histórica que se oculta e aquela objetidade tramada numa proporção determinada que igualmente esconde o comum, o qualitativo permeando os termos da troca"* (108).

Sublinhe-se que a obnubilação fetichista se faz mais completa com relação ao caráter qualitativo da relação entre os processos de trabalho particulares e, portanto, com relação à dimensão social que lhes está por trás. O que é também dizer que o que sobretudo não vê o proprietário de mercadorias é que tanto sua mercadoria quanto a de seu par são ambas expressões do trabalho social global, partes de um esforço coletivo de viabilização do processo de reprodução de toda a sociedade.[7]

Filosoficamente, o que, porém, mais importa na teoria do fetichismo – porque é disso que se está a falar – é sua dinâmica global, o sentido muito preciso em que as relações entre objetos funcionam como um verdadeiro sujeito, como determinantes objetivos das ações humanas e dos processos em que estamos todos envolvidos, eis que é o processo global de reprodução da sociedade que é regulado pela dinâmica das relações de troca.

Além disso, nesta altura torna-se possível perceber mais claramente em que sentido a análise de Marx comporta uma inversão da dialética, pois é evidente que a igualdade das mercadorias nas trocas e as correspondentes relações entre seus proprietários não expressam uma igualdade real dos indivíduos e agentes sociais, mas antes escondem as desigualdades e conflitos efetivos, graças, precisamente, ao "*espaço ilusório de eqüidade*", criado pelas relações de troca e pelo dinheiro enquanto instrumento material de sua generalização.

Aliás, o fato de que haja um tal "*suporte material*" (119) para viabilizar o funcionamento do que *Certa herança marxista* denomina de "*gramática representativa*" (119) – isto é: o estabelecimento da correspondência entre os processos de trabalho diversos e dispersos e a composição forçada deles em função da dinâmica de reprodução social global – é precisamente o que permite que se forme concretamente na vida social real esta espécie de:

> "*substância sensível/supra-sensível, um hieróglifo cujas relações de projeção em coisas de uma mesma natureza* sui generis *no fundo estão exprimindo aquelas relações sociais de produção que se fazem por meio de tais fetiches. Por isso o jogo da forma traduz o jogo que o homem mantém com a natureza e com os outros*". (121)

*****

[7] Aqui, porém, a análise de Giannotti se faz mais precisa e propõe-se iluminar, como que espectograficamente, as dimensões do que se oculta nas relações de troca. Além disso, há como que uma dimensão metacategorial desse processo de ocultamento, uma vez que a "igualação mensurante" – vale dizer o processo recorrente de trocas mediante os quais se efetiva a abstração do trabalho e a determinação de qual é o montante de trabalho expendido na produção de cada mercadoria que é trabalho socialmente necessário – se dá "como mensurada", no sentido de que se pressupõe que em cada relação de troca real as mercadorias se trocam segundo sua igualdade em valor. E tal inversão, diz Giannotti, não é um erro de análise mas um erro "de todos aqueles que participam da sociabilidade tecida pelas relações de mercado" (111).

No terceiro capítulo – *Novos conceitos, velhos rumos – Certa herança marxista* faz uma espécie de *intermezzo* destinado a mostrar a posição de Marx no contexto geral da análise social e sua insuperada superioridade.

Mais especificamente, o objetivo expresso dessas páginas é mostrar que o marxismo resiste bem aos desafios colocados por teorias que, embora cronologicamente lhe sejam posteriores, na verdade não conseguem reduzi-lo à condição de um simples e passado monumento na história das idéias. Mas há também, como um segundo objetivo do capítulo, o propósito de justificar *Certa herança marxista*, o de evitar que o crítico desavisado tome a releitura aprofundada e obsessiva de Marx como um anacronismo ou como uma expressão de mera erudição.

O primeiro dos desafiantes considerados em *Novos conceitos, velhos rumos* é a economia neoclássica, a qual, além de ter se estabelecido como o padrão científico dominante com relação à análise dos fenômenos econômicos, não reservou nenhum lugar para a teoria do valor trabalho, a qual, no contexto do saber econômico *convencional, tornou-se uma peça mais ou menos histórica,* mais ou menos folclórica.

Neste caso, como, aliás, nos demais, a resposta de Giannotti não será um ataque frontal, mas, antes, uma manobra de flanco, mediante a qual, sem que sejam negados nem o rigor formal das análises neoclássicas, nem sua aptidão para descreverem adequadamente o que tem lugar na superfície dos fenômenos econômicos, Giannotti procura mostrar que ali o fio da meada econômica não é puxado até o fim, além de que tais análises se embaraçam com uma confusão constitutiva entre partidos normativos e análises descritivas.

Dessa crítica giannottiana o aspecto mais claro é o segundo, pois é mais ou menos óbvio que à ciência econômica convencional não interessam formal e precipuamente os pressupostos institucionais, pelo menos não no sentido de enfatizar como o funcionamento das relações econômicas depende concretamente de tal enquadramento metaeconômico.

Este ponto crítico alcança, contudo, um segundo patamar quando Giannotti mostra que o conceito fundamental subjacente ao estabelecimento das curvas de indiferença – o comportamento maximizador da utilidade, derivado da idéia de ação racional com relação a fins – só faz sentido se tal padrão de conduta for visto como promovido e induzido pelo contexto econômico mercantil e capitalista.

A conclusão de Giannotti será então a de que tais análises, por profícuas que possam ser, não abalam em nada a solidez de uma teoria da sociedade que está voltada à elucidação competente dos pressupostos lógico-institucionais da ação social e dos processos que derivam delas.

A segunda linha de confronto, Giannotti a abre contra Weber, ainda que a inicie com uma demonstração de extraordinário respeito ("*É* impossível *examinar aqui todos os meandros desse pensamento, cuja riqueza nunca será esgotada.*") (137). Neste segundo caso a estratégia de resistência e contestação não procura mostrar uma limitação do escopo material, não aponta para omissões nas análises weberianas, mas cuida de mostrar que há algo de congenitamente insatisfatório na base do projeto de sociologia de Weber e que este seu impasse mais íntimo justifica que se a deixe de lado, continuando-se a ter as propostas metodológicas de Marx como o bom caminho do qual ainda agora é melhor não afastar-se.

A crítica que Giannotti dirige a Weber repete, como ele mesmo assinala, uma objeção de Brentano retomada e radicalizada por Habermas. Ela consiste na observação de que, ao combinar (i) a idéia de que a base para a compreensão dos processos sociais se encontra na racionalidade das ações dos atores – vale dizer nos princípios que interna e subjetivamente estruturam estas últimas – com (ii) a tese de que tais padrões de racionalidade são determinados com relação a valores irredutíveis entre si e insuscetíveis de hierarquização interna – vale dizer com relação a fins que não são eles próprios objetos de ponderação racional –, Weber abre o flanco para a acusação de que o que ele entende por ***racionalidade*** "*vem a ser a racionalização de uma conduta de vida irracional*" (141).

Contudo, para Giannotti, face a tal impasse, a atitude a tomar não deve ser – *surtout pas*! –, como quer Habermas, tomar o conceito de *ação comunicativa* como "*paradigma universal para o* resto *das ações com sentido*" (142), tampouco qualquer outra proposta de estabelecimento de princípios de racionalidade e universalidade ***externos*** aos sistemas de ação, mas há de ser buscada na imanência dos sistemas sociais e, ainda mais especificamente, "*no próprio desdobramento dos conceitos contraditórios que travam o modo de produção capitalista*" (143).[8]

O passo seguinte do capítulo, a terceira alternativa teórica ao marxismo a ser considerada e desprezada em *Novos conceitos, velhos rumos*, é a representada pela Escola de Frankfurt.

Neste caso, a crítica de Giannotti é uma espécie de crítica interna, de sorte que sua linha de corte conta com a cumplicidade de base dos frankfurtianos para desmoralizar-lhes o projeto. Isto quer dizer que a crítica

---

[8] Sinto-me tentado a dizer, neste passo, que Giannotti parece endossar uma espécie de variante marxo-materialista da história do ser heideggeriana, para a qual, porém, o evento fundador não se encontra na Grécia, mas, antes, na modernidade capitalista, a qual conteria a chave não apenas para a demonstração de sua razão e irrazão imanentes, mas também para a compreensão da razão e da irrazão das formas de sociabilidade que a antecederam e que a sucederão.

endereçada a Frankfurt é a de que seus homens são homens de pouca fé, negligentes, ademais, pois a verdade é que não leram ***o livro*** – *Das Kapital* – direito.

Giannotti sustenta, com efeito, que a base de todo o esforço teórico da Escola de Frankfurt encontra-se na tese de Pollock de que no século 20 o processo de reprodução econômica da sociedade passou a ser *Estado-dependente*, de sorte que já não faria sentido pressupor que haja *leis econômicas* em sentido estrito, tese da qual se inferiria que a racionalidade da sociedade não mais poderia ser considerada como uma questão objetiva, imanente a processos alheios ao controle dos homens, mas, ao contrário, deveria ser buscada nos mecanismos intelectuais de compreensão da sociedade e do mundo.

Ora, face a tal posição, a resposta de Giannotti estará, primeiro, em mostrar que, já nos planos, nos índices de composição e escrita de *O Capital,* previa-se a inclusão de um capítulo sobre o Estado, o que, por si só, já seria suficiente para que quem quer que reclame de sua doutrina pusesse em dúvida que o reconhecimento do papel do Estado na dinâmica econômica possa ter os efeitos desestabilizadores sugeridos por Pollock e assumidos por Horkheimer e Adorno.

Mas, mais do que isso, o que a Giannotti parece intolerável é a alegada despreocupação de fidelidade dos frankfurtianos à tese básica de Marx, à tese de que se deve buscar na *infra-estrutura* a explicação para os fenômenos superestruturais.[9]

O que é dizer que o que Giannotti repudia nos frankfurtianos não é a idéia de que há nas sociedades capitalistas contemporâneas uma *politização* das relações econômicas, mas antes seu descaso em prestar atenção para os condicionantes infra-estruturais de tal *politização*, sua negligência em buscar uma explicação ortodoxamente marxista para certas modificações no modo de funcionamento das sociedades capitalistas avançadas, modificações essas que – com relação a isso estariam certos os frankfurtianos – é forçoso admitir.

Aliás é precisamente à realização deste cometimento com o qual faltaram os homens de Frankfurt e seus sucessores que Giannotti dedicará o quarto capítulo de *Certa herança marxista.*

*****

---

[9] O texto diz: *"Tanto Adorno como Habermas dispensam o núcleo da crítica marxista, segundo a qual a crítica histórico-prática se processa no nível do metabolismo do homem com a natureza e dos homens entre si, vale dizer, no nível da dialética entre as relações sociais de produção e o desenvolvimento das forças produtivas. Todo o meu esforço caminha no sentido de mostrar que a repolitização do capital depende de uma crise interna dessa dialética".* (167)

A contradição travada é o capítulo central do livro, uma vez que, ao desdobrá-lo, Giannotti não apenas conclui sua apresentação das categorias centrais do marxismo, mas empenha-se em fazer uma revisão do que aconteceu e do que está a acontecer na sociedade capitalista contemporânea, e tudo isso justamente com o propósito de apurar se as transformações sobrevindas em sua infra-estrutura, nas relações entre forças produtivas e relações de produção, não obrigam a revisar certas teses básicas do marxismo clássico.

Ao encerramento de tal revisão ter-se-á mostrado – pelo menos é o que o autor pretende – que, efetivamente, não apenas ocorreram tais modificações, mas que elas foram tão essenciais que resultaram em um impacto sistêmico, por força do qual foi bloqueada a dinâmica de resolução da contradição essencial entre trabalho vivo e trabalho morto e, sociologicamente, entre burguesia e proletariado. Além disso, a constatação dessa nova situação obrigará a revisar também o próprio núcleo filosófico do marxismo, aquele exposto exatamente na teoria do valor e do capital.

Convém, no entanto, acompanhar a análise desenvolvida em *A contradição travada* com mais pormenor, a fim de melhor esclarecer a proposta de explicação marxista do fim do marxismo clássico que é nele apresentada e defendida.

Giannotti inicia o quarto capítulo lembrando que, quando consideramos as relações mercantis na forma que adquirem no modo de produção capitalista, é preciso ver que a dinâmica de reprodução social é necessariamente determinada como reprodução ampliada, eis que a razão de ser do sistema é a geração de mais-valor. Isto quer dizer que no cerne do modo de produção capitalista está a redução da força de trabalho à condição de mercadoria e a extensão das relações mercantis até o coração do processo de trabalho. O que é também dizer que "*a contrariedade entre trabalho vivo e trabalho morto, presente em qualquer modo de produção*" (176), se converte na contradição entre capital constante e capital variável. Por sua vez, a expressão sociológica dessa contradição é primeiramente a contradição entre trabalho assalariado e capital e em seguida entre proletariado e burguesia, as *individualidades sociais*, como diz Giannotti, engendradas por tal polaridade categorial.

Ora, a questão de fundo que *Certa herança marxista* procurará tratar no capítulo consistirá em averiguar se:

> "(....) *o desdobramento da categoria capital* (....) *manterá a identidade reflexionante dos opostos a fim de que a luta de classes possa se dizer ela mesma contradição, cumprindo a tarefa histórica que por isso haveria de assumir*" (178-179).

Pois bem, o resultado dessa averiguação – antes já o insinuamos– será negativo, Giannotti defendendo a tese de que o desdobramento *da categoria capital* neutralizará, impedirá, bloqueará a transformação das diferenças de classe em contradição sistêmica.

Para explicação de por que e como terá lugar esse inesperado resultado, Giannotti começará por lembrar que a constituição ou surgimento de tal contradição depende de um processo reflexionante duplo (204), eis que sua superveniência exige que se acrescente à constituição pelo sistema dos atores coletivos que encarnarão os papéis sociais definidos por sua lógica interna – burguesia e proletariado como portadores do capital e do trabalho vivo – a autodeterminação e a autoconsciência dos indivíduos membros dessas individualidades coletivas: em um caso como detentores de capital e, portanto, como capitalistas, em outro, da só força de trabalho e, portanto, como proletários.

Contudo, para o desdobramento do argumento de *Certa herança marxista*, o essencial dessa análise é que "*a problemática das classes não se resolve (....) na mera descrição de indivíduos movidos por interesses confluentes*" (205), senão que depende do que Giannotti denomina de "*desenvolvimento das categorias*" (205), das "*regras pelas quais os atores se pautam*" (205), das "*condições requeridas para o funcionamento da estrutura*" (206).

O que é também dizer que, no horizonte da análise marxista, uma verdadeira contradição de classes não pode ser reduzida à oposição voluntária entre grupos sociais com interesses conflitantes, senão que deve ser vista como resultante de um movimento do próprio modo de produção que, por efeito de suas contradições objetivas, conduz os atores sociais aos antagonismos e causa a emergência das formas subjetivas de contraposição.

Ora, a tese do capítulo, a tese essencial do livro é a de que o desenvolvimento do modo de produção capitalista se fez de tal forma que este desdobramento objetivo e real das categorias – que, justamente, deveria conduzir ao antagonismo de classes – desviou-se, subverteu-se internamente, sustando os rebatimentos que inicialmente se previa viessem a ocorrer no plano das relações sociais.

Nesta altura, para o livro e para o leitor, a questão mais fundamental é a que interroga pelas razões desse desvio, pelas explicações que é possível dar para a deriva do capitalismo com relação a si mesmo.

Pois bem, se indagarmos de que modo *Certa herança marxista* demonstra esta alegada interrupção do desenvolvimento das contradições internas do capitalismo, o que primeiro deve ser respondido é que Giannotti apresenta não uma, mas ***duas*** linhas de explicação.

A primeira consiste em sustentar que os avanços científicos e tecnológicos, ao penetrarem nas bases técnicas dos processos de trabalho e ao se disseminarem por toda a base produtiva, tornam o trabalho vivo irrelevante para a produção da riqueza social, de tal sorte que o desdobramento categorial do valor é interrompido e perde totalmente o sentido.

Segundo *Certa herança marxista*, uma tal análise, longe de ser uma opção pelo revisionismo e pela heterodoxia, encontra um fundamento literal na própria obra de Marx, nestes mesmos *Grundrisse* que já haviam servido para desqualificar a *Ideologia Alemã* e que agora são mobilizados para desmentir "*as esperanças de Marx de que o novo já estivesse inscrito no velho*" (208).

É que ali, nas conhecidas páginas do *Caderno VIII* em que Marx trata do ***maquinismo***, encontra-se a tese de que, com a incorporação sistemática da ciência aos processos produtivos, "*se* inverte *a relação de sentido do trabalho vivo com o trabalho morto*" (215-216), "*pois é o próprio capital fixo que vem a ser produtivo*" (216), de tal sorte que cada vez mais "*o progresso tecnológico*" tende "*a relegar o processo efetivo de trabalho a mero serviço de vigilância e regulamentação da cadeia produtiva*" (218). O resultado categorial desse processo, como se lê no próprio Marx, em uma passagem citada por Giannotti, é que:

> "*O **roubo do tempo de trabalho alheio, sobre o qual hoje assenta a riqueza**, parece um fundamento miserável se comparado com a nova riqueza gerada pela grande indústria recentemente desenvolvida. Tão logo o trabalho, na forma imediata, tenha deixado de ser a grande fonte da riqueza, o tempo de trabalho deixa e precisa deixar de ser a sua medida, e portanto o valor de troca [a medida] dos valores de uso. O **sobretrabalho das massas** deixou de ser condição da riqueza em geral, assim como **o não-trabalho de poucos** [deixa de ser condição] do desenvolvimento dos poderes gerais do cérebro humano*". (*Apud*, *Certa herança marxista*, 220)

Por certo, na análise dos *Grundrisse*, aliás na seqüência imediata da citação recém-feita, Marx dirá que com o desenvolvimento das forças produtivas ali descrito:

> " (....) *entra em colapso a produção apoiada no valor de troca, o processo de produção material despe-se ele próprio da forma premente da necessidade do antagonismo*". (*Apud*, *Certa herança marxista*, 220)

Giannotti argumenta, porém, que isto não ocorrerá necessariamente, porque nem esta introdução *à outrance* da ciência nos processos produtivos se fará linearmente, eliminando a contradição entre os diferentes capitais, nem, por outro lado, se homogeneizará a força de trabalho, ocorrendo, na verdade, uma rígida clivagem "*tanto do mercado de capitais quanto do mercado de trabalho*".

Em vista disso fica-se no pior dos mundos, pois perde-se o valor trabalho como princípio determinante da riqueza social e como categoria fundamental de organização do processo de reprodução social no modo de produção capitalista, sem que se ganhe o fim da concorrência entre os capitais e a homogeneidade da força de trabalho, bases indispensáveis para a superação da mercadoria como forma dos bens produzidos socialmente e da forma-valor como instrumento de medida do trabalho social.

Giannotti sabe muito bem que esta não é a linha de análise seguida por Marx em *O Capital* e por isso diz que prefere a herança aporética de Marx às tentativas – a começar pelas empreendidas por Engels ao dar forma ao terceiro livro de *O Capital* – de "*fechar o sistema a golpes de machado*" (230).

No entanto, conseqüentemente com essa ressalva, em acréscimo a esta primeira linha de análise[10], Giannotti, prudentemente, apresenta uma outra linha de justificação para a tese de que o capitalismo contemporâneo bloqueou o desdobramento categorial e prático de sua contradição interna.

De acordo com esta ***segunda*** versão, o travamento interno das contradições do capitalismo já não é mais explicado em função da superação do trabalho como fonte do valor na época do ***maquinismo***, mas é creditado às dificuldades de efetivação da lei do valor nas novas e peculiaríssimas condições de auto-reprodução típicas do capitalismo contemporâneo.

O que é preciso ver, sublinha Giannotti, é que "*se diversos setores produtivos*" (210) passarem a "*integrar insumos de alta concentração tecnológica*" (210), e se forem integrados "*por empresas que mantenham o monopólio da invenção tecnológica*", ocorrerá que seus produtos terão "*preço sem ter valor*" (210). Isso ocorrerá, explica-nos *Certa herança marxista*, porque "*operado* nessas *condições*" (211), o capital "*escapa daquele movimento de perequação da taxa de lucro*" (211). Conseqüentemente, a "*produtividade do trabalho*" cresce "*exponencialmente sem que a lei da queda tendencial da taxa de lucro*" encontre "*condições de funcionar, porquanto (....) perderia a medida homogênea que engloba todos os capitais*" (211).

Para entender o ponto é preciso lembrar que, de acordo com os parâmetros clássicos, "*o capital depende da unificação de setores que operam com diferentes taxas de produtividade do trabalho social*" (250). Isto é assim porque o que constitui ***o*** capital é justamente este deslocamento dos capitais individuais que, ao se moverem para atender à demanda solvente e para garantir sua sobrevivência sob condições concorrenciais,

---

[10] Cuja sustentação parece ser, em última instância, a idéia, muito discutível, de que Marx, "*homem de seu tempo pensa em termos de energia*" (219), apelando, assim, "*para (....) o dispêndio de energia*" (261), como o fundamento último da atribuição ao trabalho da propriedade de ser a fonte e a alma do valor.

ao mesmo tempo em que asseguram o processo de reprodução social geral, geram a taxa média de lucro como uma espécie de "*idéia reguladora do mercado*"(251) que serve de parâmetro a todos os atores intervenientes e que, nessa medida, a todos conjunta. No entanto, se, nas condições contemporâneas, o sistema, não só funciona "*com diversas taxas de produtividade*" (252), mas provoca essa "*diversidade graças ao monopólio da invenção científica*" (252), então "*cada empresa trata de montar e proteger sua própria composição técnica, de sorte que fica bloqueada sua expressão completa em valor*". (252)

O que é dizer que a incorporação intensiva e permanente de conhecimento científico nos processos de produção impede a formação da taxa média de lucro e, portanto, torna sem sentido a lei de sua queda tendencial, cujo pressuposto é obviamente sistêmico, dependendo de que o capital total se unifique e sofra com o aumento progressivo e inapelável da composição orgânica.

Do ponto de vista prático-político, no entanto, o que mais importa é que "*essa travação afeta o comportamento dos agentes*" (254), uma vez que sob esta nova figura do capitalismo, "*em* vez *da esperada proletarização das massas, isto é, a totalização correspondente à unificação dos capitais numa única substância, recriam-se corporações que cotidianamente colocam em xeque a idéia reguladora do indivíduo social*" (226). Ou ainda:

> "*Em vez de empurrá-los para os limites da oposição, o novo capital solta os indivíduos de sua reflexão determinante para deixá-los girando em volta do circuito interno do sistema, como se fossem asteróides desgarrados de seu centro*" (227).

A conseqüência será então que, contrariamente às previsões do marxismo clássico, em vez de uma tendência invencível à unificação dos trabalhadores e à radicalização da contradição trabalho/capital, o que vem a ocorrer nas condições do capitalismo contemporâneo é que:

> "(....) *a oposição ao capital, quando surge, não se põe* ***exclusivamente*** *em termos de uma contradição entre forças produtivas e relações de produção. Além dos mais, os periféricos miseráveis que o capitalismo continua produzindo em grau cada vez maior e a massa de consumidores vorazes, que tudo fazem menos se conformar a uma individualidade social, não constituem forças produtivas diretas do capital, precisamente porque foram excluídos do universo do trabalho moderno*" (228).

A conclusão natural e forçosa será, portanto, a de que, sob as condições do capitalismo tardio, a expressão sociológica de suas disfunções e desequilíbrios – a proliferação de necessitados e despossuídos de todo gênero, combinada com o consumismo extremado –, incapaz de ensejar a formação de verdadeiros sujeitos sociais coletivos, é igualmente incapaz de desencadear um conflito verdadeiramente sistêmico, onde se coloque em jogo a matriz institucional do modo de produção capitalista: a oposição entre trabalho morto e trabalho vivo. É por esta razão que Giannotti se julga então autorizado a dizer que:

> "*A contradição básica esgota seu empuxo interno, sem desenhar o novo em suas entranhas*" (228).

*****

A novidade do quinto e último capítulo de *Certa herança marxista – Atalhos para uma conclusão –* não se encontra na retomada e no aprofundamento de vários dos pontos tratados anteriormente no livro, mas no aparecimento de uma nova linha de separação com relação à teoria marxista da dinâmica capitalista e das condições políticas de sua superação. Uma nova linha de separação cujo princípio se encontrará nas conclusões filosóficas que Giannotti se permitirá extrair do diagnóstico recém-feito sobre a dinâmica categorial do capitalismo contemporâneo.

O distanciamento ora em pauta – que creio se deva classificar como uma segunda e mais radical ruptura com Marx – está intimamente associado à introdução em *Certa herança marxista* do tema da ***racionalidade***, o qual ensejará uma reflexão reveladora das mais profundas convicções filosóficas do autor.

> *Como logo se verá, estes pontos – revelados, assim, por derradeiro – constituem a problemática de fundo, subjacente ao e explicativa do interesse quase obsessivo de* Certa herança marxista *pela teoria marxista do fetichismo da mercadoria.*

O primeiro desses pontos, a idéia de que há uma razão mais profunda, e como que mais antiga, para separar-se de Marx, Giannotti o apresenta ao renovar a recusa da concepção marxista da política revolucionária, já não em função do travamento interno das contradições no capitalismo contemporâneo, mas por razões de ordem estritamente filosófica, ao considerar que "*Marx impregna todo seu projeto político daquele misticismo lógico que denunciara na teoria hegeliana do Estado*" (308).

A diferença essencial entre as duas posições, doravante em confronto, estaria em que, enquanto Marx pensa "*como se o antagonismo de classes devesse vir a ser contradição que se resolve criando nova identi-*

dade espiritual" (308), Giannotti sustenta que "*o antagonismo das forças em choque está enclausurado pela ilusão necessária que retira precisamente o poder de simplificar e espiritualizar seus termos*" (308).

O que é fundamental entender, porém, é que esta diferença não é uma diferença contingente, dependente de uma avaliação divergente sobre o modo em que empiricamente evolui a consciência de classe no modo de produção capitalista e especialmente no capitalismo mais avançado. Não, a diferença aqui é de uma outra ordem e tem a ver com as respectivas concepções da ***racionalidade***.

Para começar a esclarecer este ponto convém examinar o modo como Giannotti repete a crítica a Marx a que acabamos de fazer referência nas páginas finais do livro. Ali Giannotti diz:

> "*A proposta de substituir o modo de produção de mercadorias por meio de mercadorais*[11] *pela apropriação coletiva dos meios de produção (....) pressupõe (....) a utopia de expurgá-los de toda e qualquer zona cinzenta, onde de fato se movem*" (331).

E em seguida acrescenta:

> "*Essa radicalização do projeto iluminista só se tornou possível na medida em que se negou seu lado de sombra, como se o Século das Luzes não fosse também o século das sociedades secretas, como se Jean-Jacques não entrasse em conflito com Rousseau, como se Sade, autor de Justine, também não escrevesse peças de teatro moralizantes*" (332).

Bem entendido, esta crítica à ingenuidade da concepção marxista da racionalidade feita a partir de uma metáfora culturalista, por meio desse passe irônico com a história das idéias, seria quase gratuita se não estivesse caucionada por uma tese filosófica mais funda, uma tese que não toma as formas intrinsecamente contraditórias do capitalismo como expressão, simplesmente de uma "*forma de sociabilidade epocal*" (274), mas que vê aí uma espécie de demonstração exemplar do que é a racionalidade possível no mundo social e, em última análise, do que é a racionalidade humana.

Esse ponto Giannotti o apresenta primeiramente ao opor a racionalidade dos ajustes internos operados pela sociedade capitalista mediante os mecanismos de mercado à racionalização progressiva típica do progresso das ciências em seu desdobramento ordinário.

---

[11] A substituição, nesta passagem crucial, da expressão marxista clássica "*modo de produção capitalista*" pela expressão de Sraffa "*modo de produção de mercadorias por meio de mercadorais*" é mais um sintoma do distanciamento de Marx tomado aqui por Giannotti.

O que seja essa racionalidade padrão, ordinária, Giannotti o apresenta do seguinte modo:

> "(....) *o exercício do juízo cria condições para que novos processos de medida sejam inventados para sanar as deficiências evidenciadas* (....), *de tal modo que avança, passo a passo, o processo de apropriação pelo pensamento de determinado setor da realidade. Arma-se aquele racionalismo aproximado cescrito por Gaston Bachelard e Gilles-Gaston Granger*" (283).

Pois bem, quando se observa a racionalidade imanente ao funcionamento objetivo do capitalismo, quando se considera a racionalidade própria do sistema de ação econômico, somos obrigados a reconhecer que embora haja ali, inegavelmente, uma racionalidade operante, esta não evolui conforme o padrão de uma redução progressiva das obscuridades e contradições e, conseqüentemente, pela progressiva redução do espaço de sombras. Muito diferentemente, nesse terreno:

> "(....) *o erro adquire novas dimensões. A cada invenção que se segue ao desenvolvimento formal, por exemplo, o dinheiro ou o capital comercial, cria-se um espaço que, além de desenhar novas formas de adequação, ainda abre a possibilidade de bloquear todo o processo reflexionante, novas possibilidades de crise.* (....) *Em vez do racionalismo aproximado, operam, de um lado, a razão da ilusão e do conflito* (....) *e, de outro, a reivindicação de novas formas de medida do que vem a ser o social*" (283).

E Giannotti remata então a página e a linha de pensamento que está a seguir perguntando a si mesmo e a seu leitor:

> *"Não é nossa tarefa explicitar esse novo conceito de razão?"* (283)

A resposta será inequivocamente ***sim***, pois Giannotti está convencido de que

> "(....) *o estudo das estruturas categoriais do modo de produção capitalista* (....) *nos oferece exemplo extraordinário de jogo de linguagem não-verbal, que, se pretende ser racional, termina se perfazendo por meio de uma irracionalidade profunda, pelo cone de trevas desenhado pelo cone de luz*" (322).

Vê-se, portanto, que o essencial no ***novo conceito de razão***, cuja elucidação *Certa herança marxista* propõe-se a fazer, está nesta idéia de uma paridade incontornável de luz e sombra, que Giannotti vê exemplarmente apresentada nas análises marxistas da mercadoria, do valor e do capital e, paradigmática e inesperadamente, metaconceptualizada em um texto de Schelling onde se lê:

> "(....) *no vértice do cone de luz da expressão as linhas de prolongam formando um cone de trevas. Do mesmo modo como a luz trabalha os objetos focados, as trevas matizadas se reafirmam como condições de existência do sistema como um todo, um complementa o outro*". (320)

É preciso não confundir, porém – adverte Giannotti –, esse limite interno, transcendental dir-se-ia, da racionalidade, com uma prova de validade do relativismo culturalista. A idéia não é que proliferem "racionalidades *regionais*" (320), mas antes a de que o progresso da racionalidade, a enunciação de proposições verdadeiras, ao mesmo tempo (i) pressupõe um contexto e condições de enunciação de que o sujeito da enunciação não pode reflexivamente assenhorear-se e (ii) carrega em si implicações que, inelutavelmente, sempre escapam às intenções e, assim, ao controle racional de quem as faz (cf. 330).

Como se viu acima, a idéia de Giannotti é que a análise das determinações categoriais do capitalismo é exemplar na elucidação dessa racionalidade *contraditória*. Se, agora, se perguntar por que é assim, a resposta será a de que, justamente, a lógica de funcionamento do capital evidencia com extraordinária clareza essas duas limitações. É o que se depreende do texto seguinte:

> "*A racionalidade instrumental da ação é duplamente aparente, de um lado, porque seu sentido imediato é roubado pelo movimento autônomo do seu desdobramento categorial, de outro, porque se pauta por regras que ocultam sua dependência da contradição fundante*" (285).

O que é não apenas dizer que nunca somos senhores soberanos de nossas intenções, mas também que cabe generalizar e sustentar que nos foge, além do sentido de nossas ações, também o de nossos pensamentos, eis que o significado de cada uma de nossas falas e o alcance de cada um de nossos enunciados depende das delimitações gerais de sentido impostas pelo sistema discursivo como um todo.

Cabe ainda acrescentar – e esta é mais uma das lições que se retira do caso exemplar, da lógica de funcionamento do capital – que a autonomização do sistema de regras sociais depende de sua radicação e assentamento em bases materiais, as quais, contudo, só pedem passar a funcionar como ***objetos-signos***, para usar o termo de Giannotti, na medida em que tais objetos são investidos – no duplo sentido adquirido por esta palavra no contexto pós-freudiano – pelas intenções e ações humanas.

O fundamental a entender, porém, do ponto de vista de *Certa herança marxista*, é esta ***generalização***, vale dizer: o que importa entender é em que sentido a análise marxista das "*estruturas categoriais do modo de produção capitalista*" (322) é ***exemplar***.

É que a exemplaridade que interessa aqui é menos a exemplaridade formal, expressa no extraordinário êxito teórico alcançado por Marx na escrita de *O Capital*, do que a exemplaridade ***material***, aquela contida na idéia de que as "*estruturas categoriais do modo de produção capitalista*", não são, justamente, senão um ***exemplo*** do "*extraordinário de jogo de linguagem não-verbal, que, se pretende ser racional, termina se perfazendo por meio de uma irracionalidade profunda, pelo cone de trevas desenhado pelo cone de luz*" (322).

O que é não apenas ***dizer*** que há muitos outros *jogos de linguagem não-verbal, que, pretendendo ser racionais, terminam se perfazendo por meio de uma irracionalidade profunda, pelo cone de* trevas *desenhado pelo cone de luz*, mas também ***sustentar***, ou, pelo menos, ***sugerir,*** que tal é o limite da racionalidade e a determinação mais essencial da condição dos homens.

De outra parte, em um registro prático, chegados neste ponto, compreende-se que Giannotti, em um texto escrito logo após a publicação de *Certa herança marxista*[12], proponha substituir à desde sempre anacrônica utopia da revolução comunista, pelo programa de uma ética objetiva[13], pela pauta dos "*sérios problemas morais*" colocados pelas formas concretas em que tem lugar "*o roubo de sentidos visados pelas ações individuais, seja de pessoas ou de grupos*".[14] E compreende-se também o sentido profundo do convite feito na apresentação para que, em lugar da crítica imediata ao socialismo real, se opte pela via longa, só aparentemente diversionista, de meditação sobre as formas de sociabilidade capitalista.

---

[12] Cf. J. A. Giannotti, *Marx além de Marx*, Folha de São Paulo, ***Mais!***, 05 de novembro de 2000.

[13] Que, pelo menos neste contexto, a ética que interessa a Giannotti tenha que ser uma *ética* ***objetiva***, decorre de que, segundo *Certa herança marxista*, a política "*não deve impor de fora formas de racionalidade que escapam daqueles processos de racionalização pelos quais a própria sociedade capitalista se articula*", pois, de outro modo, "*qualquer ponto de vista reivindicaria o estatuto de racional, perdendo esse processo sua adequação histórica*" (308). O que quero dizer é que se a racionalidade dos projetos políticos precisa ser situada, situadas e contextualizadas também devem ser as justificações normativas de tais programas.

[14] *Marx além de Marx.*, p. 11.

3. Alguma crítica

Reconstituídas assim as linhas gerais de *Certa herança marxista*[15], o que caberia ainda ao resenhador é perguntar o que, afinal, se haverá de pensar do livro, de seu propósito, de sua forma, de suas análises, de sua política.

A dificuldade de propor-se a responder tais indagações é que, face à diversidade dos temas, à complexidade dos argumentos, à superposição dos sistemas taxionômicos, à profundidade das análises e ao alcance político das teses defendidas, seria inevitável transformar este exercício de apresentação de *Certa herança marxista* em um livro, ou, pelo menos, em um longo ensaio crítico.

Impossibilitado de fazer isso, tendo já estendido esta resenha muito além do habitual, limitar-me-ei nessas observações finais a levantar alguns pontos críticos que me parecem emergir naturalmente dos desafios conceituais envolvidos e lançados pelo livro.

Bem entendido, o propósito de tais questionamentos não é refutar as análises de Giannotti. Antes o de problematizá-las, de aprofundar a discussão sobre os temas que levanta, de manifestar os pontos em que, pelo menos para mim, seu poder de convencimento é abalado por dificuldades e objeções possíveis.

a) Um primeiro reparo parece-me impor-se com relação à forma, ao modo em que Giannotti compôs e escreveu *Certa herança marxista*.

E a restrição que parece importante pode ser expressa mediante uma advertência: pela classificação do livro como ***rigorosamente proibido para menores***, se me for permitido utilizar esta espécie de metáfora para sugerir que mesmo os bons[16] estudantes de filosofia dos dias atuais – ou rigidamente adestrados nos rigores técnicos da historiografia filosófica, ou submetidos às obsessivas exigências de clareza da tradição analítica – arriscam-se a passar mal ao se verem expostos às bruscas mudanças de registro conceitual[17] e à inusual combinação de inspirações filosóficas de fundo a que os submeterá a leitura de *Certa herança marxista*.

---

[15] Obviamente, dada a complexidade e dificuldade do livro, reconstituídas seletivamente, em função de meus interesses, compreensão etc., ainda que, espero, sem deixar de ver o fio essencial que ata as intenções e análises essenciais de Giannotti.

[16] Para não falar dos *maus* estudantes de filosofia, nem dos leitores de outras formações para os quais o livro será absolutamente inacessível.

[17] Refiro-me à combinação permanente do vocabulário lógico convencional, de análises wittgensteinianas, de conceitos fregueanos, de categorias hegelianas e dos instrumentos analíticos de Marx.

É verdade que aos resistentes, aos naturalmente segurados contra tais riscos, estará reservado, além da visão inaugural de uma figura filosófica genuinamente brasileira, o acesso a um exigente exercício de pensamento, o testemunho de um profundo esforço para compreender o marxismo de maneira ao mesmo tempo original e rigorosa.

b) Uma segunda observação, aliás, pessoalmente incontornável, é a de que a releitura da teoria marxista da forma do valor com as lentes de aumento de Giannotti não me convenceu mais do que a leitura do original, à qual, faz já trinta anos, dediquei quatro anos de atenção e estudo.[18]

O que quero dizer é que, agora, tal como antes, continuo a ter a teoria marxista do valor como afetada por um desequilíbrio interno e por uma contradição simples, uma contradição univocamente perniciosa e que não tem nenhum destes aspectos taumatúrgicos que Giannotti pretende atribuir a tal conceito.

Minha posição sobre esse assunto é muito simples e, para expô-la na terminologia proposta por *Certa herança marxista*, consiste em sustentar que há uma contradição formal na afirmação simultânea (i) de que o valor é uma substância que se coagula nas mercadorias e (ii) de que o tempo de trabalho que define e determina o valor – o tempo de trabalho, abstrato, simples e socialmente necessário – só se constitui graças aos "*procedimentos coletivos de abstrair*" (94), isto é, como resultante do circuito recorrente das trocas que se afirma e tem como reguladas por ele.[19]

Vejo bem que Giannotti analisa com cuidado essa contradição: por um lado dizendo que o valor coagulado é pressuposto pelos próprios agentes (v. 114) – no sentido de que, como vimos antes, a "*igualação mensurante*" se dá "*como mensurada*" –, seu reconhecimento e afirmação não sendo, portanto, um erro de análise, mas uma ilusão objetiva (cf. 111); por outro lado sustentando que não se entenderá nada dessa análise se não se a visualizar à luz da teoria hegeliana da ***reflexão***.

Ora, ao primeiro desses *provisos* minha objeção é factual: não é verdade que os sujeitos das transações reais pressuponham que as razões de troca efetivas expressem uma identidade em valor de seus produtos respectivos. Por certo, a cada transação, os envolvidos consideram as razões de troca como extorsivas, vantajosas ou razoáveis, mas o critério

---

[18] Cf. J. C. Brum Torres, *Valor e forma do valor*, Símbolo, São Paulo, 1979.

[19] Paul Dominique Dognin expressa a mesma posição. Cf. *Les "sentiers escarpés" de Karl Marx – Le chapitre I du "Capital" traduit et commenté dans trois rédactions successives*, Les Éditions du Cerf, Paris, 1977, p. 36. Desenvolvi essa objeção já em minha dissertação de mestrado, datada de 1974, independentemente, portanto, da análise de Dognin.

fundamentador de tais avaliações obviamente não é que se esteja, conforme o caso, a respeitar ou deixar de respeitar os *quanta* de trabalho incorporados nas mercadorias em processo de troca.

Aliás, no curto prazo as trocas se farão segundo as quantidades físicas oferecidas e a escala de preferência dos demandantes, supostos certos coeficientes de elasticidade-preço da demanda solvente. Mas mesmo se, no médio prazo e dada a recorrência das trocas, formam os agentes a idéia de preços de equilíbrio, é de todo implausível supor que o fundamento destas representações de razões de troca "*justas*" se fundamente numa visão do custo em trabalho das mercadorias trocadas. Haverá nestas representações uma genérica e muito imprecisa visão de custos comparativos, mas esta incorporará a ponderação de monopólios mais ou menos transitórios, o grau de disseminação das inovações técnicas, os requisitos de formação e especialização da mão-de-obra utilizada nos vários setores econômicos e assim por diante. O que é dizer que a idéia de que as razões de troca efetiva são determinadas por custos em trabalho social é uma idéia "*savante*", distante do modo ao mesmo tempo mais impreciso, mais indeterminado e mais rico em que os agentes econômicos avaliam as razões de troca entre as mercadorias.

Poder-se-ia contra-argumentar que a pressuposição dos agentes pertinente neste contexto não é de caráter psicológico e não pode ser alcançada com descrições mais ou menos fenomenológicas dos cursos de consciência. Mas eu diria que, mesmo se se interpretar objetivamente o sentido da pressuposição em questão, minha objeção continua intacta, porque não se vai a mercado como se vai ao clube, pressupondo a condição de sócio. Ao contrário a marca da passagem pelo mercado é, como dizia o próprio Marx, o salto perigoso da mercadoria, o risco inerente tanto à iniciativa empresarial quanto à busca de emprego. E a incerteza primária aqui não é quantitativa, mas qualitativa, a insegurança quanto a se haverá lugar para quem chega pela primeira vez, ou, para os veteranos, se o lugar recém-ocupado permanece disponível. O que é simplesmente dizer que nas condições mercantis e capitalistas a sociabilidade nunca é pressuposta, mas é sempre um problema e um desafio de incerto desfecho.

Já a idéia de que se se entender o caráter ***reflexionante*** do valor e do capital – isto é, o fato de que "*a pressuposição da unidade da medida precisa ser validada no final do processo de mensuração*" (98) – parece ser uma solução meramente verbal se não se admitir que a alegada necessidade de reposição do pressuposto só se faz realmente necessária sob a condição de tomar tal pressuposto como uma essência que precisa ***aparecer***, como diz Hegel no § 131 da *Enciclopédia*, de tal sorte que o aparecer é a existência fenomenal daquela.

Pensar diferentemente, sustentar que o trabalho vivo ganha substancialidade ao ser medido pelo trabalho morto (cf. 98), é ver-se sem nenhum recurso contra as objeções de que, realmente, as relações entre trabalho vivo e trabalho morto – vale dizer: as relações de preço – podem ser quaisquer, sua estabilidade só podendo determinar-se como uma resultante, como uma espécie de média, sempre provisória e revisável, das relações reais de troca.

O que estou querendo dizer é que se se admitir, de maneira mais estritamente conforme aos pressupostos últimos de Hegel, que a multiplicidade dos indivíduos humanos é o modo de aparecer de uma identidade essencial e substancial de todos eles – vale dizer: se se assumir o conceito de ***espírito***, ou alguma variante dele[20] –, então se poderá sempre sustentar que as relações entre eles, quaisquer que sejam, serão sempre os avatares mediante os quais esta substância se torna sujeito.

Se, no entanto, como quer Giannotti, se atribuir esta substancialidade ao fetiche da mercadoria e do capital, não haverá como pretender que as relações reais que determinam efetivamente o valor das mercadorias em uma série aberta de razões de troca sejam consideradas, ao mesmo tempo e necessariamente, como meras ***expressões*** do valor. Ou, por outra: se a pressuposição do valor for entendida como igual ao fetichismo da mercadoria, então não há por que admitir que a forma valor expresse o valor. No máximo se poderá dizer que os valores de troca, ou, generalizadamente, o sistema de preços relativos ***simula*** a existência de relações de valor entre as mercadorias, mas não que haja efetivamente um valor que, ao se expressar na forma do valor, determine as relações reais de troca.

Na verdade, uma expressão efetiva da relação de custos em trabalho das mercadorias só pode ser alcançada aproximativamente, conseqüentemente à repetição do ciclo econômico e à ponderação recorrente que os agentes econômicos fazem das condições de produção em cada ramo e das

---

[20] Aliás, comentando a conhecida passagem do subcapítulo sobre *O caráter fetiche da mercadoria e seu segredo* em que Marx convida seus leitores a se representarem o modo de produção próprio de "*uma associação de homens livres que trabalham com meios de produção comuns*", Paul-Dominique Dognin mostra como, com relação a esse ponto, há uma linha de continuidade entre a posição do jovem Marx e a posição presente em *O Capital*. Diz Dognin: "*Nos 'Manuscritos' o 'resultado da história' era apresentado como devendo ser a* ***realização*** *do ser genérico* (....). *Em* O Capital *este mesmo resultado da história é apresentado como uma volta da vida social até então objetivada nas coisas ao homem, a condição desse retorno sendo a socialização* ***imediata*** *do trabalho graças à ligação de suas forças individuais em uma força social doravante* ***unificada****. Segue-se que a instauração dessa força unificada não é senão um outro* ***termo*** *para designar o que antes se chamava ser genérico. De resto, não há nada de surpreendente nisso. O conceito de ser genérico implica que, não multiplicada, e, portanto, numericamente uma, a* ***essência humana*** *só se encontra na comunidade*". V. o. c., vol. II, p. 92.

remunerações nominais, ficando bem entendido que tais ponderações induzem deslocamentos dos produtores, alterações de oferta, realinhamento das relações de troca e, ao termo, a determinação de preços de equilíbrio.[21]

Poder-se-ia pensar, é certo, que o dinheiro, ao assignar a cada mercadoria um preço, estabeleceria *a priori*, por assim dizer, o caráter social e ***qualitativamente*** unificado de todas as mercadorias, vale dizer, sua propriedade de serem todas elas expressão da "*universalidade social do trabalho*" (99). No entanto, basta pensar em situações de superprodução, em que os bens produzidos ficam sem preço, ou, diferentemente, em situações de inflação galopante, em que o dinheiro entra em colapso, para dar-se conta de que mesmo a atestação qualitativa do caráter social das mercadorias, de sua propriedade de serem todas portadoras de uma parte alíquota do trabalho social expendido, antes resulta das relações de troca reais do que as condiciona.

c) Este mesmo ponto pode ser retomado a partir de uma outra linha de argumentação, se lembrarmos o modo em que o próprio Marx trata das relações entre (i) a análise da mercadoria e do dinheiro no início de *O Capital* e (ii) as análises concretas do funcionamento dos mercados desenvolvi-

---

[21] Em um texto da p. 104 Giannotti parece precaver-se contra esta objeção e escreve: "*Os tempos de trabalhos concretos* (....) *resolvem-se em parcelas do tempo socialmente necessário para que a produção como um todo seja absorvida pelo mercado.* (....) *O analista pode supor que esse tempo consiste na soma dos tempos individuais dividida pelo número de trabalhadores. Mas este último número não está dado de antemão e, para aqueles que participam do mercado, somente o carecimento social, que por sua vez é determinado pelos hábitos criados e possibilitados pela oferta, vem fechar essa circularidade virtuosa. E todo esse processo reflexionante se arma para que a concorrência do mercado possa beneficiar aqueles que operam em melhores condições de produtividade* (....). *Do ponto de vista lógico, a condição de existência do valor, os diversos trabalhos concretos efetuados, passa a ser medida por um padrão abstrato pressuposto e representado que se repõe no final do processo, quando o produto é trocado por outro verificando e ajustando a projeção inicial, potencializando e diminuindo as diferentes produtividades dos processos de trabalho, a fim de que sejam subsumidas na substância pressuposta, numa quantidade, porém 'post festum'.*" (104-105) Ora, como acabamos de argumentar, nem parece plausível imaginar que "*os diversos trabalhos concretos efetuados*" passem a ser medidos "*por um padrão abstrato pressuposto e representado*" pelos agentes, nem, muito menos, parece razoável postular que os movimentos de mercado tenham como fim subsumir os tempos de trabalho concretos na "*substância pressuposta*". Enquanto se mantiverem essas idéias, pouco adianta o realismo implicado em sustentar que a "*identidade resultante da contradição é ilusória, a despeito de servir de parâmetro para uma forma de sociabilidade que afirma a socialização de todos os trabalhos conforme suas particularidades concretas, constituindo assim um produtor universal como agente de uma identidade, o equivalente geral, cuja completude também é ilusória*" (115).

das no terceiro livro e alhures, em outros textos em que Marx presta atenção ao que acontece efetivamente no curso das trocas reais.

Assim, Marx diz no livro III:

> *"De fato elas* [a oferta e a procura] *nunca coincidem; ou, se isso acontece, é por acaso; portanto, do ponto de vista científico, essa coincidência deve ser considerada como nula e não advinda. Mas em economia política está subentendido que elas coincidem. Por quê? A fim de considerar as coisas na sua forma normal, adequada a seu conceito, isto é, independentemente das aparências produzidas pelo movimento da oferta e da procura.* (....) *Portanto, ainda que a oferta e a demanda não coincidam em nenhum caso particular, suas disparidades se sucedem de tal maneira – um desvio em um certo sentido tendo como resultado um outro em sentido inverso – que, para o conjunto de um período mais ou menos longo, a oferta e a demanda se equilibram constantemente; mas este equilíbrio só se realiza como média do movimento ocorrido e como movimento contínuo de seu antagonismo.* (....) *A relação entre a oferta e a demanda explica, portanto, de uma parte unicamente o desvio entre os preços de mercado e os valores de mercado e, de outra parte, a tendência a anular tais desvios, isto é, a tendência a suprimir o efeito do jogo da oferta e da demanda".*[22]

É patente neste texto que Marx oscila entre (i) considerar a idéia da coincidência da relação entre valores e preços como um recurso epistemológico, como uma condição de interpretação teórica dos fenômenos econômicos, como uma ferramenta de caráter puramente conceitual e (ii) sua tese fundamental de que se deve interpretar a determinação das relações de preços pelas relações de valor como uma relação real, categorizável por intermédio da interpretação hegeliana da relação essência/aparência.

Certamente é possível, com faz Rosdolsky, negar haja aqui verdadeiramente duas linhas de análise e sustentar que o que há é simplesmente duas etapas de um mesmo argumento, a primeira contendo simplificações – como, notadamente, "*que as mercadorias se trocam sempre por seu valor, que sempre encontram quem as* compre"[23] – e a segunda incorporando à

[22] Cf. *O Capital*, na tradução para o português publicada por Civilização Brasileira, Rio de Janeiro, 1968, vol. 4, p. 214.

[23] V. *Gênese e estrutura de O Capital de Marx*, na trad. para o português de César Bergamo, edição da EURJ – Contraponto, Rio de Janeiro, 2001, p. 87. Dognin trata também extensamente desse ponto na nota de número 31 do vol II da obra citada acima, parecendo-lhe, no entanto, como a mim, que a contradição entre a doutrina do Livro I e as análises do Livro III são flagrantes e incontornáveis.

análise econômica a oferta e a demanda, vale dizer: as condições reais de funcionamento da lei do valor.

No entanto, não parece que uma vez estabelecida esta distinção entre as etapas do argumento se possa manter os pressupostos metacategoriais da primeira análise, as idéias de que o valor é uma substância, que cada mercadoria contém um coágulo de tal substância etc., como pretende Marx e como ratificado por Giannotti.

Isto quer dizer que o que a passagem de Marx recém-citada considera como essência – a tendência a relações de equilíbrio no curso real das trocas –, longe de fazer referência a uma realidade substancial, precisa ser interpretada como designando os constrangimentos estruturais que se constituem quando as condições técnicas de trabalho em cada linha de produção e a demanda efetiva são ponderadas concorrencialmente pelo conjunto serial dos produtores. E parece simplesmente óbvia a inadequação de aplicar a tais constrangimentos as categorias metafísicas clássicas e de tomar o designado por tais expressões como sendo uma "*substância*", ademais passível de "*coagulação*" e por aí afora.

d) Também questionável é o privilégio que Giannotti parece atribuir à teoria marxista do capitalismo e do fetichismo, como se somente a partir e em função de suas determinações se pudesse pensar as condições gerais da vida social, notadamente a inelutabilidade do que *Certa herança marxista* denomina de "*sentidos roubados*" e a correlata insuperável dualidade do que Giannotti, tomando de empréstimo a expressão de Schelling, designa como a correlação necessária do *cone de luz e do cone de trevas.*

O que é também dizer que se cabe reconhecer o pioneirismo teórico das teorias marxistas do fetichismo – e, em geral, do capital – com relação à análise dos mecanismos mediante os quais "*as intenções de cada ato individual de trabalho são roubadas pela aceitação desse objeto-regra que visa a atos futuros sem se ajustar a uma intenção individual*" (325-326), não parece razoável entender, como parece ser a posição de Giannotti, que somente "*nas condições dadas pela situação histórica do capitalismo*" (325) possa haver "*o entrelaçamento de juízos práticos regidos por coisas sensíveis supra-sensíveis*" (326).

Parece descabido, portanto, transformar o pioneirismo teórico das análises de Marx – a honra da descoberta – em uma prioridade material, como se unicamente a partir das formas próprias do capitalismo se pudesse isolar essas estruturas da racionalidade prática.

Na verdade, essas análises de Marx não só podem como devem ser consideradas formalmente, como exibidoras de certas condições estruturais da ação humana. Ora, quando isso acontece, quando se as visualiza sob esta ótica, percebe-se que o que está aí em jogo são as condições necessárias para pensar adequadamente – sem as pressuposições idealistas da noção hegeliana de *astúcia da razão* – como de ações livres, materialmente mediadas, podem resultar processos sociais regulados objetivamente, providos de uma racionalidade que exborda a dos sujeitos individuais que os integram, de sorte que se deve tomá-las como o ponto inicial de uma verdadeira teoria dos processos sociais.

O que me interessa notar, porém, é não apenas que este ponto pode e precisa ser generalizado, ensejando a formulação de uma ***teoria geral*** das ações processuais e das ações roubadas, mas também que ter realizado tal avanço teórico constituiu-se no mérito – pouco reconhecido, mas incomparável e inultrapassável – do Sartre da *Crítica da razão dialética*, cujos conceitos de *prático-inerte*, de *série* e de *ação serial* justamente constroem tal teoria e mostram como a lógica de tais ações é encontrável muito além das fronteiras do modo de produção capitalista.

e) O reparo mais profundo, a objeção mais radical que se deve fazer a *Certa herança marxista* deve dirigir-se, porém, a seu ponto de fidelidade maior ao marxismo, a esta ancoragem rígida de todo o esforço analítico de Giannotti no pressuposto de que o sistema social não apenas determina suas próprias condições de superação como torna vão qualquer esforço de submetê-lo a críticas externas, ademais disso tornando sem sentido a busca de critérios de racionalidade para avaliação das situações histórico-sociais independentemente das regras de funcionamento estrutural do sistema em que elas necessariamente radicam.[24]

A crítica que me parece impor-se aqui é que este pressuposto determinista – que Giannotti reafirma ao exigir, repreendendo a Marx, que se pense a contradição rigorosamente, só admitindo mudanças sociais verdadeiras quando resultantes não da ação derivada e conseqüente a meras oposições e contrariedades, mas tão-somente quando produzidas por contradições no sentido preciso e exigente que *Certa herança marxista* atribui a tal termo –, além de diretamente desmentido pelos fatos históricos, inclusive por fatos inextricavelmente associados à tradição marxista, representa uma desfiguração profunda dos termos em que efetivamente tem lugar a dinâmica de mudança e transformação histórica.

O que quero dizer, em primeiro lugar, é que o fato de que tenham havido revoluções socialistas em países cujas condições de desenvolvi-

[24] Que este seja o ponto de vista defendido por Giannotti parece-me que fica claro e explícito na seguinte passagem: "*Resta-me apenas sublinhar que ela* [o pronome '*ela*' está pela *política*] *não deve impor de fora formas de racionalidade que escapam daqueles processos de racionalização pelos quais a própria sociedade capitalista se articula. De outro modo, qualquer ponto de vista reivindicaria o estatuto de racional, perdendo esse processo sua adequação histórica*" (308).

mento estavam muito distantes daquele grau de amadurecimento capitalista previsto pelas interpretações mais ortodoxas de Marx, o fato de que tais revoluções tenham engendrado, a golpes de ousadia e violência política, formas de sociabilidade inéditas na história humana é suficiente para mostrar que a matéria histórica é dúctil, passível de ser moldada a partir das idéias, da iniciativa e do voluntarismo dos homens, ainda que as resultantes dessa ação transformadora possam ser imprevisíveis e contrárias às intenções de seus autores.

Isto quer dizer também que o postulado – tão enfaticamente sustentado por Giannotti e por ele tão ostensivamente oposto a Habermas (cf. 142) – de que a crítica social genuína só faz sentido se for uma crítica interna ao sistema de ação social parece fundar-se na preservação da mais anacrônica e inaceitável das teses do marxismo clássico, a do determinismo histórico, ainda que vestida com a roupagem sofisticadíssima da teoria materialista da contradição, cuja construção é um dos pontos centrais de *Certa herança marxista*.

É que parece simplesmente absurdo ignorar tanto a capacidade demiúrgica das idéias e ações intencionais dos homens quanto, em um nível mais profundo, como mostrado recente e notavelmente por Cornelius Castoriadis, o caráter constitutivamente criador do evolver social-histórico. Além disso, em face a esse reconhecimento da dependência da macromodelagem dos sistemas sociais das iniciativas humanas, parece perfeitamente legítimo que se discutam critérios normativos para orientação das ações políticas – assim como para avaliação dos sistemas sociais – que sejam independentes das tendências de autotransformação do sistema social, incondicionados com relação aos "*processos de racionalização pelos quais a própria sociedade capitalista se articula*" (308).[25]

Note-se que esta crítica permite esclarecer por que, ao começar estes apontamentos, dissemos que ao leitor não comprometido com o marxismo as distâncias que lhe toma Giannotti pareceriam secundárias, na verdade incapazes de romper os laços essenciais com a doutrina mãe, de fato alheias à necessidade de permitir aos mortos que enterrem os mortos.

f) Por fim, mudando de registro, deixando de lado o terreno das críticas *externas* recém-alinhavadas, parece-me ainda relevante apontar que

[25] Na página 142-143, Giannotti dissera: "*Mas o pensamento situado, perspectivado, não pode encontrar outra forma de universalidade que não necessite pressupor uma medida determinante válida para todas as situações?* (....) *Seguindo por esse caminho, procurarei mostrar que, para Marx, o jogo da razão e da irrazão vai ser tecido no próprio desdobramento dos conceitos contraditórios que travam o modo de produção capitalista*".

objeções se pode conjeturar faria o marxista ortodoxo à tese fundamental de *Certa herança marxista*, a de que no capitalismo contemporâneo encontrar-se-ia travada a contradição fundamental do sistema.

A justificativa fundamental de Giannotti para este ponto encontra-se na análise do funcionamento real da economia e notadamente na idéia de que o surgimento dos monopólios tecnológicos (i) impediria a formação da taxa média de lucro, (ii) tornaria indeterminável a lei de sua baixa tendencial e, no plano da estratificação social, (iii) clivaria o sistema em blocos cuja expressão subjetiva, longe de desdobrar-se como universalização de interesses de classes, ensejaria uma crescente divisão corporativa dos grupos sociais e dos respectivos instrumentos de representação política.

Embora esta análise contenha um *insight* profundo não é difícil perceber que linhas de resistência lhe poderia opor o leitor que se quisesse manter fiel ao marxismo ortodoxo.

O primeiro contra-argumento consistiria não em negar a existência dos monopólios tecnológicos, mas em contestar que efetivamente impactem sistemicamente o processo de formação da taxa média de lucro. A ponta da objeção consiste, aqui, em simplesmente lembrar que, ***realmente***, o capitalismo ***sempre*** funcionou em condições de oferta heterogênea, nas quais uma parte dos produtores é provida de condições de produtividade superiores à média, outra parte encontra-se em tal média e uma terceira é formada por produtores atrasados cuja presença no sistema encontra-se ameaçada.

Por certo se pode dizer que o que caracteriza a oferta modal no capitalismo contemporâneo é estabelecido pelas condições estabelecidas pelo estrato tecnicamente superior, o que tornaria o conceito de média irrelevante, um pouco como se se tivesse exatamente invertida a situação analisada por Marx na teoria da renda da terra.

No entanto, para tomar um exemplo próximo aos de Giannotti, não se pode dizer que o mercado do mais difundido dos instrumentos da informática – o da produção de computadores pessoais – seja estruturado dessa forma. Ao contrário, o que ali se vê é exatamente o padrão clássico de distribuição da oferta em três faixas. Mesmo o exemplo de escolha de Giannotti, o do sistema operacional Windows, não parece inteiramente convincente, e isto porque sempre se poderá opor à afirmação de que há ali um inequívoco caso de monopólio tecnológico a tese de que não se está a considerar o período de tempo pertinente, aquele necessário para gerar as alternativas técnicas que, tornando as patentes do Windows irrelevantes, restabelecerão o padrão concorrencial usual nesse segmento produtivo. O que é simplesmente sugerir que muito embora o Windows venha recorrentemente vencendo a batalha contra os sistemas operacionais rivais como o OS/2 da IBM, ou os programas operacionais da Apple, não se pode sustentar que a concorrência seja inexistente, seja porque os programas derrotados não foram simplesmente expulsos do cenário concorrencial, seja porque são ainda imprevisíveis os efeitos da disseminação mundial do Linux.

Evidentemente, o esboço de contra-argumento que acabo de apresentar não tem força probatória nenhuma, mas parece evidente que a exemplificação de Giannotti tampouco a possui, de sorte que o que se deve dizer é que essa tese fundamental de *Certa herança marxista* carece de fundamentação empírica, a qual, evidentemente, só poderá ser obtida mediante um estudo muitíssimo mais pormenorizado das condições de concorrência no capitalismo contemporâneo.

De outra parte, com relação aos rebatimentos sociológicos das especiais condições de trabalho geradas pelo capitalismo contemporâneo, seria fácil argumentar que seus efeitos, muito embora efetivamente minem um alinhamento de posições segundo a estratificação tradicional das classes sociais, gera uma nova plataforma de universalização de interesses, uma plataforma que – ignorando a distinção entre trabalho produtivo e improdutivo, entre colarinhos brancos e azuis, entre trabalhadores do campo e das cidades, entre operários com carteira assinada e os novos autônomos das formas contemporâneas de *putting out* – gera a possibilidade de uma universalização de posições críticas em uma escala absolutamente sem precedentes, apoiada na idéia e na realidade da condição comum de *trabalhadores*, por oposição à condição dos capitalistas e de seus altos executivos.

Aliás, sob certo aspecto, poder-se-ia mesmo dizer que o gênio da formação do Partido do Trabalhadores no Brasil consistiu precisamente em descobrir e trabalhar esta nova base de alinhamento de interesses. Posicionando-se nessa perspectiva local, o marxista ortodoxo brasileiro bem poderia acusar Giannotti de, ao querer enxergar longe, cuidando de alçar-se para divisar os limites do capitalismo contemporâneo, não ver a imensa trave que lhe está diante dos olhos.[26]

Desta perspectiva crítica compreende-se a razão pela qual, ao princípio, mencionamos a objeção que a ortodoxia poderia dirigir a Giannotti: a de que, ao desprezar esta nova forma de polarização dos interesses sociais, teria ele perdido o essencial da tradição de pensamento de que se quer herdeiro, precisamente a visão de que está em marcha um processo revolucionário de novo tipo, fundado em uma base social diferente e mais ampla do que a imaginada por Marx e cuja contraditória oposição ao modo de produção capitalista ainda está por ser determinada.

---

[26] Estou desconsiderando aqui a objeção que o marxista-*leninista* poderia fazer a Giannotti no contexto dessa discussão, a saber: que sua teoria da contradição implica uma concepção espontaneísta da política revolucionária.

III. VARIA

11. Por que filósofo?

"L'Autriche-Hongrie ne s'est pas effondrée comme un bâtiment qui tombe, ni comme un navire qui coule. Elle s'est éparpillée en semences qui ont germé ailleurs." (J. Duvignaud)

Numa observação incidente dos *Novos Ensaios* Leibniz observa:

"... il y a des thèmes qui sont moyens entre une idée et una proposition: ce sont les questions, dont il y en a qui demandent seulement le oui ou le non; et ce sont les plus proches des propositions. Mais il y en a aussi qui demandent le comment et les circonstances, etc., où il y a plus à suppléer pour en faire des propositions".[1]

"Por que filósofo?" é, obviamente, uma interrogação a ser incluída nesta segunda categoria de questões distinguida por Leibniz. Submetê-la à ação de **circunstanciadores** que determinem o problemático nela compreendido eis, pois, um requisito preliminar a qualquer tentativa de respondê-la.

Um marco cronológico que restrinja o âmbito do interrogado aos dias atuais poderia ser o primeiro destes determinantes; um operador semântico, que exclua da análise os estudos historiográficos sobre a Tradição Filosófica, o segundo; finalmente, um protocolo metodológico que – eximindo-nos da exigência de definir um eventual *proprium* do filosofar contemporâneo – nos autorize a proceder a um como que estudo de caso pode ser o terceiro.

Não é difícil perceber que estas restrições funcionam como transformadores de nossa questão-guia, de tal modo que a partir delas podemos reduzir nossa tarefa ao exame de algumas – em princípio, quaisquer – "ocorrências" de filosofia contemporânea.

Uma tal maneira de encaminhar o tratamento do problema – onde se pretende que a exemplaridade faça as vezes da exaustão – é, sem dúvida, tão arbitrária quanto qualquer outra, mas terá, talvez, a vantagem de (ao remeter-nos para o que é hoje vivo na Filosofia Contemporânea) permitir-nos indagar sobre o que se deve chamar – por analogia com a interrogação sobre as condições de verdade das proposições – a **condição de pertinência** da pergunta proposta. O que implica dizer que nos recusamos à ingenuida-

[1] *Nouveaux Essais sur L'Entendement Humain*, livre IV, chap. I, § 2, Garnier-Flammarion, p. 314.

de de supor que o perguntado faz necessariamente sentido. Sobre este ponto crucial, de resto, fica a resposta condicionada ao que decorrer da explicitação da maneira pela qual se dá, atualmente, o acesso ao discurso filosófico. Mas... aos exemplos, tratemos de precisar, a partir de alguns casos[2], como isto acontece e que conclusões é possível extrair daí relativamente ao tema que nos foi proposto.

Seja a distinção marxista entre duas funções da moeda: de um lado, medida dos valores, de outro, padrão de preços. O primeiro termo disjunto remete diretamente ao axioma básico da teoria do valor-trabalho, pois enquanto "medida dos valores" a moeda só "conta" enquanto mercadoria portadora de um dado **quantum** de trabalho simples, abstrato e socialmente necessário. A segunda função, ao contrário, reenvia aos fenômenos bem conhecidos da circulação, aos preços e suas variações. Cruzando-se as duas ordens de determinação verifica-se que, se enquanto medida dos valores ela não pode ser padrão de preços, não é tão óbvio, inversamente, que não possa ser padrão de preços sem ser medida dos valores. Estrita e inteligentemente fiel a Marx, Suzanne de Brunhoff argumenta em favor da necessária reciprocidade entre os dois aspectos do dinheiro, observando que "os preços só podem servir de indicadores mercantis a partir da troca de mercadorias comensuráveis entre si em razão de seu valor"[3].

Mas cabe perguntar: a comensurabilidade das mercadorias em termos de valor, sua comensurabilidade substancial, como diz Marx, é efetivamente uma precondição à instituição do dinheiro?

Enquanto nos mantivermos na linha principal da análise marxista isto parece indiscutível, pois se a questão da relação das mercadorias com o dinheiro for determinada como a questão da **expressão** do valor daquelas neste não há como recusar que os valores respectivos já devam estar pressupostos[4].

---

[2] A escolha dos exemplos seguintes não se apóia em nenhum critério objetivo. Obedece a uma regra de facilitação idiossincrática: escolhi falar do que me é conjunturalmente mais próximo. O subjetivismo da escolha pode ser considerado, no entanto, como **o esquema de uma aleatoriedade de princípio**. Quer dizer, vivemos um tempo em que já não há lugar certo para a filosofia nos mapas do teórico. O resultado, como vamos procurar mostrar, é que suas "ocorrências" tendem a tornar-se, por definição, singulares e evanescentes, rebeldes por princípio a qualquer ensaio de sistematização.

[3] In *La Politique Monétaire*, PUF, 1973, p. 64. A passagem completa diz assim: "Le temps de travail dépensé, qui détermine la **valeur**, ne peut dans la circulation marchande être étalon des prix; mais les prix ne peuvent servir d'indicateurs marchands qu'à partir de l'échange de marchandises commensurables entre elles du fait de leur valeur, et en raison de la mesure, même imparfaite, des valeurs par une forme valeur".

[4] Marx diz: "Mas para as mercadorias expressarem seu valor independentemente na moeda, em uma terceira mercadoria, o valor delas já precisa ter sido pressuposto". Na tradução das *Teorias sobre a mais-valia* para o inglês, de Jack Cohen, publicada por Lawrence & Wishart, London, 1972.

O que convém indagar é por que tal relação, necessariamente, há de ser concebida como "expressiva". Ortodoxamente este pressuposto torna-se compreensível em razão da necessidade forçosa disto que Marx chama "**a forma do valor**". Esta se revela necessária em primeiro lugar negativamente, a partir da impossibilidade de que o tempo de trabalho funcione diretamente como regulador das trocas[5]; positivamente ela se apóia no fato de que, dada a separação e a autonomia das unidades de produção, a alocação do tempo de trabalho socialmente disponível, bem como a distribuição do produto, só podem determinar-se via mercado pela comparação recíproca, sistemática e recorrente da produção de cada unidade produtiva com a das demais. É isto, e só isto, que permite compreender que um dado **quantum** de um produto qualquer represente uma parte-alíquota do tempo de trabalho socialmente necessário expendido e que, nesta medida, ao ser equiparado com outro qualquer **quantum** de uma outra também qualquer mercadoria, possa estar a lhe expressar, o valor.

A dificuldade, porém, está em que os tempos de trabalho efetivamente expendidos, "incorporados" nas mercadorias, são concretos, de complexidade variada e presentes em quantidades ou princípios quaisquer, só se podendo converter, pois, em trabalho simples, abstrato e socialmente necessário graças ao movimento das trocas que, no entanto, se supunha[6] devesse expressá-lo, reconhecê-lo e distributivamente determiná-lo.

O que significa dizer que a definição dos valores que se afirmava dever anteceder a fixação dos preços não pode efetuar-se senão *ex-post*, em função da variação contínua destes, nos pontos médios por esta última desenhados. O importante a notar é que esta circularidade **rebenta** a teoria da forma-valor, pois a relação de expressão – que lhe é como que o nervo lógico – torna-se então ininteligível[7].

Neste ponto preciso **fende-se**, assim, a exposição **positiva**, "científica", da teoria do valor e o leitor, preso de vertigem, vê-se repentinamente jogado numa espécie de outra dimensão teórica. Não apenas no sentido de que talvez seja necessário recusar a maneira como Marx ensaia conceptualizar os intrincados problemas ínsitos no processo de circulação de mercadorias. Isto, na verdade, não seria mais do que o abandono óbvio de uma proposta

---

[5] Marx dá três razões para esta impossibilidade: a primeira é a existência unicamente subjetiva do trabalho (Cf. *Fondements de la Critique de l'Économie Politique*, I, Paris, Anthropos, p. 108); a segunda é que sua existência objetiva não pode ser senão sua materialização em produtos particulares (Ibid., p. 105); a terceira, finalmente, é que o trabalho empiricamente existente é sempre trabalho concreto e privado (Ibid., p. 110).

[6] Na medida em que as trocas, supondo a equivalência, supunham igualmente a determinação substancial dos valores.

[7] Macherey já observava: "A análise do valor se apóia sobre uma lógica da expressão". *Lire le Capital I*, Maspero, 1965, p.241.

teórica logicamente insatisfatória, abandono que em si mesmo não obrigaria a mudar de terreno, levando, antes, à procura de uma outra alternativa no mesmo nível de análise em que se situam os desdobramentos canônicos da teoria do valor-trabalho.

A inflexão aqui, porém, é mais radical já que, dada a **patência** da circularidade apontada, torna-se imperativo saber que **supostos lógicos** permitem a Marx conviver tão pacificamente com um argumento tão obviamente vicioso. A análise científica, a categorização positiva que compõe a teoria do valor, neste ponto como que se dobra, formando uma reentrância aberta para um terreno onde as forças em jogo se vetorializam menos em função de pontos de orientação na topografia do referente do que segundo as imantações logicamente polares do discurso que o transcreve. O que significa dizer que o discurso de Marx se articula de tal maneira que o metadiscurso emerge como que de "per si", votado todo à elucidação da possível lógica de segundo grau que – se presume – sustenta o que ao nível do texto de referência aparece como pura fragilidade e incoerência.

Os primeiros socorros virão aqui da lógica hegeliana, que permitirá afirmar que o movimento dos preços não faz mais do que reconhecer, do que tornar "para si" uma abstração e socialização do trabalho "em si" já existentes. Supõe-se, assim, que a divisão social do trabalho em forma mercante nada mais é do que a alienação de um sujeito social que estaria para os diferentes produtores como está a substância para a multiplicidade dos para-si na noção hegeliana de Espírito[8]. Nesta linha interpretativa[9] – que encontra inequívocos apoios na obra de Marx – ter-se-ia que afirmar que o dinheiro só pode ser padrão de preços porque em si, e enquanto **mercadoria**-dinheiro, já é medida dos valores, embora "para si" e para nós só se torne tal, efetivamente, na relação com a série dos preços médios que expressa concretamente as razões de distribuição dos valores relativos.

É claro que esta alternativa pode ser recusada e que nela se pode ver apenas mais um avatar disto que o jovem Marx chamava a "operação especulativa". Neste caso a análise teria que prosseguir divorciando-se definitivamente do universo representativo e a categorização dos fenômenos da circulação mercantil teria que buscar apoio em bem diversas fontes[10]. E a tese que haveria que sustentar nesta alternativa é que o dinheiro pode

---

[8] Cf. *Fenomenologia do espírito*, tradução brasileira de Paulo Meneses. Petrópolis, Vozes, v. II, p. 8.

[9] A obra de H. Reichelt intitulada *A estrutura lógica do conceito de capital de Marx* contém, tanto quanto eu saiba, a afirmação e o desenvolvimento mais sistemáticos desta posição.

[10] Junto ao que talvez se deva chamar a "filosofia da diferença" e mais exatamente junto a *Différence et répétition* de G. Deleuze.

ser padrão de preços antes de ser medida dos valores, porque é meio de circulação "**antes**" de ser equivalente geral[11].

O que no momento importa frisar, contudo, é que também neste caso a descrição dos fenômenos ocorrentes no processo de circulação de mercadorias estaria estreita e inelutavelmente ligada a um segundo registro discursivo. Porque mesmo que se queira proceder só positivamente – deixando de lado a crítica da operação especulativa – tratando de retomar a análise no ponto em que a deixara Aristóteles, forçoso será debruar a elucidação das relações e objetividades mercantis com a explicitação do "modelo lógico" que permite articulá-la. Pois, ainda que se aceite que o dinheiro instaura uma comensurabilidade de superfície e que é, portanto, padrão de preços porque não pode ser medida dos valores[12], será inevitável explicar o que torna possível e necessária esta substituição.

Repensar a teoria do valor de modo a mostrar que a noção de tempo de trabalho abstrato e socialmente necessário não pode ter um referente real assignável e que deve – muito diferentemente – ser compreendida como uma Idéia reguladora, esta seria a tarefa que se tornaria então urgente. Nesta linha – e no quadro do que se deve reconhecer como a moderna teoria das idéias[13] – a idealidade do valor deve ser entendida simultaneamente como a problematicidade insuperável da produção mercantil[14] e como o motor dos ensaios para resolvê-la[15]. Relativamente à concepção do dinheiro, um tal desenvolvimento implicaria considerá-lo como um **falso** equivalente[16], es-

---

[11] Isto é o que sugere, aliás, a "segunda" dedução marxista do dinheiro, aquela que se apóia não na análise da forma equivalente e de seus pressupostos, mas sim na estrutura efetiva do processo de trocas. Cf. *Fondements*, I, p. 103 e seguintes.

[12] Porque no limite, se ouso dizer, o que Marx chama a "forma do valor" só existe porque não "há" valor.

[13] Refiro-me à leitura sumamente sugestiva que Deleuze faz da doutrina kantiana das idéias transcendentais. Cf. *Différence et répétition*, p. 218 e seguintes.

[14] A propósito da insuperabilidade do problemático, Deleuze nota: "Ou antes, ele (o problema) é 'resolvido' tão logo posto e determinado, mas nem por isso deixa de persistir objetivamente nas soluções que engendra, e difere delas por natureza". O. c., p. 359.

[15] Foi o que procurei precisar num outro trabalho ao afirmar: "Mais concretamente poderíamos dizer, portanto, que a problematicidade do valor enquanto idéia está ligada não apenas ao **erro necessário** que constitui a tara mais íntima de todo cálculo monetário, mas também e muito mais profundamente à problematicidade constitutiva das trocas mercantes que, relacionando, sempre, o resultado de um trabalho concreto e privado a um outro, perseguem – à sua revelia de uma maneira que ainda deve ser definida – a constituição de um trabalho abstrato e social, contudo, permanentemente diferido". V. *Valor e forma do valor*, Edições Símbolo, São Paulo, 1979, p. 105. Esse texto é a tradução para o português de minha dissertação de mestrado intitulada *Valeur, Différence, Serialité*, apresentada na Universidade de Paris, VIII, 1974.

[16] Falso, necessariamente, é óbvio, uma vez aceita a indeterminabilidade *ex-ante* do tempo de trabalho abstrato e socialmente necessário.

pécie de **simulacro** destinado a **fingir** (1º) a identidade dos tempos de trabalho concreto e privado com o tempo de trabalho abstrato e socialmente necessário; (2º) a unicidade do valor e (3º) sua própria identidade.

Como quer que seja, o que é manifesto é que em qualquer caso a teoria do valor não se completa, não se **fecha** ao nível da análise **positiva** da circulação mercantil, abrindo-se necessariamente, ao contrário, para uma metacategorização ancorada no próprio núcleo especulativo da filosofia tradicional.

Sejam, diferentemente, as formações ideológicas próprias às sociedades contemporâneas. Elas foram e são objeto de múltiplas análises; de precisão e profundidade variáveis, certamente, mas subsumíveis, quase todas, ou num ensaio de explicação genética que reduz o entendimento dos fenômenos ideológicos à explicitação das determinações impostas por um quadro condicionador de ordem infra-estrutural, ou numa estratégia de intervenção política na qual a análise do discurso ideológico só pode visar à articulação da denúncia de um engodo e de um perigo com o chamamento a algum tipo de resistência. Nos dois casos o discurso produzido escande-se sob o signo da **positividade**, votando-se seja à elucidação das estruturas sociais, que definindo interesses antagônicos forçam a secreção de uma teia dissimuladora, seja ao desmascaramento prático desta operação. A positividade, no primeiro caso, encontra seu paradigma numa concepção da vida social onde o campo do **problemático** fica "*a priori*" reduzido às clivagens estruturais forçadas pelo modo de organização da produção, ou aos diferendos empíricos por estas provocados. No segundo, a análise não pode deixar de encarar a produção ideológica senão como uma arma adversa, a ser destruída de uma maneira ou outra. A racionalidade do discurso estratégico torna-se o paradigma interpretativo neste nível, paradigma que permitirá reduzir os "ideologemas" à categoria de recurso de uma parte inimiga, mais precisamente à sua astúcia.

Um exame mais atento permite ver, no entanto, que a operação ideológica, além de articular-se com a questão das "injustiças" a mascarar, responde igualmente a uma necessidade de dissimulação situada num outro e singular registro teórico.

Claude Lefort – a quem se deve um ensaio recente de explicitação sistemática desta questão[17] – mostrou como a vicariedade recíproca de ideologia burguesa, totalitarismo e o que denomina "ideologia invisível", no princípio de substitubilidade que permite reconhecer como que um mesmo veio em cada uma destas formações, revela-se um problema da ideologia

---

[17] "Esboço de uma gênese da ideologia nas sociedades modernas", in *Estudos Cebrap 10*, São Paulo, out-nov-dez 1974.

que excede os constrangimentos empíricos impostos pelo exercício da dominação e pelo que se poderia chamar, paradoxalmente, o pudor necessário do cinismo político. Não evidentemente que as segregações não sejam constantes nos três tipos de organização social a que as ideologias referidas, respectivamente, se reportam. Mas o que Lefort procura mostrar é outra coisa. O que lhe interessa é como, nos três casos, a produção ideológica ao mesmo tempo (ou se deveria dizer "antes"?) em que procura ocultar a discriminação a **decide**[18], de modo que seu momento dissimulativo não pode deixar de pretender **cobrir** este inconfessável ato inaugural de divisão do universo social. A simulação de uma unidade social imaculada – a cada vez diferente, não obstante – sendo o recurso para isto utilizado. O que significa dizer que o discurso, sendo, pelo menos, co-fundador das grandes divisões sociais, tem que ocultar antes de mais nada a si mesmo, à dimensão simbólica que o faz instituinte relativamente à articulação do social[19].

No caso da ideologia burguesa clássica, a operação ideológica concentra-se em tentar recompor a unidade da socialização – quebrada, fundamentalmente, pela atomização dos indivíduos sociais e pela concentração do poder junto ao Capital – pela enunciação contínua dos princípios de um universalismo e igualitarismo formais. À retórica cabendo, assim, restaurar uma como que essência do social – por cima de fraturas e antagonismos, sufocando choro e ranger de dentes.

O trabalho do totalitarismo é algo distinto. Num certo sentido pode-se dizer que ele trata de **realizar** o objetivo mais profundo da ideologia burguesa, de dar efetividade a uma socialização plena, onde a irredutível separação das individualidades e tudo mais que dela decorre tenda a desvanecer-se, daí decorrendo os ensaios de supressão das separações entre público e privado, Estado e sociedade civil, propriedade privada e propriedade social etc. Mas justamente por isso, porque é preciso um interminável **trabalho** de supressão das diferenças, porque a militância exaure-se na tarefa sisífica de impedir a ressurreição contínua das particularidades irredutíveis, só por isso é que se pode considerar o totalitarismo como uma variante ideológica. Não fosse esta rebeldia dos singulares que se obstinam em suas

[18] Neste sentido Lefort afirma: "Nos dois casos encontra-se negada a articulação da divisão – a dos sexos e a das gerações – com o 'pensamento' da divisão, um 'pensamento' que não poderia ser deduzido desta, visto que está implicado na definição dos termos...; ou, digamos ainda que Marx se recusa a reconhecer que a divisão social é também, originariamente, a do processo de socialização e do discurso que o nomeia". A. c., p. 18.

[19] "Enquanto instituinte", diz Lefort, "o discurso está privado do saber da instituição; (...)". Id., p. 20.

diferenças e teria Hegel[20] razão; no qual forçoso seria considerar o **discurso** totalitário como a simples reflexão do humano e do social como tais, enfim plenamente **realizados** no **Estado** totalitário.

A sutileza da terceira grande formação ideológica, a própria das sociedades capitalistas **contemporâneas**, está em dissociar[21] o projeto totalitário de supressão das diferenças, do exercício do poder de Estado. Trata-se, num certo sentido, de inverter o totalitarismo: não mais publicizar o privado e socializar o individual mas, ao contrário, de privatizar o público e de individualizar o social. A descontração, a intimidade, a facilidade doméstica em que parecem conviver e relacionar-se – no espaço aberto e circunscrito pelos meios de comunicação de massa, bem entendido – todos os agentes sociais, torna-se, então, o modelo de uma sociedade sem fissuras onde todas as diferenças passam a explicar-se a partir da racionalidade **funcional** – o que as reduz, presuntivamente, a diferenças ao mesmo tempo necessárias e rasas, incapazes de efetivamente sulcar o corpo da sociedade. A separação entre representação e realidade é aqui, obviamente, maior do que nunca.

Como quer que seja, o certo é que, neste nível, a análise da ideologia transgride os limites do positivo, desdobrando-se em obediência às exigências de uma outra dimensão teórica. E Lefort tem sem dúvida razão quando afirma que há um **limite** incluso na tentativa de pensar "o social nas fronteiras do social, a história nas fronteiras da história, o homem a partir e em vista do homem". Sendo igualmente indiscutível que as explicações empíricas do

---

[20] Os parágrafos sobre o Estado na *Filosofia do Direito* de Hegel contêm indiscutivelmente a conceituação perfeita do Estado totalitário **ideal**. A "tranqüilidade" do conceito hegeliano de Estado apóia-se, com efeito, numa **crença** inabalável nos limites do singular e do particular que são concebidos como sujeitos, *a priori*, à unidade substancial. Isto permite a Hegel dizer: "O Estado é a realidade efetiva da **liberdade** concreta; mas a **liberdade concreta** consiste em que a singularidade pessoal e os seus interesses particulares tanto tenham o seu desenvolvimento completo e o **reconhecimento do seu direito** para si (no sistema da família e da sociedade civil burguesa) quanto em parte **passem** por si mesmos ao interesse universal, em parte reconheçam-no, com saber e vontade, como seu espírito **substancial**, e sejam **ativos** a favor do universal como seu **fim-último**, e isso de tal maneira que nem o universal valha e possa ser consumado sem o interesse, o saber e o querer particulares, nem os indivíduos vivam apenas para estes como pessoas privadas, sem querê-los, simultaneamente, no universal e para o universal e sem que tenham uma atividade eficaz consciente desse fim. O princípio dos Estados modernos tem este vigor e esta profundidade prodigiosos de deixar o princípio da particularidade plenificar-se até o **extremo autônomo** da particularidade pessoal e, ao mesmo tempo, de **reconduzi-lo** à **unidade substancial**, e, assim, de manter essa unidade substancial nesse princípio da subjetividade". V. Filosofia do Direito, § 260. [Esta citação foi atualizada consoante a tradução para o português de Marcos Lutz Muller, intitulada *Linhas fundamentais da Filosofia do Direito Natural e Ciência do Estado em compêndio*, publicada pelo Departamento de Filosofia da Universidade de Campinas, série Textos Didáticos, Campinas, 1998, p. 35-6. Nota desta edição.]

[21] Relativamente e cada vez menos, é verdade, como mostra bem o trabalho recente de P. Virilio, "La délation de masse", in *Le Pourissement des Sociétés*, 10/18, 1975, p. 13 e seg.

fascismo e do comunismo **chocam-se** com um limite que **força** a passagem para uma explicação metassociológica[22], posto que, enquanto não se encarar o obsessivo trabalho de controle e homogeneização do processo de socialização desde as referências fornecidas pela mais clássica filosofia política, permanecerá nesta como que um ponto cego, uma promessa de sentido irrealizada.

O que talvez não seja tão pacífico é a localização deste limite. Porque é na própria ponta especulativa do texto de Lefort que se pode adivinhar uma como que indecisão, pois embora a raiz última da "operação ideológica" seja vista como emergindo da fenda que inevitavelmente se abre entre a enunciação e o enunciado social, entre o instituído e o "enigma da instituição", paralelamente há uma afirmação da recorrência das divisões sociais que também são vistas como "motivo" das diferentes formas de dissimulação. Neste ponto, o que se deveria discutir é se não se deve **subordinar** – inversamente ao que parece ser a tendência do autor – a primeira separação à segunda e dizer que o discurso sobre o social não pode coincidir com o discurso social simplesmente porque este não tem **efetividade**, porque há que visualizá-lo como um **limite**, como a Idéia reguladora das multiplicidades humanas, inelutavelmente dispersas e já desde sempre divididas. O que permitiria explicar a distância, continuamente reposta, entre representação e efetividade como efeito do espaço insuprimível que aparta a problematicidade insuperável da Idéia de socialização de seus "casos de solução", já desde sempre demasiado precários e provisórios[23].

Seja ainda a análise skinneriana do comportamento, ou os paralogismos da psicanálise[24], ou ..., os exemplos poderiam multiplicar-se mais ou menos indefinidamente. O importante a notar, todavia, é que o discurso filosófico contemporâneo aparece sempre assim, como um súbito e necessário desvio na ordem de constituição de um discurso positivo. Como se este de repente **falhasse**, seja por claudicar logicamente, seja porque cego para uma dimensão essencial do campo de objetividade que quer elucidar, seja enfim porque redutor do espectro de problematicidade que quer dirimir.

---

[22] Lefort diz: "O fascismo e o comunismo, repitamos, exigem uma interpretação metassociológica. Toda tentativa para analisá-los como formações sócioistóricas empíricas **choca-se** (sublinhado por mim, J.C.) – por mais rica que seja a documentação – com um limite, pois ignora que é a questão do ser do social, do histórico como tal, que está posta em jogo no totalitarismo". A. c., p. 41. E noutra passagem: "Ora, foi tomando consciência desse limite que nos sentimos incitados a reformular as condições de uma análise da ideologia". Id., p. 20.

[23] Deleuze observa a propósito da Idéia de sociabilidade: "Seja a multiplicidade social: ela determina a sociabilidade como faculdade, mas também o objeto transcendente da sociabilidade, que não pode ser vivido nas sociedades atuais nas quais se encarna a multiplicidade, mas que deve e só pode sê-lo no elemento de subversão das sociedades (a saber: simplesmente a liberdade, sempre recoberta pelos restos de uma antiga ordem e as primícias de uma nova ordem)". O. c., p. 250.

[24] Cf. a análise de Giannotti in *Estudos Cebrap 9*; ou o cap. II de *L'Anti'Oedipe*, Paris, Minuit, 1972.

Não há nenhuma regra que permita a localização "ex-ante" desses pontos críticos. Eles são como acidentes, irrupções intempestivas. Punctuais por definição e só obedientes à sistemática de sua aleatoriedade.

"Por que filósofo?", neste contexto, parece ser uma interrogação impertinente, pois pressupõe razões onde não há mais do que imperiosidades fácticas. "Por que filósofo?" sugere uma "**questio juris**" que as mil mortes da filosofia tornaram irreversivelmente caduca. A questão que nos resta é constitutivamente factual, exprimível, antes, num "Filósofo como?", que restaura a inelutabilidade do discurso filosófico pelo relato de um acontecimento.

Guardemo-nos, no entanto, de qualquer pieguice na compreensão do que sejam estes acidentes: não têm eles o menor traço de milagres. São assim, simplesmente, como **quedas** que nos derrubam numa espécie de quarta dimensão do espaço teórico.

Axiomatizar as propriedades deste último seria, sem dúvida, uma tarefa importante; "no momento", contudo, parece não haver meio de ter mais do que um reconhecimento intuitivo da diferença entre isto que chamei o "positivo" e a *formalitas* do filósofo. Do mesmo modo não há maneira de legitimar *a priori* as irrupções deste último, tudo devendo resolver-se casuisticamente na verificação, sempre *ex post*, dos efeitos de inteligibilidade por ele provocados.

Nesta circunstância não estranha que **o "ofício" de filósofo tenda a resumir-se no exercício de uma clandestinidade desenvolta** que faz da ousadia e da auto-exibição – da desfaçatez, quase diria – o disfarce indispensável à sobrevivência num mundo ubiquamente hostil.

De qualquer modo, é indiscutível que a história, ao destruir as formas canônicas da filosofia, **desterritorializou-a**, tornando-a imprevisível e inlocalizável, arredia e precária, embora ainda – talvez mais do que nunca – **vertiginosa**.

Situação que, tudo bem pesado, talvez seja menos negativa do que se tenderia a pensar, posto que vale para ela algo de análogo ao que dizia Ortega sobre o exercício do pensar:

> *"Pasar de moda es fatal para lo que no es sino moda, mas para una realidad sustantiva, esencial y perenne no es coyuntura deprimente sentir que pasó ya de moda. Le parece que en aquel tiempo de su esplendor, cuando todo en torno le halagaba, vivió enajenada de sí misma y que es ahora, al gozar de la general desatención, cuando reingresa en sí propia, cuando es más depuradamente lo que es, tanto o más que en la otra hora egregia, en su hora inicial, cuando era sólo germinación secreta ignorada, cuando aún los demás no sabían que existía y, exenta de seducciones forasteras, vacaba sólo a ser sí misma".*[25]

[25] In Ortega y Gasset, "Apuntes sobre el pensamiento", p. 1, *Revista de Occidente*, Madrid, 1959.

12. Discutindo a *Lei de Gérson*[1]

I

Que me seja permitido começar esclarecendo aos colegas estrangeiros que o **Gérson** de que se trata aqui não é o Chanceler da Universidade de Paris, no século 14, mas o meio-campista da seleção brasileira de futebol, tricampeã do mundo em 1970. Esclareça-se, outrossim, que o contexto de enunciação da lei em questão não é comunicação científica alguma, nenhum artigo, nem mesmo um discurso a propósito de assuntos de futebol. A chamada *lei de Gérson* foi apresentada em um comercial de televisão em que o antigo craque anunciava uma marca de cigarros.

O enunciado original da dita lei, apresentada em termos retoricamente interrogativos, era o seguinte: "**É preciso levar vantagem em tudo, certo?**".

Que me seja permitido ainda, antes de dar início à discussão filosófica, observar que esta frase tornou-se conhecida no Brasil como a *lei de Gérson* na medida em que, de maneira generalizada, espontânea e anônima, passou-se a nela reconhecer a diretriz intencional básica não apenas das atividades econômicas, mas de **todo o sistema de ação social** do país, circunstância que – cada vez com maior freqüência – vem sendo identificada como um fator altamente relevante na explicação dos gravíssimos impasses nacionais.

Na presente comunicação, este ponto – de grande relevância para uma análise menos trivial da quadra histórica que atravessamos – será tratado por assim dizer transversalmente, em articulação com o propósito principal de esclarecimento de que referências filosóficas são adequadas para uma análise acurada do princípio contido na máxima em questão.

---

[1] Esta comunicação foi elaborada antes como o suporte de uma intervenção política do que como um artigo acadêmico. A decisão de publicar o texto tal como está – malgrado os defeitos de composição e o inacabamento das análises – atende a uma exigência dos organizadores do colóquio.

II

"É preciso levar vantagem em tudo, certo?" é uma versão algo tosca e radical do que podemos denominar a doutrina do interesse próprio, entendendo-se por tal uma concepção normativa do comportamento humano em que se combinam de maneira singular egoísmo e racionalidade[2].

Antes de entrar na discussão dos pressupostos e implicações desta posição, não será demais considerar, ainda que brevemente, o enunciado da *lei de Gérson* **qua** enunciado.

Deste ponto de vista – e deixando de lado os aspectos gramaticais e retóricos – pode-se, desde logo, distinguir nele dois subenunciados, a saber:

(i) um subenunciado **deôntico**, refraseável da seguinte maneira: "deve-se sempre e a propósito de tudo buscar vantagem pessoal";

(ii) um subenunciado – na verdade, uma espécie de metaenunciado –, de caráter por assim dizer **epistêmico**, que pode ser explicitado na forma seguinte: "É certo que devemos sempre e a propósito de tudo buscar vantagem".

Como qualquer prescrição (i) pressupõe (1º) que o curso de ação recomendado seja factualmente possível e (2º) que ele possa ou não ser seguido[3]. Bem entendido, enquanto elocução prescricional, o enunciado da *lei de Gérson* é um ato de fala cuja força ilocutória é uma pretensão vinculativa de ações.

Para os fins desta comunicação, no entanto, o que convém esclarecer é qual o fundamento desta pretensão vinculativa.

Observe-se, a propósito, que Ernst Tugendhat, em um esforço de elucidação das condições e contextos de colocação das exigências de justi-

---

[2] Examinando o surgimento das concepções do interesse próprio no século 17, Albert Hirschman observa o seguinte: "Entretanto, embora o conceito de interesse tivesse ficado algo afastado no seu domínio de origem (o príncipe ou o Estado), prosperou de forma notável quando aplicado a grupos ou indivíduos dentro do Estado. Aqui descobriu-se que a mistura de egoísmo e racionalidade, que evoluíra como a quintessência do comportamento motivado por interesse nas discussões sobre a arte de governar, era uma categoria particularmente útil e cheia de possibilidades". In *As paixões e os interesses*, citado aqui de acordo com a tradução de Lúcia Campello, publicado por Paz e Terra, Rio de Janeiro, 1979, p. 40.

[3] Este último ponto é obscurecido pelo fato de que a expressão "é necessário", embora obviamente indique, no contexto que nos interessa, uma modalidade deôntica, é expressão padrão na tábua das modalidades **aléticas**, para utilizarmos um termo da semântica de Lyons. Ver LYONS, *Semantics*, Cambridge University Press, 1977, Capítulo 17.

ficação de normas, parece excluir do campo de pertinência assim definido normas do tipo da *lei de Gérson*[4].

Com efeito, no texto de "Linguagem e ética" que temos em vista, Tugendhat parece restringir os casos legítimos de exigência da exibição dos títulos justificadores das pretensões de validade às normas sociais cujo cumprimento contradiz o interesse próprio de seus destinatários.

De maneira mais específica, pode-se dizer que o artigo em questão parece delimitar duplamente a fronteira das indagações pertinentes a respeito da justificação de pretensões normativas. Por um lado são tidos como impertinentes os requerimentos de justificação de normas constitutivas do que talvez se deva denominar práticas contingentes, cuja pretensão de validade é estritamente dependente da adesão prévia e livre a tais ditas práticas, como é o caso dos jogos. O ponto de vista de Tugendhat sendo o de que, uma vez que tivermos decidido jogar xadrez, não faz sentido pedirmos justificativas das regras que dispõem sobre o movimento próprio de cada uma das peças deste jogo. Por outro lado, e se bem o entendemos, Tugendhat exclui também do campo de pertinência das exigências de justificação as normas que se harmonizam com o interesse próprio de cada um. Esta segunda exclusão é uma implicação **a contrário** da especificação feita em "Linguagem e ética" dos contextos em que são colocadas tais exigências. O texto diz o seguinte:

> *"... o ponto que carece de justificação é este: o indivíduo encontra-se sujeito a um sistema de normas e, quando seu interesse próprio – relativamente a seu bem-estar – entra em conflito com este sistema, espera-se que ele siga a norma, às custas de seu interesse próprio. Eis porque, inicialmente, se coloca, do ponto de vista do indivíduo, a questão: será fundado, tendo em vista o bem-estar próprio, aprovar, contudo, o sistema de normas?"*[5]

Por conseguinte, uma norma como a *lei de Gérson*, cujo teor é precisamente a recomendação de que sempre e a propósito de tudo busque-se a promoção do interesse próprio, não parece poder carecer de justificação. O que é também dizer, positivamente, que a busca por cada um daquilo que melhor lhe convém parece ser considerada por Tugendhat como uma verdade prática primitiva, insuscetível ou, antes, eximidora de toda justificação. Sua posição, neste sentido, é equivalente à doutrina kantiana da felicidade enquanto fim necessário de todos os seres racionais finitos e cuja necessi-

---

[4] Referimo-nos ao artigo "Linguagem e ética", citado aqui segundo a tradução francesa de Philippe Constantineau, publicado na revista *Critique*, n. 413, de outubro de 1981, Editions de Minuit, Paris, p. 1.037 e seguintes.

[5] Id., p.1.049.

dade é dada *a priori*, como nos diz a *Fundamentação da metafísica dos costumes*[6], na medida em que faz parte da natureza dos homens.

Bem entendido, não é nada evidente que a busca da vantagem pessoal a qualquer preço – ou, se se quiser falar uma linguagem mais delicada, o esforço de otimização da utilidade própria – seja uma interpretação adequada do princípio da busca da felicidade, mas não é isto o que nos deve interessar agora. O que, de momento, convém discutir diz respeito, antes, a esta idéia de que a busca do interesse próprio, enquanto "inevitável princípio da faculdade de desejar"[7], como diria Kant, ancorado na natureza humana, é um princípio prático originário, insuscetível de justificação. E a razão para nos determos neste passo é que, considerada à luz da tradição humeana, esta tese pode ser tudo, menos evidente.

Um tratamento exemplar da questão encontramos no exame feito por David Gauthier das premissas da construção hobbesiana do Estado[8]. Com efeito, Gauthier não apenas assinala que estabelecer descritivamente a estrutura própria das motivações humanas é muito diferente de fixar diretrizes para o comportamento dos homens, mas mostra que, pelo menos **prima facie**, estes dois procedimentos são incompatíveis. A conclusão de sua análise é a seguinte:

> *"Hobbes pode prover ou uma análise do comportamento (dos homens) que não cumpre nenhum papel necessário na pedagogia política, ou um aconselhamento que não é deduzido de sua análise da natureza humana".*[9]

O essencial do argumento pode ser explicitado assinalando-se que ou bem a análise das motivações é verdadeira e os comportamentos humanos seguem necessariamente tais motivações, dispensando, por conseguinte, quaisquer prescrições; ou bem a incidência de tais motivações na determinação das ações humanas não é determinante, no qual caso as prescrições hão de ser tidas como independentes e irredutíveis a tal análise de motivos "naturais".

Gauthier mostra, no entanto, que este dilema não encerra a discussão, uma vez que se pode ter a análise das motivações como a descrição de um padrão ideal de comportamento, ao qual os homens se conformarão se e

---

[6] V. *Fundamentos da metafísica dos costumes*, segunda seção, p. 415 da Edição da Academia Prussiana. Na tradução para o português de Antônio Pinto de Carvalho, publicada pela Companhia Editora Nacional, São Paulo, 1964, p. 77.

[7] A frase é de Kant na *Crítica da razão prática*. Na tradução de Artur Morão, publicada por Edições 70, Lisboa, 1986, p. 36 (p. 45 da edição original de Hartknoch).

[8] Ver *The logic of Leviathan*, Oxford at Clarendon Press, 1979, p. 20 e seg.

[9] Id., p.21.

enquanto satisfeitas condições suplementares, no caso de sua análise de Hobbes, a adoção de princípios de ação racionais. Sendo assim, pode-se dizer que a busca do interesse próprio, ou, se quisermos, a enunciação de um princípio como a *lei de Gérson*, faz sentido em função de uma dupla pressuposição: primeiramente a tese de que buscar tal interesse é uma espécie de dado elementar e primário da natureza humana ideal; em segundo lugar, o reconhecimento de que, não obstante isso, praticamente, os homens podem agir desconhecendo não apenas os meios necessários à consecução de tal interesse próprio, mas, na verdade, ignorando e desprezando este último.

A partir destas referências pode-se tanto superar o dilema enunciado anteriormente quanto demonstrar que, mesmo nesses casos em que não há conflito entre os dispositivos normativos e o interesse próprio de cada um, é pertinente a introdução da exigência de justificação – contrariamente ao que havíamos inferido a partir da leitura de Tugendhat.

O primeiro ponto demonstra-se, segundo a análise de Gauthier, pela introdução do conceito de racionalidade, de tal sorte que se possa formular sentenças do tipo: "**um homem, se racional, fará x**". A partir daí, efetivamente, pode-se, por exemplo, refazer a análise da *lei de Gérson* dizendo: "**é próprio dos homens, se e enquanto racionais, sempre e em tudo buscarem vantagem pessoal**". Ainda que uma tal descrição de um padrão ideal de ação não torne forçoso o imperativo "**age de forma a sempre e em tudo buscar a consecução optimal de teu interesse próprio**", pode-se considerar que ela justifica tanto a formulação de um tal imperativo quanto sua adoção, como máxima de ação, por parte dos indivíduos[10].

O segundo ponto, a demonstração de que a exigência de justificação para normas que não contradizem o interesse próprio, pode, igualmente, ser apresentado legitimamente, é um desdobramento natural deste mesmo argumento. Com efeito, uma vez admitindo que, praticamente, é possível que agentes humanos desprezem a busca do interesse próprio – a começar, é óbvio, pelos kantianos de estrita observância –, torna-se evidente que os defensores da *lei de Gérson*, ou de qualquer outro enunciado de prescrição da busca incondicionada e da maximização do interesse próprio, poderão se ver desafiados a exibir o título que lhes legitima a adoção de tal princípio

[10] Gauthier diz: "A conexão entre 'um homem, se racional, fará X' e 'faze X' não é uma implicação lógica. Uma afirmação não pode implicar um imperativo, pela mesma razão que um juízo segundo o qual alguém deveria realizar uma ação não implica a decisão de realizá-la. Mas podemos dizer que assim como um tal juízo justificaria plenamente a decisão – no sentido de quem julgar que a ação deve ser feita age irracionalmente se decidir não realizá-la – assim também o enunciado 'um homem, se racional, fará X' justifica o imperativo 'faze X', no sentido de quem aceitar tal emunciado estará comportando-se irracionalmente se rejeitar o imperativo". Id., p. 22.

prático. Em tal circunstância, se perguntados por que, diabos, deveria um agente determinado buscar a qualquer preço a promoção de seu interesse, os defensores da *lei de Gérson* ver-se-iam obrigados não só a admitir a pertinência do questionamento como a dar-lhe uma resposta. Resposta que, como vimos, não pode ser outra que a afirmação de que somente esta disposição otimizadora é um comportamento racional.

III

Frente a uma tal resposta cabem dois tipos de questionamento. O primeiro pede esclarecimentos a respeito dos fundamentos desta identificação da racionalidade à procura incessante da promoção do interesse próprio. O segundo, embora, **prima facie**, não questione tal identificação, endereça-lhe perguntas embaraçosas e trata de mostrar como, uma vez admitido tal princípio, nos vemos rapidamente às voltas com paradoxos.

Um exemplo claro da resposta que pode ser dada ao primeiro destes questionamentos encontramos na seguinte passagem do *De Cive* de Hobbes:

> *"Todos os homens desejam o que é bom para eles e evitam o que lhes é mau, especialmente o principal dos males naturais, que é a morte; e fazem isto por uma certa impulsão da natureza, não menos forte do que aquela pela qual caem as pedras. Por conseguinte, não é nem repreensível, nem contrário aos ditames da verdadeira razão que um homem empreenda todos os esforços a fim de preservar e defender seu corpo e membros da morte e dos sofrimentos. Mas o que não é contrário à reta razão é o que todos os homens têm como o que deve ser feito com justiça e segundo o direito. (...) Assim, o fundamento primeiro do direito natural está em que cada homem, na medida que estiver a seu alcance, se esforce por proteger seus membros e vida".*[11]

Em outras palavras, para Hobbes, a busca do interesse próprio, determinado em primeiro lugar como a preservação da integridade física, é racional porque decorrente de uma inclinação tão natural e forte no mundo da psicologia, ou, se se quiser, da ontologia humana, quanto o é, no mundo físico, o princípio de queda dos graves. O que significa dizer que pretender desconhecer ou desprezar tal inclinação é tão insensato quanto o é pretender que voem as pedras.

---

[11] Ver *De Cive*, Of liberty, I, 7; na edição de Bernard Gert, inclusa em *Man and Citizen Thomas Hobbes*, publicada por Anchor Books, Doubleday & Company, Inc., New York, 1972, p.115.

A posição de Kant com relação a esta questão, no essencial, não difere da defendida por Hobbes. Kant diz, com efeito, na seqüência imediata do texto que citamos acima:

> *"O imperativo hipotético que expressa a necessidade prática de uma ação como meio de alcançar a felicidade é ASSERTÓRICO. Não podemos apresentá-lo, simplesmente, como indispensável à realização de um fim incerto e meramente possível, mas de um fim que se pode seguramente* a priori *supor em todos os homens, porque faz parte da natureza deles".*[12]

E a *Crítica da razão prática* torna o ponto ainda mais claro ao dizer:

> *"Ser feliz é necessariamente o anelo de todo o ser racional, mas finito, e é, por conseguinte, um inevitável princípio da faculdade de desejar".*[13]

Em outras palavras, a busca da felicidade é constitutiva de um ser finito, condicionado sensivelmente, e, nesta medida, empreendê-la é ao mesmo tempo forçoso e racional.

É certo, no entanto, que Kant, como sabemos todos, pretende que "**a razão pura pode conter em si um fundamento prático**"[14], o que muda inteiramente as coisas, porque e na medida em que se deriva desta tese a noção de uma **faculdade de desejar superior**, que teria como propriedade formal ser incondicionada.

Na seqüência desta comunicação, no entanto, antes que desdobrar esta linha de investigação – que nos remete necessariamente a uma discussão metafísica a respeito do ser e das propriedades do homem, ou, então, a uma avaliação sistemática dos argumentos kantianos –, parece-me mais interessante explorar o segundo procedimento de questionamento à doutrina da defesa incondicionada do interesse próprio.

Mais interessante, evidentemente, não do ponto de vista estritamente teórico, mas, circunstancialmente, do ponto de vista político e, num certo sentido, moral.

O que quero dizer é que se, na preocupação com as questões de fundamentação da chamada *lei de Gérson* e do que, em termos mais gerais, vimos denominando a doutrina do interesse próprio, o investigador estiver animado, como é o meu caso, pela vontade de que os resultados de seu trabalho possam vir a ter algum tipo de incidência prática, então parece conveniente optar por uma linha de questionamento da doutrina em pauta

---

[12] Ver ibid.

[13] Ver. ed. cit., p. 36.

[14] Id., p. 29.

que não o afaste, desde o início, das preocupações e interesses do campo prático em que lhe importa vir a influir.

Ou, por outra: se, como dissemos acima, a *lei de Gérson* é, presentemente, a diretriz intencional básica de todo o sistema de ação social no Brasil, então parece evidente que a melhor estratégia de questionamento à prevalência desta doutrina é aquela que, a partir da aceitação do fato desta prevalência – e, por assim dizer, internamente –, procura verificar-lhe implicações e consistência.

IV

Observe-se, preliminarmente, e seguindo uma oportuna indicação de David Gauthier, que não se deve confundir a doutrina do interesse próprio – enquanto expressão da adoção de uma atitude racional no terreno prático, caracterizada pelo caráter de relatividade e referencialidade das razões aos agentes – com a idéia de defesa cega e incondicionada do interesse próprio. Fosse assim a doutrina do interesse próprio não poderia ser considerada como uma doutrina moral, as máximas dela deriváveis devendo ser interpretadas como sendo de caráter puramente técnico e prudencial. Gauthier apresenta este ponto nos termos seguintes:

> *"Que teoria moral poderá ser de alguma serventia e utilidade, a menos que possa mostrar que todos os deveres que prescreve correspondem ao verdadeiro interesse de cada indivíduo? David Hume, que colocou esta questão, parece que está errado; uma tal teoria seria demasiado útil. Fosse o dever nada mais do que o interesse, a moral seria supérflua".*[15]

Dentro desta perspectiva, a questão que se coloca é, então, a de saber se é possível uma moral racional, vale dizer, se é possível justificar racionalmente a adoção, como princípios de ação, de máximas contrárias ao interesse próprio.

No entanto – e é esta a perspectiva que nos interessa explorar a partir daqui –, a questão pode ser invertida e podemos ser levados a perguntarmo-nos se a antimoral é racional, se podemos ter como racional a busca incondicionada da promoção de interesse próprio.

Assinale-se desde logo que as análises de David Gauthier em *Moral by Agreement* e de Derek Parfit em *Reasons and Persons*[16] se constituirão

---

[15] Ver *Morals by Agreement*, Oxford, Oxford University Press, 1986, p. 1.

[16] Ver PARFIT, Derek, *Reasons and Persons*, Oxford University Press, Clarendon Press, 1984.

nas principais referências dos breves desenvolvimentos seguintes. Limitar-nos-emos, na verdade, a tentar avançar na análise da questão que nos interessa atentando, essencialmente, para o exame do que *Reasons and Persons* denomina de **S**, isto é, a teoria da racionalidade para a qual a promoção do interesse próprio – determinado como a busca do melhor resultado para si e, assim, do necessário para que a vida própria vá tão bem quanto possível – deve ser tida como o objetivo fundamental de cada pessoa[17].

A título preliminar importa notar, primeiramente, que a *lei de Gérson* é, sem dúvida, uma versão de **S**, uma vez que, segundo a caracterização de Parfit, é próprio de **S** que "**qualquer que seja o custo para os demais, um agente racional deve ter um viés em seu próprio favor**"[18].

Para aprofundar o exame crítico de **S**, a via mais direta nos remete à consideração de situações coletivas ou plurais – o que Parfit chama o Dilema de Muitas Pessoas (**Many-Person Dilemma**) e que podemos denominar de **Dilemas dos Múltiplos Agentes**.

Com efeito, nestas situações é fácil mostrar que se cada um dos agentes seguir cegamente a **S** o resultado será pior para todos. O exemplo mais simples e conhecido é o do tráfico urbano em cidades grandes, em que é transparente que o uso de veículo particular, embora, a princípio, vantajoso para cada usuário tomado individualmente, na medida em que generalizado, produz uma situação pior para todos. E o mesmo vale, evidentemente, com relação à sonegação de impostos, aos integrantes de um pelotão em situação de guerra etc. Em todos os casos deste tipo, diz-nos Parfit, **S**, tomada **coletivamente**, torna-se **diretamente autodestrutiva**.

É fundamental observar, porém, que esta evidência não é suficiente para resolver o problema prático da indução das decisões de abandono de **S** pelos agentes concernidos, uma vez que, para ficarmos com o exemplo dado acima, salvo em situações extremas, a probabilidade de que um indivíduo isoladamente ganhe tempo dirigindo seu próprio carro justifica – isto é, torna racional – a tentativa de ignorar as conseqüências decorrentes da generalização de sua conduta.

V

Se, a partir destas referências, interrompendo por um instante a análise de caráter mais conceitual que vimos esboçando e abrindo um parênte-

[17] Ver Id., p. 3. Como Parfit enfatiza, **S** não é uma teoria do interesse próprio, como são a **teoria hedonística** ou o que *Reasons and Persons* denomina a teoria da **satisfação dos desejos**; **S** é uma teoria sobre a **racionalidade**.

[18] Ver Id., p. 192.

se, voltarmos os olhos para a situação nacional presente, é impossível deixar de ver que nos encontramos em situação muito próxima daquelas cujas características formais acabam de ser apontadas, quer atentemos para a conjuntura econômica, quer para a cena política.

No primeiro caso, e em termos muito esquemáticos, a situação que estamos a atravessar pode ser caracterizada nos termos seguintes:

a) o Brasil é vitimado por uma inflação crônica, que:

(i) desestrutura o sistema de preços relativos;

(ii) impede financiamentos de longo prazo, inibe investimentos e conseqüentemente bloqueia a recuperação do ciclo de negócios;

(iii) torna altamente oneroso o endividamento público, com as conseqüências de (iiia) agravar a crise fiscal e (iiib) tornar ineficiente o **open market** como instrumento de política monetária;

(iv) corrói os salários reais e

(v) realimenta continuamente os conflitos distributivos;

b) nesta situação todos os agentes econômicos buscam maximizar seus ganhos, primariamente via aumento de rendimentos nominais; este procedimento realimenta o processo inflacionário, torna-o exponencial e prejudica a situação de todos, se interpretarmos a palavra coletivamente.

É evidente, no entanto, que os agentes econômicos que controlam preços se beneficiam deste estado de coisas, pelo menos nos horizontes de tempo que levam em conta para tomarem suas decisões.

Se atentarmos para o cenário político a situação é análoga. Enfrentamos uma crise de governabilidade em que a autoridade do poder público vê-se mais e mais desgastada.

Esta situação de deterioração da estrutura de poder e autoridade é – consideradas as coisas coletivamente – a todos perniciosa, uma vez que não só se vêem, assim, reduzidas a eficiência e a eficácia geral do exercício de todas as funções estatais, mas aumentam, **pari passu**, as taxas de insegurança com que precisam conviver os cidadãos em todos os aspectos ou dimensões da vida social.

No entanto, avaliadas as coisas do ponto de vista de muitos agentes determinados, tanto a adoção de uma postura incondicionalmente oposicionista ao Governo quanto, muito mais gravemente, a execução de ações desrespeitosas da ordem pública são compensadoras e, portanto, segundo **S**, racionais – sejam estas as práticas de corrupção ativa e passiva, a evasão de impostos, a exportação de capitais, o contrabando, a prática de assaltos ou o exercício da justiça com as próprias mãos.

VI

Voltando à análise teórica que vínhamos fazendo, o que cabe imediatamente observar é que para enfrentar este tipo de dificuldade – que emerge quando os mecanismos de harmonização natural dos interesses são ineficientes ou se encontram em pane – há, pelo menos, duas vias.

A primeira é política e implica a **imposição** de condutas racionais do ponto de vista coletivo. A segunda é moral.

A dificuldade abstrata da primeira destas vias é que, dependendo da iniciativa e do sacrifício de muitas pessoas e, contudo, beneficiando a todas, ela corre sérios riscos de não encontrar apoios, uma vez que, nas situações críticas que descrevemos, cada um tenderá a aferrar-se a **S** e deixar que os **outros** resolvam o problema.

Numa situação concreta, como a brasileira, a viabilidade desta solução torna-se ainda mais problemática por duas razões adicionais. Primeiramente porque o Estado, esfacelado, parasitado por interesses corporativos, minado por projetos políticos parcelares, encontra-se grandemente impedido, como diz Gauthier, de usar seu pé visível para, graças a chutes bem dirigidos, fazer convergir os esforços individuais[19]. Em segundo lugar porque o malogro da experiência autoritária recente tornou amplamente desacreditada a idéia de que o Estado possa arrogar-se a ciência do que seja o interesse público e o direito de decidir arbitrariamente sobre sua implementação.

Sendo assim, parece que é teoricamente promissor, e politicamente urgente, verificar de que modo, em que termos e até que ponto há uma solução moral para os problemas que nos estão a interessar.

Em princípio, pode-se distinguir dois caminhos para esta empreitada exploratória.

---

[19] Em *Morals by Agreement*, David Gauthier observa o seguinte: "Se o mercado age como uma mão invisível, que, com toques destros, direciona os esforços de cada pessoa, ocupada apenas com a busca do benefício próprio, ao ótimo social, o soberano, ele, age com um pé visível, para, graças a chutes bem colocados, direcionar os ditos esforços ao mesmo fim social. Cada dispositivo realiza a mesma tarefa, garantindo a coincidência de um equilíbrio em que cada pessoa maximiza a utilidade esperada, dadas as ações de seus pares, com um ótimo em que cada um obtém a utilidade maximamente compatível com a dos demais. Ambos os dispositivos afetam as condições sob as quais tem lugar a interação, deixando livre a cada indivíduo para maximizar sua utilidade sob tais dadas condições. Obviamente, o soberano aparece como um constrangimento à liberdade de cada um, e o mercado não; mas esta é a diferença entre visibilidade e invisibilidade: o soberano visivelmente molda as condições que reconciliam o interesse de cada pessoa com o de seus pares, enquanto que o mercado o faz simplesmente por força de sua estrutura. O soberano, tanto quanto o mercado, torna a moral, entendida como uma restrição ao esforço de cada pessoa de maximizar sua própria utilidade, desnecessária". Ver op. cit., p. 163 e s.

O primeiro consiste em desenvolver uma versão de **S** diferente da *lei de Gérson*, uma versão que procure demonstrar que, em contextos determinados, a promoção do interesse próprio só será racional se implicar a renúncia em levar vantagem em tudo.

O segundo consiste em demonstrar a vulnerabilidade teórica de **S** e, assim, a racionalidade da adoção de princípios práticos alternativos.

Para não nos estendermos demasiadamente e considerando o propósito, anunciado antes, de fazer da discussão filosófica um instrumento de intervenção política imediata, entendemos mais conveniente atermo-nos à primeira destas linhas de argumentação.

VII

Para examinar uma versão alternativa de **S** é conveniente que tomemos como ponto de partida a situação em que a adoção de tal princípio prático, se consideradas as coisas coletivamente, revela-se diretamente autodestrutiva.

No breve exame que fizemos da questão, observamos que, na medida em que houvesse margem para benefícios individuais na adoção de condutas coletivamente funestas, esta dificuldade não deveria ser considerada como uma refutação de **S**.

Convém, no entanto, apreciar o assunto de maneira mais cuidadosa.

Observe-se, inicialmente, que a probabilidade de superação das situações em que **S** é, coletivamente, diretamente autodestrutiva é inversamente proporcional à probabilidade de adoção, por parte de um número suficiente de agentes concernidos[20], da conduta estritamente individualista, atenta exclusivamente às vantagens pessoais obtíveis na situação.

---

[20] Parfit denomina este número de número **k** e apresenta suas características por meio do seguinte exemplo: "Considere-se qualquer bem público que beneficie nossos filhos e que será provido somente se houver contribuições voluntárias. Assuma-se, para simplificação, que não há limite superior a partir do qual as contribuições serão desperdiçadas. Nossas crianças se beneficiarão mais se todos contribuirmos. Suponhamos que cada um de nós saiba que haverá alguns pais que não contribuirão. Precisa haver um número mínimo **k** que garanta que se **k** ou mais pais contribuírem isto será melhor para os filhos de cada um dos contribuintes do que se nenhum deles contribuir. Se apenas um contribuir isto será pior para seus filhos do que se nenhum contribuir. Se todos contribuírem isso será melhor para todas as nossas crianças do que se nenhum contribuir. Em algum ponto entre um e todos deve estar o número **k** no qual a mudança de pior para melhor se produz. O número **k** tem duas características especiais: (1) se **k** ou mais contribuírem cada um dos contribuintes estará se somando a um esforço cujo resultado líquido beneficiará seus próprios filhos. Os filhos de cada um se beneficiarão mais do que se beneficiariam se nenhum tivesse feito contribuição alguma; (2) se menos do que **k** contribuírem os filhos de qualquer contribuinte se beneficiarão menos do que se beneficiariam se nenhum tivesse contribuído". Op. cit., p. 100-1.

Em segundo lugar, é fundamental notar que, quanto (i) mais fracos e/ ou (ii) mais remotos e improváveis forem os rebatimentos individuais dos malefícios produzidos coletivamente pela prevalência de uma versão de **S** tal como a *lei de Gérson*, menor será a probabilidade de que seja quebrada a recorrência serial da atitude individualista. **A contrario et ceteris paribus**, pode-se dizer que o limiar de reversão desta situação é a redução a zero da probabilidade de êxito da aposta individual.

É evidente, portanto, que nesta hipótese, do ponto de vista coletivo, o custo do **laissez-faire**, da opção pela ação dos mecanismos autocorretivos em situações que podemos caracterizar como desfuncionalizadas, será, certamente, máximo. Já do ponto de vista da estratégia de cada uma das pessoas concernidas, a situação é indeterminável *a priori*. Está fora de dúvida, no entanto, que uma vez atingido o limite crítico, o malogro coletivo de **S** tornará forçosa a renúncia à opção individualista[21].

É fundamental observar, porém, que, nesta situação limite, uma tal renúncia é a melhor maneira de levar vantagem em termos pessoais, de sorte que, nos termos do nosso exemplo, a opção pelo transporte coletivo não implicará abandonar nem a **S**, nem a versão de **S** dada na *lei de Gérson*. É igualmente evidente que, neste caso, tão logo desafogado o sistema de transporte coletivo, o personagem **gersoniano**, se assim posso denominá-lo, voltará a utilizar o seu automóvel. Admitindo que todos os agentes do campo prático em questão tenham idênticos parâmetros de decisão, a superveniência de pontos críticos será iterada e os estrangulamentos serão recorrentes.

Ora, nestas condições, tendo em vista os custos cumulativos implicados nestes impasses cíclicos, parece claro que os partidários conseqüentes de **S** se verão forçados a propor-lhes uma interpretação diversa da contida na *lei de Gérson*.

A base desta estratégia alternativa não poderá deixar de ser a compreensão de que a melhor maneira de promover o interesse próprio, pelo menos em situações como as que se acaba de descrever, não é a disposição de levar sempre e em todos os casos vantagem, mas, antes, depende da adoção de princípios de ação cooperativos, só viáveis a partir da renúncia à estratégia gersoniana. Praticamente, e para ficarmos com nosso exemplo, isto implicará a **renúncia à vantagem de voltar a utilizar o carro particular tão logo desafogado o sistema viário**, de modo a evitar a repetição das situações de impasse. Uma tal renúncia, convém insistir, implica o sacrifício do interesse individual imediato, sendo, portanto, em si mesma, contrária a **S**.

---

[21] Para ficarmos com o exemplo dado anteriormente, se e quando for igual a zero a probabilidade de que o deslocamento em carro individual permita um deslocamento mais rápido do que aquele proporcionado pelos meios de transporte coletivo, a opção por estes últimos será forçada.

Segundo a análise de Parfit, do ponto de vista da doutrina do interesse próprio, porém, a conveniência e mesmo a necessidade de adotar tais atitudes não as comuta de irracionais a racionais, senão que, simplesmente, nos mostra que, **em circunstâncias determinadas, é racional agir irracionalmente**[22].

O ponto é controverso[23], mas, seja como for, não se pode extrair da validade circunstancial de atitudes cooperativas e morais uma refutação de S. Acrescente-se ainda que, muito embora e pela mesma ordem de razões – isto é, para melhor realizarmos a **S** –, devamos substituir a interpretação que lhe dá a *lei de Gérson* por um outro conjunto de convicções, digamos **M**, ainda assim, segundo a lição de Parfit, devemos reconhecer que **S** será autoobliterante, mas não terá fracassado em seus próprios termos.

Neste ponto, aliás, contrariamente ao que ocorre com o anterior, Gauthier, embora se expressando em termos aparentemente inversos, está de acordo com Parfit, posto que, em seu parecer, o que descobrimos com a experiência de pensamento feita anteriormente é que:

> *"Quando corretamente entendemos como a maximização da utilidade identifica-se com a racionalidade prática, vemos também que a moralidade é parte da maximização".*[24]

Retornando aos contextos práticos a que fizemos alusão anteriormente, deve-se dizer que, fossem os agentes inteiramente racionais e clarividentes, os impasses recorrentes cuja descrição esboçamos não se verificariam, uma vez que a reversão dos padrões de decisão se seguiria à antecipação racional de tais ocorrências.

---

[22] A demonstração deste ponto Parfit faz com a ajuda do exemplo que talvez possamos denominar de dialética do **cumpridor de ameaças** (**threat fulfiller**) e do **ameaçado temerário** (**threat ignorer**). Segundo este exemplo, devemos imaginar, primeiramente, uma situação em que, em um tempo 1, de dois náufragos em uma ilha deserta, ambos adeptos de **S**, o primeiro, digamos A, disponha de uma bomba e faça a ameaça veraz de explodi-la caso o segundo, digamos B, recuse ser seu escravo, de tal sorte que daí decorra a instalação do regime de escravidão. Em seguida, devemos imaginar um tempo 2 em que B, considerando a escravidão intolerável, declare-se ignorante de ameaças e se converta no **ameaçado temerário**. Nesta nova situação, se A for fiel a **S**, a escravidão será levantada. Obviamente terá sido, então, racional para B, e, portanto, conforme a **S**, ter acreditado na eficácia de sua autotransformação em **ameaçado temerário**. Porém, se A desprezar esta transformação, a ilha explodirá, o que demonstra que tal transformação não era racional, ainda que ter passado a nela acreditar no tempo 2 o tivesse sido. A história de Parfit é apresentada em termos algo mais complicados, mas creio que ao essencial a simplificação acima não a desfigura. Cf. op. cit., p. 19 e seg.

[23] Ver Gauthier, p. 184 e seg.

[24] Id., p. 184.

Este ponto, aliás, nos remete à dificuldade principal desta estratégia de superação dos impasses a que nos conduz uma interpretação de **S** nos termos da *lei de Gérson*. Trata-se de que, sendo os agentes imperfeitamente racionais, a antecipação de mudanças nos padrões decisionais pelos agentes mais clarividentes pode revelar-se improdutiva e, neste sentido, irracional. Esta a razão, aliás, observe-se-o **en passant**, porque, nas teorias tradicionais do contrato, tratava-se sempre exatamente de um **contrato**, a ser celebrado, ademais, como que de uma só vez.

Convém ainda dizer que a circunstância empírica a que se acaba de aludir faz com que, nas situações descritas, devamos ter a ação de esclarecimento a respeito da necessidade de reinterpretar a **S** como sendo uma prescrição que dela se deriva, desde que, naturalmente, bem a compreendamos.

É evidente, no entanto, que o principal problema a ser enfrentado na situação que estamos a descrever é dos **free-riders** inteligentes, isto é, daqueles que, conhecedores da situação de impasse a que a *lei de Gérson* conduz, propugnam por sua reversão a fim de poderem voltar a aplicá-la. Assinale-se que não se trata de pessoas que não tenham entendido que o retorno a comportamentos inteiramente egoístas, tão logo novamente viáveis, reinstala o ciclo perverso supradescrito. Trata-se, antes, daqueles que sabem que há um número **k** de abandonos da *lei de Gérson* que permite a adoção desta última por um número **c** de cínicos empedernidos que, conquanto produzindo um resultado subótimo do ponto de vista coletivo, não induz à generalização dos comportamentos auto-referidos.

Contra estes últimos, mantida **S**, a melhor estratégia não parece poder ser outra do que a de onerá-los com vigilância extrema e penas pesadas.

Se, para concluir, voltarmos a atenção novamente para a situação nacional, é forçoso observar pelo menos três pontos:

1°) há indícios fortes de que os malefícios derivados da generalização da *lei de Gérson* estão sendo crescentemente percebidos e que verossimilmente nos avizinhamos do ponto de reversão de disposições identificado anteriormente;

2°) o número de **cínicos** e **free-riders**, no entanto, parece ser excessivamente alto, de sorte que muito provavelmente o ciclo perverso deverá ainda repetir-se antes que se lhes obtenha uma redução compatível com a generalização de uma versão coletivamente menos onerosa de **S**;

3°) a contribuição da comunidade filosófica brasileira para o enfrentamento desta situação crítica, em que sua intervenção específica pode ser tida como muito relevante, tem sido praticamente nula.

Este pequeno exercício gostaria de ser um estímulo à reversão de um tal padrão de comportamento.

13. Gerd Bornheim: a filosofia e a prosa do mundo

1. Na nota de abertura de *Dialética – Teoria e práxis*, sem dúvida o livro mais sistemático e ambicioso de Gerd, lê-se o seguinte:

> "*O aspecto mais fascinante de uma pesquisa filosófica reside* (....) *no fato de que ela se faz refratária a uma palavra final e definitiva. Não porque repouse no jogo infindável da conotação lógica das palavras, e sim porque há uma 'prosa do mundo' – prosa que se inventa a si mesma aderida a um mundo sempre em transformação. Todo o escopo do pensamento consiste em decifrar essa prosa, já que nela se esgota a inteireza da própria legitimidade do ato de pensar*".[1]

No sentido mais próprio e alto da palavra, pensar, segundo Gerd, consiste, portanto, em decifrar a ***prosa do mundo***.

Esta tese, enunciada assim preambularmente e com a solenidade que se acaba de ver, basta para indicar minha primeira e principal tarefa nesta noite: tentar esclarecer o que Gerd quer dizer ao sustentar que **pensar é decifrar a *prosa do mundo***.

Este é o ponto que a meu ver explica o enorme fascínio e a importância decisiva que seu magistério teve para nossa geração, para este grupo de filósofos e de aprendizes de filósofos que nestas duas noites se reúnem para homenagear a Gerd Bornheim. Para homenageá-lo mas também, permitam-me dizê-lo, para laurear a si próprios, em reconhecimento ao singularíssimo momento de exaltação do espírito a que Gerd soube nos transportar e que, por certo, à maneira de cada um, nos distinguiu indelevelmente a juventude.

Porque, afora os elementos anedóticos e contextuais da extraordinária performance que era cada uma de suas aulas – aliás tão precisa e perti-

---

[1] V. *Dialética – Teoria e práxis*, Editora Globo e Editora da Universidade de São Paulo, Porto Alegre, 1976, p. IX.

nentemente evocados ontem pelo professor Marcos Muller –, o que conferia aos cursos do professor Gerd uma extraordinária força e um irresistível fascínio, era a arrebatadora impressão de que se estava ali não somente para ouvir uma séria e competente explicação de pensamentos filosóficos difíceis, mas, muito mais do que isso, para testemunhar – ao anoitecer, duas vezes por semana, nas bordas da Redenção, em Porto Alegre! – a extraordinária operação de fazer da filosofia a chave-mestra de uma compreensão exclusiva e inesperada do sentido da história universal.

2. A expressão *prosa do mundo*, como se sabe, remonta a Hegel e ao modo como ele compreende, na verdade com indisfarçada aversão, o lugar e o papel dos romanos na história universal.

O ponto de Hegel é que – por oposição à primeira e selvagem anulação poética do finito que é a obra do nascer do espírito no Oriente, ou em contraposição também com o equilíbrio da liberdade e das formas harmoniosas e belas da vida coletiva que permitiram aos gregos ter o Estado como obra de arte – com os romanos emerge e prevalece a dura "***prosa** da vida*".[2]

Aos romanos, diz-nos Hegel, coube trazer à história a universalidade abstrata da dominação política, sua tarefa tendo sido a de impor ao mundo a unidade fundada, no plano das relações internacionais, na afirmação incontrastada do poder do império, no terreno das categorias racionais, na introdução do conceito abstrato de pessoa, no plano da ética na anulação da vontade individual por meio da prescrição incondicionada do dever cívico e, no âmbito da religião, no sincretismo utilitarista que fez da incorporação dos deuses vencidos pelas legiões romanas instrumentos suplementares da devoção pragmática e utilitarista que lhes marcou a cultura.

É evidente, no entanto, que não é esse sentido hegeliano específico da expressão *prosa do mundo* que interessa a Gerd e que não é a ele que faz alusão o texto de que partimos.

O que importa a Gerd é outra coisa, um sentido da palavra ***prosa*** que se determina não pela oposição à ***poesia*** – oposição que necessariamente faz da prosa uma degradação da ***poética*** –, mas pela contraposição à idéia de dispersão e da acumulação disparatada e inumerável dos eventos do mundo.

Há uma passagem dessa espécie de hipertexto com que Valéry debrua a sua *Introdução ao método de Leonardo da Vinci* que ajuda a entender o que Gerd quer dizer.

Valéry diz que há dois métodos para compor uma biografia: o primeiro consiste em tentar ***viver*** o personagem, o segundo cuida de ***construí-lo***. Viver, diz Valéry, é transformar-se dentro do que é incompleto e neste senti-

---

[2] V. Hegel, *Lições sobre a Filosofia da História*, na trad. para o português de Maria Rodrigues Hans Harden, publicada pela Editora UNB, Brasília, 1995, p. 247.

do "*a vida é toda anedotas, detalhes, instantes*". Já a ***construção*** é toda uma outra história:

> "*A construção, ao contrário*", *diz-nos ele*, "*implica as condições* a priori *de uma existência que poderia ser totalmente diferente. Essa espécie de lógica é o que leva na seqüência das experiências sensíveis a formar o que denominei acima UNIVERSO*".[3]

A idéia central aqui é de que contra a dispersão e o amontoamento dos eventos e das diferenças há a potência de um nexo ***que é preciso construir***. Note-se que, na visão de Valéry, a vida propriamente não tem biografia, se por este termo entendermos o desdobramento articulado e provido de sentido da seqüência de eventos que lhe constituem a matéria-prima.

O sentido possível é visto como vindo necessariamente de fora, resultado do esforço disciplinado da inteligência que faz emergir do caos das *anedotas, detalhes, instantes* o desdobramento não de uma simples série de acontecimentos, mas dessa espécie de articulação, por assim dizer sinfônica, dos momentos e dos aspectos da vida ordinária de que resulta um universo.

A bem refletir, é forçoso reconhecer, porém, que também esse não pode ser o pensamento que Gerd tem em vista, porque o texto do qual partimos diz que a prosa do mundo ***se inventa a si mesma aderida a um mundo sempre em transformação***, de sorte que é de dentro mesmo da sucessão inacabada dos eventos mundanos – não de fora – que brota essa articulação de sentido que compete ao pensamento decifrar.

É verdade que há no pensamento de Valéry uma ambigüidade e uma complexidade sobre a qual convém não passar por cima.

Porque é preciso ver que, em certo sentido, a composição da biografia é, primariamente, do próprio sujeito, de sorte que o obstinado rigor da construção pode ser visto como um desafio não apenas a quem escreve e reconstitui, mas também a quem vive. E, de outra parte, quando o texto fala das *condições* a priori *de uma existência que poderia ser totalmente diferente*, ele faz remissão não apenas a uma escolha que daria à vida outro perfil, mas a certas condições que, desde o princípio, condicionam as opções subjetivas e individuais e pré-determinam a amplitude, o alcance e a direção do traçado a fazer.

Seja como for, como falar de *prosa* ***do mundo*** nesses termos? Como supor que o mundo, ***por si mesmo***, seja mais do que tudo que é o caso, como diz Wittgenstein na primeira proposição do *Tractatus*?

---

[3] V. Paul Valéry, *Introdução ao método de Leonardo da Vinci*, trad. Geraldo Gérson de Souza, Editora 34, 1998, p. 14.

Será que a ***prosa do mundo*** para Gerd é uma expressão a ser tomada na chave do idealismo mais estrito, usada na suposição de que o mundo seria uma espécie de sujeito que se desdobraria na história como se compusesse seu caminho? Será que se deve entender a obra de decifrar a história do mundo como a reconstituição de um esquema intencional do qual poderíamos almejar restituir a ***intriga***?

Perguntas incômodas que nos obrigam a começar de novo, a sondar o pensamento de Gerd com outros instrumentos, a voltar sobre seus textos. E que nos recomendam fazê-lo, se não, propriamente, com outro ouvido, pelo menos com uma atenção mais fina.

3. E nesta segunda vez permitam-me começar citando e citando longa e rememorativamente.

Nesta altura, parece-me oportuno e necessário, com efeito, evocar um segmento da análise feita por Gerd na conferência pronunciada na Faculdade de Filosofia Nossa Senhora da Imaculada Conceição, de Viamão, na mais memorável das sessões daquele – ele próprio inesquecível – I Colóquio Rio-Grandense de Filosofia. É que então, em uma fria manhã de maio de 1967, falando de *O problema de Deus em Sartre*, Gerd versou de maneira muito explícita e eloqüente sobre o ponto que nos está a interessar. Dizia ele ali:

> "(....) *fiquemos adstritos às conseqüências que advieram da tradição metafísica e que* (....) *costumam ser codificadas em palavras como individualismo, subjetivismo, ateísmo, niilismo.* (....) *Há autores que, quando chegam a provar que o existencialismo de fato implica e sistematiza todas essas coisas, julgam o caso de Sartre definitivamente resolvido. Em verdade, porém,* (....) *diante dessas palavras – individualismo, subjetivismo, ateísmo, niilismo – é que o pensamento começa, e recomeça* (....). *Porque Sartre é infinitamente mais do que Sartre* (....). *O individualismo* (....) *não delimita* (....) *um problema particular, nem se restringe a caracterizar o comportamento de tal indivíduo; mais do que isso define a própria atmosfera social do homem contemporâneo.* (....) *Assim também o niilismo não indica apenas um problema do meu vizinho, dos outros, dos que ainda não se converteram, nem emigraram, ou não souberam assumir tal posição política. Ou bem o niilismo é de tudo e de todos, ou então carece de significado;* ***ou bem nós o somos, ou então a própria História perde sentido****. Se esses problemas fossem exclusivos de Sartre* (....), *nem mereceriam atenção. A questão mais relevante não está tanto em saber se Sartre está certo neste ou naquele aspecto de sua doutrina,* (....) *o mais importante está em saber por que o existencialismo se tornou possível, por que um*

livro pode receber o título O ser e o nada, *e, sobretudo, por que a filosofia termina incidindo no niilismo.* ***Colocar tais perguntas resulta em perquirir a própria situação da humanidade de nossos dias e, além disso, em problematizar o todo da Cultura Ocidental***".[4]

O que me interessa neste texto não é o que há nele de interpretação de Sartre, nem a menção dos grandes temas que são aí identificados como questões centrais do pensamento sartreano. O que me importa considerar aí é outra coisa, são as três teses complementares seguintes:

(i) Sartre não é simplesmente Sartre, pois, num certo sentido, somos todos sartreanos;

(ii) o relevante não é saber se uma ou outra tese de Sartre é ou não defensável, mas entender como é possível que seu pensamento tenha adquirido esta ou aquela forma;

(iii) a indagação sobre as condições de possibilidade materiais do pensamento de um grande filósofo implica ***perquirir a própria situação da humanidade e problematizar o todo da Cultura Ocidental***.

Antes de mais, a propósito dessas afirmações ambiciosas e desafiadoras, sublinhe-se que a pressuposição contida na passagem que acabamos de citar constitui a convicção mais profunda do pensamento de Gerd: a pressuposição de que a filosofia não é (i) nem uma seqüência anedótica de pensamentos disparatados e inconseqüentes, (ii) nem uma arena de gladiadores do espírito, (iii) nem o espetáculo em que os fugidos do mundo, em meio às nuvens, como diria Aristófanes, apresentam elegantemente seus *arabesques*, *sobresaults*, *glissades, ballonés* ou *cabrioles*, para valer-me e fazer metáfora de nomes de passos do balé clássico.

Não, o que importa a Gerd é mostrar que a filosofia tem uma outra importância: uma incontornável ***densidade*** e um extraordinário ***dramatismo***.

Mas como assim?

Bem, o texto nos diz que "*Sartre é infinitamente mais do que Sartre*" e ajunta que entender isso "***resulta***", nem mais nem menos, mas dificilmente poderia ser mais, é bem o caso de dizer, "***em perquirir a própria situação da humanidade de nossos dias e, além disso, em problematizar o todo da Cultura Ocidental***".

Mas o que isto quer dizer? E o que Gerd tem em mente quando acrescenta, em seguida, que num certo sentido somos todos sartreanos?

---

[4] In Ernildo Stein, diretor e editor responsável, *Anuário rio-grandense de filosofia*, Porto Alegre, Ano I, vol. I, Porto Alegre, 1967, p. 26.

Essas afirmações são surpreendentes e enigmáticas; para o não-filósofo, na verdade, acercadas ao disparate, porque evidentemente se pode sustentar que não faz sentido algum dizer que o controlador do Itaú, o professor de química no Colégio Júlio de Castilhos, o produtor de soja em Santa Rosa, o gari que lentamente varre a rua em Porto Alegre ou o garçom que oferece o cardápio para a escolha das sobremesas em Pelotas são todos sartreanos.

E, no entanto, no nosso campo disciplinar, para os iniciados em filosofia, as afirmações de Gerd não chegam a surpreender, devendo-se mesmo dizer que, pelo menos para alguns de nós, elas parecerão, mais do que plausíveis, inequivocamente verdadeiras.

Sem dúvida, pelo menos desde o século 19 tem livre trânsito em boa parte da filosofia continental a idéia de que se pode periodizar a história universal em função de certas propriedades ou características culturais que servem de princípio à distinção das grandes épocas históricas e que determinam a identidade profunda de cada uma delas.

Hegel foi quem formulou esta idéia da maneira mais rigorosa, profunda e sistemática, devendo-se dizer que a ele, mais do que a qualquer outro, se deve creditar a consagração da idéia de que somente uma concepção filosófica da história universal é capaz de conferir inteligibilidade ao mundo em que vivemos.

Mais precisamente, a tese de Hegel é que se deve buscar nas grandes obras da filosofia a chave para identificação e recorte das grandes épocas históricas, não, contudo, no sentido de que as figuras filosóficas cronologicamente dispersas determinem as épocas históricas, mas no sentido de que elas necessariamente expressam o núcleo conceitual comum que se pode divisar no direito, nas artes, na religião de um determinado período histórico.

Nesta medida parece natural interpretar as teses de Gerd numa chave hegeliana, pois manifestamente parece que é na concepção hegeliana da história da filosofia que se encontra o antecedente mais próximo das afirmações gerdianas. Assim, para não dar mais do que um exemplo, na *Introdução à História da Filosofia*, Hegel diz:

> *"A filosofia é a razão que se concebe no modo do pensar (....). O espírito pensante, a razão pensante não tem a ver com as bugigangas da ciência e da sabedoria do mundo, mas o espírito pensante tem a ver consigo. Milhares que se ocuparam de particularidades encontram-se esquecidos; só algumas centenas de nomes se preservaram como tais. A Mnémosine da história universal não distribui a sua fama aos indignos: assim como reconhece os feitos dos heróis na história externa, assim também reconhece, na história da filoso-*

fia, apenas os feitos dos heróis da razão pensante. São esses o nosso objeto. Não são opiniões nem casualidades; foi a razão pensante, o espírito pensante do mundo que neles se revelou. A sucessão de tais feitos é, sem dúvida, uma sucessão; mas é apenas ***uma só*** *a obra que se produz".*[5]

Neste sentido se poderia sustentar, como faz Gerd, que Sartre é um desses heróis da razão pensante, de sorte que em seus pensamentos não se haverá de buscar a singularidade de uma obra subjetiva, mas, muito distantemente das opiniões pessoais e casualidades, a revelação de uma nova dimensão do *espírito pensante do mundo.*

Que, como dissemos acima, uma tal concepção da história da filosofia faça dela uma chave para a compreensão da própria história, isso é sustentado à exaustão por Hegel, para aboná-lo, não sendo necessário mais do que referir, entre muitas outras possíveis, uma única passagem das *Lições sobre a filosofia da história.* Diz Hegel:

> *"O mais alto ponto da cultura de um povo consiste em apreender a Idéia de sua vida e de sua condição, a ciência de suas leis, de seu direito, de sua moralidade (....). Nesse ponto (....) o espírito conhece seus princípios, o que seus atos têm de universal. Mas essa obra do pensar, como o universal, é diferente da obra real e da vida eficiente que a produziu também segundo a forma. Há agora uma existência real e uma existência ideal.* ***Se desejarmos adquirir a representação geral e a noção do que foram os gregos, nós as encontraremos em Sófocles, Aristófanes, Tucídides e Platão. Nesses indivíduos o espírito grego se apreendeu em sua representação e seu pensamento."***[6]

Nesta chave hegeliana se poderia interpretar, portanto, os textos de Gerd como dizendo que o mundo deixa ver as determinações essenciais de sua gesta no pensamento dos grandes filósofos, cuja escrita seria o veículo de manifestação das determinações essenciais de cada grande época histórica. E se deveria dizer também que cada época é como que portadora de um espírito, de certas concepções que são necessariamente compartilhadas por todos aqueles que se encontram no horizonte do que se deveria denominar a experiência epocal do mundo.

Que, efetivamente, essa maneira de compreender as relações da his-

---

[5] V. G.W. F. Hegel, *Introdução à história da filosofia*, trad. de Artur Morão, Edições 70, Lisboa, 1991, p. 101 (trata-se de uma passagem das lições de 1827/28 e mais exatamente de um *postscriptum* imediato de K. Weltrich).

[6] V. *Lições*, ed. c., p. 70.

tória de filosofia com a história seja muito próxima da visão de Gerd, pode-se evidenciar de muitas maneiras. Se, por exemplo, além dos textos já referidos, nos reportarmos à apresentação do livro sobre Sartre, encontraremos, outra vez meridianamente expressa, essa mesma posição que eu disse anteriormente ser a sua convicção filosófica mais fundamental. Lê-se ali, com efeito:

> "(....) *não fizemos um estudo de História da Filosofia: do modo como vem sendo feita, a História da Filosofia não é suficientemente histórica. Longe de nos entregarmos a eruditas análises comparativas, pretendemos esclarecer as vinculações profundas do sentido metafísico do fundamento através de sua evolução histórica,* ***pois só dessa maneira a História – e a História da Filosofia – pode realmente apresentar sentido***".[7]

4. No entanto, a aproximação com Hegel se, por um lado, facilita o entendimento da posição gerdiana, de outro cria dificuldades de monta, pois a tese de Hegel está ancorada de maneira essencial sobre pressupostos metafísicos que manifestamente não foram e não poderiam ser compartilhados por Gerd.

Com efeito, para Hegel a idéia de que as épocas históricas têm uma unidade que se manifesta nos diferentes domínios da vida e cujo sentido mais profundo pode ser buscado nas obras das figuras intelectuais mais eminentes não pode ser entendida senão à luz de suas teses filosóficas mais gerais e notadamente da doutrina do espírito.

Este não é, por certo, o momento de expor sistematicamente as posições e análises hegelianas, mas não será demais citar pelo menos um texto de *A razão na história* em que as pressuposições da filosofia da história de Hegel são expressas de maneira ao mesmo tempo clara e vigorosa. Diz Hegel:

> "*Em primeiro lugar, devemos observar que nosso objeto, a história universal, ocorre no terreno do espírito. O mundo compreende em si a natureza física e a psíquica.* (....) *Mas o substancial* [a história] *é o espírito e o curso de sua evolução.*[8] *O espírito não é uma coisa natural, como o animal; este é como é imediatamente. O Espírito* (....) *é o que se produz, converte-se no que é.* (....) *O seu ser é o produto absoluto. Esse processo* (....) *implica que o Espírito tem* ***momentos*** *distintos* (....). *Nesse processo contêm-se* (....) *fases e a história universal é a manifestação do processo divino, da série de*

[7] V. Gerd A. Bornheim, *Sartre*. São Paulo: Perspectiva, 1971, p. 9.

[8] In *A razão na história*, trad. para o português de Artur Morão, publicada por Edição 70, Lisboa, 1995, p. 68-9.

estádios em que o Espírito se sabe e realiza a si mesmo, e também a sua verdade. (....) O mandamento supremo, a essência do espírito é conhecer-se a si mesmo (....). Tal mandamento cumpre-o na história universal; produz-se a si mesmo em formas determinadas, e tais formas são os povos na história do mundo. São produtos, cada um dos quais expressa um estádio particular, e caracterizam assim épocas da história universal. (....) A história universal é a manifestação do processo divino e absoluto do Espírito nas suas formas supremas (....). As configurações desses estádios são os espíritos dos povos históricos, as determinidades da sua ética, da sua constituição, da sua arte, da sua religião e da sua ciência".[9]

Que Gerd não tenha compartido essas teses centrais da filosofia da história de Hegel pode ser mostrado sem dificuldade, seja pela remissão às análises dedicadas à crítica da filosofia hegeliana, seja pela leitura dos textos em que cuida de aprofundar os pressupostos mais estritamente filosóficos de sua própria filosofia da história.

Contudo, na ótica desta conferência, para evidenciar como e por que Gerd não pode aceitar as posições hegelianas que acabam de ser apresentadas, há dois pontos principais a destacar.

O primeiro é que se pode aplicar às teses históricas de Hegel a crítica fundamental que, segundo Gerd, deve ser dirigida a toda a metafísica, a saber: a de que, na tradição de pensamento fundada por Platão, o sensível, o finito e o diferente são sempre pensados somente na medida em que são dependentes da identidade, do infinito e do conceito. Assim, Gerd diz, por exemplo:

"Vê-se logo: a dialética hegeliana não passa de ser um modo de escamotear a realidade, de deixá-la para trás e continuar pensando como se ela não existisse. E a justificativa de Hegel para adotar tal procedimento é radical: 'Só tem realidade aquilo que é conforme à Idéia', o que equivale a dizer que só a Idéia é propriamente real. O outro que não a Idéia não é, ou só é como peripécia necessária do Espírito para que este chegue a ser ele mesmo".[10]

Por certo, Gerd reconhece que no caso de Hegel esse processo redutivo é complexo e ambíguo, eis que a identidade do espírito, do infinito e do ideal consigo próprios envolvem um ***processo*** de retorno a si no desdobramento do qual são partes decisivamente integrantes a contradição e os elementos polares que a engendram: a matéria natural, o sensível e o finito. Por isso Gerd diz:

---

[9] Id. , p. 69.

[10] V *Dialética*, p. 171.

"O Espírito que se autoproduz no elemento da consciência é a Ciência, o Saber Absoluto. Em outras palavras, verifica-se aqui um entrelaçamento do finito e do infinito. O Espírito infinito só chega a reconhecer-se a si próprio através da autoconsciência do homem; assim o Espírito se faz infinito pelo conhecimento do finito. E o inverso também vale, pois a autoconsciência finita só se alça àquilo que ela é em sua plenitude reconciliando-se com o infinito. Portanto, finito e infinito estão como que submetidos a uma mesma lei; digamos que eles não ***são****, e sim que se* ***tornam*** *o que são, na imanência do processo dialético. E ambos os termos se supõem: o finito só chega a ser pelo infinito, e o infinito pelo finito".*[11]

No entanto, o juízo final de Gerd sobre a tese hegeliana é de que há uma assimetria nesta dupla dependência e de que, em última análise, "*o finito não chega a ser considerado em sua dimensão propriamente finita*".[12] E Gerd se explica sobre o ponto dizendo:

"Mas com tais idéias, o finito não chega a ser considerado em sua dimensão propriamente finita; o finito só é levado em conta na medida em que se converte ao infinito, em que deixa, portanto, de ser finito. 'A vitalidade de Deus ou do Espírito', continua Hegel, 'consiste em se determinar, (....) em pôr-se na finitude, na diferença, na contradição, mas também em pôr de lado eternamente essa contradição. Tal é a vida, a ação, a atividade de Deus: Ele é atividade absoluta, o ser absoluto que age, e Sua atividade consiste em conciliar eternamente a contradição'. Desse modo, toda a problemática da contradição é transferida para o plano do infinito, e é só nesse plano que a finitude pode fazer algum sentido".[13]

Ademais disso, Gerd recusa também a teleologia presente na tese hegeliana. Assim, diz:

"Aqui cabe observar (....) que, por mais que Hegel acentue a presença da contradição até mesmo em Deus, o seu pensamento continua determinado, fundamentalmente, pela síntese metafísica final. Isso pode ser entendido ao menos por uma razão de ordem negativa: se destituirmos o processo dialético de sua finalidade última que é a síntese absolutória, a própria trama de contradições perde integralmente a sua razão de ser. Por mais que se saliente a neces-

[11] V. *Dialética*, p. 58.

[12] Id., 61.

[13] Id., 61.

sidade da presença da contradição até mesmo como condição de vida para o Absoluto, toda essa necessidade brota de um sentido que vai além da contradição. As diferenças que continuam vivas na Idéia absoluta são diferenças ***da Identidade absoluta****, e a identidade do resultado com o processo mostra apenas que Deus acolhe em si a contradição e o movimento".*[14]

No entanto, ainda mais decisiva para a recusa de Gerd ao hegelianismo, ainda mais relevantes do que o enunciado geral desta crítica de que Hegel opera uma espécie de desrealização do mundo empírico e do sensível e que o molda, por assim dizer a fórceps, dentro de uma ontoteleologia, é o fato de que **a própria história**, como diz Gerd, "***desmentiu a Hegel***"[15], no sentido de que nem cessou a evolução da história universal, nem deixou a história da filosofia de desdobrar novos e imprevistos capítulos, como são, aos olhos de Gerd, evidentemente, os representados pelo pensamento filosófico de Sartre ou de Heidegger.

E no entanto, apesar da crítica à espiritualização e divinização do processo histórico, não obstante a recusa da teleologia e conquanto afirme que o processo histórico é necessariamente aberto e inconcluso, Gerd sustenta que entender o pensamento de um filósofo – de Sartre, como vínhamos vendo – é entender o sentido da própria experiência histórica, o que, no entanto, parece ser uma maneira de querer guardar a concepção da história universal, da história da filosofia e da relação entre ambas, tais como desenvolvidas por Hegel, sem querer, por outro lado, pagar o preço do idealismo e do espiritualismo.

Mas, como pressupor que há um sentido unificado na experiência dos homens, supor que há um fio que amarra a multidão incontável dos eventos, dos atos de fala e pensamento, sem pressupor um sujeito unificador? Não será isso ainda mais obscuro e inaceitável que os pressupostos metafísicos do idealismo hegeliano?

5. Antes de responder diretamente a esse questionamento, importa observar que as teses de que a história humana faz sentido e de que para apreendê-lo a história da filosofia é a chave foram sustentadas, em um registro, pelo menos aparentemente, ateológico e laico por Heidegger.

Em vista disso, considerando a enorme importância que Gerd atribuiu ao pensamento heideggeriano, é plausível suspeitar que os pressupostos de sua concepção filosófica da história universal e da relação desta

[14] Id., 60-1.

[15] Id., ib.

última com o pensamento encontram fundamento não em Hegel, mas no pensamento de Heidegger.

É provavelmente no segundo dos volumes em que publicou seus cursos sobre Nietzsche que Heidegger apresenta com mais clareza sua tese sobre a determinação ontológica da história. Lê-se ali:

> *"O novo mundo dos Tempos Modernos tem seu próprio fundamento historial naquilo e lá mesmo onde toda a história, todo acontecimento encontra seu fundamento essencial: na metafísica, isto é, numa nova determinação da verdade do ente em sua totalidade e essência dessa mesma verdade".*[16]

E no mesmo compasso vai a declaração de abertura do ensaio sobre *A época das "concepções de mundo"*, onde se lê:

> *"No curso da Metafísica realiza-se uma meditação sobre a essência do ente, ao mesmo tempo em que se decide de maneira determinante o modo de advento da verdade. A Metafísica funda assim uma era, ao fornecer-lhe, mediante uma interpretação determinada do ente, o princípio de sua configuração essencial. Este princípio rege, do princípio ao fim, todos os fenômenos característicos dessa era".*[17]

Se perguntarmos agora o que distingue as maneiras hegeliana e heideggeriana de pensar a determinação da história pela metafísica e a tese correlata de que na história da filosofia se encontra a chave para a compreensão profunda da história universal, o primeiro a observar é que para Heidegger as variações epocais não representam nem os passos que o infinito dá em meio a finitude para retornar a si, nem podem ser consideradas como um caminho progressivo e direcionado a um fim.

Neste sentido não há dúvida de que a posição de Gerd sobre o tema se aproxima mais da tese de Heidegger do que da posição de Hegel.

É conveniente, no entanto, que consideremos o ponto com mais cuidado, e creio que é no exame da diferença no modo de compreender o tempo que se encontra a raiz da diferença conceitual essencial que é preciso reconhecer entre as posições de Hegel e de Heidegger.

Hegel tem o tempo como o elemento em que efetivamente tem lugar o processo de auto-revelação do Espírito. Por isso ele pode dizer que o

---

[16] V. *Nietzsche*, tomo II, na tradução francesa de Klossowski, publicada por Gallimard, Paris, 1971, p. 119.

[17] V. *A época das "concepções de mundo"*, na tradução para o francês de Wolfgang Brokemeier, em *Chemins qui ne mènent nulle part*, Gallimard - Tel, Paris, 1962, p. 99.

Espírito se manifesta no tempo. No entanto, como acrescenta imediatamente o texto da *Fenomenologia do Espírito* que estou a parafrasear, ele o faz unicamente:

> "(....) *enquanto não apreende seu conceito puro; quer dizer, enquanto não elimina o tempo".*[18]

Neste sentido se pode dizer que o tempo é o destino do Espírito, a ele imposto por esta obscura queda que resulta, para citar uma passagem famosa do final da *Enciclopédia*, "*do juízo pelo qual a Idéia se partilha originariamente*"[19], negando a si mesma ao fazer-se natureza.

Já para Heidegger, como lemos no § 82 de *Ser e tempo*:

> *"O 'Espírito' não cai primeiro no tempo, mas ele* ***existe como temporalização*** *originária da temporalidade. Esta temporaliza o tempo do mundo em cujo horizonte a 'história' entendida como acontecer intratemporal pode se 'manifestar".*[20]

Resta por entender naturalmente o que seja "a ***temporalização*** *originária da temporalidade*" e como esta "*temporaliza o tempo do mundo*". Como se sabe e para usarmos as palavras do próprio Heidegger, "*a temporalidade constitui a estrutura fundamental do ente que denominamos Dasein*".[21]

Nos termos das análises do primeiro Heidegger, isso implica dizer que a *compreensão do ser*, vale dizer a capacidade de dar-se conta da presença e da ausência das coisas – que é o que singulariza o homem no conjunto do que existe e o que o constrasta com os seres inanimados e mesmo com os

---

[18] V. *Fenomenologia do espírito*, trad. de Paulo Meneses e José Nogueira Machado, Vozes, Petrópolis, 1992, vol. II, p. 215.

[19] V. *Enciclopédia*, § 577. Na tradução para o português de Paulo Meneses, publicada por Edições Loyola, São Paulo, 1995, vol. III, p. 364.

[20] *Ser e Tempo*, § 82. Na tradução para o português de Márcia Sá Cavalcanti, publicada por Vozes, Petrópolis, Parte II, p. 249. Observe-se que, não obstante o confronto expresso com Hegel feito no § 82, recém-citado, malgrado a passagem de *Identidade e diferença*, citada por Gerd onde se lê: "*Para Hegel, a ocupação do pensar é o pensamento como conceito absoluto. Para nós, a ocupação do pensar é* (....) *a diferença enquanto diferença*" (*apud Gerd A. Bornheim, O idiota e o espírito objetivo*, Editora Globo, Porto Alegre, 1980, p. 174), em outros contextos Heidegger desqualifica a tentativa de tentar entender-lhe o pensamento a partir do confronto com Hegel. Cf., por exemplo, Martin Heidegger, *Nietzsche – Metafísica e finitude* (trata-se do volume 67 da Gesamtausgabe), na tradução para o português de Marco Antônio Casanova, publicada por Relume Dumará, Rio de Janeiro, 2000, nº 161, p. 174.

[21] V. *Os problemas fundamentais da Fenomenologia*, na trad. para o francês de F. Courtine, publicada por Gallimard, Paris, 1985, p. 382 (Gesamtausgabe, 24, 453).

animais[22] –, requer nossa capacidade de projetar, de imediatamente nos vermos a braços com possíveis e, por conseguinte, de termos as coisas já desde sempre vistas como temporalmente determinadas. É o que Heidegger explicita ao dizer:

> "*Compreender significa exatamente se projetar visando a uma possibilidade* (....)".

E na verdade Heidegger sustenta que é o tempo que condiciona previamente a discriminação das possibilidades. Por isso diz:

> "(....) *o tempo é o que possibilita originariamente,* (....) *ele é a origem da própria possibilidade, o tempo temporaliza a si próprio como o* ***prius*** *absoluto o tempo precede toda prioridade possível* (....) *porque ele é a condição fundamental da prioridade em geral*".[23]

Não é nada de diferente o que é dito no início de *Ser e tempo*, notadamente no § 6, onde se sustenta que a temporalidade – ao tornar possível a historicidade do Dasein – não apenas torna igualmente possível "*a história do mundo mas torna forçoso que a questão do sentido do ser seja necessariamente tomada como uma questão histórica*".[24] Ou, por outra e mais especificamente: o que o texto do § 6 diz é que, na medida em que a historicidade é o modo do ser do Dasein, este é inelutavelmente acontecer ("*Geschehen*"), ***aventura,*** como diz Vezin, um dos tradutores franceses de *Ser e tempo*[25], de sorte que a questão do sentido do ser, do modo fundamental como vemos o conjunto do que existe, é, necessariamente, historicamente determinada e distribuída.

Neste sentido se pode dizer que as teses do "segundo Heidegger" sobre a "história do ser" e sobre a determinação ontológica das grandes épocas históricas são uma explicitação e um desenvolvimento de um pensamento cuja matriz já estava estabelecida nos textos do final dos anos 20.

No entanto, se poderia interpretar esta temporalidade constitutiva do Dasein e a historicidade que dela deriva como propriedades simplesmente humanas, de sorte que as determinações do modo como os homens com-

---

[22] Heidegger diz, por exemplo: "*Somente onde os entes são manifestos simplesmente* ***como*** *sendo encontramos a possibilidade de experimentar este ou aquele ser como determinado desta ou daquela maneira* (....)". V. *Os conceitos fundamentais da Metafísica*, na tradução para o inglês de W. McNeill e Nicholas Walker, publicada por Indiana University Press, § 64, p. 275 e toda a segunda parte.

[23] *Os problemas fundamentais da fenomenologia*, 390.

[24] V. *Ser e tempo*, ed. cit. (Vozes), 49.

[25] Cf. *Être e Temps*, tradução para o francês de François Vezin, Gallimard, Paris, 1986, p. 45. (p. 20 da edição Niemeyer, Tübingen, 1927).

preendem o mundo ao logo da história deveriam ser apreendidas inteiramente no regime da finitude e, na verdade, como uma contingência do modo em que a humanidade desdobra sua existência no tempo.

No entanto, a posição que o segundo Heidegger desenvolverá sobre o tema não será exatamente esta, porque a partir de meados dos anos 30 a distinção entre ser e ente deixa de ser visualizada simplesmente como uma característica própria e fundamental do Dasein e passa a ser vista com um outro estatuto. Assim, no Nietzsche, se lê:

> *"Mas essa distinção do Ser e do Ente é ela disposição da natureza, leia-se: é ela o núcleo da disposição natural do homem? Poderíamos jamais determinar a essência do homem (....) sem considerarmos a distinção de Ser e Ente? Tal distinção resulta só enquanto conseqüência da natureza do homem, ou bem a natureza e a essência do homem se determinam previamente e uma maneira geral sobre o fundamento desta distinção e a partir dela?".*

Correlata e correspondentemente, como explicado no protocolo da primeira sessão do Seminário sobre a conferência ***Tempo e Ser***, quando Heidegger voltou a colocar a questão da temporalidade em 1962, o que o interessava era superar o ponto de vista transcendental.

É certo que essa mudança não deve ser vista com a supressão pura e simples da relação do homem com o tempo, pois lê-se no texto da conferência:

> *"Tempo não se dá sem o homem".*[26]

No entanto, o interesse de Heidegger então é de precisar que, nesta relação do homem com o tempo, o homem não é doador, nem constituinte, mas antes o destinatário do tempo. Assim, ele diz:

> *"O dar no 'dá-se o ser' revelou-se como destinar e como destino de 'presença em suas transformações epocais (....). O destino em que Se dá o ser repousa no alcançar do tempo".*[27]

Além disso, Heidegger expressamente recusa que seja pertinente perguntar pela razão destas dispensações epocais a cada vez distintas, cabendo-nos simplesmente reconhecer que:

> "(....) *a história do ser é assim".*[28]

---

[26] Heidegger, *Os Pensadores*, tradução de Ernildo Stein, Abril, São Paulo, 1979, p. 266.

[27] Id., ib.

[28] Id., 291.

Por certo, a idéia de uma determinação essencial das épocas históricas a partir das categorias filosóficas está intacta e num certo sentido radicalizada. Assim, por exemplo, lê-se no texto de *Tempo e Ser*:

> *"Quando Platão representa o ser como* **idéia** *e como* **koinonia** *das idéias, Aristóteles como* **energeia**, *Kant como* **posição**, *Hegel como* **conceito absoluto**, *Nietzsche como* **vontade de poder**, *não se trata de doutrinas produzidas ao acaso, mas palavras do ser, que respondem a um apelo que fala no destinar que a si mesmo oculta, que fala no 'Se dá ser'".*[29]

Parece evidente que, colocadas as coisas nesses termos, na exposição da seqüência desses grandes pensamentos nos quais se explicitam os princípios epocais, não há fio condutor algum, nenhuma espécie de teleologia, as variações devendo ser entendidas como errância, à condição de que se entenda este conceito, como, aliás, anota Habermas[30], não nos termos ainda marcados pela filosofia transcendental do ensaio ***Sobre a essência da verdade***, mas como uma errância do próprio ser.

6. Se agora voltarmos às posições de Gerd e nos perguntarmos sobre como ele se posiciona frente às posições heideggerianas, creio que devemos dizer que ele sem dúvida se aproxima mais de Heidegger do que de Hegel, uma vez que no filósofo do século 20 não estão presentes as pesadas hipotecas idealistas que recaem sobre a concepção hegeliana da história e de suas relações com a história da filosofia.

No entanto, quando lemos a Gerd nas páginas finais da *Dialética* encontramos um pensamento que não se enquadra e que é, na verdade, alheio às coordenadas mais essenciais do pensamento do segundo Heidegger. Um pensamento que recusa decididamente a idéia de separar a história do ser da história humana, que rejeita essa espécie de abandono "*do plano ôntico (....) à sua própria passividade fundamental em face dos desígnios nunca claramente expressos do mandado do ser*"[31] e que, em termos por certo inteiramente incompatíveis com a visão heideggeriana, propõe tomar o conceito de *práxis* como chave para o entendimento do modo em que aquelas duas histórias se originam conjuntamente.

Com efeito, a posição amadurecida de Gerd é de que é na práxis humana que se deve buscar a raiz das grandes configurações históricas, as quais, no entanto, devem ser vistas não como a resultante evanescente e

---

[29] Id., 260.

[30] V. J. Habermas, *O discurso filosófico da modernidade*, na trad. Para o francês de C. Bouchindhomme e R. Rochlitz, Gallimard, Paris, 1988, p. 158

[31] V. *O idiota e o espírito objetivo*, 175.

descosida de nossas múltiplas ações, mas como o objetivamente articulado resultado de um empreendimento que – embora coletivo e anônimo, em sua globalidade não intencionado por ninguém – é, contudo, provido de irrecusável alcance ontológico. Gerd diz, com efeito:

> "(....) *a síntese de Hegel está ligada à idéia da totalidade: a verdade é o todo.* (....) *Ora, se quisermos resguardar a finitude não podemos aceitar a interpretação metafísica da totalidade. A síntese deve ser pensada em outras bases: – quais?*[32] *O que deve ser analisado é a idéia de processo totalizador, enquanto abarca a necessidade do binômio contraposição-superação.*[33] *A compreensão do real com o processo totalizador permite resguardar a identidade do ente, sem fixá-lo no imobilismo e sem dissolvê-lo no puro devir;* (....) *O ente chega a ser através do que chamamos de jogo das contraposições, isto é, a identidade do ente se estabelece através das contraposições.* ***O ente constitui assim um 'todo epocal'****, para usarmos a expressão cunhada por Whitehead. Ele é epocal, ou temporal, nasce para morrer, agrega-se para desagregar-se. Mas dentro da temporalidade forma um todo e um todo que só chega a ser pelo outro que não é ele, o que significa dizer que a identidade surge necessariamente de dentro das contraposições. Por esse motivo não basta falar de processo: faz-se mister acrescentar que o processo é totalizador*".[34]

É evidente neste texto que Gerd está a tentar construir uma versão ontologizada da filosofia da *práxis* e que neste sentido ele se opõe tanto a esta espécie de neo-estoicismo que se deixa adivinhar nas teses sobre a dispensa epocal do ser do último Heidegger[35] quanto do empirismo da filosofia da práxis ordinária, quanto, enfim, de seus contemporâneos, os filósofos franceses da diferença.

Aliás, sobre este último ponto convém chamar atenção para o fato de que, a despeito de que Gerd, durante os anos 60 e até mesmo na *Dialética*,

---

[32] *Dialética*, 309.

[33] Id., 310.

[34] *Dialética*, 312.

[35] Gerd diz: "*Heidegger e Derrida estão preocupados com a* déconstruction *da Metafísica. Ambos se situam no esforço de pensar o limite que está precisamente na diferença ontológica. Mas tudo se passa como se esse tentame se limitasse em Heidegger à denúncia do processo de destruição, e o inventário seria postergado por uma atitude de espera; enquanto, ao contrário disso, a impaciência de Derrida pretende como que transgredir o limite, romper os limites do próprio limite, condenando-se por aí a uma espécie de eterna repetição*". V. *O idiota e o espírito objetivo*, 177-8.

tenha insistido na crítica ao desprezo da metafísica pelo finito e pela diferença, sua posição final não seguirá a trilha do pensamento pós-moderno seguida pelo neonietzscheanismo francês. Neste mesmo texto do final da *Dialética* que citei há pouco Gerd diz:

> *"Se ficássemos tão-somente no plano das contraposições e se excluíssemos a superação, teríamos uma realidade indiferenciada, atomizada e tudo seria composto de partes independentes".*[36]

É, no entanto, na última parte de *O idiota e o espírito objetivo* que Gerd expõe com mais clareza suas reservas com relação à deriva irracionalista do pensamento pós-moderno. Ali, *inter alia*, Gerd cita a seguinte passagem de Foucault:

> *"As forças que estão em jogo na história não obedecem a uma destinação, nem a uma mecânica, mas sim ao acaso da luta. Elas não se manifestam como formas sucessivas de uma intenção primordial; também não tomam a feição de um resultado. Elas aparecem sempre na aventura singular do acontecimento".*[37]

Gerd comenta então:

> "(....) *a questão atinge, desse modo, uma situação-limite. A admissão do acontecimento em sua posição bruta e desconexa, de certa maneira, não faz mais do que negar a inteligibilidade própria desse acontecimento, ou leva, ao menos, a desestimar a possibilidade do discurso. Realmente, tal radicalismo revela-se insustentável."*[38]

E não há dúvida nenhuma de que Gerd, ao pretender colocar-se no terreno pós-metafísico, preocupa-se em não renunciar à idéia de sentido e de totalização. É o que visivelmente tem em mente quando acrescenta, em seguida, que:

> "(....) *há sempre um certo movimento em direção à totalidade, seja porque não se pode habitar o sem-sentido da ruptura em seu estado bruto, seja porque o saber se constrói como que orientado para o limite da totalidade".*[39]

Não estranha, assim, que nessas páginas de confronto com os filósofos franceses contemporâneos, Gerd termine por citar com aprovação

---

[36] Id., 309.

[37] V. Gerd. A. Bornheim, *O idiota e o espírito objetivo*, 183-4.

[38] Id., ib.

[39] Id., 201.

uma tese, na verdade secundária, de Castoriadis a respeito de uma concepção finitista e não-redencionista da revolução, uma vez que nesse autor se encontra, especialmente em *A instituição imaginária da sociedade*, uma inspiração assemelhada a que se vê almejada e esboçada na *Dialética* de Gerd.

7. Antes de terminar, permitam-me ainda voltar a nossa questão inicial, ao modo como Gerd defende e entende a noção de *prosa do mundo*.

Bem entendido, sua posição sobre o ponto implica recusar as afirmações contemporâneas de aceitação do acontecimento e da diferença consideradas em si mesmas.

Ele diz: é preciso perguntar:

"(....) *o que esconde aquela aventura singular do acontecimento?".*[40]

Isto quer dizer que mesmo sem aceitar os pressupostos idealistas de Hegel, negando que se possa compreender a história a partir do conceito de espírito, recusando a idéia de que a história se dirige para um fim predeterminado que lhe encerraria o processo, Gerd não renuncia à idéia de ***sentido*** e cuida para nem mesmo renunciar à idéia de que cabe falar, de que é legítimo falar, do ***sentido*** atribuindo-lhe um caráter ***objetivo***, como algo que ***não está simplesmente na cabeça***, para tomar de empréstimo uma expressão do artigo famoso de Putnam[41], o qual, aliás, está menos distante da problemática presente do que se poderia pensar.

Seja como for, o essencial para Gerd, o básico para entender sua tese de que pensar é decifrar a prosa do mundo, é entender que o processo de totalização finito, em sendo histórico, é constituinte de todos epocais que se constituem em *a priori*s materiais da distribuição da experiência humana no tempo, de sorte que se deve ver nestes últimos o horizonte em que cobram sentido às ações humanas e dos quais o pensamento dos grandes filósofos é sempre uma grande expressão.

A idéia fundamental de Gerd sobre o ponto é que a gênese do sentido se encontra nas iniciativas e ações da práxis humana, as quais, contudo, já se encontram sempre imersas num tecido histórico que as antecede e que lhes impõe um incontornável enquadramento. E, a propósito, Gerd diz:

> *"Não é que se queira minimizar a ação do sujeito; ao contrário; o fato de que a práxis se insurge no sentido transcendental é que lhe empresta sua grandeza humana. Tudo se passa como se a práxis*

[40] Id., 184.

[41] V. Hilary Putnam, *The Meaning of "Meaning"*, in Keith Gunderson, (ed.), *Language, Mind, and Knowledge*, University of Minnesota Press, Minneapolis, 1975, p. 131 e seg.

individual devesse ser o único princípio instaurador do sentido (....). Entretanto, se tal intento vingasse, a práxis não passaria de uma ilha perfeitamente auto-suficiente, um sem-sentido em busca de um endereço definitivamente perdido. Por isso, a despeito do que a práxis se possa propor, sua medida está em algo que a transcende e é essa medida que lhe confere caráter de necessidade histórica. (....) Digamos que o homem propõe e o sentido dispõe".[42]

Mas como assim? Teremos voltado a Heidegger?

Num certo sentido parece que sim, pois Gerd diz que "*o sentido é o próprio ser*".[43]

No entanto, não obstante a ascendência assumidamente heideggeriana da tese, Gerd a toma nos termos do transcendentalismo do primeiro Heidegger e cita a seguinte passagem de *Ser e tempo:*

"Estritamente falando, o sentido significa o horizonte do projeto originário da compreensão do ser".[44]

Esta tese tem dois endereços, pois Gerd quer que ela sirva para marcar, como, aliás, era o propósito do próprio Heidegger, tanto a característica fundamental do ser humano no que ele se distingue do meio natural, animais inclusive, quanto para mostrar a dependência do homem em relação às coisas, porque se não há revelação sem a compreensão do ser, tampouco a compreensão do ser pode ter conteúdo senão enquanto já desde sempre imersa e presa nas articulações do mundo, as quais, num certo sentido, são sempre mais velhas que o desvelamento que as põe à mostra. Gerd diz então:

"A transcendência do homem significa muito mais que o homem permanece radical e necessariamente ligado ao ente, e essa ligação apresenta caráter transcendental no sentido de que dá com teor ontológico: o ente é, há uma apreensão do ser do ente. Ora, isto quer dizer que sem homem não há ser, mas quer dizer também que sem ente não há ser: o ser é no ente pelo homem, e porque é pelo homem o ser não se reduz ao ente".[45]

Retomada esta tese ontológica no registro da filosofia da história, isto implica que, embora recusada a "*telelologia metafísica*", daí não se segue que "*se seja levado a admitir a 'coleção caótica dos fatos' de*

---

[42] *Dialética*, 244-5.

[43] Id., 246.

[44] Id., 247

[45] *Dialética*, 248.

Schopenhauer ou a descontinuidade de Foucault,"[46] Ao contrário, diz Gerd, devemos reconhecer que:

> "(....) *é indubitável que o mundo oferece hoje uma totalidade em marcha, ainda que vincada de contradições de toda ordem.* (....) *Em todos os níveis, o homem tende a ter hoje, como nunca no passado, a experiência do mundo como inelutável unidade: a realidade histórica se oferece à visão cotidiana como uma rede em que todos os fios se condicionam e parecem formar uma unidade à qual ninguém pode subtrair-se".*[47]

Gerd acrescenta ainda que os "*avanços da tecnologia*" e a "*fenomenologia do capital*" são as maiores evidências disso, de sorte que, para voltar aos exemplos evocados anteriormente, deveríamos sim dizer que "*o controlador do Itaú, o professor de química no Colégio Júlio de Castilhos, o produtor de soja em Santa Rosa, o gari que lentamente varre a rua em Porto Alegre ou o garçom que oferece o cardápio para a escolha das sobremesas em Pelotas*", se não são exatamente sartreanos, pelo menos são homens do mesmo mundo e que, saibam disso ou não, encontram-se todos submetidos às regras, às práticas e ao modo básico de pensar que resulta do predomínio do *avanço da tecnologia* e da *fenomenologia do capital.*

Sendo assim, vê-se que continua a caber à filosofia a tarefa de decifrar a ***prosa do mundo***, ainda que se deva entendê-la e realizá-la de maneira ***nova***.

Entendê-la de maneira ***nova*** significa, em primeiro lugar, saber que o sentido que a anima não é o sentido das intenções de um sujeito que, senhor de seu projeto, a escreveria com um propósito e fim determinados; mas que é, antes, uma inteligibilidade das próprias coisas e dos processos de interação com elas em que estamos imersos muito antes de nos darmos conta disso.[48]

De outra parte, é preciso ainda acrescentar que essa nova maneira de compreender a tarefa de decifrar a prosa do mundo, se, por um lado, exige o reconhecimento liminar de que nos encontramos inapelavelmente "*dentro do horizonte da impossibilidade radical da Ciência absoluta*"[49], de outra

---

[46] *O idiota e o espírito objetivo*, 189.

[47] Id., 197.

[48] Por isso Gerd diz: "*Estamos no sentido, o sentido nos é dado, ele é a presença que envolve o objeto, e por isso podemos julgar*". *Dialética*, p. 240. E ainda, na mesma linha de pensamento: "(....) *toda instauração de sentido pela práxis já pressupõe um sentido do qual a práxis sorve sua energia, o que quer dizer que* (....) *o sentido é histórico* (....), *transcende a objetividade do objeto* (....), *porque de algum modo* (....) *é geral e universal.*" Id. 242.

[49] *O idiota e o espírito objetivo*, 207.

parte não impede, antes exige, nosso empenho na "*construção de uma nova* Enciclopédia"[50].

Empresa a que devemos acometer com regozijo, sabedores embora de que, como diz Gerd A. Bornheim, ela estará radical e inapelavelmente sujeita à "*surpresa do Outro*".[51]

---

[50] Id., ib.

[51] Id., 208.

ORIGEM DOS TEXTOS

Valor e serialidade – Este texto tem origem nos trabalhos preparatórios de minha dissertação de **mestrado** e foi escrito em 1972, em Paris. Algumas cópias circularam no Brasil naquele período. Muito mais tarde o artigo foi publicado na revista *Ensaios FEE,* Ano 7 – Nº 2, Fundação de Economia e Estatística, Porto Alegre, 1986.

Por que filósofo? – Este texto tem origem em uma comunicação apresentada em mesa-redonda sobre o mesmo tema, organizada pelo professor J. A. Giannotti, quando da XXVII Reunião da SBPC, realizada em Belo Horizonte, em 1975. Participaram da mesa-redonda os professores Gerard Lebrun, Rubens Rodrigues Torres Filho, José Henrique Santos, Bento Prado Jr. Todas as comunicações apresentadas nessa mesa-redonda foram publicadas em *Estudos CEBRAP*, nº 15, CEBRAP, São Paulo, 1976.

O marxismo e a historicidade do saber – Este texto foi escrito em 1978 como comentário a um ensaio de Carlos Estevam Martins, intitulado *Três tipos de capitalismo de Estado,* incluso em *Capitalismo de Estado e modelo político no Brasil*, Graal, São Paulo, 1977. O artigo foi publicado na *Revista de Cultura Contemporânea* nº 1, CEDEC, São Paulo, 1978, com omissão do nome do autor e uma gralha no título, onde se lia *poder* em vez de *saber*. No número seguinte da revista constou uma errata dando conta da autoria e corrigindo o erro do título.

Ações e processos: notas para uma teoria materialista da astúcia da razão – Este artigo tem origem em uma comunicação apresentada em mesa-redonda sobre o tema: *Dialética e Teleologia*, parte da programação do II Encontro de História e Filosofia da Ciência, promovido pelo Centro de Lógica, Epistemologia História da Ciência da Unicamp, realizado em 1979. O texto foi posteriormente publicado em *Cadernos de História e Filosofia da Ciência, 3/1982*, Centro de Lógica, Epistemologia e História da Ciência, Unicamp, Campinas, 1982.

Transcendentalismo e dialética – Este texto tem origem em uma comunicação apresentada na mesa-redonda intitulada *Trabalho e reflexão*, dedicada à discussão do livro de mesmo título de autoria de J. A. Giannotti, realizada nas dependências do Instituto Goethe de Porto Alegre, em 23 de junho de 1983, da qual participaram o professor Ernildo Stein e o próprio J. A. Giannotti. A comunicação foi posteriormente publicada em *Filosofia Política 1*, L&PM, Porto Alegre, 1984.

***Discutindo a* lei de Gérson** – Este texto tem origem em uma conferência proferida no dia 19 de setembro de 1991, nas dependências do Instituto Goethe de Porto Alegre, dentro da programação do *Colóquio de Filosofia Brasil/Argentina – Racionalidade e sação*, organizado, sob coordenação do professor Valério Rohden, pelo Departamento de Filosofia da UFRGS, pelo Instituto Cultural Brasileiro-Alemão e pelo Instituto Goethe de Porto Alegre, em Porto Alegre. O texto foi posteriormente publicado em: Valério Rohden, coordenador, *Racionalidade e ação*, Editora da Universidade Federal do Rio Grande do Sul, Instituto Cultural Brasileiro-Alemão, Instituto Goethe de Porto Alegre, Porto Alegre, 1992.

Cognição intuitiva e pensamento de re – Este texto é uma versão revisada da comunicação que apresentei no dia 6 de outubro de 2000, em Poços de Caldas, em uma das mesas-redondas do Grupo de Trabalho sobre Kant, atividade inclusa na programação do IX Congresso da Associação Nacional de Pós-Graduação em Filosofia – ANPOF. A mesma comunicação foi também apresentada em Porto Alegre, no II Colóquio de Filosofia Moderna, organizado pelo Programa de Pós-Graduação em Filosofia da UFRGS, no mês de novembro do mesmo ano 2000. O texto foi publicado na revista *Analytica*, vol. 4, nº 2, Rio de Janeiro, 1999.[1]

Sobre Certa herança marxista – Este artigo é uma resenha crítica do livro de José Arthur Giannotti, de mesmo título, publicado por Companhia das Letras, São Paulo, 2000. A publicação original do texto foi feita na revista *Novos Estudos CEBRAP*, n º 60, julho de 2001.

Kant e o selvagem da Nova Holanda – Este texto, inédito, é a versão revisada da conferência que fiz no congresso internacional sobre Kant, sobre o tema *Perspectivas kantianas no século XXI*, realizado de 4 a 9 de novembro de 2001, em Itatiaia, no estado do Rio de Janeiro.

---

[1] A defasagem entre a data de redação da comunicação e das ocasiões em que foi apresentada e a data da publicação se explica em função das decisões de preservação da continuidade da seriação da revista *Analytica* em condições de manifesto atraso na publicação de suas edições.

Intuições e conceitos: a diferença de forma – Este texto é uma versão revisada da conferência que fiz no Colóquio *Intuição conceito idéia*, organizado pelo professor Abel Lassalle Casanave e promovido pela Universidade Federal de Santa Maria, realizado naquela cidade em setembro de 2001. As conferências e comunicações apresentadas no Congresso foram posteriormente publicadas no livro *Intuição conceito idéia*, organizado pelo professor Casanave e publicado por Imprensa Universitária UFSM. Santa Maria, 2001.

Hegel e o destino – Este texto é uma versão revisada da conferência que fiz no Colóquio Internacional *Hegel*, organizado pelo professor Denis Rosenfield e realizado em Porto Alegre, em setembro de 2001, nas dependências do Instituto Goethe. O texto foi posteriormente publicado na revista *Filosofia Política* – Série III, n º 3, número intitulado: *Hegel – a moralidade e a religião,* editada por Jorge Zahar Editor, Rio de Janeiro, 2002.

Hegel e o patriotismo – Este texto, inédito, é uma versão revisada da conferência que fiz no Colóquio Internacional *Hegel*, organizado pelo professor Denis Rosenfield, e que foi realizado em abril de 2002,em Porto Alegre, nas dependências do Instituto Goethe.

Gerd Bornheim: a filosofia e a prosa do mundo – Este texto, inédito, serviu de base a uma conferência pronunciada no colóquio *Homenagem a Gerd Bornheim* organizado pelos professores Valério Rohden e Nelson Boeira, com o apoio do Instituto Goethe, realizado nas dependências dessa instituição, em Porto Alegre, em março de 2004.

Índice de nomes

ÍNDICE DE ASSUNTOS

IMPRESSÃO:
GRÁFICA EDITORA
Pallotti
IMAGEM DE QUALIDADE
Santa Maria - RS - Fone/Fax: (55) 222.3050
www.pallotti.com.br
Com filmes fornecidos.